BASTEI
LÜBBE

Über die Autorin:

Dr. phil. Karin Jäckel, Jahrgang 1948, wuchs an zahlreichen Orten in verschiedenen Bundesländern der Bundesrepublik auf. Ab 1968 studierte sie Kunstgeschichte, Germanistik und Sprecherziehung, 1975 promovierte sie. Seit 1971 ist Karin Jäckel mit Prof. Dr. rer. nat. Klaus-Peter Jäckel verheiratet, mit dem sie drei gemeinsame Söhne hat. Sie wohnt mit ihrer Familie im Schwarzwald. Karin Jäckel ist Mitglied im Deutschen Journalistenverband. Weitere Informationen über die Autorin und ihre Bücher am Ende des Buches.

Karin Jäckel

Das Urteil des Salomon

Eine Großmutter kämpft
um ihre Enkelin

BASTEI
LÜBBE

BASTEI LÜBBE TASCHENBUCH
Band 61570

1. Auflage: August 2005

Zum Schutz der Rechte sämtlicher Personen wurden Namen, Orte und Details verändert.

Bastei Lübbe Taschenbücher ist ein Imprint
der Verlagsgruppe Lübbe

Originalausgabe

Lektorat: Jürgen Bolz
Redaktion: Sylvia Gredig
Titelbild: © zefa/H. Pyle IV
Einbandgestaltung: Gisela Kullowatz
Satz: Textverarbeitung Garbe, Köln
Druck und Verarbeitung: Ebner & Spiegel, Ulm
Printed in Germany
ISBN 3-404-61570-0

INHALT

PROLOG

In meinen Träumen höre ich sie: »Omi!« Ihre liebe Stimme, ganz hoch, ganz schrill, im Schreien kippend. Spüre ihre kleine feste Hand, den Druck ihrer Arme um meinen Hals und ihre Wange an meiner Wange, die Wärme ihres Körpers an meiner Brust, ihre Beine, die sich um meine Taille ranken, ihre Finger, die sich an meiner Hand festklammern. Gefühle von Berührungen, die mir wie mit dem Brandeisen eingebrannt und auf immer unauslöschlich sind, sodass ich sie spüre, sobald ich daran denke. Und dann dieser Ruck, mit dem Emily mir jählings entrissen wird. Von meiner eigenen Tochter.

»Komm! Dir wird es nicht so ergehen wie mir! Deine Mutter lässt dich nie im Stich und gibt dich nicht einfach deinem Vater!«, schreit Birgit in einem Ton, der mich wie ein Messer trifft, mit einem Schmerz wie ein Stich. Mir den Atem nimmt. Jede Bewegung lähmt. Und gleichzeitig zerrt sie ihr Kind an sich, herunter von meinem Arm, zu Boden, hinter sich her. Die Treppe hinunter. Weg von mir. Für immer.

»Omi! – Oma!«

Und ich werde wach. Sitze mit rasendem Herzschlag im Bett. Nass von Tränen und Schweiß.

»Schlaf doch«, murmelt mein Mann neben mir und streckt die Hand nach mir aus.

Aber ich kann nicht schlafen. Mein Herz schlägt wie ein Hammer. Ich zittere. Und die Gedanken laufen im Kreis.

KAPITEL 1

Kindheit und Jugend

Ich bin ein Nachkriegskind. Jahrgang 1948. Im Sommer des Jahres als eines dieser Kinder geboren, deren Eltern schweigsam vom Krieg waren und verbissen in den Gedanken des Wiederaufbaus. Alle hatten sie damals Hunger nach endlich wieder »blühenden Landschaften«, die Bundeskanzler Helmut Kohl so viel später den Brüdern und Schwestern in den so genannten »neuen« deutschen Ländern versprach.

Als ich zur Welt kam, waren die Trümmer des verlorenen Krieges in den Landschaften und Städten so wenig verheilt wie in den Seelen der Menschen. Alles schien auf schwankendem Boden zu stehen. Die alten Werte und Tugenden galten nichts mehr. Die Ehre des Volkes war auf den blutigen »Feldern der Ehre« geblieben. Verhasst in der Welt und beschämt im eigenen Land, blieb der Blick unserer Eltern und Großeltern auf das Naheliegende fokussiert: Auf Leistung und Wiederaufbau. Wenn etwas die Würde des Volkes und das eigene Ansehen heilen könne, so glaubte man, dann das Staunen und Bewunderung erregende Tempo und die Qualität des Wiederaufbaus sowie Geld.

Das Wirtschaftswunder musste her, damit man wieder etwas galt in der Welt. »Ärmel aufkrempeln, aufbaun!«, lautete das Motto. Auch für uns Kinder. Da blieb keine Zeit zum Jammern und Schwätzen. Geschwätzt worden war genug.

Mein Vater hatte in den letzten Kriegstagen ein Auge verloren, meine Mutter ihren Verlobten. Beide sprachen nie mit mir über den Krieg und was sie erlebt hatten. Was immer dies gewesen war, sie hatten jedoch insofern Glück, als sie weder vertrieben wurden noch Haus und Hof verloren.

Vielleicht kannten sie sich bereits vor Kriegsende; doch wenn, dann eher oberflächlich. Wie man sich kennt, wenn man gemeinsame heimische Wurzeln im selben Dorf hat.

Diese Wurzeln gehen auf meinen Großvater väterlicherseits zurück. Er wurde im selben Dorf geboren, aus dem auch meine Mutter stammte. Es gab sogar weit entfernte gemeinsame Verwandtschaftsbeziehungen zwischen den beiden Familien.

Während die Familie meiner Mutter aus der Landwirtschaft kam und in ihrem Dorf sesshaft blieb, war besagter Großvater Handwerker und verließ das Dorfleben, um in der Stadt sein Glück als Schneider zu versuchen.

Wenngleich er kein reicher Mann wurde, so gelang es ihm doch, einen gutbürgerlichen Status zu erreichen. Immerhin konnte er vor seinem relativ frühen Tod in der Stadt ein 1823 errichtetes Haus mit Garten erwerben, worin er mit seiner Frau und ihren beiden gemeinsamen Söhnen wohnte. Dieses Haus erbte ich und bewohne es bis heute.

Leider habe ich meinen Großvater nicht mehr kennen gelernt, da er bereits zehn Jahre nach der Geburt meines Vaters an einer schweren Krankheit verstarb. Die Mutter meines Vaters, meine Großmutter, kannte ich jedoch gut. Da sie außer mir nur ein weiteres Enkelkind hatte, nämlich die Tochter ihres älteren Sohnes, wurde ich von ihr oft verwöhnt. Obwohl auch ich sie liebte, fühlte ich mich bei ihr weniger wohl als bei meiner anderen Oma auf dem Land. In der Rückschau weiß ich, dass mir bei der Stadt-Oma die unkomplizierte Herzlichkeit und Offenheit der Land-Oma fehlte. Wie mein Vater, so legte auch seine Mutter großen

Wert auf die Meinung der Leute und tat alles für ihren guten Ruf und ihren sauberen Namen. Dieses verklemmte Etepetete ließ es kaum zu, dass meine Oma einmal frei aus sich herausging. So wirkte sie streng und unnahbar auf mich, obwohl mir bewusst war, dass sie mich liebte.

Mein Vater war das Nesthäkchen der Familie. Er hatte nur einen Bruder, der deutlich älter war, und wurde spätestens nach dem frühen Tod seines Vaters zum Augapfel seiner Mutter. Wie früher üblich, stand sein Kinderbett zunächst am Fußende des Elternbettes. Später wurde es etwas abseits in eine Ecke des Elternschlafzimmers gerückt. Und als sein Vater starb, durfte mein Vater dessen nun freien Platz im elterlichen Bett einnehmen.

Dabei blieb es, weil bald schon der ältere Sohn, der den Malerberuf ergriffen hatte, die Rolle des Haushaltsvorstands übernahm und eine lebenslustig und schick wirkende junge Frau heiratete. Diese wurde immer als etwas Besseres angesehen, weil sie stets elegant und teuer gekleidet und mit ihren schwarzen Haaren modisch frisiert war. Wie man munkelte, hatte sie einiges Geld als Mitgift in die Ehe eingebracht, das ihrem Ehemann zugute kam, der es sich nun auch leisten konnte, in feinem Zwirn und mit Hut neben ihr aufzutreten.

Anders als in der Ehe meiner Eltern ging es zwischen ihr und ihrem Mann zumindest in den ersten Ehejahren ungeniert zärtlich zu. Auf Fotos sieht man sie lachend die Arme um ihn legen, liebevolle Blicke mit ihm tauschend. Eine kleine Tochter machte das Kleeblatt bald komplett. Sie blieb, ebenso wie ich, ein Einzelkind. Und vielleicht war das der Grund, weshalb die strahlende Stimmung der jungen, eleganten Frau allmählich der bitteren Miene einer hageren, verhärmten Kittelschürzenträgerin wich.

Da mein Großvater lange gekränkelt hatte und schließlich im besten Mannesalter verstorben war, ging ein Gasthaus, welches einige Zeit in seinem Besitz gewesen war, verloren. Übrig blieben nur das Elternhaus und eine kleine Witwenrente. Meine Großmutter musste also selbst sehen, wie sie ihren eigenen Lebensunterhalt und den meines damals erst zehnjährigen Vaters bestreiten konnte. Vermutlich nahm sie zu dieser Zeit eine Arbeit in der Hutfabrik an, in der sie noch beschäftigt war, als ich bereits zur Schule ging. Manchmal lief ich an der Fabrik vorbei und klopfte an eines der Fenster. Dann schaute sie zusammen mit meiner Cousine heraus, die damals auch schon dort arbeitete, und redete ein wenig mit mir.

Stelle ich mir heute vor, wie mein Vater als pubertierender Junge mit seiner noch attraktiven Mutter in einem gemeinsamen Schlafzimmer schlief, frage ich mich, ob diese Nähe zu seiner starken sexuellen Verklemmtheit und dazu beitrug, dass er nie in der Lage war, mich in den Arm zu nehmen. Sexueller Kindesmissbrauch war während der Kindheit meines Vaters kein Thema. Allenfalls hinter vorgehaltener Hand sprach man von Inzest, wenn man davon erfuhr, dass wieder einmal ein missgebildetes oder geistesschwaches Kind auf einem abgelegenen Hof geboren wurde, wo die Hausfrau und Mutter verstorben war, die ledige Hoftochter ihrem Vater den Haushalt führte und plötzlich schwanger wurde, obwohl kein Mann in ihrer Nähe bekannt gewesen wäre und sie »Vater unbekannt« auf dem Amt angeben musste.

Mich würde es jedenfalls nicht wundern, wenn die emotionale Starre meines Vaters eine Reaktion auf das Zuviel an körperlicher Nähe gewesen wäre, dem er bei seiner Mutter ausgesetzt war. Damit meine ich nicht, dass sie ihn sexuell verführt hätte. Meiner Meinung nach wird es ihn sexuell belastet haben, dass er noch als Jugendlicher und junger Mann bis zu seiner Einberufung in den Krieg im Ehebett neben der Mutter schlafen und über Jahre hinaus nicht nur seine eigene Sexualität, sondern auch seine entsprechenden Gefühle unterdrücken musste.

Als mein Vater aus dem Krieg nach Hause kam, hatte er ein Auge verloren und wirkt auf allen Familienfotos schüchtern und unsicher. Kein Schnappschuss, auf dem er nicht melancholisch dreinschauend und die Hände tief in die Hosentaschen vergraben zu sehen wäre. Bei diesem Anblick fällt mir immer ein, dass ihm zwei linke Hände nachgesagt wurden und er sie wohl deshalb in den Taschen vergrub, weil er nicht wusste, was er ansonsten mit ihnen tun sollte.

Im Vergleich zu ihm war sein älterer Bruder ein zupackender, selbstbewusster Mann von auffallend aufrechter Statur, der offensichtlich gern und freimütig zu lachen verstand.

Wie er in Anzug, Mantel und Hut neben seiner Frau steht, liegen Welten zwischen ihm und den Fotos meines Vaters.

Es passt zu diesem scheu wirkenden Burschen Anfang zwanzig, der mein Vater wurde, dass er sich meiner Mutter annahm, die ihren Verlobten in den letzten Kriegsmonaten verloren hatte und vermutlich ebenso den Kopf hängen ließ wie er selbst.

Da meine Mutter nur zwei Jahre älter war als mein Vater und ihre Familien miteinander verbunden waren, haben sie mit Sicherheit schon als Kinder und Jugendliche gleichzeitig an Dorffesten und gemeinsamen Familienfeiern teilgenommen. Wahrscheinlich wurde die Beziehung der Städter zu den Verwandten auf dem Land während des Krieges und nach dem Krieg sogar besonders geschätzt, denn wenngleich auch die Bauern Not litten, so waren sie als Selbstversorger auf der eigenen Scholle doch allemal besser dran als die ausgebombten und auf Käufliches angewiesenen Städter.

Auf einem dieser Familienfeste werden meine Eltern sich dann nach dem Krieg näher gekommen sein. Meine Mutter hat nie darüber gesprochen, aber ich gehe davon aus, dass mein Vater wieder einmal etwas über den Durst getrunken und seine sonstigen Hemmungen abgelegt hatte. Für dieses Verhalten war er bekannt.

Rückblickend würde ich sagen, dass mein Vater schon zu meiner Jugendzeit Alkoholiker war, denn ohne sein Bier gab es keine Mahlzeit und keinen Feierabend. Und kein Familienfest verging ohne sein Randalieren, sein volltrunkenes Lallen und Herumhängen, dessen meine Mutter und ich uns schämten.

Seitdem sind mir betrunkene Menschen zuwider. Gleichzeitig aber war es für mich durch das Beispiel meines Vaters völlig normal, dass Männer dem Alkohol zugetan sind und sich zuweilen auch bis zur Sinnlosigkeit betrinken. Ob man sich als Kind oder Frau vor ihrem Benehmen ekelte, spielte keine Rolle. Männer, so schien es, sind einfach so, ja, müssen so sein. Und wenn ich damit Probleme hatte, so vermittelten mir das Lachen meiner Verwandten und besonders das stille Dulden meiner Mutter, dass ich mit meinem Widerwillen falsch lag. Es schien lediglich meine eigene Unfähigkeit zu sein, als Kind und dann als Frau verständnisvoll damit umzugehen. Ein folgenschwerer Irrtum, der mein späteres Leben auf so schreckliche Weise aus dem Lot bringen sollte, dass ich es mehr als einmal wegwerfen wollte.

Jedenfalls muss ich davon ausgehen, dass ich an einem solchen feuchtfröhlichen Abend etwa zur Zeit der bei uns traditionellen Weinfeste und dörflichen Heckenfeste gezeugt wurde. Im nüchternen Zustand und ohne ihre Schwangerschaft als Folge des gemeinsamen jugendlichen Leichtsinns hätte mein Vater sich wahrscheinlich nicht dauerhaft mit meiner Mutter begnügt. Als Bauerntochter war sie für ihn, der so stolz darauf war, Beamter zu sein, ja eigentlich ein Mensch zweiter Klasse. Zumal sie nicht einmal vermögend war und außer einer eher bescheidenen Aussteuer nichts in die Ehe einbrachte. In unserer Familie väterlicherseits war es immer klar, dass sie nur durch ihn zu etwas Besserem erhöht worden war. Das sah auch meine Mutter so.

Ich könnte mir deshalb sogar vorstellen, dass sie es damals bewusst darauf angelegt hatte, sich diesen Mann zu angeln und ihn bei passender Gelegenheit verführte oder es gern zuließ, von ihm verführt zu werden. Sie war zwar eine liebe, sehr sozial eingestellte Frau, aber sie hatte wegen seines Beamtenstandes und ihres alsbaldigen gemeinsamen Stadtlebens genau denselben Dünkel wie mein Vater. Einen Mann zu haben, der morgens im frisch gebügelten Anzug aus dem Haus ging, auf dem Rathaus, inmitten der »Obrigkeiten« arbeitete und mit sauberen Händen und polierten Schuhen wieder nach Hause kam, war in ihren Augen etwas Vornehmeres als einer, der in Stiefeln und Arbeitshose in den Stall und auf den Acker zog und die schwarzen Trauerränder unter den Fingernägeln nicht einmal zum Kirchgang am Sonntag wegscheuern konnte.

Ich glaube, meine Mutter fühlte sich als Beamtenfrau sogar ihren eigenen drei Schwestern und ihrem zehn Jahre jüngeren Bruder überlegen, die nie aus ihrem Dorf herauskamen und in der Landwirtschaft blieben.

Meinem Vater war die angeheiratete Verwandtschaft jedenfalls ein solcher Dorn im Auge, dass er sich nicht einmal an Familienfesten beherrschen konnte und jedes Mal, wenn er über den Durst getrunken hatte, so lange über die »dummen Bauern« und »faulen Arbeiter« herzog, bis ein Streit entbrannte. Bei solchen Gelegenheiten fiel sein ganzes vornehmes Gehabe, das er nach außen hin präsentierte, von ihm ab, und er zeigte den ungehobelten Kern seines Wesens.

Als Kind und junge Frau begriff ich sein janusköpfiges Auftreten nicht. Da zu Hause nicht viel gesprochen wurde und Kritik an den Eltern undenkbar war, belastete mich bereits mein Widerwillen gegen Vaters Benehmen als Schuldgefühl. Anstatt ihn zu hinterfragen und meine eigene Meinung über Trinker und Randalierer zuzulassen, schämte ich mich meiner Kritik und sah den schwarzen Peter bei mir.

Wie dominant dieses Innenleben hinter der brüchigen Fassade meines Vorzeigevaters war, erkannte ich erst nach dem Tod meiner Mutter, als mein Vater eine Frau heiratete, deren vulgäres Wesen seine bis dahin verborgenen Abgründe entblößte und zum Stadtgespräch machte.

Der Wunsch meiner Mutter, ihre Familienangehörigen im Dorf zu besuchen, führte während meiner Kinder- und Jugendzeit regelmäßig zum Ehekrach. Doch in diesem einen Punkt gab meine Mutter nicht nach. Ihre Familie im Dorf war ihr heilig. Sie ließ nichts auf sie kommen. Und sie bestand darauf, sie zu besuchen. Auch allein, nur mit mir, ohne meinen Vater.

Hatte mein Vater sich dort dann wieder einmal daneben benommen, gab auch daheim ein Wort das andere. Es waren jedoch keine lauten Streitigkeiten. Meine Mutter lief vielmehr mit verweinten Augen herum und schmollte demonstrativ. Mein Vater setzte den harten Dickkopf des Schweigens auf. Es konnten Tage vergehen, bis sie wieder miteinander redeten.

Für mich als Kind war das furchtbar. Ich hätte um meinen Vater weinen können. Ich hätte um meine Mutter weinen können. Aber das durfte ich nicht. Es hätte sie nur noch mehr gereizt. Also musste ich die Angst und die Tränen hinunterschlucken und mich ganz klein und unsichtbar mit meinen Puppen machen.

Derartige Begebenheiten sind jedoch die einzigen Anlässe, aus denen heraus es heftige Gefühle zwischen meinen Eltern gab, die sich sonst eher kühl und mit respektvoller Distanziertheit begegneten. Zärtlichkeiten, wie ich sie mit meinem Mann tausche, ein Hand-in-Hand, wie wir es nach all den Ehejahren noch immer lieben, oder unser eng verwobenes alltägliches Miteinander, aus dem heraus sich jeder von uns wie halbiert und allein ohne den anderen fühlt – all gab es zwischen meinen Eltern nicht. Auch im Schlafzimmer nicht, das ich etliche Jahre mit ihnen teilte, bis sie sich eine Wohnung mit Kinderzimmer leisten konnten.

Tatsächlich hätte mein Vater die Nase gar nicht so hoch tragen müssen. Zwar hatte er es zum Beamten gebracht und genoss die Wichtigkeit seiner Position auf dem Grundbuch- und Standesamt nebst sicherem Einkommen, doch kam er beileibe nicht aus einem vornehmen Elternhaus. Sein Vater war Schneider und sein Bruder Maler. Das waren rechtschaffene Handwerker und konnten auf ihre Weise mehr als mein Vater, der nicht einmal in der Lage war, mir ein Puppenhaus zu bauen. Das bekam ich von seinem Bruder, meinem Onkel.

Wer weiß auch, ob mein Vater mit zwei gesunden Augen überhaupt Grundbuch- und Standesbeamter geworden wäre. Kriegsversehrte und Spätheimkehrer aus Kriegsgefangenschaft oder politischer Haft wurden damals häufig in den öffentlichen Dienst übernommen, weil sie in der aufstrebenden freien Wirtschaft keine Chance gehabt hätten. Und wenn es danach ging, wer glücklicher war, mein Vater auf seinem hohen Beamtenross, oder die in ihrer Schlichtheit sehr herzlichen Bauern aus der Familie meiner Mutter, dann fällt die Antwort eindeutig zu deren Gunsten aus.

Zumindest saßen sie auf dem eigenen Grund und Boden in einem eigenen Haus und mussten nicht, wie meine Eltern, die sich nie ein Haus leisten konnten, zur Miete wohnen.

Dass mein Vater nach dem Tod seiner Mutter das Elternhaus erbte, dieses aber für den geringen Kaufpreis von 1000 Mark, also umgerechnet etwa 500 Euro, seinem Bruder überließ, der bereits darin wohnte, habe ich erst viele Jahre später erfahren, als das Haus in meinen Besitz überging. Zeitlebens war es der wunde Punkt meiner Mutter, kein eigenes Haus zu haben. Manchmal, wenn ich unser schön renoviertes Häuschen betrachte, frage ich mich, ob sie wohl mit der Entscheidung meines Vaters einverstanden war, sein Erbe mehr oder weniger zu verschenken. Vielleicht war sie es, weil er mit seinen zwei linken Händen an dem alten Haus nichts hätte reparieren können. Aber vermutlich wird sie gar kein Mitspracherecht gehabt haben.

Irgendwie muss es aber auch für meinen Vater nicht ganz selbstverständlich gewesen sein, als der feine Herr Beamte aufzutreten, doch nicht einmal ein eigenes Haus zu besitzen. Diesen Makel versuchte er ständig zu kompensieren, indem er vorgab, gar kein Haus haben zu wollen. Lieber leiste er sich jetzt gleich etwas, als Schulden abzuzahlen.

Ich kann mir vorstellen, dass mein Vater durch seine Kopfverletzung im Krieg eine Art Nahtoderfahrung machte. Vielleicht vertraute er dem eigenen Schicksal nicht mehr genug, um langfristig in die Zukunft hinein zu planen und sich auf einen Hausbau einzulassen. Auch an seinem Vater hatte er gesehen, dass das Leben plötzlich vorbei sein kann. Und das letzte Hemd hat nun mal keine Taschen. Warum also sparen? In eine ungewisse Zukunft hinein, die neben dem wirtschaftlichen Wiederaufbau von der Furcht vor einem erneuten Krieg geprägt war, der in der Zeit des so genannten »Kalten Krieges« viele Menschen davon abschreckte, sich auf den Frieden zu verlassen und das Risiko eines erneuten Besitzverlustes einzugehen.

Da damals gerade die früher obligatorische große Mitgift der Töchter mehr oder minder abgeschafft wurde, indem man dazu überging, endlich auch Mädchen eine qualifizierte Ausbildung zuzugestehen und zu finanzieren, rückte selbst der Erbschaftsgedanke in den Hintergrund. Als eine der bleibenden Kriegserfahrungen nach Bomben und Vertreibung galt der geistige Besitz als der einzig dauerhafte. »Was du im Kopf hast, kann dir keiner nehmen!«, wurde uns Kindern mit auf den Lebensweg gegeben. »Geld kannst du dir dann immer verdienen.«

So hatte mein Vater auch dieses Argument für sich und keinerlei Skrupel, mit seinem Einkommen am Stammtisch Eindruck zu schinden, anstatt den Herzenswunsch meiner Mutter nach einem festen Zuhause zu erfüllen. Trotzdem blieb er mit seiner Lebensweise stets der heimlich belächelte »Kärele«, der Gernegroß, den keiner so ganz für voll nahm.

Als meine Eltern heirateten, war ich schon unterwegs. Damals ließ ein anständiger Mann selten eine ehrbare Frau im Stich, die er geschwängert hatte. Hatte die Liebe zum schnellen Kindermachen gereicht, hatte sie auch als eheliche Pflicht für den Rest des Lebens zu genügen. Eine »Muss-Ehe« also, wie man so sagte. Mit einem Augenzwinkern für den »ganzen Mann«, der mit dem Zeugungsakt seine Potenz und männlich-draufgängerische Chuzpe bewies. Und mit einem gewissen Makel für die Frau, die sich nicht jungfräulich für die Ehe und Hochzeitsnacht aufgespart hatte.

Geheiratet wurde denn auch nicht sofort, sondern erst Ende März 1948, als die Schwangerschaft sichtlich nicht mehr zu verheimlichen war.

Als ich, schwächlich wie ein Siebenmonatskind, geboren wurde, blieben meine Eltern zwar noch über ein Jahr im Elternhaus meiner Mutter wohnen, ehe mein Vater Geld genug verdiente, um eine erste eigene Wohnung in der Stadt bezahlen zu können. Dennoch hatte meine Mutter alles erreicht, was sie erreichen konnte: eine Ehe mit einem gut aussehenden, weitestgehend gesunden Mann, der wegen seines unkündbaren Beamtenstatus als gute Partie galt; überdies war sie als Hausfrau nun finanziell versorgt und hatte ein Kind. Nur schade, dass ich ein Mädchen war. Ein Sohn wäre meinem Vater lieber gewesen.

Denke ich an meine Kindheit zurück, kommen mir drei alles beherrschende Themen in den Sinn: Erstens, dass ich nach außen hin sichtbar verwöhnt und herausgeputzt wurde. Zweitens, dass ich Angst vor dem Alleinsein hatte. Und drittens, dass mein Vater schlug.

Das Verwöhntwerden ging vor allem mit Äußerlichkeiten einher. Ich empfinde es heute wie ein Schubladenleben. Man zieht ein Kind aus der Schublade hervor, wie es gerade passt und nützlich ist, und steckt es wieder weg, wenn es lästig fällt. Im Kleinkindalter war ich als Prestigeobjekt nützlich und wurde zum Vorzeigen geholt.

Meine Mutter und eine ihrer Schwestern, die ein verkürztes Bein hatte und deshalb Schneiderin geworden war, bestrickten, benähten und bestickten mich nach allen Regeln der Kunst. Wenn ich Kleinkinderphotos betrachte, fallen über Jahre hinweg meine maßgefertigten Kleidungsstücke ebenso auf wie meine eleganten Lackschuhe mit Spangen und

Falbeln und Knöpfchen. Ich war immer ausstaffiert wie eine Tanzpuppe auf dem Spiegelglas und entzückte alle Leute, wenn ich ihnen meinen goldenen Lockenkopf mit dem akkuraten Überschlag auf dem Scheitel, dem so genannten Hahnenkamm, und meine großen, ungewöhnlich himmelblauen Augen zuwandte und lächelnd zwei Grübchen zeigte.

»Mach ein schönes Gesicht!« – »Gib das schöne Händchen!« – »Mach einen schönen Knicks!« – »Sag schön: Guten Tag!«, das sind die Anweisungen, die damals wichtig waren. Kinder, die freche Widerworte gaben, trotzten und bockten oder unordentlich anzusehen war, galten als ungezogen. Sie waren eine Schande für ihre Eltern. Und entsprechend gründlich wurde ihnen »der Bock« ausgetrieben.

Ich hatte keinen solchen »Bock«. Selten machte ich mich schmutzig. Das allwöchentliche Bad in der Zinkbadewanne unten im Haus, in der ansonsten die Wäsche gewaschen wurde, verlief problemlos. Und wenn ich still und selbstvergessen mit meinen Puppen spielte, die ich als liebevolle Puppenmutti bekochte und wickelte und in meinem Puppenwagen oder grünen Holzwägelchen mit den roten Rädern überall hin mitnahm, waren meine Eltern und Großeltern stolz auf ihr reizendes, immer braves und wohl erzogenes Kind und Enkelchen.

Das erste Lebensjahr verbrachte ich im Dorf meiner Mutter. Danach zogen wir in die Stadt, in der ich heute noch wohne. Dort hatten meine Eltern eine kleine Zweizimmerwohnung angemietet, in der wir etwa drei Jahre blieben. Wie schon bei meinem Vater und vielleicht auch bei meiner Mutter zu Hause, stand mein Kinderbett damals quer vor dem Fußende des elterlichen Bettes und gab mir die Gewissheit ihrer Nähe, die ich von Anfang an so sehr suchte.

Ich glaube, dies waren meine glücklichsten Kinderjahre, denn hier hatte ich Annegret. Sie war meine einzige richtige Kindheitsfreundin. Als wir 1953 in eine etwas größere Wohnung umzogen, verlor ich Annegret aus den Augen.

Dass sie mir wichtig gewesen sein könnte, bedachten meine Eltern wohl nicht. Die allgemeine Meinung war, dass Kinder zu tun hatten, was ihre Eltern wollten. Und Eltern taten immer das Richtige für ihre Kinder. Also war es das Richtige, dass ich von nun an in den Kindergarten ging und nicht zu Annegret, die nur so weit von mir entfernt wohnte, dass ich mich erinnere, an unserem Umzugstag die kurze Strecke in die neue Wohnung an der Hand meiner Stadt-Oma zurückgelegt zu haben.

Glücklicherweise trösteten mich meine drei Puppenkinder über ihren Verlust und die Spielkameraden hinweg, die ich im Kindergarten leider nicht für mich gewinnen konnte. Besonders meine Babypuppe lag mir am Herzen. Vielleicht, weil meine Mutter sich ein zweites Kind, einen Sohn, wünschte und ein Baby zentrales Gesprächsthema war. Ich blieb jedoch ein Einzelkind. Nur einmal noch, als ich bereits 16 war, wurde meine Mutter schwanger, verlor das Kind aber wegen einer Eileiterschwangerschaft.

Trotzdem habe ich aus dieser Umzugszeit einen Albtraum in Erinnerung behalten, den ich immer wieder träumte und der geradezu bestimmend für mein Leben wurde – es ging um Trennung und Verlust. Ich, ein kleines Mädchen, war in diesem Albtraum mit meinen Eltern spazieren gegangen, als plötzlich eine Wand zwischen uns aufwuchs und uns trennte. Ich wusste, dass hinter der Wand meine Eltern waren. Aber so sehr ich mich bemühte, sie zu überwinden, die Wand war zu hoch. Und so laut ich auch schrie und gegen die Wand schlug, die Eltern hörten mich nicht und kamen nicht zu mir. Sie ließen mich einfach allein.

Ob dieser Traum auf einer realen Begebenheit anlässlich eines Spaziergangs beruhte, auf dem ich meine Eltern aus den Augen verlor, kann ich heute nicht mehr sagen. Woran ich mich erinnere, sind Blicke aus meinem Kinderzimmerfenster, hinter den Eltern her, die oftmals ohne mich ausgingen. Hinter meiner gläsernen Wand war ich dann immer völlig verzweifelt und weinte vor Angst, bis sie wieder da waren.

Die wahrscheinlichste Erklärung für diesen unvergesslichen Angsttraum ist der Umzug in unsere zweite Stadtwohnung. Sie hatte ein drittes Zimmer. Und inzwischen war es nicht mehr allgemein üblich, dass Kinder über das Babyalter hinaus im Elternschlafzimmer schliefen. Daher glaube ich, dass meine Eltern während der Planungsphase des Umzugs darüber nachdachten, wie es wäre, mir sofort ein Kinderzimmer einzurichten. Immerhin hätten sie die neue Wohnung dann entsprechend möblieren müssen. Das Geld dafür nahm man Anfang der fünfziger Jahre aber nicht mal eben aus der Portokasse.

Vermutlich wurde ich also im Alter von etwa fünf Jahren eines Nachts versuchsweise erstmals im Leben aus dem Schlafzimmer meiner Eltern ausgeschlossen. Ich glaube, dass dies der entscheidende Schock für mich war. Wenn ein Kind immer gemeinsam im Zimmer mit den Eltern schläft und plötzlich, von einem Tag auf den anderen, in ein eigenes Zimmer verfrachtet wird, ist das kein Spaß. Für mich war es jedenfalls traumatisch. Es erfüllte mich mit der bleibenden Angst, ganz plötzlich und auf immer von meinen Eltern verlassen zu werden.

So eine Nacht ist scheinbar unendlich lang für ein kleines Kind, das allein im Dunkeln liegt. Anders als zuvor an jedem einzelnen Lebenstag ist da kein beruhigender Atemzug der Eltern, kein vertrautes Umdrehen im Bett, kein Knarren der Bettroste, kein Hüsteln oder Schnarchen mehr zu hören. Da rücken die Wände scheinbar näher. Da bekommt die Stille mitsamt der Finsternis etwas Bedrohliches.

Es erscheint mir wahrscheinlich, dass ich in dieser Testnacht oder auch in mehreren Testnächten nicht allein bleiben wollte. Wahrscheinlich krabbelte ich aus dem Bett und versuchte, zu meiner Mutter ins Ehebett zu schlüpfen, um nicht allein zu sein. Und eines Nachts wird dann wohl die Zimmertür versperrt gewesen sein. Der Albtraum begann.

Meine Eltern sahen angesichts meines Terrors ein, dass ich noch nicht reif genug war, ein eigenes Zimmer zu haben. Folglich blieb mein Bett auch weiterhin im Elternschlafzimmer. Statt wie zuvor am Fußende, wurde es nun in einen Winkel des Zimmers gerückt. Das dritte Zimmer wurde von meinen Eltern für eigene Zwecke genutzt.

Erst fünf Jahre später, 1958, nachdem ein Stockwerk tiefer in dem Haus, in dem sich unsere Dreizimmerwohnung befand, eine Vierzimmerwohnung frei wurde, bekam ich mit zehn Jahren tatsächlich erstmals ein eigenes Zimmer. In dieser Wohnung lebte ich mit meinen Eltern bis zu meiner Hochzeit. Und mein Vater verließ sie erst nach dem Tod meiner Mutter, als er sich neu verheiratete und in das Haus seiner zweiten Frau einzog.

Leider war mit diesem Umzug für mich die unmittelbare Nähe der Hausvermieter verbunden, die nun ein wachsames Auge auf mich hatten. Inzwischen enge Freunde meiner Eltern, hatte ich ihnen nicht selten und oftmals ungerecht »ein ernstes Wörtchen« meines Vaters zu verdanken und lernte schmerzhaft, was es bedeutet, den guten Ruf der Familie schützen zu müssen.

Natürlich verstehe ich, dass meine Eltern zum Zeitpunkt unseres ersten Umzugs in eine größere Wohnung mit 29 und 31 Jahren keine Lust hatten, ihrer fast schulpflichtigen Tochter Händchen zu halten. Sie hatten sozusagen das Gröbste mit mir hinter sich. Jetzt fühlten sie sich selbst wieder am Zuge. Sie hatten die schönsten Jahre ihrer Jugend an den Krieg verloren. Jetzt waren sie frei und immer noch jung. Sie lebten in einer Stadt, in der das Leben wieder zu pulsieren begonnen hatte. Das Wirtschaftswunder lief an. Man hatte ein bisschen Geld, tanzte, genoss den Frieden. Der Kinofilm lebte auf. Jetzt galt es, die verlorene Lebenszeit wettzumachen, unbeschwert auszugehen, sich zu amüsieren, endlich ganz einfach nur zu leben.

Das kleine Mädchen am Fenster, das ihnen schreiend nachschaute und mit den Händen an die Scheiben schlug, werden sie gesehen haben. »Sie ist zu verwöhnt«, werden sie gedacht haben. »Sie wird sich schon daran gewöhnen.« Arm in Arm werden sie weitergegangen sein. Und bald hatte die Nacht sie verschluckt.

Was heute kaltherzig aussieht oder gar leichtsinnig, war seinerzeit üblich. Es war normal, Babys bis zur Erschöpfung schreien zu lassen, damit sie auf die harte Tour lernten, endlich durchzuschlafen und allein zu bleiben. Als Entschuldigung brachte man vor, dies stärke die Lungenkraft des Kindes und sei gesund. Babysitter gab es zumindest nicht in dem Maße wie heute. Wenn ein Kind schlief, machte sich niemand Gedanken darüber, ob man es allein zu Hause lassen könne oder nicht. Kinder hatten zu gehorchen. Wenn es hieß: »Zu Bett!«, dann war das zu befolgen. Ungehorsam wurde bestraft, weil man der Ansicht war, dass das Po-Gedächtnis dem Kopf-Gedächtnis manchmal nachhelfen müsse. Außerdem herrschte endlich Frieden. Was sollte schon passieren?

Und nicht zuletzt gab es eine funktionierende Nachbarschaft.

Eines Abends, als meine Eltern mich wieder einmal allein zu Hause ließen und ich wieder und wieder ins kalte, dunkle Treppenhaus hinausrannte, um laut weinend nach ihnen zu rufen, erlebte ich es am eigenen Leibe. Es erschien mir wie ein Märchen, doch die Nachbarn holten mich wirklich und wahrhaftig zu sich, in ihre eigene Wohnung. Dort durfte ich zu ihren Töchtern ins Bett schlüpfen. Das war so himmlisch schön, dass ich fortan jedes Mal, wenn meine Eltern gegangen waren, sofort im Treppenhaus weinte, um vor dem Alleinsein gerettet zu werden.

Da meine Eltern nicht nachgaben und sich weder durch meine Angst noch mein Schreien bewegen ließen, bei mir zu Hause zu bleiben, gab ich irgendwann resigniert auf und fand mich damit ab, dass sie mich immer wieder allein ließen. Mein gesamtes frühes Kinderleben lang hatten sie mir ein Schlafplätzchen zu ihren Füßen eingeräumt. Sie überbehüteten und überkontrollierten mich, bis meine natürlichen Anlagen, neugierig und risikofreudig auf eigene Entdeckungsreisen zu gehen, der Angst vor dem Neuen gewichen waren. Mit ihrem Anspruch an meine Tadellosigkeit hatten sie den Grundstein für mein mangelndes Selbstvertrauen und das daraus entstandene angstvolle Klammern selbst gelegt.

Zunächst mag ihnen dieses Klammern recht gewesen sein. Es ist niedlich und süß, ein kleines Kind auf dem Arm zu tragen und in den lächelnden Blicken von Angehörigen, Bekannten und Wildfremden eine freundliche Sympathie für Kind und Eltern zu lesen. Doch spätestens wenn gleichaltrige andere Kinder nicht mehr klammern, wird die Unselbstständigkeit des überbehüteten und überkontrollierten

Kindes peinlich und lästig. Folglich nahmen meine Eltern das Klammern nicht mehr hin.

Selbstverständlich verstehe ich diese Zusammenhänge. Als gut und richtig schätze ich das damalige Verhalten meiner Eltern dennoch nicht ein. Ich halte es für falsch, weil sie mich nicht langsam an eine größere Selbstständigkeit gewöhnt hatten, ehe sie mich allein ließen. Sie haben mich nicht losgelassen, wie man heute sagt, sondern einfach fallen lassen. Und da dies aus meiner kindlichen Sicht heraus unvorbereitet geschah, wusste ich nicht, dass ich jederzeit sicher wieder aufgefangen würde. Ich fühlte nur, dass ich allein gelassen wurde und hatte Todesangst.

Diese Angst vor dem Alleinsein und unverhofften Verlassenwerden habe ich niemals verwunden. Noch heute überfällt mich die Panik, wenn mein Mann nur fünf Minuten später als üblich von der Arbeit nach Hause kommt. Dann renne ich vor innerer Unruhe von einem Zimmer ins andere, schaue aus jedem Fenster nach ihm aus, öffne alle paar Augenblicke die Tür, ob er noch nicht in unsere Straße einbiegt und habe die schlimmsten Visionen, was ihm zugestoßen sein könnte.

Dass dieses Einsperren oder Ausschließen ab einem gewissen Alter auch als Strafaktion zu meinem Kinderleben gehörte, erkenne ich rückblickend in meinem Verhalten, als ich selbst Mutter geworden war. Mir war als Kind gedroht worden: »Wenn du nicht sofort artig bist, wirst du in den Keller oder in den Stall gesperrt!« Jetzt drohte ich damit. Oder drohte mit der Einsamkeit, die ich so fürchten gelernt hatte.

Vor allem meiner älteren Tochter, die schon als Kleinkind oftmals wild und immer sehr unruhig war, drohte ich ganz spontan und ohne erst darüber nachzudenken, dass ich einfach fortgehen würde, wenn sie nicht endlich gehorchte. Wenn selbst das nicht mehr half und ich kurz vor davor war, dem Vorbild meines Vaters zu folgen und den Kochlöffel auf ihrem Po zu zerschlagen, konnte es auch geschehen, dass ich sie in ihrem Zimmer einschloss und lange nicht auf ihr wütendes Toben reagierte.

Wie oft denke ich heute an diese Zeiten zurück und wünschte mir, ich hätte damals schon meine verschüttete Fähigkeit des kritischen Denkens ausgegraben gehabt und weniger von den Fehlern wiederholt, die mir als richtig eingebläut worden waren.

Andere Kinder mögen ähnliche Erfahrungen wie ich gemacht und keine bleibenden seelischen Verletzungen davongetragen haben. Schon oft habe ich inzwischen gehört, dass besonders Einzelkinder, wie ich eines war, es schwer verkraften, sich von ihren Eltern zu lösen. Geschwister zu haben, wäre sicher auch für mich hilfreich gewesen. Zumindest hätte es bedeutet, nicht allein zu sein und nicht ständig im Mittelpunkt der Erziehungsversuche meiner Eltern zu stehen.

Mit diesen Gedanken im Hinterkopf empfinde ich es als peinlich, wenn ich gestehen muss, dass die kindliche Schockerfahrung des Verlassenseins im Verbund mit der Drohung, mich zu verlassen, wenn ich nicht »lieb« wäre, in mir den Super-GAU meines Lebens auslöste. Dennoch war es so.

Da ich wusste, dass dieser Drohung die Tat folgte, stand ich unter dem ständigen Zwang zum Liebsein. Was gleichbedeutend mit absolutem Gehorsam war.

Und da ich nie lieb genug zu sein schien, sondern ständig für mein Versagen bestraft wurde, um endlich »richtig lieb«

zu sein, hatte ich fortwährend die entsetzlichste Angst, etwas falsch zu machen und bestraft zu werden. Was wiederum immer größere Bemühungen um den perfekten Gehorsam nach sich zog. Nicht einmal eine pubertäre Ablösephase vom Elternhaus fand für mich statt. Die Angst ließ keinerlei Widerstand, Aufmüpfigkeit oder Trotz zu. Sie beherrschte und lähmte mich.

Dieser seelische Notzustand belastete nicht nur meine Kindheit, sondern setzte sich in meinem Erwachsenenleben fort. Warum das so war, verstand ich leider erst, als mich der Verlust meiner Kinder aufrüttelte und Gedanken in mir in Bewegung setzte, die ich zuvor nie zu denken gewagt hatte. Plötzlich sah ich die Wände der Angepasstheit und des Gehorsams, in die ich wie eingemauert war. Immer stand diese Wand der Angst aus meinem Kinderalbtraum zwischen mir und anderen Menschen. Ich wollte gern meine Gefühle zeigen, wollte gern die innere Sperre überwinden. Aber ich wagte es nicht. Nicht einmal meinen Kindern gegenüber. Solange sie Babys waren und mich liebten, ohne Forderungen an mich zu stellen, konnte ich sie im Arm halten und ihnen all meine Zärtlichkeit schenken. Ehe sie sprechen konnten, musste ich keine Angst haben, ihnen nicht gut oder nicht lieb genug zu sein. Doch mit den Worten richtete sich die Sperre auf, hinter der ich an meiner Versagensangst verzweifelte.

Erst mein heutiger Mann und mein Enkelkind vermochten diese Sperre zu durchbrechen. Seine Liebe lehrte mich, dass Liebe mehr ist als Gehorsam und Leistung und viel mehr als nur Sex. Er lehrte mich, zu vertrauen. Durch seine Augen mich selbst anzuschauen. Mich endlich anzunehmen. Und hinzunehmen, dass ich wohl bis an mein Lebensende für jemanden, für ihn, der mich führt, würde da sein wollen, um das Gefühl zu haben, mit ihm im Einklang zu sein und »richtig« zu leben. Allein, das spüre ich, bin ich nichts.

Tragisch und eine Quelle des Schmerzes ist es für mich bis heute, dass mich die Sehnsucht nach einem solchen Einklang mein ganzes Leben lang jederzeit alles hinnehmen ließ, was zunächst meine Eltern und später der jeweilige Mann an meiner Seite von mir verlangten. Wäre mein Mann nicht der, der er ist, und würde er nicht meine Grenzen aus eigenem Bewusstsein achten und schützen, so würde ich wohl noch immer nicht die Kraft haben, meine eigenen Grenzen zu setzen.

Und doch war es nicht die Liebe zu meinem Mann, welche mich erstmals vollkommen glücklich in der Mitte meiner Seele zur Ruhe brachte, sondern die bedingungslose Liebe meines Enkelkindes, das mich aus tiefster Seele liebte, und zwar einzig, weil ich bin, wer ich bin.

Am Gefühl meiner Liebe für dieses Kind begriff ich, dass ich bis zu Beginn meiner heutigen Ehe niemals dafür geliebt wurde, wie ich in meinem innersten Wesen bin, sondern immer nur für das, was ich für jemanden tat und nach dessen Meinung »richtig« machte. Jetzt erst erfasste ich die tiefe Bedeutung des letzten Satzes, den meine Mutter auf dem Sterbebett zu mir gesprochen hatte: »Käthe, lass dich nicht so ausnutzen, wie ich ausgenutzt worden bin.«

Aber ich wurde ausgenutzt. Für ein bisschen Liebe gab ich immer alles hin. Letztlich ist die Angst vor dem Alleinsein der Ursprung all meines leidvollen Scheiterns in Beziehungen und somit auch die Ursache für den Verlust meines Enkelkinds. Über viele Jahre hinweg hat sie mein Leben zerstört, und sie prägt es bis heute. Doch erst der Verlust des Kindes ist die Wunde, aus der mein Herzblut rinnt.

Glücklicherweise hatte ich mit sieben Jahren, als ich eingeschult wurde, von all diesen Gedanken und Erkenntnissen noch keine Ahnung. An der Hand meiner Mutter hüpfte ich frohvergnügt zur Schule. Im Arm eine Zuckertüte mit Bonbons und Schokolade, die mir den Schulalltag versüßen sollten. Und auf dem Rücken mein ganzer Stolz: Ein schöner fester Lederranzen mit einer Schultafel aus schwarzem Schiefer, mehreren harten und weichen Griffeln in einem hölzernen Griffelkasten, einem kleinen feuchten Tafelschwamm in einem wasserdichten Schraubdeckeldöschen sowie mit einem fest gehäkelten Tafellappen aus saugstarkem Baumwollgarn, der seitlich an einem langen Häkelband aus dem Ranzen baumelte.

Mein Schulkleid sehe ich noch heute vor mir. Ein kräftiges Rosa mit Samtbändern, Ton in Ton mit dem Kleiderstoff. Meine Tante hatte es genäht. Kein anderes Kind trug ein vergleichbares Kleid. Und dazu hatte ich neue Schuhe bekommen. Aus Lack, mit einem eleganten Ausschnitt und einem Knopfriemchen um den Knöchel. »Dem Kärele seine Tochter«, hieß es wieder. Und alles schmunzelte hinter vorgehaltener Hand. Ich aber freute mich auf die Schule.

Ich war eine eifrige Schülerin, die gern und leicht lernte. Meine Handarbeitsmappe mit Stickmustern, Strick- und Häkelarbeiten nebst den verschiedensten Nähproben, die damals alle Mädchen im Handarbeitsunterricht anfertigten, während die Jungen Werkunterricht hatten, war eine echte Vorzeigemappe.

Als ich geheiratet habe, nahm ich sie in meinen eigenen Hausstand mit. Ich hing daran. Nicht zuletzt, weil ich viel Lob dafür bekommen hatte. Was mir am Herzen liegt, kann ich nicht gut loslassen. Deshalb kamen damals auch meine Puppen alle mit und mein ganzes Spielzeug. Zum Teil haben meine Kinder noch damit gespielt. Verloren habe ich all das erst, als meine Ehe scheiterte.

Mein Vater war jedenfalls stolz auf sein kluges Mädchen, das so gar nichts von der Bauerndummheit geerbt zu haben schien, die meine Mutter angeblich in die Ehe eingebracht hatte. Meine Mutter hingegen brüstete sich mit meinen Handarbeitskünsten, weil sie selbst gern handarbeitete und mir dafür zum Vorbild geworden war.

Und natürlich sollte ich aufs Gymnasium gehen, studieren, am liebsten Medizin, und eine Frau Doktor werden, um die man den »Kärele« beneiden würde. Ein Grund dafür war, dass der Lehrer zu meinen Eltern sagte, wenn er doch nur allen Eltern so überzeugt raten könne, ihr Kind auf das Gymnasium zu schicken, wie bei mir.

Ich ging ja auch wirklich gern zur Schule. Obwohl ich eine Einzelgängerin war, war ich integriert. Die Klasse nahm mich so, wie ich war. Wir Kinder von vor vierzig, fünfzig Jahren waren anders als heutige Kinder. Markenklamotten und tolle Spielsachen gab es nicht. Es war sogar eher die Ausnahme, mehrere schöne Puppen oder anderes Spielzeug zu haben. Es war normal, dass man Selbstgestricktes oder Selbstgenähtes trug. Und wenn man sich mal zankte oder zu raufen begann, würde es keinem in den Sinn gekommen sein, mit den Füßen auf jemanden einzutreten, schon gleich dreimal nicht, wenn er bereits am Boden lag. Deshalb wurde ich nicht ausgegrenzt oder fertig gemacht, weil ich anders war als andere und außerhalb der Schulzeit nicht mit meinen Mitschülerinnen und Mitschülern zusammenkam.

Ich würde sagen, meine Abgeschiedenheit fiel nicht wirklich auf. Wir hatten oftmals auch nachmittags Unterricht. Außerdem war ich noch im Turnverein, wo man sich sah. Und es gab die Nachbarskinder in der Straße. Wenn man jemanden draußen sah, ging man hin. Ob Fahrrad fahren oder Rollschuh laufen, Murmeln oder Völkerball spielen oder Hüpfseil springen, zu allem brauchte man mehrere Kinder, aber nicht zwingend Kinder gleichen Alters. Daher war es unwesentlich, ob man in derselben Klasse war.

Eines unserer Nachbarskinder zum Beispiel war sechs Jahre älter als ich. Wir haben trotzdem oft zusammen gespielt. Das passte gut, weil es bei mir immer hieß: »Tobe nicht so arg! Sei brav! Mach dich nicht schmutzig!« Sie hingegen hatte schon ganz andere Dinge im Sinn als toben und im Dreck spielen; Doktorspiele zum Beispiel. Was mir wiederum gefiel, weil ich es so schön fand, mal gestreichelt zu werden.

Es fiel nicht einmal besonders auf, dass ich keine Freundinnen oder Freunde zu mir nach Hause einladen durfte. Es war nicht selbstverständlich, dass man genug zu essen hatte, um einen zusätzlichen Esser am Mittags- oder Abendbrottisch versorgen zu können. Und an den Wochenenden gab es sowieso keinen Besuch von Freundinnen. Das war damals nicht üblich. Da blieb die Familie unter sich. Man beging den Sonntag mit Kirchgang, Sonntagsbraten sowie Kaffee und Kuchen und einem gemeinsamen Sonntagsspaziergang als Tag des Herrn. Als Kind achtete man besorgt darauf, weder die Sonntagstischdecke zu bekleckern noch das Sonntagskleid oder die Sonntagsschuhe schmutzig zu machen. Ich erinnere mich, dass ich mich am Sonntag auf den Schulmontag in der Volksschule freute.

Für mich persönlich war das Gymnasium nicht erstrebenswert. Ich wollte nicht dorthin, sondern auf der Volksschule bleiben. Dort gefiel es mir. Und ich hatte auch bereits eigene Pläne. Ich wollte kein Abitur machen und studieren. Säuglingskrankenschwester wollte ich werden. Obwohl ich damals noch sehr jung war, stand dieser Berufswunsch seit Jahren fest. Kinder, besonders Babys, waren mein Ein und Alles. Die Babys im Bekanntenkreis führte niemand stolzer im Kinderwagen aus als ich.

Ich wusste, für den Beruf der Säuglingsschwester brauchte ich kein Abitur. Der Volksschulabschluss genügte.

Meine guten Noten brachten mich dennoch mühelos ins Gymnasium. Darauf waren meine Eltern stolz. Speziell für meinen Vater gab es in der Frage meines Berufes und meiner Zukunft kein Wenn und Aber. Er hatte beschlossen, dass ich die höhere Laufbahn einschlagen solle. Also war es abgemacht. Mein Wille zählte nicht.

Anders als in der Volksschule fiel mir auf dem Gymnasium plötzlich das Lernen schwer. Flog mir vorher alles zu, kam ich nun im Stoff nicht recht mit und hatte keine Lust, Hausaufgaben zu machen. Betrachte ich Kinderphotos von mir, fällt mir auf, dass ich auch äußerlich nicht mehr das unbekümmert wirkende Kind der Volksschulzeit war. Der fröhliche Gesichtsausdruck war einer meist grimmigen oder doch ernsten Miene gewichen. Meine Locken waren abgeschnitten worden. Mein Vater konnte es nicht ausstehen, dass die Mutter mir gelegentlich Zöpfe geflochten hatte. Da war ich für ihn dann immer die »Landpomeranze« oder die »Bärb« oder die »Theres« gewesen oder welcher andere Name ihm sonst noch für ein Bauernmädchen einfiel. Wahrscheinlich ordnete er meinen Kurzhaarschnitt an, damit ich den Herrn Beamten garantiert nie mit Bauernzöpfen blamieren konnte. Statt Lackschühchen trug ich nun derbes Schuhwerk und dicke wollene Strümpfe, die mit Hilfe eines Leibchens an zwei Knöpfen am Oberschenkel fest gespängelt wurden. Da ich ein wenig zu rundlich geworden war, spannte so manches Kleidungsstück unter den Armen. Und wenn ich mich auf einem Photo in einem rot karierten Kleid mit Krawatte sehe, erinnere ich mich sofort, wie verhasst es mir war. Es kniff und kratzte auf der Haut.

Die anderen Mädchen trugen zu dieser Zeit schon öfter mal lange Hosen. Das gab es für mich nicht. Da hatte ich keinerlei Mitspracherecht.

Meine Eltern waren vom Ehrgeiz für mich ergriffen und übten vom ersten Tag im Gymnasium an einen ungeheuren Zwang und Druck auf mich aus. Ich kam von der Schule nach Hause. Es wurde gegessen. Und dann musste ich lernen. Da gab es kein Rechts und kein Links mehr, kein freies Spielen, kein Auf-die-Straße-Laufen, weil man jemanden durchs Fenster draußen gesehen hatte.

Die Schule wurde mir dadurch völlig verleidet. Bei jeder schwereren Aufgabe, bei jeder verpatzten Klassenarbeit spukte mir der Gedanke im Kopf herum, dass das verhasste Pauken völlig überflüssig sei. Ich wollte keine Ärztin werden. Das stand für mich fest. Ich konnte kein Blut sehen. Krankheiten erschreckten mich. Und Kranke waren mir irgendwie unheimlich, wenn sie leiden mussten. Ich hatte Angst, ihnen zu helfen, weil ich Angst hatte, es falsch zu machen.

»Aber wenn ich das Abitur mache«, dachte ich, »muss ich auch Medizin studieren.« Mein Vater wollte es. Und wenn ich mit der Schule fertig wäre, würde er mir ganz einfach befehlen, Ärztin zu werden. Das durfte er, weil ich dann immer noch nicht volljährig sein würde. Die einzige Rettung war, kein Abitur zu machen.

Bewusst habe ich sicher nicht darauf hingearbeitet, das Gymnasium nicht zu schaffen. Unbewusst wohl schon. Um mir wenigstens manchmal etwas Luft von der ewigen Paukerei zu verschaffen, vermeldete ich zu Hause nicht mehr immer alle aufgetragenen Hausaufgaben. Manchmal trödelte ich auf dem Schulweg, sodass ich zu spät zum Unterricht kam, und schwänzte ein bisschen. Immer öfter lernte ich zu wenig oder auch mal gar nichts auswendig und ließ absichtlich oder aus Vergesslichkeit ein Buch oder ein Heft zu Hause oder in der Schule liegen. Schon nach der Sexta, der ersten Gymnasialklasse, sackten meine Noten ab.

Heute glaube ich, dass dies meine Art der stummen Rebellion gegen meinen Vater war, der mich auf diese Schule gezwungen hatte. Mich seinem Überanspruch durch schweigende Verweigerung zu entziehen, war ja die einzige Möglichkeit, die mir seine furchtbare Strenge ließ.

Ein weiterer Faktor meines schulischen Versagens war, dass ich mit den neuen Lehrerinnen und Lehrern nicht so problemlos zurechtkam wie in der Volksschule. Sie sahen nämlich gar nicht ein und verboten rigoros, dass ich immer wieder beklemmende Angst um meine Mutter empfand und speziell bei Gewitter dringend zu ihr nach Hause wollte.

In der Volksschule war dies kein Problem gewesen. Man hatte mich einfach gehen lassen, wenn mich dieser Drang überkam. Vielleicht sah man es als Spleen an, aber man legte mir keine Steine in den Weg, wenn ich sagte, dass ich meine Mutter nicht mehr länger allein lassen könne und zu ihr müsse. Man schüttelte nachsichtig den Kopf und ließ mich laufen. Man wusste ja, dass ich den ausgelassenen Lehrstoff leicht erfassen und schnell aufgeholt haben würde. Im Gymnasium war für solche Art Toleranz kein Raum. Doch die zweifache Enge des häuslichen und schulischen Leistungskorsetts erdrückte mich.

Warum ich immer wieder eine so tiefe Angst um meine Mutter hatte, weiß ich nicht so recht. Es hing wohl damit zusammen, dass sie sich wegen ihrer bäuerlichen Herkunft ganz besonders stark bei Gewitter fürchtete. Ein Blitzschlag hatte nur allzu oft das Niederbrennen des ganzen Hofes mitsamt Stallungen und Vieh oder der Scheunen nebst der dort eingebrachten Ernte vernichtet.

Als Landwirtstochter war sie von Kindesbeinen an der Natur so viel näher gewesen als ein Stadtmensch. Deren Unberechenbarkeit und die Ohnmacht des Menschen angesichts ihrer elementaren Gewalten war ihr bewusster als den Städtern, die sich so viel auf ihre Sicherungen und Blitzableiter zugute hielten.

Mein Vater lachte über ihre Angst, doch wenn ein Gewitter aufzog, musste im Haus jedes elektrische Licht gelöscht werden. Während des ganzen Unwetters lang betete meine Mutter sodann bei Kerzenschein, dass kein Blitz einschlagen möge. Und ich musste ihr beten helfen. Dieser Gedanke blieb mir immer als Pflicht bewusst.

Aber ich glaube auch, dass ich Angst hatte, weil ihr eigener Vater – ebenso wie der Vater meines Vaters – an einer schweren Krankheit verstorben war, als meine beiden Eltern noch Kinder waren. Mein Vater war beim Tod seines Vaters zehn Jahre alt, meine Mutter zwölf gewesen. Ihr jüngster Bruder, das fünfte Kind und der einzige Sohn, wurde erst nach dem Tod seines Vaters geboren.

Dieser Verlust war sicher oftmals Thema bei meinen beiden Großmüttern und auch bei meinen Eltern. Sie hatten es als Trauma erlebt, wie es ist, ohne Vater und männlichen Versorger aufzuwachsen. Anders als Kinder, die sich unter dem Tod nicht viel vorstellen können, wussten sie sehr genau, was er bedeutet. Dass der Tod einen Elternteil für immer fortreißen kann. Sie hatten ihre verzweifelten Mütter am Grab erlebt und die Angst um das tägliche Brot.

Ein solches Verlusttrauma prägt, wie ich heute weiß. Es erzeugt eine tiefe Lebensunsicherheit und Angst vor dem eigenen Sterben oder dem jederzeit möglichen, durch nichts zu verhindernden Verlust eines Menschen, den man liebt und braucht. Über einen solchen Verlust spricht man immer wieder. Auch mit den eigenen Kindern. Die Trauer breitet sich wie ein Leichentuch über die Hinterbliebenen aus. Und für lange Zeit scheint jedes Lachen im Haus wie ein Stich ins Herz der weinenden Mutter.

Ich kenne diesen Kummer und die Untröstlichkeit, seit mir mein Enkelkind entrissen wurde. Meine Mutter wird als Kind ähnlich um den Vater gelitten haben, den sie geliebt hat. Und sie hat später nicht minder um den Geliebten getrauert, den ihr der Krieg entriss. So bin ich sicher, dass sie vergleichbar tiefe Verlustängste hatte, wie ich sie heute empfinde und ihre Angstgefühle in der Kindheit auf mich übertrug.

Dass sie in einem Gewitter am Blitzschlag oder plötzlich an einer schlimmen Krankheit sterben und mich für immer allein lassen könnte, lag deshalb wie ein Stein auf meiner Seele.

Dass man mir im Gymnasium keine Sonderstellung einräumte, wenn ich glaubte, zu meiner Mutter eilen zu müssen, kränkte mich tief. Schließlich hatten meine Eltern mir immer zu verstehen gegeben, dass wir etwas Besseres seien. Die Ignoranz meiner anerzogenen Höherwertigkeit gegenüber erschien mir ungerecht. Wussten diese Lehrer etwa nicht, dass mein Vater Beamter und der wichtigste Mann der Stadt war, weil er alle Leute verheiratete? Sahen sie nicht, wie ihn jedermann auf der Straße erkannte und grüßte?

Warum behandelten sie mich so gemein und ließen mich nicht zu meiner Mutter, wenn ich dies wollte?

Irgendwie setzte sich in meinen Gefühlen der Eindruck fest, man missachte mich im Gymnasium. Die schmerzhaften Lehren und der Dünkel meiner Eltern hatten Wirkung gezeigt. Das kleine Mädchen, das sich gegen die elterlichen Anweisungen durch Schreien und Tränen zu wehren versuchte, war längst in mir verstummt. Ihre Härte hatte mir gezeigt, dass sie mich nur liebten, wenn ich brav und vorzeigbar war. Also war ich es, denn ich wollte, dass sie mich liebten. So war ich gewohnt, ihr Wort als einzige Wahrheit anzunehmen und fragte mich nie, was einen Beamten zu einem besseren und seine Familienangehörigen zu wertvolleren Menschen machte. Immerhin empfand ich mich als anders als meine Mitschülerinnen. Und wenn meine Eltern meinten, dies Anderssein sei das Zeichen des Besonderen und Besseren, war es so. Ich war wohl nur wieder einmal zu dumm, es zu begreifen.

Mein großes Dilemma war, dass meine Eltern auch von mir verlangten, ich solle mich nur mit Kindern abgeben, die diese Ehre verdienten.

Diese Anweisung hätte ich gern erfüllt. Aber ich begriff die Zusammenhänge nicht.

Es fiel mir auf, dass meine Eltern manche Menschen bewunderten und viele verachteten. Zusammenreimen konnte ich mir mit der Zeit, dass sie sich mit Leuten anfreundeten, die etwas hatten, was meine Eltern nicht besaßen, aber gern gehabt hätten. Ein Auto zum Beispiel. Unsere Wohnungsvermieter besaßen eines. Es war praktisch und nützlich, sie zum Freund zu haben, weil sie uns deshalb manchmal in den Urlaub mitnahmen. Weit ging die Fahrt zwar nie. Doch für mich war es wie eine Weltreise, hinten im Auto zu sitzen und die Welt an mir vorbeiflitzen zu sehen. Erst als ich selbst den Führerschein hatte, wurde mir bewusst, wie gering die Entfernung von daheim zum Ziel unserer Ausflüge tatsächlich gewesen war.

Selbstverständlich fiel mir auch auf, dass ich keine Freundinnen hatte. Niemand, der mich akzeptierte, erschien meinem Vater vornehm genug. Ein Arbeiterkind war für ihn das Letzte. Mit »so etwas« durfte ich mich nicht abgeben. Aber manche Arbeiter- oder Bauernkinder waren in der Schule viel besser als ich und netter als die Beamtenkinder. Die Beamtenkinder spielten nicht automatisch lieber mit mir als mit Arbeiter- oder Bauernkindern. Und keineswegs hatten Bauern- oder Arbeiterkinder immer weniger schöne Kleidung oder weniger Geld als Beamtenkinder. Irgendwie stimmte das elterliche Weltbild nicht. Aber so sehr ich mich auch bemühte, ich verstand es einfach nicht. Jedes Mal, wenn tatsächlich ein Mädchen aus der Schule zu mir nach Hause kam, mäkelte mein Vater an ihr herum und machte sie schlecht. Da hieß es: »Schau mal, Käthe, aus was für einer Familie die kommt.«

Meine Konsequenz daraus war, in die Außenseiterrolle zu schlüpfen, die es in jeder Schulklasse für eines der Kinder gibt, und mich darin seelisch einzurichten.

Die einzige Ausnahme von der noblen Tristesse des Beamtenlebens erfuhr ich bei meiner Oma auf dem Land, im Dorf meiner Mutter.

Eine meiner frühesten Kindheitserinnerungen ist der sonntägliche Kirchgang mit meiner Oma. Stolz trug sie aus diesem Anlass die schöne schwarze Sonntagstracht der Dörflerinnen und dazu einen mit einer großen schwarzen Schleife, dem »Schlupf«, geschmückten »Schlupfhut«. Dieser »Schlupf« bestand aus langen, breiten schwarzseidenen Bändern, die in der Mitte geschürzt und mit Hilfe eines festen Drahtes zu einer flügelartigen Riesenschleife gebunden wurden. Sie waren oberhalb des Scheitels auf einer schwarzseidenen Kappe befestigt, deren Boden am Hinterkopf mit schwarzen Perlen bestickt war, da meine Oma sowohl alt als auch Witwe war. Das Haar trug sie darunter zu einem Dutt aufgesteckt oder um den Kopf herum geflochten.

Neben meiner Oma inmitten all der anderen alten Frauen mit schwarzen Schlupfhüten in der Kirchenbank zu sitzen, erfüllte mich mit einem seltsam feierlichen Ernst.

Meine Mutter hätte nie im Leben einen solchen Schlupfhut getragen. Sie war ja modern und lebte in der Stadt, wo man sich modisch anstatt altmodisch kleidete. Doch für mich war dieser Hut der Inbegriff des Sonntags auf dem Dorf.

Daheim auf dem Bauernhof ging es herzlich und warm zu. Zwar wurde ich nicht verwöhnt und mit Geschenken bedacht, wie bei der Mutter meines Vaters, denn meine Oma im Dorf hatte mehrere Enkel und bevorzugte mich nicht. Aber sie selbst und alle anderen nahmen mich doch mal liebevoll in den Arm und lachten und drückten mich. Und wenn jemand einen kleinen oder dummen Fehler machte, war das nichts, wofür man groß geschimpft wurde und sich schämen musste. Fehler passierten. Man versuchte sie wieder gutzumachen. Und dann war es auch vorbei.

Für mich als Stadtkind mit Lackschuhen und weißen Strümpfen war es wie ein Abenteuer, mit der Oma und den anderen Verwandten meiner Mutter auf den Acker zu gehen, Kartoffeln zu ernten oder ins Heu zu fahren. Aufregend, spannend, laut und fröhlich, so empfand ich es. Für meinen Vater war es das Primitivste. Und meine Mutter weinte, wenn er dies so verächtlich sagte, weil er ihr dadurch zeigte, wie er sie für ihre Herkunft verachtete, obwohl sie seine Frau war.

Ich glaube, diese Verachtung spürte ich als Kind ganz instinktiv und war auch deshalb immer auf der Hut, meine Mutter zu beschützen. Ich verstand sie ja. Ich liebte ihre Leute und das Leben bei ihnen ebenso sehr wie sie selbst. Es war unser gemeinsames Schönstes, dort zu sein und uns in dieser familiären Herzlichkeit aufgenommen und geborgen zu fühlen. Ich war so unendlich froh, dass meine Mutter sich die Besuche bei ihrer Mutter niemals nehmen ließ, obwohl mein Vater immer dagegen war und ihr deshalb so oft das Leben schwer machte.

Diese gemeinsame Liebe beschwor für mich eine wortlose, niemals deutlich ausgesprochene, aber ganz tiefe Solidarität zwischen meiner Mutter und mir herauf. Und obwohl wir beide dem Vater stets gehorchten, bedeutete unsere Gemeinsamkeit eine ebenso wortlose Solidarität gegen ihn. Mit dem einen Makel, dass meine Mutter fast nie offen Partei für mich gegen meinen Vater ergriff. Sein Wort war ihr Gesetz und musste auch meines sein. Bestrafte mein Vater mich, so stand sie stumm mit mir leidend in der Küche oder schaute zu, sagte wohl auch mal, er solle es nicht gar so hart mit mir meinen, doch wäre es ihr nicht in den Sinn gekommen, dagegen einzuschreiten. Die Autorität meines Vaters und sein Recht, mich zu schlagen, standen für sie nie in Zweifel. Wenn er mich züchtigte, war es meine Schuld, dass Unfrieden im Haus herrschte.

Auf diese Weise lernte ich, in jedem Fall die Schuldige zu sein und jede Strafe zu verdienen. Die Angst vor Schuld und Strafe verhinderte kritisches Denken und Fragen. »Warum?« zu fragen oder eigenes Zuwiderhandeln erklären zu wollen, bedeuteten Ungehorsam. Und wehe dem!

So blieb alles, was ich dachte, tat oder sagte, an der Oberfläche. Das war ungefährlich, weil man sich sofort wieder ins Schweigen flüchten konnte. Nichts zu sagen, bedeutete, nichts Falsches zu sagen. Selbstständigkeit, Kritikfähigkeit, Konfliktfähigkeit und andere für das Erwachsenenleben wichtige Dinge lernte ich in meiner Kindheit und Jugend nicht. Brav reagierte ich auf Befehle und Erwartungen. Ich bemühte mich, zu gefallen und lieb zu sein, immer das »schöne Gesicht« zu zeigen, die »schöne Hand« zu reichen. Wenn ich »Ja«, sagte, wurde ich geliebt.

Meine Tante, eine Schwester meiner Mutter, die mich oftmals betreute, wenn meine Eltern für mehrere Tage Urlaub machten, hat wegen meines Schweigens viel geweint. Wenn sie am ersten Tag zu mir kam, sprach ich noch gern und eifrig mit ihr. Am zweiten Tag wusste ich schon weniger zu sagen und ab dem dritten Tag fast gar nichts mehr. Meine Tante legte mir dies als Bockigkeit und Ungezogenheit aus. Sie glaubte, ich spräche absichtlich nichts, um sie zu provozieren.

Ihre Tränen machten mich unglücklich und schuldbewusst. Ich hatte sie lieb. Aber zeigen konnte ich es ihr nicht. Stattdessen ließ ich ihre zornige Enttäuschung über mich ergehen und ertrug schweigend ihre Vorwürfe, wie undankbar ich doch sei.

Von damals her hatte ich Zeit meines Lebens einen tiefen Widerwillen gegen Besucher, die über Nacht oder mehrere Tage bei mir blieben. Ich hatte immer die Befürchtung, nach höchstens zwei drei Stunden nicht mehr zu wissen, was ich mit ihnen sprechen sollte.

1960, als ich zwölf Jahre alt war, wurde meine älteste Cousine, die Tochter einer Schwester meiner Mutter, schwanger. Ich glaube, sie war sechzehn oder siebzehn und unmündig, da man damals erst mit einundzwanzig Jahren volljährig wurde. Das heißt, sie brauchte eine schriftliche Heiratserlaubnis ihres Vaters.

Als das bekannt wurde, spottete mein Vater am lautesten. Seine Tochter, prahlte er, werde einmal nicht mit einem dicken Bauch kommen, weil sie eine Unterschrift zum Heiraten brauche. Dazu habe er sie viel zu gut erzogen. Sie wisse, was sie ihm schuldig sei und was sich gehöre.

Es stimmte ja, er hatte immer »den Daumen drauf«, wie er sagte. Trotzdem weiß ich noch wie heute, dass ich seine Gehässigkeit absolut nicht verstand. Irgendwer, vielleicht sogar meine Cousine, hatte mir gesagt, dass er selbst ja auch nicht die Katze im Sack gekauft hatte und meine Mutter heiraten musste, weil sie schwanger war. Und wie immer, wenn ich etwas als zutiefst ungerecht empfand, bewegte mich dies so sehr, dass ich meine Angst vor Strafe überwinden und versuchen konnte, das Unrecht abzustellen. So fragte ich meinen Vater, wieso er so schlecht von meiner Cousine dachte. Ich rechnete damit, dass er wütend werden würde. Stattdessen meinte er lapidar: »Das verstehst du nicht. Damals waren andere Zeiten.«

Damals nahm ich das so hin. Ich verstand es ja wirklich nicht.

Heute denke ich: »Wie einfach.« Ein kleiner Satz, und schon mussten mein Vater und meine Mutter für sich und ihre eigenen Fehler keine Verantwortung mehr übernehmen. Nicht sie selbst, sondern »die Zeiten« waren schuld, dass Mutter sich Vater hingegeben und er sie geschwängert hatte, ehe sie verheiratet waren. Die Zeiten waren auch schuld, dass er sie erst heiratete, als es nicht mehr anders ging. Die Zeiten, nicht sie selbst. Und schon gar nicht die Liebe.

Seine Arroganz, die mich wieder einmal zu etwas Besserem hochstilisierte, rief neue Angst hervor. Ich hatte zwar noch keinen Freund, aber ich hatte bereits von Kind an ein ganz spezielles Gefühl dafür entwickelt, ob ich neben einem

Jungen oder einem Mädchen saß oder mit einem Jungen spielte. Ich kann nicht erklären, worin der Unterschied bestand, aber ich empfand ihn sehr deutlich. Und natürlich war auch ich neugierig darauf, wie es wohl mit einem Mann wäre.

Meine Cousine schwanger zu sehen und das Geprahle meines Vaters zu hören, versetzte mich aber nicht nur wegen meiner diffusen Gefühle für Jungen in Schrecken, sondern weil ich zeitgleich mit ihrer Schwangerschaft erstmals Regelblutungen bekommen hatte. Sie überfielen mich in der Nacht und ich dachte, dass ich jetzt sterben müsse. Angstvoll rüttelte ich meine Mutter wach.

»Was ist?«, fragte sie und drückte mir auf mein stummes Vorzeigen der Bescherung hin mit größter Selbstverständlichkeit eine Stoffbinde, die damals üblich war, in die Hand, erklärte mir deren Handhabung und sagte: »So, das hast du jetzt alle vier Wochen.«

Dann, schon auf dem Weg zurück ins Bett, über die Schulter die Frage: »Glaubst du noch an den Klapperstorch?«

»Nein«, schüttelte ich den Kopf, denn mir war klar, dass der Storch, den es in unseren Breiten zahlreich in den Wiesen gab, keine Babys bringt. Mehr wusste ich allerdings nicht.

»Gut«, sagte meine Mutter. »Also halt dich von den Buben fern.«

Das war meine Aufklärung. Meine Ängste vor einer ungewollten Schwangerschaft vor der Ehe nahm sie mir zwar nicht, doch einen Vorteil hatte dies Neue in meinem Leben immerhin: Am nächsten Morgen musste ich nicht zur Schule gehen.

Als ich im Gymnasium die Quinta und mühsam auch noch die Quarta erreichte, saß ich mit 13 Jahren schulisch auf dem absteigenden Ast. Und mein Vater schlug. Mit der Hand, mit dem Kochlöffel oder mit dem Lederriemen, das spielte keine Rolle. Ich wagte es, ihn, den Herrn Beamten, durch meine schulischen Misserfolge zu blamieren.

Wegen mir, so meinte er, spotteten die Leute über den »Kärele« und seine Tochter, den dummen Bauerntrampel, der nun wohl doch keine Frau Doktor werden würde. Tatsächlich hatten sie wohl eher Mitleid mit mir und grinsten über ihn, der so oft mit mir geprahlt hatte. »Hochmut kommt eben vor dem Fall«, meinten sie, ließen sich von ihm den Wein am Stammtisch bezahlen, wenn er wieder einmal Runden schmiss, und schabten hinter seinem Rücken schadenfroh die Zeigefinger aneinander.

Wenn mein Vater schlug, kannte er keine Hemmungen. Es kommt mir heute so vor, als habe sich auf meinem Kopf und Rücken sein ganzer unterdrückter Frust über mein unerwünschtes Dasein entladen. Meinetwegen hatte er heiraten müssen. Und es hatte sich nicht einmal gelohnt, da ich kein Sohn geworden war. Ja, so dachte er. Nicht, dass er es war, der ein Kind gezeugt hatte, für das er sorgen musste. Nicht, dass es seine eigene Entscheidung und Verantwortung gewesen war, mit meiner Mutter ins Heu oder Bett zu steigen. Nicht, dass kein Kind sich aussucht und frei darüber entscheidet, ob und wann und als was es welchen Eltern geboren werden will.

Nein, es war meine Schuld. Wegen mir hatte mein Vater eine ältere Frau nehmen müssen, für die er nicht der Erste gewesen war. Zu allem Übel war sie für einen Beamten nicht einmal standesgemäß gewesen, brachte keine anständige Mitgift in die Ehe und noch dazu weder einen Stammhalter, geschweige denn weitere Kinder zur Welt. Wegen mir war ihm vielleicht das Beste im Leben entgangen. Wegen mir hatte er nichts vom Leben, sondern musste sein Geld zusammenhalten und Opfer bringen, damit er seine Familie ernähren konnte. Ich glaube, wenn ihm beim Prügeln der Arm nicht wehgetan hätte, hätte er nicht mehr aufgehört.

In meiner Angst sagte ich immer öfter gar nichts mehr, wenn wir eine Klassenarbeiten geschrieben hatten und fälschte seine Unterschrift unter den schlechten Noten. Dass dies nur einen kurzen Aufschub bedeutete und die Strafen umso härter ausfallen würden, wenn das Zeugnis da wäre und ihm vorgelegt werden musste, bedachte ich nicht. Ich bekam es aber zu spüren. Und hörte und dachte bei jedem Schlag nur immer: »Deine eigene Schuld! Deine eigene Schuld!«

Wie neidvoll sah ich andere Kinder an, deren Eltern den Lehrer zur Rede stellten, wenn er mit dem Rohrstock über die Finger geschlagen hatte. Obwohl damals die Prügelstrafe an den Schulen schon offiziell abgeschafft worden war, wandten manche Lehrer sie immer noch an. Doch nur wenige Eltern waren bereit, den ganzen Tag dick aufgeschwollene Striemen an den Fingergelenken und Handflächen der Kinder billigend hinzunehmen.

Wenn ich mit solchen Händen heimkam, konnte ich tausendmal beteuern, dass ich nichts angestellt hatte. Tatsächlich bestrafte der Lehrer immer wieder die gesamte Klasse, weil irgendeiner Unsinn gemacht hatte. Die Schläge sollten dazu führen, dass der Täter oder die Täterin verraten wurden. Vor allem aber sollte die Angst vor weiteren Schlägen bewirken, dass beim nächsten Mal alle sofort gegen einen aussagen würden, um selbst mit heiler Haut davonzukommen.

Andere Eltern glaubten ihren Kindern. Mein Vater glaubte mir nicht. Im Gegenteil, er ließ mich wie um mein Leben reden und erklären und beteuern und versichern. Danach bekam ich von ihm zusätzlich mein Fett weg und wurde doppelt bestraft. In seinen Augen war ich ja immer schuld. Nach dem Motto: »Wer sich verteidigt, klagt sich an.« Oder: »Wer schweigt, gesteht.« Wenn ich tatsächlich nicht schuld gewesen sein sollte, hieß es, dann würde ich es doch beim nächsten Mal sein und hatte die Abreibung vorbeugend verdient.

Und meine Mutter, die ich manchmal um Hilfe anflehte und dass sie mir doch glauben solle, sagte nur: »Der Vater wird's schon wissen.«

Ich begann, meinen Vater zu verachten, weil er in meinen Augen nichts konnte. Er war einer dieser »Bleistiftspitzer«, dieser »Ärmelschonerträger«. Wenn es galt, auch nur das Geringste im Haus zu richten, brachte er nichts zu Wege. Allenfalls das Fegen des Hofes gelang. »Typisch Beamter«, wie man in Mutters Familienkreis viel sagend betonte.

Es schien mir kein Wunder, dass ihn weder in der Stadt noch im Dorf einer ernst nahm und er Zeit seines Lebens nicht wie ein erwachsener Mann, sondern bei seinem Kindernamen »Kärele« gerufen wurde.

Zugleich hasste ich ihn, weil er mich schlug und als dumme Versagerin hinstellte, die ihm nie und nimmermehr auch nur das Geringste recht machen konnte. Und weil er meine Mutter demütigte, nur weil sie vom Bauernhof kam.

Heute ist mir klar, dass ich bis zu seinem Tod um seine Liebe gekämpft habe. Immer in der Hoffnung, er werde mich eines Tages doch endlich lieb haben, mich beschützen und in den Arm nehmen, tat ich alles, was er von mir erwartete und verlangte, ohne Widerworte. Seine Herzenskälte machte mich zu einem Schatten des Menschen, der ich vielleicht geworden wäre, wenn er mich geliebt und geachtet hätte. Doch statt Selbstvertrauen und Selbstbewusstsein weckte er

Angst und Schuldbewusstsein in mir sowie das fast unauslöschliche Wissen, dass ich ein wertloser Mensch sei, der selbst für Schläge dankbar sein müsse.

Wenn mein Vater mich schlug, so schlug er mich ja aus Liebe und nur, weil er mein Bestes wollte. Das wurde mir so eingetrichtert wie das Amen in der Kirche. Dabei half die Bibel, in der es heißt: »Wer sein Kind liebt, der züchtigt es.«

Wie oft bekam ich zu hören, dass er mich ja nicht schlagen wolle. Dass er mich nie schlagen würde, wenn ich ihn nicht dazu zwingen würde. Dass es ihm selbst viel größere Schmerzen bereite als mir, wenn er mich schlagen müsse. Dass alles meine eigene Schuld sei.

Evangelisch getauft, hatte ich zwei Jahre im Katecheten- und anschließenden Konfirmandenunterricht verbracht. Das Wort Gottes war mir vertraut. Die Zehn Gebote hatten wir auswendig gelernt. Ich wusste, dass das Verb »züchtigen« zwar auch »schlagen« bedeutet, aber von »Zucht und Ordnung« und somit von dem Begriff des Erziehens stammt. Nur, wer gegen Zucht und Ordnung verstoßen hat, muss durch Schlagen erzogen werden. Aus Liebe. Damit man gebessert werde.

Ebenso wusste ich, dass Kinder ihre Eltern »ehren« sollen.

Wie sehr musste ich folglich meinen Vater »ehren« und ihm dankbar für die große Liebe sein, die er mir so selbstlos schenkte, indem er mich trotz seines eigenen dabei empfundenen Schmerzes bis zur Ermattung prügelte, nur um mein Bestes zu wecken. Und wie schlecht war ich, dass ich nicht dankbar war.

Wie oft grübelte ich in späteren Jahren über die Frage meiner subjektiv empfundenen und objektiv tatsächlichen

Schuld nach. Dabei stand mir über Jahrzehnte das Bewusstsein im Weg, dass man an Vaters allgemeinem Auftreten und dem Umgangston in meiner Familie sah, welch hochseriöser Mann er war. Schimpfwörter zum Beispiel gab es bei uns nicht. Noch heute käme es mir nicht in den Sinn, von meinem Vater oder gar meinem Ehemann als meinem »Alten« zu sprechen. Ebenso wenig sage ich »der hat« oder »die hat«. Das ist immer »er hat« oder »sie hat«, weil es mir sonst zu abwertend vorkäme. Und obwohl ich nun schon in einem Alter bin, dem wir als Kinder Respekt erwiesen, indem wir zum Beispiel Platz im Bus oder Zug machten und von unserem eigenen Sitz aufstanden, ist es mir immer noch selbstverständlich, für Schwangere oder hinfällige Menschen aufzustehen.

Als Kind schien mir, es könne angesichts der elterlichen Makellosigkeit und Vorbildlichkeit keinerlei Zweifel geben. Da ich von so ehrenwerten Eltern gestraft wurde, war ich eindeutig die Böse, die Strafe verdiente. Auch wenn ich selten wusste, wie es schon wieder dazu gekommen war, fühlte ich mich schuldig, wenn mein Vater ausrastete. Irgendwie musste ich ihn dann ja wieder so tief enttäuscht und ihm so wehgetan haben, dass er mein Bestes nicht im Guten erreichen, sondern im Bösen aus mir herausprügeln musste.

Erst, wenn ich vor Schmerzen zum Nichts wurde, wenn ich innerlich und äußerlich nicht nur weich, sondern mürbe war, sah er die bessere Einsicht in mir durchbrechen. Erst dann begriff ich seiner Ansicht nach, dass ich wieder einmal eine Schuld auf mich geladen hatte. Erst wenn ich keine Erklärungen mehr hatte und nichts mehr zu entschuldigen versuchte, hatte ich den Zustand der wortlosen Reue erreicht. Erst dann schien ich zumindest in Gedanken fähig, voll Dankbarkeit die strafende Hand zu küssen, die in Wahrheit ja eine liebende Hand war. Meines Vaters liebende Hand, welche meinetwegen unschuldig Schmerzen litt, weil es so anstrengend gewesen war, mich zu meinem Besten zu bekehren.

»Ihr Vater liebt Sie!«, meinte einmal ein Arzt, der mich in einer psychologischen Klinik behandelte. Das habe mein Vater ihm selbst gesagt.

Zu ihm hatte er es vielleicht gesagt – nicht aber zu mir. Ich hätte alles dafür gegeben, wenn er dies je zu mir gesagt hätte. Ich habe so inständig darauf gewartet, habe jede freundliche Geste von ihm wie ein Schwamm in mich aufgesogen und in Hoffnung verwandelt. Noch nicht einmal dann, als mein Vater zu mir sagte: »Du bist ja nicht mehr wert, als totgeschlagen zu werden!«, konnte ich diese Hoffnung aufgeben.

Und dennoch hasste ich ihn bereits als Kind immer mehr, hatte aber zugleich die schwersten Schuldgefühle deswegen. Immer öfter malte ich mir aus, wie es wäre, von zu Hause auszureißen und endlich angstfrei zu leben. Einmal, als ich noch klein war, versuchte ich es sogar. Da packte ich mein Kinderköfferchen und ging an meinen Eltern vorbei auf die Straße und wollte fort. Und wie ich kaum hinter dem Gartenzaun war, erschien mir die weite Welt so Furcht erregend, dass ich laut schreiend kehrtmachte und an meinen lachenden Eltern vorbei ins Haus zurückrannte. Damals wollte ich zum ersten Mal nicht mehr weiterleben.

So war ich bis zu meiner Konfirmation allmählich vom Prestige- und Vorzeigekind zum »Sargnagel« meiner Eltern geworden. Eine Schande für die ganze Familie.

»Schmuse doch mal mit Vati!«, sagte meine Mutter, als ich wieder einmal mit einer schlechten Note nach Hause gekommen war. Da sie wusste, dass ich zu enge Berührungen kaum aushalten konnte, legte sie ganz leicht den Arm um mich und streichelte mich dabei ein wenig. Das war schön bis unter die Haut. Vielleicht meinte sie, es würde genügen, wenn ich meinem Vater auf diese Weise schöntun würde, als sie hinzufügte: »Wenn du ein bisschen mit ihm schmusen würdest, könntest du ihn um den Finger wickeln.«

Sicher sprach da die eigene Erfahrung aus ihr. Und ihr mochte dies ja auch gelingen. Aber ich konnte nicht mit ihm schmusen. Nicht nur mit ihm nicht; ich konnte es überhaupt nicht. Mit derartigen Gesten habe ich bis heute Schwierigkeiten. Ich glaube, wer als Kind so massiv geschlagen wird oder wurde wie ich, erträgt Hände eines Tages nicht mehr gut auf der Haut.

Die vielleicht einzige Gelegenheit, bei der mein Vater mich in den Armen hielt, war beim Tanzen. Insbesondere am Sonntagmorgen, wenn meine Mutter kochte und schöne Musik im Radio lief, tanzte er mit mir. Wenngleich er kein flotter Tänzer war, tanzte er doch taktsicher und mit einer langsamen, aber schönen Bewegung. Ich habe gut mit ihm getanzt. Nur die Nähe zwischen uns ertrug ich schlecht.

Ohne Schmusen, doch unter Prügeln und Tränen quälte ich mich also zum zweiten Mal durch die Quarta, die dritte Klasse im Gymnasium. Ich glaube, ich hatte schon viel zu viel Angst vor dem ständigen Versagen und den Misserfolgen sowie der sichtlichen Missachtung, die mir von den Lehrern und den erfolgreicheren Mitschülern entgegenschlug, sodass nichts mehr in meinem Gedächtnis haften blieb. Jemand, der eine »Ehrenrunde drehen« musste, wurde besonders von den alten Lehrern gern vor der Klasse vorgeführt, als gäbe noch die Eselskappe, mit der man als dummer Schüler in der Ecke stehen musste.

Jedenfalls schrieb ich trotz des bereits bekannten Unterrichtsstoffes weiterhin schlechte Noten. Und endlich, als ich die Klasse abermals nicht bewältigte, hatten meine Eltern ein Einsehen. Ich durfte vom Gymnasium abgehen.

Auch meine Konfirmation am 31. März 1963 war wie eine Bestätigung dieser Zäsur zum Ende der Kindheit und Schulmädchenzeit. Angesichts des schulischen Desasters hatte es mir gut getan, zwei Jahre lang mit der Jungschar und später dem Mädchenkreis zusammen zu sein und zum Abschluss ein großes Familienfest zu feiern. Mit dem Empfang des Abendmahls wurde ich als vollwertiges Kirchengemeindemitglied aufgenommen. Und mit dem Konfirmationskleid trug ich nicht nur die ersten hochhackigen Schuhe, sondern gehörte von nun an in gewisser Weise zu den Erwachsenen.

Ohne mittlere Reife, nur mit dem Abschlusszeugnis der Quarta in Händen, jedoch immer noch mit dem Ziel vor Augen, Säuglingsschwester zu werden, ließ ich die Schulzeit zugleich beschämt und erleichtert hinter mir.

Da ich meinen Vater mit meinem schulischen Versagen absolut enttäuscht hatte, nahm sich meine Mutter meiner beruflichen Zukunft stärker an als zuvor.

Im Alter von fünfzehn Jahren hatte ich keine Möglichkeit, mit der erst ab dem achtzehnten Lebensjahr möglichen Ausbildung im Krankenhaus zu beginnen. Als Übergangslösung wurde uns empfohlen, die erforderliche Wartezeit mit dem Besuch der Haushaltungsschule zu überbrücken.

Dies erschien meinen Eltern für ein Mädchen passend, da ich ja doch einmal heiraten würde und mein künftiger Ehemann dann sicher froh wäre, in mir eine gute Hausfrau zu haben. Ich selbst hatte nichts dagegen, da mir das Endziel im Säuglingszimmer der Entbindungsstation vor Augen stand.

Pünktlich zum Schulbeginn im April 1963 begann der Unterricht. Ich hätte auch gern recht viel gelernt, doch herrschte Lehrermangel. Folglich fielen die meisten Unterrichtsstunden aus. Genau das, was vermieden werden sollte, trat ein: Ich saß untätig zu Hause herum.

Um diesem Faulenzerdasein ein Ende zu bereiten, nahm meine Mutter Kontakt zu einer Säuglingsschwester im Krankenhaus auf. Von ihr brachte sie in Erfahrung, dass die Haushaltungsschule mir wenig bringe, es hingegen wünschenswert sei, zuvor noch eine andere Lehre zu absolvieren. Das war natürlich Wasser auf die Mühlen meiner Eltern. Prompt wirkten sie entsprechend auf mich ein.

Da ich von der höheren Schule kam, hatte ich zu dieser Zeit trotz des fehlenden Schulabschlusses bessere Chancen auf eine gute Lehrstelle als ein Volksschüler. Also sollte ich einen anständigen Beruf erlernen.

Eine Bürolehre erschien meinen Eltern genau richtig für mich. Das aber lehnte ich mit seltener Entschlossenheit ab, denn ich wollte nicht einsam hinter der Schreibmaschine sitzen, sondern mit Menschen zu tun haben. Wenn schon nicht mit Babys, dann doch wenigstens im Verkauf mit Kunden. Verkäuferin, das konnte ich mir vorstellen.

Für mich war damals bereits klar, dass ich niemals mehr Säuglingsschwester werden würde.

Zwei Ausbildungen würde mir mein Vater nicht gestatten. Um mich gefügig zu machen, gab er jetzt erst einmal vor, dass ich meinen Willen eines Tages bekäme. Aber ich war überzeugt, dass er mich damit nur in Sicherheit wiegen wollte. Sicher dachte er, in drei Jahren könne viel passieren.

Etwas half mir allerdings, auf meinen Traumberuf zu verzichten. Die Säuglingsschwester im Krankenhaus hatte meiner Mutter erzählt, dass der Berufsalltag nicht nur aus Babywickeln und Fläschchengeben, sondern auch aus medizinischen Aufgaben bestand. In meiner Naivität hatte ich das nicht erwartet. Blut und Krankheiten waren seit jeher ein Gräuel für mich. Zwar litt ich mit den Betroffenen und wollte ihnen auch gern helfen, doch war es mir wegen meiner ständigen Angst, das Falsche zu tun, fast unmöglich.

Unglücklich gab ich meinen so lange gehegten Kindheitswunsch endgültig auf und passte mich den Berufsplänen meiner Eltern an. Tränen musste ich mir verkneifen.

»Du hast ja selbst Schuld«, sagte meine Mutter. »Wenn du wenigstens die mittlere Reife geschafft hättest. Wir haben alles für dich getan, was wir konnten, damit du es zu etwas bringst. Aber du warst zu faul. Du hast das alles gewollt – also, jetzt hast du's.«

Natürlich sah ich das ein. Anderen Kindern, die schlecht in der Schule waren, hatten die Eltern zwar geholfen. Ich verdiente das jedoch nicht. Ich war ja eine Schande für meine Eltern und brachte sie ins Gerede.

Es war dumm von mir, traurig und neidisch zu sein, dass andere Eltern ihren Kindern im Gymnasium Mut gemacht hatten, wenn eine Klassenarbeit danebengegangen war, anstatt zu toben und zum Stock zu greifen. Diese Kinder kamen nach der Notenkatastrophe mit frischem Mut in die nächste Unterrichtsstunde und hatten keine Angst, wenn sie vom Lehrer aufgerufen wurden oder an die Tafel mussten. Sie trauten sich sogar zu fragen, wenn sie etwas nicht verstanden hatten. Wenn sie die Hausaufgaben einmal nicht fertig brachten, konnten sie dem Lehrer freiheraus sagen, dass sie es versucht, aber nicht geschafft hatten. Und dann erklärte er es nochmals.

Diesen Kindern gegenüber hätte auch kein Lehrer gewagt, sie ganz offen ungerecht zu behandeln. Bei mir ging das schon. Ich war ja ein Nichts, ein Niemand. Hinter mir stand keiner, der mir glaubte. Für meine Eltern waren die Lehrer Götter. Sie waren ja Beamte, also meinem Vater gleich gestellt. Respektspersonen. Eingeschworen auf den Staat, mit angewachsener weißer Weste.

Obwohl sie mir die Schuld gaben, dass ich nicht Säuglingsschwester werden konnte, waren meine Eltern froh, dass ich diese fixe Idee aufgegeben hatte. Ja, wenn es eine Kinderärztin gewesen wäre! Aber so war es für meinen Vater ohnehin kein Beruf, mit dem er hätte angeben können.

In seiner Erleichterung ließ er sich dazu herab, mir eine Lehre als Einzelhandelskauffrau in einem Haushalts- und Eisenwarengeschäft zu gestatten. Im Umgang mit Kundschaft und im Service glaubte ich beruflich glücklich werden zu können. Dass ich dies nur deshalb so dringend wollte, weil ich mich an Silvester heimlich in einen Jungen aus dem Heimatdorf meiner Mutter verguckt hatte, der dort arbeitete, ahnte er ja nicht. Der Junge übrigens auch nicht.

Mit einem halben Jahr Verzögerung nahm ich im November 1963 meine Lehre auf. Wegen der Jahre auf dem Gymnasium war ich ein bevorzugter Lehrling. Man sah kein Problem darin, dass ich in der Berufsschule und Lehre verspätet einstieg. Tatsächlich hielt ich in der Handelsschule, in der ich die Einzelhandelsklasse besuchte, leicht mit den Besten mit. Mit einer schönen, klaren Schrift fiel ich wegen meiner orthographischen Sicherheit auf. Ich wurde gelobt und anerkannt. Mein Chef hatte ein wohlwollendes Augenmerk auf mich. Und schon machte das Lernen wieder Spaß.

Schwer fiel mir in der Schule und Lehre nur eines, die Isolation inmitten Gleichaltriger. Erstmals empfand ich wirklich schmerzhaft, dass die mir eingetrichterte Besonderheit eine starke Gehemmtheit im Umgang mit anderen nach sich zog und nun zur totalen Ausgrenzung zu führen drohte. Permanent quälten mich innere Fragen wie: »Was denken die jetzt von mir? Was reden sie über mich? Was erwarten sie von mir? Wie soll ich sein? Wie mache ich alles richtig? Lachen sie über mich? Habe ich schon wieder alles falsch gemacht? Passen sie überhaupt zu mir? Muss ich mich mit ihnen schämen?«

Ich wollte so gern dazugehören. Aber ich hatte nicht gelernt, unbekümmert etwas mit Gleichaltrigen anfangen zu können.

Schon als Kind konnte ich ja nur mit anderen, mir fremden Kindern spielen, wenn diese mich von sich aus einbezogen. Das war besonders auffällig, wenn meine Eltern mit mir an einen Baggersee radelten. Meist spielten dort Kinder im Sand oder Kies, die ich nicht kannte. Genau wie sie packte ich meine Sachen aus und patschte im Wasser herum. Doch wenn andere Kinder nicht von sich aus zu mir kamen und mit mir spielen wollten, blieb ich stets schüchtern in einiger Entfernung für mich allein und schaute ihnen bloß sehnsüchtig zu.

Es tat so weh, auch in der Berufsschule und Lehre unaufhörlich mit diesem Handicap zu leben. Es war, als sei ich in mir selbst eingesperrt und nur von außen könne der Käfig geöffnet werden. Ich erwartete automatisch, dass alle Leute mich ebenso taxierten wie ich sie. Und ich nahm es als gegeben an, dass ich anderen Jugendlichen oder ihren Eltern ebenso wenig genügen würde, wie sie dem Anspruch meiner Eltern genügen konnten. Erst wenn sie mich von sich aus in irgendetwas einbezogen, taute ich auf. Sie mussten mir sozusagen die Erlaubnis dazu geben, indem sie es waren, die den Kontakt herstellten. Mein Wille war ja unwichtig.

Aber was sollte man schon mit einer anfangen, die nirgends hindurfte, nie mit den anderen mitgehen, keine Party geben und keinen zu sich einladen konnte? So eine war langweilig. Folglich kamen sie nur selten auf mich zu.

So fühlte ich mich immer wieder wie hinter der hohen Wand meines Albtraums: Ausgeschlossen vom Leben und abgeriegelt von aller Liebe, gnadenlos allein. Und ich hatte Angst, dass dieser Albtraum für mein ganzes Leben wahr würde. Auch wenn ich nicht wusste, wie und warum. Mit meiner verzweifelten Sehnsucht nach Zuneigung und Freundschaft stand ich oft so unendlich allein, dass ich jeden angenommen, mich mit jedem befreundet, mich auf alles eingelassen hätte, wenn er denn nur Interesse an mir gehabt hätte.

Dennoch gelang es mir irgendwann, in der Klasse akzeptiert zu werden. Es war wie immer, man gewöhnte sich an mich und mein Anderssein. Eines der Mädchen wurde sogar meine Freundin und zog mich allmählich in eine Clique hinein, obwohl ich nur selten Gelegenheit hatte, etwas mit ihnen gemeinsam zu unternehmen.

Statt mich mit Gleichaltrigen ins Leben hineinwachsen zu lassen und mir die sprichwörtlichen Flügel zu geben, trieb meine Eltern ja die große Angst um mein Wohlverhalten und ihr eigenes Ansehen um. Ständig behielten sie mich im Auge. Am liebsten hätten sie mir einen Keuschheitsgürtel angelegt, damit in einer unbewachten Sekunde nur ja nichts »passierte«.

Damals schrieben wir die sechziger Jahre. Toupierte Haare, *Courrège*-Mode und kniehohe Stiefel kamen auf. Aus

Geburtstagfeiern wurden Partys. Statt Liedern gab's nun Songs. Langhaarige hießen Hippies. Mädchen und Jungen kamen in einer bis dahin nie gekannten Ungezwungenheit zusammen. Beatmusik dröhnte aus dem Radio. Die Eltern verteufelten sie als Affenmusik aus dem Urwald. Die Jugend wurde zu Fans. Mädchen kreischten sich in Ohnmachtsanfälle, wenn die Pilzköpfe auf der Bühne standen. Jungs ließen sich die Haare nicht mehr schneiden und machten in ihren Schlaghosen auf »cool«.

Meine Eltern verstanden die Welt nicht mehr. Als äußerstes Zugeständnis an die neue Zeit rang meine Mutter Vater ab, dass ich meine schulterlangen Haare anlässlich der Konfirmation abschneiden und einen modischeren Haarschnitt tragen durfte. Meine Kleider wurden jedoch nach wie vor unter dem Aspekt des Haltbaren und Ordentlichen geschneidert, statt im neuen Chic von der Stange gekauft. Und wenn die anderen Mädchen ins Kino gingen, wo die ersten Aufklärungsfilme Furore machten, oder nach dem Motto: »*Let's twist again!*« zum Tanzen und auf private Partys zogen, trottete ich mit den Eltern und ihren Freunden aus dem Wanderverein auf Wald- und Wiesenwegen durch Gottes schöne Natur. Inmitten all der älteren Wandervögel hatte ich das liebe, brave Vorzeigeküken zu sein.

Und doch nutzte letztendlich selbst diese Bewachung nichts, als ich mich zum ersten Mal bis über beide Ohren verliebte.

Meinen Schwarm lernte ich auf der ersten Geburtstagsparty meines Lebens kennen. Die Einladung hatte ich annehmen dürfen, weil der Vater meiner Freundin aus der Berufsschulklasse ebenfalls Beamter war und seiner Tochter erlaubt hatte, auf besagte Party zu gehen. Als meine Freundin dies meinem Vater mitteilte, wagte er nicht, mir die Erlaubnis zu verweigern. Also durfte ich tatsächlich auf etwas so Unanständiges wie eine Party mitgehen.

Und da war er, der Bruder des Geburtstagskinds. Ein hübscher Kerl, vier oder fünf Jahre älter als sich. Und er interessierte sich sofort für mich und nicht im Geringsten für meine Freundin, obwohl sie ihm schöne Augen machte. Als er mich um ein Rendezvous bat, schlug mir das Herz bis zum Hals, dass ich dachte, er müsste es hören. Ich hätte alles getan, um ihn wiederzusehen. Es war mir sogar egal, dass meine einzige Freundin sich ebenfalls in ihn verknallt hatte und mir auf ewig böse war, dass ich ihr den Jungen ausgespannt hatte. Obwohl – es war mir nicht wirklich egal. Heimlich war ich stolz darauf und kam mir vor wie im Traum.

Meine Eltern waren zu dieser Zeit im Urlaub. Als meine Aufpasser waren die Hauswirte aus dem Stockwerk über uns bestellt. Natürlich hatten sie unseren Wohnungsschlüssel und durften mir Anweisungen geben. Niemals hätten sie mir erlaubt, allein auszugehen. Sie wussten ja, was meine Eltern von ihnen erwarteten. Ich hingegen war wie elektrisiert von diesem Wahnsinnsgefühl, zum ersten Mal im Leben einen Verehrer zu haben, der sich etwas aus mir machte. Urplötzlich verlor ich alle Angst. Mit einem Mut, den ich mir niemals zugetraut hätte, kletterte ich klammheimlich zum Fenster hinaus. Der erste Stock war bei uns zwar ziemlich hoch, doch unter dem Fenster hing eine Leiter. Darauf konnte ich stehen und dann nach unten springen.

Da ich sportlich genug war, um auf demselben Wege unbemerkt wieder ins Zimmer zurückzugelangen, war es von nun an öfter kein unüberwindliches Problem mehr, mich mit meinem Schatz und unserer Clique zu treffen.

Man darf sich unser erstes und alle folgenden Rendezvous jedoch trotz meines Wagemuts nicht wie bei der heutigen Jugend denken. Wir waren schüchtern und in gewisser Weise unschuldig. Daher erwartete ich auch nicht, dass es zu mehr als einem Flirt und freundschaftlichen Gesprächen kommen würde. Als er mich zum Tanzen in einen der damals gerade aufkommenden »Beatschuppen« einlud, war ich überglücklich.

Ich begriff gar nicht, wieso mich die anderen aus unserer Clique bei weiteren heimlichen Treffen und Tanzveranstaltungen immer wieder mit so einem komischen Grinsen fragten, ob mir denn neben ihm nicht ganz besonders warm wäre. »Nein. Warum? Ich schwitze nicht«, erklärte ich und ärgerte mich über das alberne Kichern. Erst viele Jahre später erfuhr ich, dass es Homosexualität gibt.

Irgendwann nach zweijähriger Lehrzeit brannten bei mir erstmals die psychischen Sicherungen durch. Inzwischen war ich knapp 17. Meine Arbeitswoche umfasste sechs Tage. Zusätzlich zum Berufsschulpensum war ich täglich im Verkauf beschäftigt. Das bedeutete, von früh bis spät flink auf den Beinen zu sein. Obwohl ich noch nicht ausgelernt hatte, blieben immer nur wenige Sonntagsstunden Freizeit. Ausschlafen kannte ich gar nicht mehr, denn wenn ich mich am Samstagabend zum Tanz geschlichen hatte, hieß es selbstverständlich am Sonntagfrüh, aus den Federn zu steigen und den Gottesdienst zu besuchen.

Schlimmer als die körperliche Belastung war für mich jedoch, dass ich mir alles Negative zu Herzen nahm. Als Lehrling musste man sich in der damaligen Zeit viel gefallen lassen. Es hieß nicht umsonst: »Lehrjahre sind keine Herrenjahre.«

Mein Chef war nicht mehr der Jüngste und wurde von Tag zu Tag vergesslicher. In der einen Stunde vergab er einen Auftrag. In der nächsten schon putzte er einen herunter, weil man diesen Auftrag ausgeführt hatte, er sich jedoch nicht mehr daran erinnerte. Da hieß es, man sei faul oder eigenmächtig, nehme sich etwas heraus oder mache alles falsch. Unter diesen Launen und ungerechten Schimpftiraden litt ich sehr. Das bisschen Selbstvertrauen, das ich mir in der Berufsschule errungen hatte, verflog rasch.

Immer öfter fiel ich morgens, wenn ich aufstand und zur Arbeit gehen sollte, in Ohnmacht. Diese Absenz dauerte zwar nie lange, und anschließend ging es mir auch wieder gut, aber es war doch beunruhigend. Besorgt dachte ich über Krankheiten nach und malte mir aus, woran ich wohl leiden könnte.

Wenn ich mit meinen Eltern zu Hause von meinem Chef, dem Stress im Geschäft und diesen komischen Ohnmachtsanfällen sprechen wollte, stieß ich auf taube Ohren. »Du wolltest ja unbedingt in diesen Laden«, hieß es. »Jetzt stell dich nicht so an. Es wird schon nichts so heiß gegessen, wie es gekocht wird.«

Um mir derartige Bemerkungen zu ersparen, machte ich meine Probleme künftig schweigend mit mir selbst aus. Auch mein heimlicher Freund konnte mir dabei nicht helfen, wenn wir Händchen haltend und zärtlich schmusend eines unserer verbotenen Rendezvous hatten.

Wer weiß, wohin das Verdrängen meiner Schwierigkeiten geführt hätte, wäre Anfang 1965 nicht eine der obligatorischen Lehrlingsuntersuchungen beim Vertrauensarzt angefallen. Ich fühlte mich völlig gesund. Die Untersuchung ergab keinen Befund. Doch als ich gehen wollte und dem Arzt die Hand reichte, bemerkte dieser irritiert, dass meine Handflächen nass geschwitzt waren. Beunruhigt ging er der Sache nach, indem er mich über mein Berufs- und Privatleben befragte. Am Ende diagnostizierte er eine vegetative Nervenstörung, die er auf Überarbeitung und zu viel Stress zurückführte, und verordnete mir eine Kur in einem Kinderheim in Hedemünden im Weserbergland.

Bereits kurze Zeit später, im März des Jahres, trat ich diese Kur an. Im April kam ich wieder zurück. Erholt hatte ich mich leider nicht. Ich starb ja fast vor Heimweh und Sehnsucht nach meinem Freund.

Was genau meinen Chef zu seiner Entscheidung bewog, mir kurz nach meiner Rückkehr an den Arbeitsplatz eine andere Ausbildungsstelle zuzuweisen, kann ich nicht sagen. Vielleicht meine sehr guten Leistungen in der Berufsschule. Möglicherweise mein Zusammenbruch im Verkauf. Eventuell sogar beides. Wie dem auch sei, als ich kaum wieder an den Arbeitsplatz im Verkauf zurückgekehrt war, wies er mich eines Tages an, meine Arbeitsschürze abzulegen und mit ihm zu kommen. Ohne mich auch nur zu fragen, ob ich dies wollte, stellte er mich vor die vollendete Tatsache, dass er meine bisherige Lehre abbrechen und in eine Lehre als Großhandels- und Bürokauffrau umwandeln wolle. Anschließend kommandierte er mich ab sofort aus dem Verkauf weg und zur Arbeit ins Büro ab. Ich war völlig schockiert, wagte aber keine Widerworte.

Erst zu Hause brach ich in Tränen aus.

Mit diesem Wechsel war eingetreten, was ich nie gewollt hatte. Statt mit Menschen befasst zu sein, sollte ich von nun an in die Einsamkeit eines Büros verbannt werden. Statt zu reden und mich um die Bedürfnisse oder Wünsche von Menschen zu kümmern, würde ich schweigen, in eine Maschine hämmern und tote Worte zu Papier bringen müssen. Alles, so schien es, hatte sich gegen mich verschworen. Zuerst wurde mir mein Traumberuf genommen und nun auch die einigermaßen erträgliche Ersatzlösung. »Niemand passiert so etwas, nur mir«, dachte ich und empfand das, was mein Chef mir als Auszeichnung zugedacht hatte, als eine einzige Ungerechtigkeit.

»Ich mach das nicht!«, wiederholte ich immer wieder. »Ich will das nicht. Das kann er doch nicht einfach so mit mir machen.«

Doch wie nicht anders zu erwarten, sahen meine Eltern dies völlig anders. Ihrer Meinung nach war mir mit der neuen beruflichen Perspektive eine grandiose Chance geboten worden, für die sie beide Feuer und Flamme waren.

»Das Angebot lehnst du auf keinen Fall ab!«, sagte mein Vater. »Als Großhandels- und Bürokauffrau hast du später einmal viel mehr Möglichkeiten. Du wirst uns noch mal dankbar sein, dass wir dir solche Flausen nicht durchgehen lassen.«

»Und außerdem«, setzte meine Mutter in ihrer leisen Art hinzu, »ist es sowieso nur eine Übergangslösung. In einem Jahr hast du ausgelernt. Wenn es dir dann wirklich nicht im Büro gefällt, kannst du ja immer noch die Lehre zur Säuglingsschwester anfangen. Sei nicht dumm. Geh ins Büro!«

»Wirklich?«, fragte ich.

»Ja, sicher«, sagte sie.

Wie hätte ich mich dagegen wehren sollen?

Mit mulmigen Gefühlen gab ich also nach und trat meine neue Lehre an. Wenn ich befürchtet hatte, im Büro ganz unvermeidlich zu einer Kopie meines Vaters mit zwei linken Händen zu werden, sah ich mich getäuscht. Die neue Lehre erwies sich als interessant und vielseitig. Man saß auch keineswegs nur hinter der Schreibmaschine. Und statt schweigenden Gehorsams hatte ich mit zunehmender Verantwortung schwierige Geschäfte abzuwickeln und allerlei Kundschaft zu betreuen. Wider Erwarten machte mir die neue Lehre wirklich Spaß.

Auch meine Ängste hinsichtlich der Handelsschule verflüchtigten sich rasch. Ich wechselte völlig problemlos von der Einzelhandelskaufmann- in die Großhandelskaufmannklasse. Dort kam ich im Unterricht ebenso leicht mit wie in der vorherigen. Negativ verändert hat sich damals allenfalls meine Schrift, da ich in einem Sonderlehrgang an einer Privatschule Stenographie lernte und bald so sehr an all die Kürzel und Schnörkel gewöhnt war, dass meine Finger die langsameren Buchstaben fast verlernten.

Das Schreiben auf der Schreibmasche lernte ich nebenbei. Es nahm niemand daran Anstoß, dass ich nicht schon zu Beginn perfekt im Zehnfingersystem tippen konnte. Doch ich lernte rasch. Nach kurzer Zeit legte ich das »Adlersuchsystem«, wie wir das Tippen mit dem über der Tastatur kreisenden Zeigefinger nannten, ab. Wenig später wurde ich in die Buchhaltung des Betriebs verschoben, wo ich bereits vor Abschluss meiner Lehre sehr viel Verantwortung trug.

Wegen meines Eifers und meiner guten Leistungen hatte ich bei meinem Chef einen Stein im Brett. Meine Bedingung, dass ich die neue Lehrstelle nur annehmen werde, wenn ich weiterhin wenigstens gelegentlich im Verkauf arbeiten dürfe, hatte ihn amüsiert. Deshalb nahm er auf meinen Wunsch Rücksicht, nicht nur im Büro und an der Schreibmaschine arbeiten zu müssen, und erlaubte mir, an meinen bürofreien Samstagen weiterhin im Verkauf zu bleiben. Das bedeutete zwar erhebliche Mehrarbeit für mich, doch das machte mir nichts aus. Weit wichtiger war mir, dass ich auf diese Weise zusätzlich zu meinem neuen Arbeitsplatz im Büro auch weiterhin im Servicebereich mit vielen Menschen zu tun hatte.

Im März 1966 schloss ich meine Ausbildung ab und erhielt eine gut bezahlte feste Stelle in der Buchhaltung meines

Lehrbetriebes. Noch immer war ich nicht alt genug, um eine weitere Lehre als Säuglingsschwester zu beginnen. Doch inzwischen wollte ich es gar nicht mehr. Die romantische Vorstellung vom Mutter-Kind-Spielen war verflogen. Die Pflicht, nicht nur gesunde, sondern auch kranke, verletzte, leidende oder gar im Brutkasten liegende Babys pflegen und versorgen zu müssen, die eventuell sterben könnten, war mir unerträglich. Die Zeit meiner Kinderträume war endgültig vorbei.

KAPITEL 2

Ehe

Der erste Wermutstropfen in meinem neuen Lebensabschnitt als ausgelernte Großhandelskauffrau mit solidem Einkommen war der Bruch mit meinem heimlichen Freund. An einem Samstag im Juni 1966 trafen wir uns wie so oft zu einer Beatveranstaltung, die ich inzwischen mit Erlaubnis meines Vaters bis 22 Uhr besuchen durfte. Wohlgemerkt nicht mit meinem Freund, von dem meine Eltern nichts wissen durften, sondern nur mit meiner Clique, die sie inzwischen kannten und mit der ich mich auch nach dem Schulabschluss zum Freizeitvergnügen traf.

Ich hatte mich sehr auf das Wiedersehen und das Tanzen mit meinem Freund gefreut, doch anders als sonst ließ er mich an diesem Abend links liegen und gab mir beim Abschied den Laufpass.

In die Verzweiflung und den Schmerz, wieder einmal verlassen worden zu sein, obwohl ich so viel für diese Beziehung riskiert hatte, mischte sich die Wut darüber, eiskalt abserviert worden zu sein.

Fast die ganze Nacht habe ich mir im Bett die Augen wegen dieses Schufts ausgeweint. Doch nach außen hin musste ich mir jede Gefühlsregung verkneifen, um bei meinen Eltern keinen Verdacht zu erregen. Tags darauf, am Sonntag, brachen wir ja wieder einmal zu einer ihrer vielen Wanderungen mit ihrem Verein auf.

Man sagt ja, dass Männer mit Liebeskummer Frauen magisch anziehen. Bei mir war es wohl umgekehrt, sodass meine blasse Melancholie einen jungen Mann anzog, den ich an diesem Sonntag erstmals im Wanderverein sah.

Wenngleich er äußerlich nicht gerade mein Typ und zehn Jahre älter war als ich, gefiel es mir, dass er sich die ganze Wanderung über an mich heranmachte und mich zum Lachen brachte. Nach der Enttäuschung mit meinem treulosen Freund war es heilsam für mein angeknackstes Selbstbewusstsein, dass Franzel, wie alle den jungen Mann nannten, um mich herumscharwenzelte. Immerhin bewies es, dass ich nicht nur bei dummen Jungen, sondern auch bei erwachsenen Männern Chancen hatte.

Als Franzel mich einlud, am Abend nach der Wanderung mit ihm zum Tanzen zu gehen, hätte ich daher gern zugesagt. Es hätte ja sein können, dass wir zufällig die Clique und meinen Exfreund trafen. Da hätte ich ihm zeigen können, dass ich nicht auf einen wie ihn angewiesen war. Das wäre ein Triumph für mich gewesen und eine schöne Rache. Wenn, ja, wenn da nicht mein Vater gewesen wäre.

»Ach, der!«, lachte Franzel und wuchs dabei in meinen Augen von der kleinen, eher schmächtigen Gestalt, die er tatsächlich war, zum David im Angesicht Goliaths. »Der hat schon nichts dagegen, wenn ich ihn frage.«

Nie hätte ich geglaubt, dass es wirklich so war. Und noch weniger hätte ich geglaubt, dass mein Vater mir kein Zeitlimit setzen würde. Aber es war so.

Ohne das geringste Zögern, ohne den kleinsten Widerstand vertraute mein Vater mich diesem Mann an, den ich gerade eben erst kennen gelernt hatte. Er erlegte ihm nicht einmal auf, mich pünktlich um 22 Uhr nach Hause zu bringen. Obwohl ich soeben erst achtzehn geworden war und noch drei Jahre bis zur Volljährigkeit vor mir hatte. Hatte er diesmal denn gar keine Angst, ich könnte ihm Schande bereiten und mit einem unehelichen Kind nach Hause kommen? Ich verstand meinen Vater weniger denn je. Aber natürlich ging ich mit Franzel mit.

Heute frage ich mich manchmal, ob mein Vater dieses Kennenlernen womöglich arrangiert hatte, denn Franzel war mir zuvor niemals im Wanderverein begegnet, und er ging auch danach nie wieder zum Wandern mit. Ein merkwürdiger Zufall war es schon. Doch da Franzel von Beruf nur Handwerker war, halte ich es für wahrscheinlicher, dass mein Vater sich nicht traute, ihn zurückzuweisen, weil Franzel zwar von kleiner Statur, aber mit 28 Jahren dennoch erwachsen war. Stark war mein Vater ja immer nur mit Freund Alkohol und vor meiner Mutter und mir.

Verliebt, wie ich das später mit meinem heutigen Mann erlebte, war ich in Franzel nicht.

Er war der Mann, den ich von meinen Eltern aus sozusagen offiziell haben durfte. Und er wollte mich. Er stand auf unschuldig-süße siebzehn und üppige Blondinen mit blauen Augen. Ich erinnerte ihn wohl an seine jüngere Lieblingsschwester, mit der er bis zu deren Hochzeit ein gemeinsames Kinderzimmer teilte, in dem die Betten Kopfende an Fußende hintereinander an einer Wand standen.

Meine Mutter redete oftmals auf mich ein: »Lass ihn! Der ist nichts für dich.« Sie hatte die bessere Menschenkenntnis und wusste, wie jemand einzuschätzen ist, der Verabredungen und Versprechen nur hält, wenn es ihm in den Kram passt.

Wie oft saß ich unter Tränen zu Hause, wenn wir fürs Kino verabredet waren, und er kam nicht. Oder wenn er versprochen hatte, mich abzuholen und etwas mit mir zu unternehmen, und zwei Stunden oder mehr zu spät kam und nach Alkohol roch. Jedes Mal dachte ich: »Jetzt ist es aus. Jetzt kommt er nie wieder.« Und jedes Mal brach in mir Verzweiflung aus, dass ich erneut verlassen worden sei, weil ich schon wieder trotz aller Anstrengungen nicht gut genug gewesen war. Wenn er dann endlich kam, war ich von meiner Angst so zermürbt und so dankbar, dass ich ihm nie eine Szene gemacht oder von mir aus mit ihm Schluss gemacht hätte.

Ich habe an ihm festgehalten, weil ich mich langweilig und unattraktiv fand. Jeder bewunderte grazile Mädchen mit schlanken Beinen bis zum Hals, und so war ich froh, dass Franzel sich trotz meiner pummeligen Figur für mich interessierte und ich endlich jemanden hatte, der sich öffentlich zu mir bekannte. Auf Grund meiner Minderwertigkeitskomplexe war es für mich der größte Beweis seiner Liebe, dass er es wegen mir mit meinem grausamen Vater aufnahm. Mir kam gar nicht in den Sinn, dass mein Vater für Franzel harmlos war und kein besonderer Heldenmut dazu gehörte, mich in der Höhle des zahnlosen Löwen zu besuchen oder abzuholen.

Etwa einen Monat nach unserer ersten Begegnung musste ich wieder einmal mit meinen Eltern auf eine Wanderung. Franzel hatte keine Lust mitzukommen. Kein Wunder, es war Hochsommer und sehr heiß. Wer konnte, ließ es sich an einem Baggersee oder am Flussufer wohl sein. Im Wind, der vom Wasser herüberstrich, konnte man die Sonne gut aushalten. Die Vorstellung, schwitzend über Land zu marschieren, hatte hingegen nichts Reizvolles. Auch für mich nicht.

Vielleicht war das der Grund, dass ich auf einem der Haltebahnhöfe, auf denen wir Zwischenstopps einlegen mussten, wieder einmal in Ohnmacht fiel. Da meine Eltern diesen Zustand der vegetativen Nervenschwäche mittlerweile kannten und sich nicht mehr sonderlich sorgten, erhielt ich die Erlaubnis, mit dem nächstbesten Zug nach Hause zu fahren, während meine Eltern ihre Reise fortsetzten. »Geh zur Oma«, wiesen sie mich an. »Bei ihr bekommst du etwas zu essen. Und dann legst du dich ins Bett. Am Abend sind wir wieder da.«

Mir war dies sehr recht. Ich freute mich darauf, einen halben Sonntag lang tun und lassen zu können, was ich wollte.

Folgsam ging ich vom Bahnhof direkt zu meiner Oma, doch die hatte nicht mit mir gerechnet und war nicht zu Hause. Wahrscheinlich war sie zum Gottesdienst gegangen und stand mit Bekannten zum Plausch beisammen.

Schnell, ehe sie doch noch auftauchen würde, machte ich mich auf den Heimweg. Ein Sonntagsessen würde ich nun wohl nicht bekommen, aber im Vergleich zu ein paar Stunden nur für mich allein machte mir das gar nichts aus.

Kaum zu Hause angelangt, schaute ich zufällig aus dem Fenster und sah zu meiner Überraschung Franzel auf unseren Wohnblock zukommen. Wir waren am Vortag zusammen beim Baden gewesen, und er hatte seine Badehose noch bei uns. Er wollte erneut zum Baden gehen und brauchte sie natürlich. Da er wusste, dass wir zum Wandern gehen wollten, war er schon so zeitig am Vormittag unterwegs, um uns noch anzutreffen. »Nanu«, wunderte er sich, dass ich allein zu Hause war und fragte nach dem Grund. Brav und naiv, wie ich nun einmal war, erzählte ich ihm etwas verlegen, dass ich auf dem Bahnsteig ohnmächtig geworden sei und deshalb zurückfahren durfte. Er zeigte sich besorgt um mich und wollte wissen, ob ich denn überhaupt etwas zum Mittagessen hätte.

»Nein«, sagte ich wahrheitsgemäß, denn da meine Eltern den Sonntag auswärts geplant hatten, war nichts im Haus. »Ich wollte bei der Oma essen. Aber sie ist nicht da.«

»Dann kommst du jetzt mit mir und isst bei uns«, meinte Franzel und legte den Arm um mich.

Wenngleich ich sofort Angst bekam, was mein Vater dazu sagen würde, beeindruckte mich seine Fürsorglichkeit so sehr, dass ich keine Widerrede wagte. So kam ich erstmals mit zu ihm nach Hause und wurde seinen Eltern vorgestellt.

Von da an gingen Franzel und ich offiziell miteinander, wie man so sagte.

Sehr bald nach unserem ersten Treffen bereitete Franzel mich darauf vor, was er für die Zeit unseres Zusammenseins von mir wollte: Sex, Sex und nochmals Sex. Zu diesem Zweck fragte er mich zunächst: »Warst du schon mal mit einem Mann zusammen?« Als ich verlegen und nervös verneinte, denn ich befürchtete sofort, dass ihm als erwachsenem Mann kein Mädchen gefallen würde, das noch nie Sex hatte, lachte er nur und meinte, ich solle ihm vertrauen. Er werde mir alles erklären und zeigen, was ich lernen müsse.

Schon bei seinem nächsten und den weiteren Besuchen brachte er mir entsprechendes Informationsmaterial mit: Pornohefte und die verschiedensten Aufklärungsbücher. Darunter auch eines mit »Stellungen«, die ich mir genau anschauen sollte, um sie später einmal mit ihm nachmachen zu können.

Filme, so sagte er, habe er auch. Aber die werde er mir später einmal vorführen, wenn wir öfter miteinander allein sein könnten.

Vorbereitend führte er mich zunächst einmal in alle Helga- und Oswald-Kolle-Filme wie *Dein Mann, das unbekannte Wesen,* die damals in den Kinos liefen und nicht nur junge Leute in Scharen anlockten.

Trotz aller Peinlichkeit und Schamgefühle, die mich erfassten, wenn Franzel mir Aufklärungsunterricht gab, schaute ich mir vor allem die Bilder in den mitgebrachten Anschauungsmaterialien neugierig an. Nackte Männer hatte ich bisher nicht gesehen, sie hatten immer mindestens eine Badehose an. Und meine Eltern waren ungefähr so erotisch wie zwei Backsteine. Sexuell unerfahren und unaufgeklärt, verspürte ich eine ganz natürliche Neugier und wollte wissen, wie das mit Mann und Frau funktionierte.

Franzel wiederum hatte Erfahrung mit derartigen Aufklärungsstunden. Wie ich später erfuhr, hatte er seine vorherige Freundin, die nur ein Jahr älter war als ich, auf dieselbe Art und Weise an die Liebe herangeführt, wie er das zu nennen pflegte. Als wir schon fest liiert waren, begegneten wir ihr einmal auf einer Treppe. Nie werde ich die Blicke vergessen, die mein Freund diesem Mädchen zuwarf und wie sie im Vorbeigehen aneinander entlangglitten und die Hände verschränkten. Das Knistern zwischen den beiden war damals selbst für mich ganz eindeutig und erfüllte mich mit heftiger Eifersucht.

Es dauerte fast ein halbes Jahr, bis Franzel mich so weit präpariert hatte, dass er mich für fähig hielt, seine Wünsche zu erfüllen, und meine Angst im Sturm überwand. Er wusste genau, dass ich ganz schwach und willenlos wurde, wenn er mich streichelte und liebkoste. Außer dieser Zärtlichkeit des Streichelns hätte ich nichts gebraucht. Als das Streicheln plötzlich in etwas überging, was ich gar nicht brauchte, gab es für ihn kein Halten mehr. Und danach hatte er bei unseren Begegnungen kein anderes Ziel und Thema mehr.

Da er bei unseren zahlreichen Rendezvous am Wiesenrain oder in seinem Auto dazu überging, dem theoretischen Unterricht die Praxis auch dann folgen zu lassen, wenn er kein Geld für das ausgeben wollte, was er »Gummis« nannte, war ich gut sechs Monate nach dem ersten Mal schwanger.

Gefragt, ob ich selbst denn nichts zur Schwangerschaftsverhütung tat, muss ich passen.

Mitte der sechziger Jahre gab es die Antibabypille nicht mit der Selbstverständlichkeit, die heute üblich ist. Ich hatte zwar davon gehört, weil Franzel mir auch diesbezüglich Aufklärungsunterricht gegeben hatte. Aber da ich noch nicht volljährig war, benötigte ich für einen Arztbesuch und ein ärztliches Rezept das Einverständnis meiner Eltern. Ohne Rezept wurde die Pille angeblich nur in Studentenkreisen verteilt, zu diesen Privilegierten gehörte ich jedoch nicht. Folglich hätte mein Arztbesuch vorausgesetzt, meine Mutter und meinen Vater in meine nicht eheliche sexuelle Beziehung einzuweihen. Schon der Gedanke verursachte mir Übelkeit.

Selbst wenn es mir gelungen wäre, auf krummen Wegen an eine Pillenpackung heranzukommen, hätte ich zu Hause in ständiger Sorge leben müssen, dass sie in meiner Handtasche oder meinem Zimmer gefunden worden wäre. Meine Mutter hatte keine Hemmungen, alles darin Befindliche zu kontrollieren. Zwar gehörte mir nicht, was sie besaßen, aber alles, was mein war, gehörte auch meinen Eltern.

Als Jugendliche besaß ich keinerlei unantastbare Privatsphäre. Ich übte zwar schon einen verantwortungsvollen Beruf aus und bezog ein respektables eigenes Einkommen, aber rechtlich hatte ich den Status eines unmündigen Kindes und unterstand der Kuratel meiner Eltern. So war ich schlicht und einfach nicht mutig genug, mir die Pille zu beschaffen. Und Franzel konnte sie nicht für mich besorgen, weil ihm kein Arzt ein entsprechendes Rezept für eine Unbekannte ausgestellt hätte.

Natürlich hätte ich auf die so genannten natürlichen Schwangerschaftsverhütungsmethoden zurückgreifen können. Dazu hätte ich sie jedoch kennen und anwenden können müssen. Leider hatte ich dergleichen nie gelernt. Darüber wurde bei uns nicht geredet. Vielleicht wusste meine Mutter selbst nichts darüber. Und Franzel wusste zu wenig. Sicher war lediglich, dass während meiner Mensis keine Schwangerschaft eintreten konnte. Doch diese Zeitspanne war zu kurz für seine unersättlichen Bedürfnisse.

Dennoch will ich nicht behaupten, dass ich an meiner unverhofften Schwangerschaft unschuldig war. Vielleicht hätte ich mich trotz aller damit verbundenen Schwierigkeiten zuverlässiger um Verhütung gekümmert, wäre da nicht ein gewisser Gedanke in meinem Hinterkopf gewesen. Dieser Gedanke ängstigte mich einesteils so sehr, dass ich ihn kaum zu denken wagte. Zugleich aber stimulierte er mich trotz meiner Unerfahrenheit so stark, dass Franzel mit mir machen konnte, was er wollte. Nicht nur unausgesprochen, sondern vor mir selbst kaum eingestanden, träumte ich nämlich davon, geheiratet zu werden und endlich von meinem Vater wegzukommen. Nichts wünschte ich mir mehr. Und da ich nicht heiraten durfte, ehe ich volljährig war, so wünschte ich mir, es erzwingen zu können, indem ich schwanger wurde.

Als es schließlich so weit war, bemerkte ich es nicht einmal. Meine Regelblutungen waren immer unregelmäßig eingetreten. Als sie ausblieben, dachte ich mir nichts dabei. Dergleichen war schon öfter passiert, als ich noch nichts von einem Mann wusste.

Schließlich schöpfte meine Mutter Verdacht. Da wir nur ein Badezimmer hatten, war ihr aufgefallen, dass ich keine Monatsbinden verbraucht hatte. Zwei und zwei war da für sie so schnell addiert, dass sie alle Hemmungen fallen ließ und mich direkt fragte, ob ich mit Franzel intim und schwanger sei.

Ich glaube, ich lief knallrot an, weil sie mich etwas so peinlich Privates fragte und ich nun zugeben musste, von ihr ertappt worden zu sein. Viel schlimmer hätte es nicht sein können, hätte sie uns in flagranti erwischt; dann wäre ich wenigstens nicht allein auf dem Präsentierteller gewesen.

Aber als folgsame Tochter stand ich ihr selbstverständlich trotz aller Scham gehorsam Rede und Antwort. Es stimmte, meine Periode war überfällig und manchmal war mir morgens schwindlig oder auch ein bisschen übel. Aber das war in meinen Augen nicht ungewöhnlich. Immerhin war ich wegen derartiger Unpässlichkeiten bereits zur Kur ins Weserbergland geschickt worden.

»Deshalb bin ich doch nicht schwanger. Du siehst immer gleich irgendwelche Hirngespinste, Mutti«, sagte ich und wollte sie auslachen. »Franzel ist schließlich ein Mann. Der passt auf. Das hat er mir versprochen.«

»Männer!«, sagte meine Mutter. »Wenn du dich als Frau auf sie verlässt, bist du verlassen.« Sie muss wohl von Anfang an geahnt haben, dass einer wie Franzel mich nicht allzu lange nur platonisch verehren würde.

Binnen kürzester Zeit hatte meine Mutter einen Termin bei ihrem Frauenarzt arrangiert, der tatsächlich sofort feststellte, dass ich ein Kind erwartete. Ich war wie vom Donner gerührt. Obwohl ich von einem eigenen Baby und der Ehe geträumt hatte, hatte ich nicht damit gerechnet, nach so kurzer Zeit und noch dazu ungeplant schwanger zu werden. Mein Plan wäre eher gewesen, dass Franzel mich um meine Hand bitten würde und wir dann gemeinsam das zu erwartende Veto meines Vaters austricksten, indem wir beschlossen, ein Kind miteinander zu bekommen. In diesem Traum war Franzel so etwas wie mein edler Ritter auf dem weißen Pferd, der mich als seine Königin aus dem goldenen Käfig meines Vaters befreien würde, indem wir uns liebten und ein Kind zeugten.

Dass ich ungeplant schwanger werden könnte, hatte ich nie einkalkuliert. Franzel hatte doch gesagt, ich solle ihm vertrauen, er kenne sich aus. Es könne nichts passieren. Er habe sich unter Kontrolle und höre rechtzeitig auf. »Entspann dich, denk an was Schönes. Ich passe schon auf«, war sein

Credo. Das hatte ich geglaubt. Es stimmte ja, was er immer wieder betonte: Ich hatte keine Ahnung von diesen Dingen, aber er war fast dreißig und wirklich kein grüner Junge mehr. Und jetzt bekam ich ungewollt ein Kind.

Die helle Panik überfiel mich, als meine Mutter meinte: »Das musst du nun wohl dem Vati sagen.« Meine Cousine fiel mir ein, die etwas jünger als ich ledig schwanger geworden war und heiraten musste. Wie hatte mein Vater damals geprahlt, er müsse bei mir einmal keine Heiratserlaubnis unterschreiben, weil ich wisse, was sich gehöre und ihm so eine Schande nicht antun werde. Und nun war es doch so gekommen. Jetzt erwartete auch ich ein ungewolltes Kind und war nicht einmal volljährig, geschweige denn verheiratet. Und wenn Franzel mich heiraten wollte, würde auch mein Vater mir eine Heiratserlaubnis ausstellen müssen.

Was aber, wenn Franzel nur seinen Spaß mit mir haben wollte? Wenn er mich nicht heiraten, sondern mitsamt dem Kind sitzen lassen würde? Oder wenn er behaupten würde, das Kind sei nicht von ihm? Ich war sicher, dass zumindest mein Vater ihm und nicht mir glauben würde. Was, um Himmels willen, sollte dann aus mir werden?

»Jetzt heul nicht!«, sagte meine Mutter. »Hättest du vorher nachgedacht, müsstest du jetzt nichts bereuen.« Aber sie hatte doch Mitleid mit mir und versprach, mir, so gut sie könne, beizustehen, damit am Ende doch noch alles gut würde.

Die Prügel, die ich von meinem Vater bekam, als meine Mutter und ich ihm gemeinsam beichteten, was nun mal nicht mehr zu ändern war, sind mir rot und blau in die Seele geschrieben. Dass ich schwanger war, war für ihn kein Grund, mich zu schonen. Im Gegenteil, eine sofortige Fehlgeburt wäre ihm in seiner maßlosen Wut vermutlich gerade recht gekommen. Dann hätte keiner meinen dicken Bauch gesehen und niemand von der Schande erfahren, die ich über meinen Vater gebracht hatte.

Franzel war ihm als Schwiegersohn natürlich viel zu billig. Für mich, die einzige Tochter des Herrn Grundbuch- und Standesbeamten der Stadt, hatte mein Vater sich nichts Geringeres als wenigstens einen Beamten erwartet, mindestens einen aus dem mittleren oder gar gehobenen Dienst. Hatte er etwa dafür seine Tochter aufs Gymnasium geschickt und sie einen guten Beruf erlernen lassen, dass sie sich bei der erstbesten Gelegenheit von einem hergelaufenen Bäckergesellen ein Kind machen ließ? Wenn er geahnt hätte, so schrie er, dass ich so wenig im Kopf hätte, hätte er mich in die Fabrik geschickt wie sein eigener Bruder es mit seiner Tochter gemacht hatte. Dann hätte ich ihm nicht so lange unnütz auf der Tasche gelegen. Aber nein, brüllte er und schlug auf mich ein, ich könne mich ja nicht beherrschen, sondern musste mich auf so einen Hanswurst einlassen, der nichts ist und nichts hat. Wenn er wenigstens sein eigener Herr und Bäckermeister wäre und ein eigenes Geschäft besäße. Doch nicht einmal darauf hatte ich geachtet. Vaters Meinung nach hatte ich mich an einen armseligen Nichtsnutz vergeudet, dessen Eltern weiter nichts zu Stande gebracht hatten als einen Stall voller Kinder.

Gegen Vaters Wut half es auch nichts, dass meine Mutter leise einwandte, immerhin habe Franzel den Bäckerberuf aufgegeben, dann erfolgreich umgeschult und leite als Kaufmann eine eigene Filiale. Meinem Vater war das völlig gleich. Er sah nur seine Schande und schlug mich windelweich.

Danach hatte ich auf der Stelle zu meinem »Galan« zu gehen und ihm zu sagen, dass er Vater werde. Und wehe, ich käme unverrichteter Dinge zurück!

Als ich verheult und verzweifelt bei Franzel ankam, dämmerte ihm keineswegs spontan, dass mein desolater Zustand etwas mit ihm zu tun haben könne. Jedenfalls war er erschrocken und wenig erfreut, als ich ihm schluchzend gestand, ein Kind von ihm zu erwarten. Aber, Glück im Unglück, er machte keinen Rückzieher. Er stand dazu, der Erste und bisher Einzige bei mir gewesen zu sein. Sitzen lassen wollte er mich und das Kind nicht.

Heute denke ich mir, dass er in diesem Moment doch Angst vor meinem Vater hatte, der in seinen Augen zwar nur ein Wichtigtuer war, aber tatsächlich auf Grund seiner Stellung einen gewissen Einfluss in der Stadt hatte. Ohne Zweifel wäre es Franzels beruflicher Karriere schlecht bekommen, wenn mein Vater ihn in Verruf gebracht hätte. Und dass mein Vater in diesem Fall kein Blatt vor den Mund genommen hätte, musste Franzel klar sein. Schließlich war ich damals minderjährig. Und auf Verführung Minderjähriger stand auch zu dieser Zeit eine empfindliche Strafe.

In meiner Naivität hatte ich davon jedoch keine Ahnung und dachte gar nicht so weit, sondern nahm es als einen Beweis von Liebe und Treue, als Franzel mit einem Seufzer sagte: »Na, ja, schön ist es zwar nicht gerade, und du hättest ja auch wirklich und wahrhaftig die Pille nehmen können, aber wenn es nun mal so ist, dann kann man nichts machen. Dann müssen wir eben heiraten.«

Im ersten Moment hörte ich nur, dass er mich heiraten wollte. Zentnerlasten fielen mir von der Seele. Jetzt würde mein Vater nichts Gemeines mehr sagen können. Und wenn ich verheiratet wäre, dürfte er mich endlich nicht mehr schlagen. Doch fast gleichzeitig brach das Schuldgefühl über mich herein, überhaupt schwanger geworden zu sein. Die Träume von Hochzeit und Baby fielen mir ein. Die Wünsche, von Franzel aus meinem Elternhaus gerettet und zu sich geholt zu werden. »Wird man schwanger, wenn man davon träumt?«, grübelte ich schuldbewusst und hatte keine Antwort, weil meine einzige sexuelle Aufklärung in der Anleitung zur Praxis bestand, die mir Franzel gegeben hatte. Ich war zugleich wie erlöst, dass er mich heiraten würde, und beschämt, dass ich geheiratet werden musste.

»Ich hab's dir damals gesagt, dass du dich von den Jungen fern halten sollst«, hatte meine Mutter mich auf dem Heimweg vom Frauenarzt an ihre Worte anlässlich meiner ersten Mensis erinnert. »Aber das Ei will ja immer schlauer sein als die Henne. Jetzt ist es passiert. Jetzt musst du sehen, wie du fertig wirst. Ich hab dir gesagt, lass die Finger von ihm. Aber du hast ihn gewollt, und jetzt hast du ihn.«

Ihre wie immer trocken vorgebrachten Wahrheiten trafen in meinem Gewissen ins Schwarze. Es stimmte, sie hatte mich gewarnt. Das Baby war nicht vom Klapperstorch gekommen. Ich als Frau hatte versagt, weil ich die Antibabypille nicht genommen hatte. Mein Körper hatte versagt, indem er zu schnell ein Kind produziert hatte. Franzel, der ein erwachsener Mann war, als er mich als unmündiges, sexuell unerfahrenes Mädchen verführte und mit seiner behaupteten sexuellen Souveränität meine Ängste vor einer Schwangerschaft weggewischt hatte, hatte nicht versagt.

Dass dies so nicht zutraf, konnte ich damals nicht erkennen. Ich war so daran gewöhnt, jederzeit und in allen Dingen selbst die Schuld zu haben, dass ich sie mir auch in dieser Situation überstülpen ließ und keine Worte fand, die mich entlastet hätten.

Wie unendlich dankbar ich doch sein müsse, ging es mir durch den Kopf, dass Franzel so ein guter Mann war und es so ehrlich mir mit meinte. Ganz bestimmt müsse ich seine große Liebe sein. Und gleich schämte ich mich wieder, weil ich mich während unserer gemeinsamen Zeit oftmals gefragt hatte, ob das, was ich für ihn empfand, wirklich Liebe sei. Woher hätte ich es denn wissen sollen?

Ich war gern mit ihm zusammen, wenn er mich zum Tanzen oder zum Baden abholte. Er sah gut aus, und ich merkte, dass andere Mädchen mich um ihn beneideten. Das tat meinem schwachen Selbstwertgefühl gut. Außerdem gefiel es mir, dass er mich streichelte und drückte und zärtlich zu mir war. Danach hatte ich mich so lange vergeblich gesehnt. Bei solchen Berührungen schmolz ich innerlich hin und konnte nie genug davon bekommen. Das hatte ich schon bei den Umarmungen und schüchternen Kinderküssen meines heimlichen Freundes bemerkt, der aber nie mehr als das von mir gewollt hatte.

Das, was Franzel nach dem Tanzen oder Baden wollte, wenn wir allein in seinem Auto waren, hätte von meinem Empfinden her nicht sein müssen, aber ich nahm es in Kauf, weil er mich durch seine Berührungen glauben machte, er liebe mich und dann gehöre Sex nun mal als sein Recht dazu. Im Grunde lief jedes Zusammensein mit Franzel für mich nach dem altbekannten Schema ab: Er, der Mann, sagte, wo es langgeht und ich habe es so gemacht. Zwar versuchte ich, mich ab und an aufzulehnen, wenn es mir zu viel wurde, aber am Ende ging es doch jedes Mal wieder nach seinem Kopf.

Vielleicht wäre alles nie passiert, hätte ich mit meiner Mutter offen reden können. Wenn ich gewusst hätte, dass ich ihr vertrauen kann und sie mich niemals an meinen Vater verraten, sondern zu mir halten und mir aus dem Schatz ihrer Lebenserfahrungen echte Lebensweisheiten mitgeben würde, hätte ich mich ihr mit meinen Fragen und Unsicherheiten anvertrauen können. Dann hätte ich auch ihre frühen Warnungen vor einer Beziehung mit Franzel ernst genommen.

Eine solche tiefe Vertrauensbasis hat jedoch nie zwischen uns existiert. Im Gegenteil, meine Mutter hatte mir in all den Kinder- und Jugendjahren immer wieder bewiesen, dass sie mit meinem Vater eine erzieherische Einheit bildete und sein Wort auch ihr Gesetz war. So waren mir ihre Ratschläge, von Franzel abzulassen, nur wie die ewig scheltenden, drohenden Wohlverhaltensmahnungen erschienen, die ich immer schon von ihr und meinem Vater erhalten hatte. Anstatt mich nachdenklich zu stimmen und in mir das Bewusstsein zu wecken, dass ich nicht den Erstbesten nehmen müsse, nur weil dieser mich wollte, hatten Mutters Mahnungen lediglich meinen Trotz und Widerstand geweckt. Dieses: »Wenn ihr ihn nicht wollt, dann will ich ihn ganz besonders!«

Und nun saß ich da mit seinem Kind in meinem Bauch und redete mir ein, ihn zu lieben.

Franzel bemerkte von meinen Gedanken und meiner inneren Aufgewühltheit nichts. Und wenn doch, so schrieb er sie kommentarlos dem Ärger zu, den ich mit meinem Vater gehabt hatte. Und damit war es ja nun vorbei. Darüber brauchte man kein Wort mehr zu verlieren. Als Franzels Braut und zukünftige Frau hatte mein Vater nicht mehr über mich zu bestimmen. Mit dem Trauschein würde ich aus der Unmündigkeit und der familiären Zuständigkeit meiner Eltern nahtlos in die Abhängigkeit von meinem Mann übergehen. Da wir auf jeden Fall heiraten wollten, ehe man mir die Schwangerschaft ansähe, und Franzel von nun an als mein zukünftiger Ehemann ganz anders gegenüber meinem Vater auftreten konnte, war dessen Macht über mich ab sofort gebrochen. Mochte er wegen meiner Schwangerschaft toben oder nicht, es konnte mir ab jetzt völlig egal sein.

Aus Franzels Sicht war somit alles bestens für mich geregelt, da er zu mir stand und mich heiraten wollte. Von daher war er überzeugt, mich überglücklich gemacht zu haben. Fehlte nur noch das für ihn Wesentliche.

»Deine Aussteuer wirst du ja wohl zusammen haben«, meinte er mit fragendem Unterton, nachdem er mir die Ehe versprochen hatte. »Eigenes Geld verdienst du ja sowieso. Bis das Kind kommt und wenn es da ist, kannst du weiterhin arbeiten gehen. Das passt dann schon. Und deine Eltern werden sich doch wohl nicht lumpen lassen, wenn du heiratest? Da wird schon genug zum eigenen Hausstand für dich herausspringen, oder nicht? Dein Vater ist schließlich Beamter, und du bist das einzige Kind.«

Offen gestanden wusste ich darauf keine Antwort. Über eine Mitgift hatte ich mit meinen Eltern nie gesprochen. Warum auch? Weder sie noch ich hatten mit einer Muss-Ehe gerechnet und geglaubt, es würden noch ein paar Jahre bis zu meiner Hochzeit ins Land gehen. Bis vor wenigen Wochen hatte ich noch von einer zweiten Ausbildung geträumt und mir vorgestellt, anderer Leute Babys zu pflegen. Plötzlich schwanger zu sein, warf alle meine Pläne und die Hoffnungen meiner Eltern über den Haufen.

Nur eines war sicher: Meine Aussteuer hatte ich beisammen. Die Truhe war randvoll. Und schöne Sachen waren darin. Darauf war ich stolz. Damals ging man davon aus, dass der Mann alle Möbel und die Frau alles, was hineingehört, mit in die Ehe bringt. Doch ob meine Eltern mir auch Bargeld als Mitgift schenken würden? Wohl eher nicht. Aber wie hätte ich Franzel das gestehen können?

Seine hohen Erwartungen bedrückten mich. Da war die Angst, er würde doch noch einen Rückzieher machen und mich als arme Kirchenmaus nicht heiraten. Zugleich empfand ich es als peinlich, Franzel im Hinblick auf meinen Vater die Augen zu öffnen. Das brachte ich nicht über mich. Es ging nicht einmal meinen zukünftigen Ehemann etwas an, dass alles, was mein Vater verdiente, ihm wie Wasser zwischen den Fingern zerrann. Ich wusste es, denn meine Mutter hatte es oftmals unter Tränen beklagt, wenn schon zum Monatsanfang die Haushaltskasse leer war. Wo sollte da das Vermögen herkommen, das Franzel als Hochzeitsgeschenk erwartete?

Während ich noch über seine Ansprüche nachdachte, begann sich eine Spur von Unmut in meine Angst vor dem Verlassenwerden zu mischen. »Warum will er überhaupt Geld dafür, dass er mich zur Frau nimmt? Ja, meint er denn, er muss von meinen Eltern bezahlt werden, damit er mich nur nimmt?«

Man hatte uns Mädchen bereits in der Schule immer wieder vermittelt, dass Frauen sich emanzipieren und eigenes Geld verdienen müssten, um von dem Geld ihrer Eltern und ihres Ehemannes unabhängig zu sein. »Mädchen sollen einen Beruf erlernen und ihr eigener Herr sein«, hieß es. »Genau wie die Jungen. Eine gute Ausbildung, das sollen Eltern ihren Kindern mitgeben. Das ist die rechte Mitgift.« Und so hatten meine Eltern es auch gemacht. Darauf waren sie stolz. Meine Ausbildung war ihr Sparbuch für mich. Mein Einkommen waren die Zinsen, die es abwarf.

Aber für Franzels Geschmack war es nicht genug.

Vielleicht hätte ich sein materielles Interesse an einer Hochzeit mit mir vergessen, wenn er mir während unserer Ehe nicht immer wieder unter die Nase gerieben hätte, dass er sich weit mehr als ein paar läppische Tischdecken, Bettlaken, Handtücher oder Kochtöpfe als Mitgift einer Beamtentochter versprochen hatte. Doch dank der häufigen Wiederholung seiner Bemerkung fraß sich die Beschämung in mir fest, die ich bereits damals empfand, auch in diesem Punkt nicht genügen zu können.

Wie schmerzlich habe ich später bereut, mich auf eine Ehe mit einem Mann eingelassen zu haben, der mich nicht achtete und respektierte, sondern mich einzig und allein zu seinem Vorteil und Nutzen ausbeutete. Ganz sicher hätte meine Mutter mir nach einiger Zeit des Zürnens geholfen, mein Kind ohne Vater großzuziehen. Und vielleicht hätte mir sogar mein Vater irgendwann die Schande verziehen.

Stattdessen war ich Franzel unendlich dankbar gewesen, dass er ein so wertloses Geschöpf wie mich nicht im Stich ließ und mit einem Fußtritt zur Tür hinausjagte.

Unmittelbar im Anschluss an Franzels Eheversprechen führte er mich zu seinen Eltern, damit wir ihnen gemeinsam die freudige Nachricht überbringen sollten. Mein zukünftiger Schwiegervater verhielt sich zwar wenig angenehmer als mein Vater und brüllte ebenso wütend herum, machte aber wenigstens keine Anstalten, auf uns einzuschlagen.

Kurze Zeit später stand Franzel mit einem prachtvollen Blumenstrauß vor unserer Tür und hielt in aller Form bei meinem Vater um meine Hand an. Der war zwar auf diesen Heiratsantrag vorbereitet, ließ es sich aber dennoch nicht nehmen, die große Show abzuziehen. Es hagelte Vorwürfe, bis er schließlich einlenkte und der Hochzeit widerwillig zustimmte. Allerdings nur unter der Auflage, dass die Trauung nicht in unserer Stadt, sondern möglichst weit weg stattfand. Keinesfalls war er bereit, uns als Standesbeamter zu trauen.

Während ich mit den Tränen kämpfte, war Franzel mit allem einverstanden. Er konnte sich phantastisch verstellen und schauspielerte sein Verständnis für die Empörung meines Vaters so perfekt, als wollte er damit in einem Hollywoodstreifen auftreten.

Die Vorstellung, dass es meinem Vater peinlich war, mich zu trauen, weil ich schwanger war, traf mich schwer. Deutlicher hätte er nicht ausdrücken können, wie tief er mich verachtete und wofür er mich hielt.

Was letztendlich dazu führte, dass ich im November 1967 eine Fehlgeburt erlitt, weiß ich nicht. Vielleicht war es meine Jugend, vielleicht das hohe Arbeitspensum. Auch die schweren Prügel meines Vaters in den ersten Schwangerschaftswochen mögen dazu beigetragen haben. Vielleicht hat sich dabei innerlich zunächst unbemerkt etwas in mir gelöst oder das Kind einen Schaden erlitten, sodass es nicht lebensfähig war. Fest steht für mich, dass meine seelische Not, die mit meinen Schuld- und Schamgefühlen und der grausamen Verachtung durch meinen Vater einherging, dem Kind geschadet hat.

Unter dem Verlust meines ersten Kindes habe ich sehr gelitten. Im Gegensatz zu allen anderen Familienangehörigen freute ich mich nämlich nach dem ersten Schock von Herzen auf mein Kind. Ein Baby! Mein sehnlichster Wunsch sollte in Erfüllung gehen, endlich ein richtiges Baby in den Armen halten, es wiegen und streicheln, es füttern und wickeln, es umsorgen und mit aller Liebe umhegen zu dürfen. Ein Baby, das mir niemand nehmen durfte.

Sehe ich heute die jungen Mädchen in den Talkshows, die als Teenager Mutter wurden, fühle ich mich ihnen verbunden. Auch sie stammen meist aus einem zerrütteten Elternhaus, in dem es Gewalt gab oder der Vater Alkoholiker und die Mutter schwach war, sich unterdrücken ließ statt mit den Kindern auszuziehen und ihnen zu vermitteln, dass sie es wert sind, beschützt zu werden, und niemand sie misshandeln darf. Wenn diese Mädchen so jung schwanger werden, wollen sie das Kind fast immer zur Welt bringen und nicht abtreiben, weil sie Gewalt gegen Kinder verabscheuen und nur sehen, dass das Kind in ihrem Bauch zu ihnen gehört und sie es lieb haben können. So war es auch bei mir.

Und dann stürzte es plötzlich von einer Sekunde zur anderen in einem Blutschwall aus seiner sicheren Bruthöhle und war tot. Für mich ein Schock. Und dann Schmerz, Schuld und Tränen ohne Ende.

»Weine nicht, du bist ja noch jung und kannst neue Kinder kriegen!« Dieser Trost wollte nicht greifen. Es ging in meinem Innersten ja schon wieder darum, warum ausgerechnet ich mein Kind verloren hatte. Was lief verkehrt mit mir und meinem Körper? Warum bekamen alle, die ich kannte, ihre Babys völlig normal und unkompliziert, nur ich nicht? Was hatte ich falsch gemacht? Welche Schuld hatte ich nun schon wieder auf mich geladen? Wie schaute Franzel mich jetzt an? Was dachte er von mir? Und wie, wenn ich niemals gesunde Kinder bekommen würde?

Der Frauenarzt beruhigte mich. Eine Fehlgeburt komme überall auf der ganzen Welt vor. Niemand sei vollkommen davor geschützt. Man könne nur selten genau feststellen, aus welchem Grund es passiert sei. Ich dürfe mir keine Vorwürfe machen. Es sei nicht meine Schuld. Meist helfe sich die Natur selbst, wenn irgendein Vorgang auf dem hochkomplizierten Weg der Zellteilung nicht hundertprozentig richtig verlaufen sei. Der Körper erkenne diesen Fehler und stoße dann automatisch den nicht lebensfähigen Fötus ab.

Ich versuchte, ihm zu glauben. Manchmal und immer öfter überkam mich inmitten des Leids sogar eine gewisse Erleichterung, nicht mehr schwanger zu sein. Dann vor allem, wenn ich mir ausmalte, mein Baby wäre womöglich behindert zur Welt gekommen.

Meine Rettung war aber wohl, dass die Hochzeitsvorbereitungen liefen.

Allein für meine Mutter war die Fehlgeburt ein Fingerzeig, dass es mit dieser Ehe nicht gut gehen würde. Denke ich an ihr sonstiges stilles Dulden, rechne ich es ihr heute hoch an, dass sie sich überwand und mich in der ihr eigenen wachsweichen, scheuen Art warnte, Franzel zu heiraten. Es gäbe ja nun keinen zwingenden Grund mehr für eine Muss-Ehe, meinte sie. Das Kind sei nicht mehr da. Jeder werde verstehen, wenn ich die Hochzeit noch verschieben wolle. Ich sei so jung. Eine Ehe bedeute viel Arbeit. Und mir sei ja oft schon die Arbeit im Betrieb zu anstrengend gewesen. Ich wisse doch, dass ich immer so schnell in Ohnmacht falle, wenn es mir zu viel werde. Ob ich nicht wirklich lieber ein paar Jahre warten wolle, wenigstens bis ich volljährig sei? Ich brauche keine Angst wegen meines Vaters haben. Er sei damit einverstanden, wenn ich nicht mehr heiraten wolle.

Aber ich wollte die Hochzeit nicht absagen. Mein Vater hatte zu oft und zu laut betont, dass diese Ehe nicht standesgemäß sei. Seine Tiraden klingen mir noch heute in den Ohren: Ich sei etwas Besseres und es meiner Herkunft schuldig, mich gesellschaftlich nach oben zu orientieren, nicht nach unten.

Ich hörte kaum hin, was meine Mutter sprach. Sie redet ja doch nur ihrem Mann nach dem Mund, dachte ich. Nicht um mich geht es ihr, sondern um den Frieden unter ihrem eigenen Dach. So ein falsches Leben, wie sie es mir und anderen vorgelebt hatte, nein danke – das wollte ich nicht.

Wie viele Menschen, die Angst vor aggressiver Autorität haben, neigte auch ich dazu, dort, wo ich Schwäche vermutete, Stärke zu zeigen. Und so sagte ich mit aller mir möglichen Schärfe: »Man heiratet aus Liebe, nicht wegen der Leute«, obschon ich damals gar nicht wusste, was Liebe ist. »Und wenn man sich liebt, dann kann man auch ganz jung und sogar einen Straßenkehrer heiraten.«

Da schwieg meine Mutter und schluckte alles hinunter, was ihr vielleicht noch am Herzen gelegen wäre. Wie gern hätte ich ihr später zugehört und ihre Meinung erfahren! Aber da war es zu spät, denn da war sie schon tot.

Als noch Zeit war, konnten wir nicht groß miteinander reden. Was sie mir zu sagen hatte, sagte sie fast immer mit erhobenem Zeigefinger, und ich musste am Ende Ja sagen. Ich habe mich für sie immer im Kreis gedreht. Sie konnte zu mir sagen: »Mach das!«; und ich machte es. Beim nächsten Mal war das, was zuvor richtig gewesen war, falsch; dann habe ich mich entschuldigt und es so gemacht, wie es nun verlangt wurde.

Dass ich es wagte, ihr zu widersprechen und auf meiner Hochzeit mit Franzel zu beharren, war völlig ungewohnt für meine Mutter. Umso mehr nahm sie es als Beweis meines festen Willens und ließ mich künftig mit ihren Bedenken in Ruhe.

Als die Fehlgeburt passierte, sah ich uns die Hochzeit schon absagen. Doch auch Franzel wollte nicht, da wir bereits den Termin festgelegt, das Aufgebot und die Hochzeitstafel in einem schönen Lokal bestellt und alle Gäste eingeladen hatten. Vielleicht hätte er anders entschieden, wäre bis zum Fest noch mehr Zeit gewesen. Es waren jedoch nur noch zwei Wochen. Hätte er jetzt einen Rückzieher gemacht, hätte vor allem er sich als verhinderter Bräutigam zum Gespött der Stadt gemacht. Es wäre dasselbe gewesen, als hätte er mich mit Kind sitzen lassen.

Alle wussten, dass ich mich auf unser Kind gefreut hatte und nicht etwa zu einer der so genannten Engelmacherinnen gelaufen war, um es heimlich abtreiben zu lassen. Ein Schuft, der ein Mädchen schwängert und im Stich lässt, nur weil es zu einer Fehlgeburt kam. Eine Fehlgeburt war in den Augen der Leute genauso ein Grund zu heiraten wie eine Lebendgeburt. Und da Franzel so viel auf das Gerede der Leute und sein eigenes Ansehen gab, musste er sich weiterhin zu mir bekennen, um als anständiger Mann zu gelten.

Sehr viel später, als wir längst verheiratet waren, sagte er mir, dass er sich keinen Pfifferling um das Geschwätz der Leute geschert, sondern sich blitzartig aus der Affäre gezogen hätte, wäre ihm damals bereits klar gewesen, dass ich keine reiche Erbin war und nichts weiter als die übliche Aussteuer in die Ehe bringen würde. Er selbst hatte ja bereits größere Ersparnisse, die er in Möbel investierte. Von mir als der Tochter eines noblen Beamten erwartete er insgeheim das Haus dazu. Als der berechnende Mensch, der er immer war und bis heute geblieben ist, wollte er sich so ein Schnäppchen nicht entgehen lassen. Wer weiß, vielleicht rechnete er sich ja sogar schon aus, wie lange er mit mir verheiratet bleiben müsse, bis er mich abservieren und die Mitgift würde einstreichen können.

Ohne diese Hintergründe von Franzels Ehrenmanngebaren auch nur zu ahnen, hielt ich vor allem deshalb an der Hochzeit fest, weil ich glaubte, er liebe mich so sehr, dass er mich mit oder ohne Kind unter allen Umständen heiraten wollte. Ich glaubte, ich sei es ihm schuldig, ihn zu nehmen, da er sich doch so anständig verhalten hatte und ich sicher niemals mehr jemanden finden würde, der mich so innig liebte.

Natürlich kam auch hinzu, dass ich meinen Eltern keinen Triumph gönnen wollte. Sie sollten nicht meinen, ich hätte endlich begriffen und eingesehen, dass Franzel kein Mann für mich sei und ich etwas Besseres verdient hätte. Vielmehr sollten sie endlich begreifen, dass ich nur aus Liebe heiraten wollte und auch nur aus Liebe geheiratet wurde.

Nicht zuletzt aber konnte ich mir nicht vorstellen, die so zum Greifen nahe Freiheit wieder aufzugeben. Ich wollte um nichts in der Welt wieder das unmündige Ding sein, das unter Vaters Fuchtel stand und ohne seine Erlaubnis keinen Fuß aus dem Haus setzen konnte. Was immer meine Mutter versprochen hatte, ich war überzeugt, mein Vater würde mich wie im Kloster bewachen, damit ich nur ja nicht nochmals mit einem Mann zusammenkäme.

Ohne dass Franzel und ich jemals über unsere Beweggründe gesprochen oder einander unsere Bedenken und Erwartungen anvertraut hätten, blieb es bei unserer Hochzeit am ersten Advent.

Ich heiratete in Weiß. Natürlich in einem schlichten Brautkleid mit einer kleinen Schleife auf dem Bauch, das meine Tante, die Schneiderin, mir nach Maß genäht hatte. Ich wurde auch gar nicht erst gefragt, ob ich lieber ein Kleid aus einer der gerade aufkommenden Hochzeitsboutiquen tragen wollte.

Da ich nicht mehr schwanger und die Schande nicht sichtbar war, ließ mein Vater die Hochzeit in meiner Heimatstadt zu und vollzog die Trauung auf dem Standesamt. Beim kirchlichen Jawort rannen den beiden Schwiegermüttern Tränen der Rührung übers Gesicht. Nach der Trauung gab es ein großes Fest. Am Ende des Tages konnte der frisch gebackene Ehemann es nicht erwarten, in unserer ersten gemeinsamen Wohnung die Hochzeitsnacht mit mir zu verbringen, obwohl sie doch gar nicht mehr das war, was sie hätte sein sollen.

Binnen weniger Stunden war ich vom unmündigen Fräulein zur Ehefrau geworden, die im Jahr 1967 dem Ehemann nach bürgerlichem Gesetz und kirchlicher Lehre zu Gehorsam und Sex verpflichtet war.

Da mir der Frauenarzt nach der Fehlgeburt ins Gewissen geredet hatte, keinesfalls vor Ablauf eines Jahres erneut schwanger zu werden, um der Gebärmutter die nötige Regenerierung zu ermöglichen, verhüteten Franzel und ich erstmals zuverlässig, indem ich die Antibabypille nahm.

Diese sichere Schwangerschaftspause gab mir Zeit, mich als Hausfrau zu üben. Ich konnte im Grund noch nichts, musste alles erst lernen. Unsere Dreizimmerwohnung in Schuss zu halten, fiel mir schwer, es war aber auch herrlich aufregend, endlich selbst entscheiden und ohne elterliche Bevormundungen leben zu können. Die Krönung meines Glücks war der Führerschein, den ich auf Franzels Wunsch machte, da ich meine Anstellung aufgeben und als Büroleiterin Mitarbeiterin in seiner eigenen Filiale werden musste. Da er in dieser Filiale zwar selbstständig und eigenverantwortlich arbeitete, aber ein Festgehalt plus Provision bezog, wurde auch ich von ihm unabhängig bezahlt.

Auf die Idee, einen Ehevertrag zu schließen, wäre ich nie gekommen. Folglich lebten Franzel und ich in gesetzlicher Gütergemeinschaft. Mein Einkommen floss auf sein Konto. Von der Gesamtsumme wies er mir ein knapp bemessenes Haushaltsgeld zu. Mit dem restlichen Geld verfuhr er nach seinem Gutdünken. Im Detail wusste ich nie, was er damit tat. Ich nahm allerdings auch kaum Anstoß daran. Schließlich kannte ich diese Praxis der materiellen Abhängigkeit einer Hausfrau von ihrem Ehemann durch das Vorbild meiner Mutter.

Da ein Vater als Familienvorstand das Recht hatte, auch über das Einkommen unmündiger Kinder zu verfügen, hatte mein Vater fraglos mein Lehrlingsgeld und später auch meinen Lohn eingestrichen. Das Geld diente zu meinem Lebensunterhalt in der Familie sowie zur Vervollständigung meiner Aussteuer. Was noch nicht durch Geschenke von Paten, Großmüttern und anderen Verwandten an Geschirr und Besteck beisammen war, kaufte meine Mutter von dem Teil meines Verdienstes, den ihr mein Vater dafür gab. Außerdem erhielt ich ein kleines Taschengeld oder durfte mir gelegentlich in Begleitung meiner Mutter etwas Modisches zum Anziehen kaufen.

Wer schon ein paar Mark im Geldbeutel als Reichtum betrachtet, empfindet 300 Mark Haushaltsgeld als üppigen Luxus. Erst allmählich bemerkte ich, wie schwer es war, davon den Bedarf einer Familie zu decken.

Mehr Geld von meinem Mann zu verlangen, wagte ich jedoch nach ersten vergeblichen Versuchen nicht mehr, da derartige Gespräche immer im Streit und mit dem Vorwurf endeten, dass ich nicht mit Geld umgehen könne und mir nicht ständig einbilden solle, etwas Besseres zu sein.

Früher hielt ich es für Geiz und fühlte mich im Stich gelassen, doch inzwischen glaube ich, meine Eltern erkannten schneller als ich, wie berechnend und nur auf seinen finanziellen Vorteil Franzel aus war. Jedenfalls haben sie uns während meiner Ehejahre nie Bargeld zugesteckt. Auch nicht, als wir bauten und Franzel wie ein Verrückter wütete, dass ich doch nur eine Mogelpackung sei und ihn mit dem ganzen Beamtengefasel reingelegt hätte. Das heißt nicht, dass sie uns gar nichts schenkten. Wir erhielten zum Beispiel einen Rasenmäher oder den dringend erforderlichen Maschendrahtzaun, damit meine Tochter sich frei auf dem großen Grundstück bewegen konnte. Nur eben kein Bargeld. Vermutlich dachten meine Eltern, dass es nur wieder in Franzels Taschen verschwunden und mir nicht zugute gekommen wäre.

Zum Glück deckte uns außerdem die Familie meiner Mutter das Jahr über mit allem ein, was die Landwirtschaft hergab, sodass ich stets eine gut sortierte Speisekammer hatte. Davon profitierten zu meinem Ärger allerdings immer wieder die Frauen der Freunde meines Mannes, die nichts vom Einkochen hielten, meine Kirschen und Marmeladen aber so toll fanden, dass Franzel sie großzügig verschenkte. Ich konnte ja neue einkochen.

Die Arbeit in unserem Geschäft gefiel mir. Nach ein paar Wochen intensiver Einarbeitungszeit in den großen Hauptfilialen hatte ich große Freude an der vielseitigen Aufgabenstellung und dem intensiven Kontakt mit den unterschiedlichsten Kunden. Privatleben hatte ich zwar keines mehr, da Franzel und ich fast nur noch für das Geschäft da waren und keinen geregelten Feierabend mehr kannten. Das machte mir aber damals wenig aus. Es war allemal besser, als zu Hause zu sitzen und zu warten, dass mir die Decke auf den Kopf fiel.

Als wohltuend empfand ich es, dass ich nicht ständig mit meinem Mann zusammen sein musste. Seine Aufgabenstellung war mit einer intensiven Reisetätigkeit verbunden, die ihn gelegentlich auch über Nacht oder gar für mehrere Tage außer Haus führte.

Teils fürchtete ich Franzels Abwesenheit, teils genoss ich sie. Das Alleinsein setzte mir zu, weil ich nie aufgehört hatte, Angst vor dem Verlassenwerden zu haben. Zugleich aber konnte ich erstmals im Leben tun, was ich wollte. Niemand konnte mir in diesen Stunden des Alleinseins Vorschriften machen. Von keinem musste ich mir Tadel anhören oder ähnliche erzieherische Maßnahmen ertragen. Das war ein bittersüßer Zwiespalt.

Ebenso zwiespältig empfand ich unseren Umzug aus unserer ersten gemeinsamen Wohnung, die sich in einem Neubaugebiet am Rande meiner Heimatstadt befand, in eine andere Stadt. Ich wusste zwar, dass wir uns damit verbesserten. Dennoch fiel mir der Abschied schwer, obwohl die Entfernungen eher gering und im Auto schnell zu überwinden waren.

Meine Heimatstadt und meine Eltern, besonders meine Mutter zu verlassen, weckte alte Kindheitsängste. Die Kilometer zwischen meiner Heimatstadt und meiner neuen Bleibe waren wie die Wand meines Albtraums, hinter der ich alles, was ich liebte, verlor. Unsere schöne neue Wohnung bedeutete mir nichts im Vergleich zum erlittenen Verlust.

Ohne meine Arbeit, die mich vom frühen Morgen bis zum späten Abend und oftmals auch übers Wochenende in Anspruch nahm, hätte ich diesen Umzug wohl kaum verkraftet. Denn mein Mann bot mir zusehends seltener eine Schulter zum Anlehnen.

Er ging, wie bereits vor unserer Ehe, in seiner Freizeit immer öfter und ausgiebiger seine eigenen Wege. Sei es, dass er sich mit seinen Angelfreunden traf, wo es immer feuchtfröhlich zuging, oder mit Geschäftskunden durch Lokale und Bars tingelte und einen Streifzug durch das Rotlichtmilieu der Region machte, dass er sich mit den Mitgliedern seiner Schützengilde zum Training im Schützenhaus oder zur Teilnahme an diversen Wettkämpfen mit anderen Vereinen traf, oder sich in seinen Wohnwagen am Rande einer abgelegenen Waldlichtung im privaten Jagdrevier eines Schützengildebruders verzog. Er ging und kam, wie er wollte. Wenn er die Wohnung betrat, hatte das Essen fertig zu sein. Und hatte er anderweitigen Appetit, hatte ich auch dafür zu Diensten zu stehen. Um mich als Menschen ging es nicht. Nur um meine Dienstleistungen und um das, was ich meinem Mann unter der Gürtellinie zu bieten hatte.

Wenn überhaupt, dann begründete Franzel seine Abwesenheit damit, dass wir uns beruflich schon so nah auf der Pelle säßen, dass wir nicht auch privat immer zusammen sein mussten. Und natürlich steckte ich den Vorwurf ein, es sei meine Schuld, wenn ich eifersüchtig wäre. Schließlich sei doch alles ganz harmlos.

Ich zweifelte an ihm. Aber hatte ich überhaupt ein Recht dazu? Wenn Franzel sagte, dass jede normale Frau, die ihren Mann aufrichtig liebe, ihm auch ein bisschen Spaß gönnen würde, musste es doch wohl stimmen. Er war so viel älter, so viel lebenserfahrener als ich. Was hätte ich dagegen einwenden können, wenn er schimpfte, er schufte rund um die Uhr und gönne sich ja sonst nichts. Nur dieses bisschen Freizeit. War es etwa nichts, dass er unser Geld für ein Haus mit Garten zusammenhielt?

Franzels Sadismus, seine Eigenbrötelei, sein Lebensstil als verheirateter Junggeselle – all das hätte ich leichter ertragen, wenn ich mich von meinem Mann geliebt gefühlt hätte. Ich sehnte mich unendlich danach, dass er mir seine Liebe nicht immer und immer nur in einer geradezu suchtartig-unersättlichen Sexualität bewies, vor der ich an keinem Tag gefeit war. Wenn ich andere Paare sah, die einander an der Hand hielten oder spontan umarmten, auf Spaziergängen ganz selbstverständlich den Arm umeinander legten und sich einfach einmal streichelten oder küssten, blutete mir das Herz. Diese nichts fordernde, nur liebevoll gebende Nähe gab es bei meinem Mann nicht. Er konnte mich nicht berühren, ohne dass es eine sexuell motivierte Berührung gewesen wäre. Jedes Küsschen, jede Umarmung erregte ihn sofort so stark, dass es kürzeste Zeit später zum Sex kommen musste. Egal wann und wo. Notfalls zerrte er mich in den Keller, wo er sofort zur Sache kam.

Zu Beginn unserer Ehe raffte ich mehrmals allen Mut zusammen und vertraute ihm an, was ich mir von ihm wünschte und wie ich es schön mit ihm fände, welchen Traum ich von unserer Ehe und einem glücklichen Familienleben hatte. Ich wusste zwar selbst nicht genau, wie das zu schaffen wäre, aber ich dachte darüber nach und erinnerte mich, wie gut es mir immer bei meiner Freundin Gesa gefallen hatte. So harmonisch, wie ihre Eltern miteinander umgegangen waren, wollte ich auch mit Franzel leben. So respektvoll sie miteinander und übereinander sprachen, so liebevoll, wie sie sich ansahen und den anderen zärtlich, ohne gleich mehr zu wollen, im Vorbeigehen berührten, das war mein Traum. Doch Franzel lebte völlig gegen mich. Oft genug habe ich die Nerven verloren, mit den Türen geschlagen, mit den Füßen aufgestampft, oft genug bin ich in Weinkrämpfe ausgebrochen, weil er mir alles, alles versprochen hatte, aber nichts davon hielt. Im Gegenteil, er ignorierte meine Wünsche nach einer auch für mich erfüllteren Zweisamkeit nicht nur, sondern tat, mir zum Trotz und Spott, ganz bewusst genau das Gegenteil davon.

Sein »Ausruherchen« gehörte dazu. Als er zum ersten Mal im Kleinkinderton: »Komm, dann machen wir jetzt ein Ausruherchen!«, in mein Ohr muschelte, um mich dabei ganz sanft, ganz zart in eine Löffelchenstellung zu sich herunterzuziehen, hatte ich ihm soeben über meine unerfüllte Sehnsucht nach einer Liebe ohne den üblichen Zwang zum Sex erzählt. Ich war so bewegt von seiner Zartheit, mit der er mir durch diese Kindersprache zu verstehen zu geben schien, dass er mich einmal, diesmal nur, wie ein Kind umarmen und ohne sexuelle Hintergedanken einfach bloß lieb halten wollte, dass ich mich glücklich an ihn kuschelte. Voller Vertrauen ließ ich mich in seine mich von hinten umfangenden Arme sinken und eng an seinen Körper ziehen. Augenblicklich und doch zu spät merkte ich, dass Franzel keineswegs weiche Anwandlungen hatte. Er hatte mich nur wieder einmal für dumm verkauft.

Dank meiner Unerfahrenheit gelang es ihm leicht, mich bei jeder Gelegenheit für dumm zu verkaufen. Zum Beispiel, wenn es um »Kontaktpflege« ging und Franzel Bekannte und Geschäftskollegen zu uns einlud, die ich bewirten musste. An solchen Abenden ging es immer hoch her. Franzel beschaffte aus irgendwelchen dunklen Quellen Pornospielkarten und Pornoheftchen. Er wusste, wie man an Pornofilme und einen Filmprojektor plus großer Leinwand kam, und führte begeistert alles vor. Dabei floss reichlich Alkohol. Und die schlüpfrigen Reden nahmen kein Ende.

Einmal, kurz nach unserer Hochzeit, lud Franzel seinen liebsten Freund aus Junggesellentagen zu einem solchen Abend zu uns in die Wohnung ein. Dieser Mann, ein alter Junggeselle und rechter Hagestolz, der mich herablassend wie eine Küchenmagd begrüßte, war vermögend und mindestens doppelt so alt wie Franzel. Sie hatten sich irgendwann einmal anlässlich einer Kur kennen gelernt. Und Franzel besuchte ihn oft, wenn er geschäftlich in dessen Nähe unterwegs war. Sie hätten schöne Zeiten miteinander erlebt, sagte er. Ich solle den Herrn mit vorzüglicher Aufmerksamkeit bedienen und besonders liebenswürdig zu ihm sein.

Es dauerte daher ein wenig, bis ich das Essen fertig hatte und mit meinem Tablett ins Wohnzimmer trat, wo schon der Film lief, den Franzel seinem liebsten Freund versprochen hatte. Die Rolläden heruntergezogen. Das typische blau flimmernde Licht aus dem Projektor. Die Handlung des Films, die keine war. Und da saßen sie. Nebeneinander, auf Tuchfühlung. Selbst ich in meiner Naivität merkte, dass der Mann und Franzel sich seltsam benahmen.

Irgendwo in meinem Hinterkopf meldete sich ein Déjà-vu. »Wird dir nicht ganz besonders warm, wenn du neben ihm sitzt?«, hörte ich meine Freunde aus der Clique meiner Jugendzeit kichern. Und plötzlich wusste ich es: Franzels liebster Freund war schwul.

An diesem Abend ging ich wortlos zu Bett und betrat das Wohnzimmer nicht mehr. Meine Gedanken rasten, und die Augen brannten. Vielleicht, so hoffte ich, hatte ich alles ganz falsch verstanden. Bestimmt war gar nichts zwischen Franzel und diesem Freund. Oder wenn, dann wollte der Freund etwas von Franzel, aber Franzel nichts von ihm. Wie sollte es möglich sein, dass ein Mann wie Franzel, der schon einmal ein Kind gezeugt hatte, verheiratet war und nie genug Sex bekam, in einen Mann verliebt war? Ich musste mich geirrt haben. Aber wie weit waren wir schon gekommen, mein Mann und ich, dass ich ihm zutraute, homosexuell zu sein?

Und wenn er es doch war, was musste dann an mir sein, dass ich homosexuelle Männer anzog? Mein allererster Schwarm war ja auch schwul gewesen, ohne dass mir an ihm das Geringste aufgefallen wäre. War es wieder einmal meine Schuld? Zog ich etwa magisch Schwule an?

Entsetzt zerrte ich mir die Bettdecke über den Kopf. Sicher war nur eins, dieser Kerl musste aus meiner Wohnung raus. Stundenlang lag ich wach. Obwohl ich wie die drei Affen der Weisheit nichts sehen, nichts hören, nichts sagen wollte, vernahm ich deutlich das Knistern des Filmmaterials, das Rauschen der Filmspule, das Lachen und Atmen der Männer.

»Der oder ich«, war alles, was ich zu Franzel sagte, als er irgendwann neben mir ins Ehebett schlüpfte. Das verstand er. Er wusste, dass ich nicht schweigen würde, wenn er die falsche Wahl treffen würde. Und damals war Homosexualität nichts Alltägliches wie heute. Hätte ich meinem Vater gesagt, dass ich Anlass hatte, mein Ehemann unterhalte ein sexuelles Verhältnis mit einem anderen Mann, wäre es das soziale und berufliche Aus für Franzel gewesen. Ob er wusste, dass ich schon als Kind ein so ausgeprägtes Gerechtigkeitsgefühl hatte, dass ich meine Angst überwinden und mich gegen Unrecht auflehnen konnte? Einen Tag später war der süße Gast jedenfalls fort.

Erreicht hatte ich mit meinem Sieg über den einen Freund letztendlich nichts. Franzels andere Freunde waren auch keine Kinder von Traurigkeit. Was half es da schon, dass ich protestierte und keine Lust auf diese blöden Filmpartys hatte? »Das verstehst du nicht«, sagte Franzel grob. »Geh du in deine Küche und in dein Büro, und lass mich das Geschäft machen.«

Seine Frau als einzige Frau unter Männern, das schien Franzel zu gefallen. Es reizte ihn, wenn seine Freunde vom Pornokonsum angetörnt waren und mich mit den Augen verschlangen. Dann verstand er es, mich mit Worten bloßzustellen und Details aus unserem Intimleben preiszugeben, bis ich mir nackt und sexuell verkauft vorkam. Die Art, wie er und die anderen Männer mich anstierten und etwas hinter mir suchten, was ich nie war und nie sein wollte, überschritt meine Schamgrenze bei weitem. Aber wenn mir die Tränen aufstiegen, machte es Franzel erst richtig Spaß.

Bei solchen Anlässen konnte es auch vorkommen, dass wir uns ins Auto setzten und ins Rotlichtmilieu der benachbarten Grenzstadt fuhren, wo Franzel sich bestens auskannte. Eine bestimmte Straße galt als der Inbegriff käuflicher Liebe. Sobald eine der aufgetakelten Bordsteinschwalben in Sicht kam, musste ich im Auto in der Versenkung verschwinden und die Herren sprachen die Dämchen an, um mit ihnen über ihre Angebote zu reden und Preise auszuhandeln. Ich hätte jedes Mal im Erdboden versinken mögen, wenn das eine oder andere Flittchen mich entdeckte und mich mit diesem wissenden Blick musterte, als sei ich ihresgleichen. Franzel fand das nur spaßig. Nach dem Motto: »Appetit holt man sich draußen, gegessen wird daheim!«, bewies er mir dann irgendwann später, wie sehr er mich doch liebte. Dass ich mich zutiefst gedemütigt und beschämt fühlte, wollte er nicht begreifen. In seinen Augen war ich nur hoffnungslos verklemmt.

Dieser Vorwurf war mir nicht mehr neu. Tatsächlich konnte ich Franzel von Anfang an nichts recht machen. Er habe sich wirklich alle Mühe gegeben, mir alles beizubringen, meinte er. Trotzdem sei ich einfach zu langweilig, zu brav, zu wenig initiativ, zu fad. Am liebsten würde er mal Partnertausch machen, damit er endlich wieder auf seine Kosten komme.

Dass Franzel gern durch anderer Leute Schlafzimmerfenster schaute und oftmals draußen im Schatten der Büsche lungerte, um einen Blick auf Pärchen zu erhaschen, wusste ich. Es widerte mich an. Aber ich hatte es nicht ernst genommen. Und ich wollte auch diese neue Idee nicht ernst nehmen.

»Hör mit dem Unsinn auf«, sagte ich deshalb. »So was macht man nicht.«

Am nächsten Morgen schien Franzel die Sache vergessen zu haben. Erleichtert aß ich mein Frühstücksbrötchen und las die Schlagzeilen auf der Rückseite der Zeitung, die er in den Händen hielt.

Angst bekam ich erst, als ich Franzel dabei ertappte, wie er, der doch die Personifizierung des Geizes war, einen Scheck über 150 Mark an einen bestimmten Club in Karlsruhe schickte, damit man ihm Adressen von Pärchen zukommen ließe, die an Gruppensex interessiert seien. Ich schrie ihn an, was dieser Schwachsinn zu bedeuten habe, was er sich dabei denke. Er lachte nur. Das sei doch geil, mal was anderes. Ich solle nicht so prüde sein. Was sei denn schon dabei? Außerdem wären es doch bloß Adressen. Das heiße ja noch lange nicht, dass er es auch machen wolle. Er habe dabei vor allem an mich gedacht, damit ich Erfahrungen mit anderen sammeln könne. Ein Mann im Leben sei doch nichts, da habe man als Frau ja gar keinen Vergleich und wisse den eigenen Mann nicht zu schätzen. Wenn ich es mal mit einem anderen gemacht hätte, würde ich besser wissen, was ich an ihm habe.

»Nein«, schrie ich und zitterte vor Widerwillen am ganzen Leibe.

»Und warum nicht?«, grinste Franzel. »Du bist meine Frau. Hast du vergessen, dass dein Vater am Standesamt gesagt hat, dass du mir gehorsam sein musst?«

»Nein!«, schrie ich nochmals und schlug im Hinausrennen mit der Tür, dass die Fensterscheiben im Büro klirrten. »Das will ich nicht. Das mache ich nicht mit! Eher bringe ich mich um!«

Und Franzel lachte.

In meiner Aufregung und Angst und oft genug tief verzweifelt hatte ich manchmal versucht, bei meiner Mutter Trost, Rat und Hilfe zu finden. Ich konnte ihr nie wirklich sagen, was in mir vorging. So sprach ich nur von meiner Arbeit, den vielen Geschäftsleuten, die es zu bewirten galt, oder der Einsamkeit, wenn Franzel mich oftmals allein ließ.

Ich hätte Mutters Erfahrung so sehr gebraucht. Ihr Verständnis für mich und ihre Hilfe. Wem, wenn nicht der eigenen Mutter, sollte eine junge Frau anvertrauen dürfen, was die Ehe für sie bedeutet, welche sexuellen Forderungen der eigene Mann stellt, wie erniedrigend das, was er will und tut, oftmals ist? Jetzt erst, von Ehefrau zu Ehefrau, sah ich meine Mutter nicht mehr nur als die quasi asexuelle Person meiner Kindheit, sondern auch als Geliebte, wie ich selbst nun eine war. Aus ihrer eigenen Lebenserfahrung heraus hätte sie mir die brennende Frage vielleicht beantworten können, ob es normal sei, wie Franzel sich verhielt. Ob ich das als Frau hinnehmen musste, weil dies nun mal Frauenlos ist, oder ob ich ein Recht dazu hatte, mich zu ekeln und ihm seine Art Liebe vor die Füße zu werfen.

Schon nach den ersten Ehemonaten wollte ich ja am liebsten für immer auf und davon und die Scheidung. Es hatte mich zu tief verletzt, wie Franzel mir in seinem Frust über meine sexuellen Hemmungen vorgeworfen hatte, er habe mich ja nur geheiratet, weil ich ihn mit der Schwangerschaft hereingelegt habe. Ich bin sicher, dass ich in diesem Moment die Kraft gehabt hätte, ihn zu verlasen. Wenn ich nur gewusst hätte, wohin ich fliehen sollte. Wenn nur die Haustür meiner Eltern offen gestanden wäre. Wenn ich nur, wann immer ich wollte, für eine gewisse Zeit nach Hause hätte kommen dürfen, bis ich eine eigene Wohnung und eine neue Arbeit gefunden hätte.

Doch meine Eltern verachteten mich. Sie spotteten, wie neunmalklug ich erst vor wenigen Monaten von der großen Liebe geredet hatte. Und nun war es schon aus damit? Ich ahnte das kopfschüttelnde Abwinken meiner Mutter. Wusste, wie mein Vater höhnen würde, dass er ja immer gewusst und gesagt habe, wie tief ich mit meiner Ehe gesunken sei. Aber ich, würde er schreien, hätte ja nichts Besseres gewollt.

Wenn meine Mutter mir damals nur einmal die Hand gereicht und mich aufgerichtet, mir Mut zu einer eigenen Meinung und Entscheidung gemacht hätte. Stattdessen sah sie mich mit der ihr eigenen hilflosen Demut an und brachte weiter nichts hervor als ihren mir unvergesslichen Spruch: »Du brauchst nicht zu kommen. Du hast ihn gewollt. Jetzt hast du ihn!«

Das Gefühl, in meiner Not völlig verlassen zu sein, ergriff von mir Besitz und lähmte jede Energie. Da ich nirgendwohin fliehen konnte, musste ich bleiben. Niemand war da, der mich auffangen und schützen würde. So fraß ich alles in mich hinein und trug die Schuld, dass ich Franzel nicht die Liebe geben konnte, die er wollte und nicht mit der Liebe glücklich war, die er mir gab, wie Zentnerlasten auf mir.

Würden Köpfe vom Denken wachsen, hätte ich einen Wasserkopf mit mir herumgetragen. Die Frage trieb mich um und um, ob ich das Recht zur Unzufriedenheit hatte oder nicht. Franzel schien die Personifizierung des Supermanns. Er hatte mich geheiratet, obwohl er es nicht gemusst hatte. Er gestand mir dauernd, er liebe mich. Er begehrte mich bis zum Wahnsinn, sagte er, und bekam tatsächlich nie genug. Ich hätte doch dankbar und glücklich sein müssen, warf ich mir vor. Und doch passte es mir nicht.

Was, so quälte ich mich, war denn nur mit mir los? Warum konnte ich nicht so sein, wie er mich wollte? Weshalb hatte ich nicht dieselben Bedürfnisse und Empfindungen wie er? Warum fühlte ich mich durch seine unermüdlichen Liebesbeweise so oft belästigt und benutzt anstatt überglücklich? War das normal? Würden andere Frauen Franzel auch so empfinden? Oder lag es nur an mir? War es meine Schuld?

Ich wusste, es war nicht nur ich, die unerfüllte Wünsche an unsere Zweisamkeit hatte. Es verging fast kein Tag, an dem Franzel mir nicht vorwarf, dass er sich mehr von der Ehe und einer jungen Frau erwartet hatte. Dass er geglaubt hatte, ich sei nur schüchtern und werde schon auftauen, wenn wir erst verheiratet wären. Dass er eine brauche, die vital und sexy sei und Spaß an der »schönsten Sache der Welt« habe, aber keinen Trauerkloß. Und da waren sie dann wieder, meine Schuld, mein Versagen, meine Angst, meine ungestellten Fragen.

Irgendwann, als wir uns noch nicht lange kannten, hatte mein Mann mir erzählt, seine Mutter habe ihn immer als

»Nervensäge« betitelt. Damals fand ich das abwertend. Aber jetzt wusste ich, das war er, eine Nervensäge. Und ich konnte es keiner Menschenseele klagen.

Das viele Alleinsein und die Hoffnung, dass ich mit einem Kind vielleicht besser in der Lage wäre, Franzel so zu lieben, wie er es wollte, ließen den Wunsch nach einem Baby in mir immer stärker werden. Mit einem Baby im Arm hätte ich endlich einen Menschen, der mir jene Liebe entgegenbringen würde, die ich ersehnte, und dem ich diese Liebe aus vollem Herzen schenken könnte, ohne als gefühlskalt beschimpft zu werden. Dann hätte ich die zärtliche Liebe von meinem Kind und die leidenschaftliche Liebe von meinem Mann. Müsste ich so nicht endlich zufrieden und glücklich sein?

Als ich Franzel offenbarte, dass ich ein Kind wollte, hatte er nichts dagegen. Immerhin hatten schon einige Leute gefragt, ob wir nicht mehr üben würden oder ob es bei uns nicht mehr mit dem Nachwuchs klappe. Das konnte einer wie er nicht auf sich sitzen lassen.

»Aber denk nicht, dass du dann auf Hausfrau und Mutter machen kannst«, warnte er mich. »Ich brauche dich im Geschäft. Wir stehen vor dem Durchbruch am Markt. Also wird gar nicht erst lange gestillt, sondern gleich mit dem Fläschchen angefangen, damit du schnell wieder ins Büro kannst.«

»Ich kann das Kind ja auch im Körbchen mitnehmen«, nickte ich. »Dann hab ich die Kleine immer bei mir und kann trotzdem arbeiten.«

»Die Kleine?«, fragte Franzel.

Da erst merkte ich, dass ich mir eine Tochter wünschte und keinen Stammhalter. Erschrocken sah ich Franzel an. Ganz sicher würde er doch einen Sohn wollen. Aber zu meiner Überraschung lachte er und blinzelte mir zu: »Weißt du was? Dann sind wir schon zwei. Ich will nämlich auch eine.«

Schwanger wurde ich fast sofort, kaum dass ich die Pille abgesetzt hatte. Diesmal herrschte eitel Sonnenschein, als wir die freudige Nachricht vom Familienzuwachs verkündeten. Ich war Ehefrau und durfte meinen Bauch vor aller Welt zeigen. Unser Kind war ein Wunschkind und kein Schandfleck. Die Großeltern strahlten. Und der stolze Vater prahlte: »Ich bin schon ein toller Hecht. Einmal probiert, gleich funktioniert.«

KAPITEL 3

Mutterschaft

Wenn man von einer Bilderbuchschwangerschaft sprechen kann, dann erlebte ich sie.

Nur um den dritten, vierten Monat stand es einige Zeit kritisch, weil ich Angst vor einer erneuten Fehlgeburt hatte und der Frauenarzt das nicht ausschließen konnte. Sobald diese Hürde genommen war, ging es mir blendend. Jedenfalls körperlich. Seelisch ging es mir oftmals schlecht.

Nach außen hin schien es, als freue Franzel sich darauf, Vater zu werden. Wenn jemand zusah, zeigte er sich fürsorglich und aufmerksam mir gegenüber. Manchmal hatte sogar ich den Eindruck, dass er warm und mit Liebe von unserem Kind sprach. Doch nach innen blieb Franzel der verheiratete Junggeselle, der er immer gewesen war. Wie sehr hatte ich gehofft, er möge häuslicher werden und mich auch im Alltag ein wenig selbstloser umsorgen, wenn wir ein Kind bekommen. Aber davon konnte keine Rede sein. Er ging seiner Wege, in Bars und Kneipen wie immer, lud seine Freunde ein, führte seine Filme vor. Und auch sexuell nahm er keine Rücksicht auf mich.

Die Arbeit im Büro ermüdete mich stärker als vor der Schwangerschaft. Abends fühlte ich mich schachmatt. Nach Sex stand mir der Sinn nicht. Doch wann immer Franzel wollte, gab es kein Pardon. Und da er genau wusste, was er von mir wollte, verschaffte er sich dies auch. Was ich wollte, spielte keine Rolle. Schließlich war es meine eheliche Pflicht, ihm zur Verfügung zu stehen.

Seine Unersättlichkeit machte mir zwar während der gesamten Schwangerschaft zu schaffen, doch speziell in den ersten Schwangerschaftsmonaten löste sie große Angst um das Kind in mir aus. Inzwischen wusste ich ja aus leidvoller Erfahrung, dass exzessiver Sex bei mir zu einer Fehlgeburt führen konnte.

In meiner Sorge vertraute ich mich dem Frauenarzt an. Er riet mir, ich solle mich schonen, Aufregungen meiden, mir öfter etwas Gutes tun. Franzel solle sich sexuell zurückhalten. Auch als Mann könne man sich ja schließlich beherrschen und kreativ sein. Er hatte gut reden. Er kannte Franzel nicht. Er sah nur den verständnisvoll, liebevoll und überbesorgt auftretenden Ehemann, der zu dem einen oder anderen Termin mit seiner scheinbar auf Händen getragenen Frau zu ihm kam und sich vor Fürsorge fast umbrachte.

Ich erlebte den anderen Franzel, den, der immer wieder »wie der Bruder bei der Schwester« bei mir liegen und sein »Ausruherchen« spielen musste, wenn ich weiter nichts wollte, als die Füße hochlegen und meinen Kopf an seine Schulter betten. Oder den Flegel, der den allergrößten Spaß daran hatte, mich zu schurigeln, bis mir die Tränen kamen, indem er sich unmöglich benahm, vorzugsweise wenn wir gemeinsam bei Bekannten eingeladen waren. Er wusste genau, wie sehr ich mich schämte, wenn er schlechte Manieren an den Tag legte. Das war für mich immer das Schlimmste. Und gerade deshalb gefiel es ihm.

Manchmal wurden wir zu Partys eingeladen, die mit einem schönen Essen begannen.

Wurde es lustig und alle sprachen miteinander, ohne Franzel in den Mittelpunkt zu stellen, konnte es geschehen, dass er irgendwann den halb leer gegessenen Teller von sich schob, sich nicht mehr am allgemeinen Gespräch beteiligte, sondern sich mit hängenden Armen in den Stuhl zurücklehnte, die Augen verrollte und demonstrativ einschlief. Oder er stand vom Tisch auf und alle dachten, er müsse mal kurz ins Bad; aber er kam nicht wieder. Wenn man dann besorgt nach ihm schaute, hatte er sich einfach ins Bett der Gastgeber, auf eine Campingliege oder in irgendeine Ecke gelegt, mit Mänteln aus der Garderobe zugedeckt und schlief.

Die Leute, die ihn nicht kannten, bedauerten ihn dann als überarbeiteten braven Ehemann, der sich verausgabte, um Frau und bald auch Kind ein gemütliches Heim zu schaffen. Meist schlichen sie auf Zehenspitzen davon oder stellten die Musik leiser und wagten nicht mehr zu tanzen. Nicht selten verstummte sogar das fröhliche Gespräch, sodass man irgendwie verlegen und verunsichert beisammensaß und die Party nicht mehr so recht genießen konnte. Oftmals endete der Abend früher als geplant, und die Gastgeber blieben frustriert vor den Resten des kalten Büfetts oder halb leeren Flaschen sitzen. In jedem Fall hatte Franzel sich erfolgreich in den Mittelpunkt gedrängt und den ganzen Abend bestimmt.

Als dergleichen öfter geschah, begann man Franzels Benehmen als Partygag zu würdigen. Man machte sich zum Beispiel einen Spaß daraus, ihm wie einem Toten die Hände zu falten und ihn dann wie eine Mumie bis unter die Nasenspitze mit Tüchern und Toilettenpapier einzuwickeln. Die Partygäste bogen sich vor Kichern und unterdrücktem Lachen. Franzel schnarchte und schien gar nichts zu merken. Wie man ihn auch drehte und wendete, er schlief ungerührt weiter. Nicht einmal seine Augenlider zuckten verräterisch, obwohl er garantiert wach war. Er hatte ein beachtliches schauspielerisches Talent und liebte derartige Auftritte.

Nur ich wusste, welche Lust es ihm bereitete, von all den Händen überall berührt zu werden. In solchen Augenblicken schämte ich mich unendlich für meinen Mann und wäre am liebsten weinend davongelaufen.

Wie gut konnte ich jetzt die Gefühle meiner Mutter verstehen, wenn mein Vater sich auf den Familienfesten auf dem Land sinnlos betrunken und lächerlich gemacht hatte. Nie hätte ich geglaubt, dass auch ich einmal einen Mann heiraten würde, der nicht wusste, wo die Grenzen lagen. Ein solch haltloser Mensch war in meinen Augen das Schlimmste, was es gab. Und jetzt? Jetzt hatte ich genau so einen Ehemann, bei dem kein Bitten und schon gar kein Schimpfen halfen, wenn sein Verstand im Alkohol versunken war. Oft, wenn ich ihn nach solchen Abenden endlich ins Auto verfrachtet und heimgefahren hatte, war ich so empört und gekränkt, dass ich ihn stumm vor mir her die Treppe zu unserer Wohnung hinaufstieß. Ich sah dann zwar, dass er in seiner Trunkenheit stolperte und sich die Schienbeine anschlug, aber um nichts in der Welt hätte ich ihn stützen wollen. Die blauen Flecken trug er meiner Meinung nach zu Recht davon.

Zwei Monate vor der errechneten Geburt unseres Kindes verspürte ich zwischendurch immer wieder anhaltende Wehen, die darauf schließen ließen, dass es voraussichtlich früher zur Niederkunft kommen würde. Der Frauenarzt stellte fest, dass der Muttermund sich bereits stark zu öffnen begann. Um die drohende Frühgeburt so lange wie möglich hinauszuzögern, musste ich mich schonen und viel liegen. Auf Sex sollte ganz verzichtet werden, da der dabei entstehende Körperdruck das Gewebe der Gebärmutter belastet und Sperma Stoffe enthält, die die Kontraktion der Gebärmutter anregen und dadurch Wehen auslösen können.

Wieder empfand ich unendliche Angst, auch dieses Kind zu verlieren. In den vergangenen Monaten war aus dem ursprünglichen Zellklümpchen mein nicht nur körperlich, sondern auch emotional eng mit mir verbundenes Kind herangewachsen, das mir seine eigenen Bewegungen und Reaktionen mitteilte und gleichermaßen auf meine Bewegungen und Reaktionen einging. Für die Außenwelt war dieses Kind nur in Gestalt meines dicken Bauches sichtbar. Für mich war es mit dem Herzen sichtbar. Und es war mir wichtiger als Sex.

Franzel hingegen schmollte und grollte. Nach außen hin tarnte er dies mit Personalproblemen, weil ich nun endgültig für einige Zeit im Büro ausfiel. Tatsächlich ging es um den erzwungenen Verzicht auf Sex. Hätte nur ich selbst diesen Verzicht verlangt, hätte Franzel sich mit einem Lachen darüber hinweggesetzt. »Kinderkriegen ist keine Krankheit. Und Frauen sind dafür da.« Mit dieser Sichtweise Martin Luthers hielt Franzel es gern. Doch diesmal stand der Frauenarzt als Autoritätsperson dahinter. Dessen Weisung wagte Franzel nicht zu missachten. Auch wenn jeder Arzt den hippokratischen Eid geleistet hat und an die ärztliche Schweigepflicht gebunden ist, wäre es Franzel unerträglich gewesen, vor einem Außenstehenden als rücksichtsloser Ehemann entlarvt zu werden.

Wütend verbrachte er nun fast seine gesamte Freizeit in irgendwelchen Bars und Kneipen und kam ständig angetrunken oder schwer betrunken heim. In diesem Zustand war nicht mehr mit ihm zu reden, geschweige denn es möglich, seine sexuellen Bedürfnisse abzuweisen. Und genau deshalb trank er, denn im Zustand der Unzurechnungsfähigkeit konnte er als gestandener Mann im vollen Saft doch nichts dafür, wenn er seine männlichen Triebe nicht zu beherrschen vermochte und als Opfer dieser Triebe völlig unschuldig eine Fehlgeburt ausgelöst hätte.

Drei Wochen vor der Zeit sagte mir der Frauenarzt, der Muttermund stehe nun weit offen, sodass ich jederzeit damit rechnen müsse, dass die Fruchtblase platzt und ich sofort in die Entbindungsklinik gefahren werden muss. Ich flehte Franzel an, doch wenigstens von jetzt an abends und an den Wochenenden nicht mehr mit seinen Freunden loszuziehen, sondern für den Fall der Fälle bei mir zu bleiben. Für die kurze Zeit, bis unser Baby geboren würde, müsse es ihm doch möglich sein, Abstriche bei seinen eigenen Bedürfnissen zu machen, dachte ich. Es ging ja schließlich auch um sein Kind, nicht nur um meines. Aber Franzel lachte nur. Was er denn bei mir solle? Wenn er den ganzen Tag hart arbeite, habe er ein Recht auf ein bisschen Spaß. Mit mir sei doch nichts anzufangen.

Ich glaube, damals habe ich nicht einmal geweint. Ich fühlte mich gedemütigt und wertlos. Das Kind in meinem Bauch stieß mit den Füßchen bis hinauf in mein Herz. Aber der Schmerz, der mich erfüllte, hatte damit nichts zu tun.

Kurz darauf verlor ich eines Abends, als Franzel abermals schwankend und lallend zur Wohnungstür hereinstolperte, die Nerven und machte ihm eine heftige Szene. Grinsend ließ er es ein paar Sätze lang über sich ergehen, machte auf dem Absatz kehrt und trollte sich.

In diesem Moment sah ich rot. So schnell es ging, raffte ich ein paar Sachen zusammen, schnappte mein Klinikköfferchen, das seit Wochen startbereit gepackt war, setzte mich ins Auto und fuhr geradewegs zu meinen Eltern. Meine Mutter nahm mich kommentarlos in Empfang. Auch mein Vater sagte nicht viel. Wahrscheinlich sprach mein verweintes Gesicht Bände. Stillschweigend war klar, dass ich bleiben durfte.

Vierzehn Tage lang wieder Kind sein zu dürfen, umsorgt zu werden, keine größeren Anstrengungen unternehmen zu müssen, als auf die Bewegungen des Babys im Bauch zu achten und zu wissen, dass ich beschützt wurde, tat mir unendlich gut. Mein Vater sprach wohl mit Franzel, der es plötzlich geradezu genial fand, dass ich die letzten Tage bis zur Entbindung bei meinen Eltern bleiben wollte, ein ernstes Wort. Ganz liebender, nur mein Bestes wollender Ehemann räumte er ein, mich wohl etwas vernachlässigt zu haben. Doch so gern er dies auch wollte, sei er ja wegen seiner Arbeit nicht in der Lage, ständig bei mir zu bleiben. Gerade jetzt, da ein Kind ins Haus stehe und ich als kompetente Büroleiterin im Betrieb ausfalle, müsse er doppelt und dreifach für unser tägliches Brot arbeiten. Es sei deshalb schlicht unmöglich für ihn, jederzeit auf Abruf für die Fahrt zur Klinik zur Verfügung zu stehen. Es falle ihm ein Stein vom Herzen, dass ich Vernunft angenommen habe und endlich bereit sei, bei meinen Eltern zu bleiben, die alle Zeit der Welt für mich aufbringen konnten und deren Wohnung sich in unmittelbarer Nähe der Klinik befand. Seine Scheinheiligkeit war fast unerträglich. Aber mein Vater fiel auf seinen tollen Schwiegersohn herein und murmelte mit einem verständnisvollen Brummen, dass Schwangere nun mal Schwangere seien.

Meine Mutter schien sich nicht so leicht ein X für ein U vormachen zu lassen. Obwohl wir nicht ausführlich über die Gründe sprachen, die mich zur Flucht bewogen hatten, musste sie intuitiv erfasst haben, dass meine Ehe an einem entscheidenden Wendepunkt angelangt war. Sie kannte mich. Sie wusste, dass ich normalerweise alles in mich hineinfraß und mit mir machen ließ. Und sie wusste auch, dass bei Franzel nicht alles Gold war, was glänzte. Dass ich vor meinem Mann ausgerissen und weder für einen Strauß Blumen noch für gute Worte zur Heimkehr bereit war, ließ sie aufmerken.

Obwohl meine Mutter nicht emanzipiert, sondern eine typische Hausfrau ohne eigenes Einkommen war und in finanzieller Abhängigkeit von ihrem Ehemann und Ernährer lebte, nahm sie die Entwicklung und die Veränderungen des gesellschaftlichen und politischen Lebens aufmerksam wahr. Sie gehörte zur Generation der Frauen, die von Gleichberechtigung und Freiheit träumten. Sie hatte am eigenen Leibe erlebt, dass Kinder auch ohne Vater groß werden und Frauen ohne Mann nicht verloren sind. Vielmehr hatten unzählige, von ihren in den Krieg gezogenen Männern verlassene, auf sich selbst gestellte Frauen und Mütter bravourös bewiesen, wie viel Großartiges Frauen zu leisten vermögen. Und wenn meine Mutter auch nicht viel sprach, so hatte sie doch maßgeblich dazu beigetragen, dass ich nicht als Fließbandarbeiterin in die Fabrik kam, wie so viele andere Mädchen, sondern etwas Besseres werden sollte. In ihrer wortkargen Art war sie unendlich stolz darauf, dass ich einen guten Beruf hatte und mein eigenes Geld verdiente, denn Geld stand für Freiheit. Eine Frau, die sich und ihre Kinder selbst versorgen konnte, brauchte keinen Versorger. Sie war unabhängig und folglich frei.

Anders als sie selbst, die zeitlebens vom guten Willen und dem Einkommen ihres Ehemannes abhängig blieb, sah meine Mutter mich als frei an. Ich konnte, wenn ich wollte, auf eigenen Füßen stehen. Und dieses Bewusstsein setzte sich bei meiner Mutter in dem Gedanken fort, dass ich auf diesen eigenen Füssen gehen und meinen Mann verlassen konnte. Ich brauchte ihn nicht; mein eigenes Geld machte mich frei vom Zwang zur Ehe als Versorgungsinstitution.

Hinzu kam, dass die gesellschaftliche Stellung der allein erziehenden Mütter schon während des Krieges und besonders danach im öffentlichen Ansehen erheblich gestiegen war. Angesichts der großen Anzahl notgedrungen vaterlos aufwachsender Kinder, deren Väter im Krieg gefallen waren oder deren Eltern wegen der Kriegswirren nicht heiraten konnten, gehörten die so genannten »Onkel-Ehen« zum Alltagsleben. In ihnen lebten Frauen, deren Männer im Krieg verschollen, aber nicht für tot erklärt worden waren, mit neuen Männern zusammen, die sie als Verwandte ausgaben, um den Schein des Anstands zu wahren. »Onkel« sagten die Kinder zu ihnen. Und wenngleich klar war, wie es sich in Wirklichkeit mit diesem Onkel verhielt, übte das soziale Umfeld Toleranz.

Nach und nach war die gesellschaftliche Intoleranz der Vorkriegszeit gegenüber ledigen Müttern und unehelichen Kindern dem Bewusstsein gewichen, dass es zur besonderen Aufgabe des Staates als Solidargemeinschaft gehört, ihnen Schutz und Unterstützung zu gewähren. Vor diesem Hintergrund war es auch für meine Mutter nicht mehr undenkbar, dass eine anständige Frau ein Kind allein, ohne Vater, aufziehen und eine Ehe auflösen könne, wenn sie gescheitert war.

Schließlich waren damals, in den sechziger Jahren des 20. Jahrhunderts, Scheidungen keine Seltenheit mehr. Zwar wetterten vor allem christliche Traditionalisten dagegen an, doch die Scheidungszahlen erreichten erstmals Ausmaße, die nur wenige Jahre nach der Geburt meines Kindes dazu führten, dass die SPD-Regierung das »Schuldprinzip« bei Ehescheidungen abschaffte.

Dieses Gesetz wurde quasi als Notwehrgesetz eingeführt, da der Staat die für verlassene Frauen ohne eigenes Einkommen anfallenden Unterhaltslasten nicht mehr zu tragen vermochte und mit Hilfe dieses Schachzugs die zahlungskräftigen Ehemänner zu dauerhaften Unterhaltsleistungen für ihre Frauen und Kinder auch nach der Scheidung verpflichtete.

Von der politisch motivierten Jugend und besonders von den Frauen wurde die Abschaffung des Schuldprinzips freilich weniger unter haushaltspolitischen Gesichtspunkten, sondern vor allem als Symbol der Emanzipation gefeiert. Es garantierte auch nicht erwerbstätigen Frauen die Freiheit einer außerehelichen Beziehung und eines Scheidungsantrags, ohne sich dafür vor Gericht rechtfertigen oder ein schuldhaftes Verhalten des Mannes nachweisen zu müssen. Vor allem aber garantierte es, nicht mit dem Verlust der sozialen und materiellen Sicherheit und überdies mit dem Entzug der Kinder für die Scheidung bezahlen zu müssen.

Künftig galten beide Ehepartner automatisch als gleichermaßen verantwortlich für das Scheitern der Ehe, was dazu führte, dass der gemeinsame Besitz redlich geteilt werden musste, statt allein dem »unschuldigen« Partner zuzufallen.

Gleichzeitig bestimmte das neue Gesetz, dass Kinder dem Elternteil zugesprochen werden mussten, den das Gericht als für die Erziehung besser geeignet befand.

Im Sinne des neuen Jugendwohlfahrtgesetzes galt die Mutter als die dem Kind natürlicherweise näher stehende Bezugsperson. Hinzu kam, dass Mütter in der Regel mehr Zeit für die Kinder hatten, weil sie keiner oder nur einer geringen Erwerbstätigkeit nachgingen, der Vater hingegen den ganzen Tag infolge seiner Berufstätigkeit abwesend war. Da die Mutter aus diesen Gründen über weniger Einkommen verfügte als der Vater, war dieser zu Unterhaltsleistungen fähig. Folglich galt die über Zeit verfügende Mutter als die bessere Erzieherin und der über Geld verfügende Vater als der bessere Versorger. Und da beide Elternteile ihr Bestes für ihre Kinder geben sollten, war die jeweilige Rollenzuweisung klar.

Nur wenn der Vater der Mutter einen so unmoralischen Lebenswandel nachweisen konnte, dass das Gericht sie als erzieherisches Vorbild für unwürdig und somit als Gefahr für das Wohl des Kindes erklärte, wurden die Kinder wie früher dem sittlich unbescholtenen Vater zugesprochen.

An einer solchen Übertragung des Sorgerechts hatten Väter nicht selten aus finanziellen Gründen ein starkes Interesse, weil sie für die bei der Mutter lebenden Kinder zu einer dauerhaften Unterhaltszahlung verpflichtet wurden. In meinem Fall wurde mir diese Möglichkeit zum Verhängnis, da Franzel, meiner überdrüssig geworden, einen einschlägig erfahrenen Berater fand, der ihm erklärte, wie mir zunächst das erforderliche unmoralische Leben anzuhängen, dann der mir zustehende Anteil unseres gemeinsames Besitzes und zuletzt die Kinder zu nehmen waren.

Als ich Ende der sechziger Jahre schwanger war und erstmals an Scheidung dachte, waren diese gesetzlichen Neuregelungen jedoch noch nicht aktuell. Vielmehr ging es bei Scheidungen noch um die Schuldfrage und um die Übertragung des Sorgerechts für die Kinder an den unschuldigen Elternteil. Hätte ich mich tatsächlich scheiden lassen wollen, wäre damit ein hohes Risiko für mich verbunden gewesen. Franzel hätte leicht nachweisen können, dass er ein immer treu und zuverlässig sorgender Ehemann und liebender Vater und ich allein am Scheitern der Ehe schuldig war, weil ich ihn grundlos verlassen hätte. Mit Sicherheit hätte er zahlreiche Zeugen für sein untadeliges Verhalten aufgebracht. Ich mit meinem ewigen Schuldkomplex wäre ein leichtes Fressen für ihn und seine Scheinheiligkeit gewesen. Wie immer ich mich zu verteidigen versucht hätte, ich hätte mich nur immer tiefer in den Verdacht hineingeredet. Und genau das hätte mich mein Kind gekostet.

Letztendlich war ich über mein Kind vollkommen an Franzel gebunden. Es lag in seiner Macht, es mir zu nehmen. Wenn ich es behalten wollte, musste ich mich anpassen und meinen ehelichen Pflichten nachkommen. Die Frage war nur, ob ich mich selbst so völlig aufgeben wollte, und wenn ja, ob ich dies überhaupt fertig brächte.

Keine Frage, ich freute mich sehr auf mein Baby. Aber ich war noch nie Mutter gewesen. Würde ich stark genug sein, mich so weit für mein Kind zu opfern, dass ich ein Zusammenleben mit Franzel trotz aller damit verbundenen Demütigungen aushalten konnte, einzig und allein, weil ich es für mein Kind tat? Andererseits, würde ich ihn verlassen – wäre ich dann in der Lage, mein Kind ohne Vater zu erziehen?

Es großzuziehen, im Sinne von ernähren und versorgen, das traute ich mir zu. Das dafür nötige Geld würde ich schon verdienen können. Ich hatte einen ordentlichen Beruf, und ich war gut darin. Anders als heute, waren das die wichtigsten Kriterien für einen Arbeitsplatz. Es war ja noch reichlich Arbeit vorhanden. Wer arbeiten wollte, bekam auch Arbeit. Arbeitslosigkeit war kein Thema.

Aber war ich als Frau und Mutter gut genug, mein Kind glücklich zu machen und richtig zu erziehen? Brauchte ich dazu nicht einen Mann an meiner Seite, der mir half, wenn ich versagte? Man redete mir seit Kinderzeiten ein, dass ich ständig versagte. War es nicht vorhersehbar, dass ich auch als allein erziehende Mutter nichts wäre und nichts fertig bringen würde? Suchte und brauchte ich nicht ständig eine Hand, die mich halten und führen musste, weil ich das Alleinsein nicht aushielt und Angst vor dem Verlassenwerden hatte?

Ich wusste, dass ich mit Babys umgehen konnte. Windeln wechseln, Fläschchen geben, all das konnte ich. Aber würde ich meinem Kind die Liebe geben und zeigen können, die ich als Kind so sehr ersehnt und doch nicht bekommen oder nicht erkannt hatte? Würde mein Kind mich eines Tages ebenso wahrnehmen, wie ich selbst als Kind und immer noch meine Mutter sah: Zugleich vertraut und dennoch fremd und fern?

Die Vorstellung ließ mich schaudern. So verloren sollte mein Kind nicht aufwachsen. Lieber ein Leben mit Franzel als das. Oder doch nicht?

Vielleicht hatte meine Mutter ganz ähnliche Überlegungen angestellt, als sie mit mir schwanger war. Möglicherweise hatte sie daran sogar gedacht, als ich ungewollt mit meinem dann verlorenen Kind schwanger war und die Hochzeit mit Franzel als schnelle »Muss-Ehe« anberaumt wurde. Sie hatte mich ja immer wieder vergeblich gewarnt, dass er nicht der Richtige für mich sei.

Wie gern hätte ich sie manchmal nach ihren Gedanken und den Gründen für ihre düsteren Ahnungen gefragt. Aber ich wagte es nie. Sie hatte eine Aura des nur an der Oberfläche Erreichbaren um sich, die für mich undurchdringlich schien.

Ich glaube, meine Mutter und ich waren uns in unserem innersten Wesen sehr ähnlich. Beide sehnten wir uns nach Anerkennung und Nähe. Nur leider konnte sie noch weniger aus ihrer Haut heraus als ich, und keine von uns trug das Herz auf der Zunge. So verschlossen wir uns voreinander, obwohl wir beide darunter litten.

Irgendwann in diesen Tagen kam sie dennoch auf mich zu und meinte, fast im Vorbeigehen, sie habe eine hübsche, kleine Wohnung für mich. Wenn ich wolle, könne ich direkt nach der Geburt des Kindes einziehen. Mit dem Baby werde sie mir helfen, sodass ich mir eine Arbeit suchen und auf eigenen Füßen stehen könne. Wenn Franzel nichts zahlen müsse, werde er mir das Kind schon lassen.

»Ja, gut«, murmelte ich, obwohl mir das Herz vor Aufregung bis zum Hals schlug, dass meine Mutter den Charakter meines Mannes so einschätzte, wie ich ihn kaum einzuschätzen wagte. »Jetzt kann ich mir die Wohnung aber nicht anschauen.« Meine Mutter nickte nur. »Ich sag's dem Vermieter, dass er wartet, bis das Kind da ist.« Mehr konnten wir einander dazu leider nicht sagen.

Wenig später, an einem Feiertag, war es so weit. Es regnete den ganzen Tag. Ich lag still auf der Couch und lauschte den rauschenden Regenschnüren, die ans Fenster schlugen und in langen Tränenspuren daran herabrannen. Erst gegen Abend ließ der Regen nach. Meine Mutter öffnete die Fenster. Die Luft war frisch und klar. Es duftete nach Flieder, der in einigen Vorgärten blühte.

»Wir sollten doch noch ein bisschen spazieren gehen«, meinte sie. »Den ganzen Tag auf dem Sofa, das tut dem Kind nicht gut.« Auch mein Vater war dafür und wollte sich vor dem Schlafengehen ein wenig die Beine vertreten. Sein Wille gab den Ausschlag, obwohl ich bei unserem Spaziergang durch den nahen Park ständig das Gefühl hatte, den Bauch kaum noch tragen zu können.

Ich war froh, mich anschließend gleich ins Bett legen zu dürfen. Aber irgendetwas stimmte nicht. Immer wieder wachte ich auf, weil ich den Eindruck hatte, zur Toilette zu müssen. Gegen halb vier, als die Wasserspülung immer wieder durch die Stille rauschte, kam mein Vater aus der Schlafzimmertür. »Was ist denn los?«, fragte er. »Hast du Schmerzen?«

»Nein, das nicht«, gab ich zurück, »Ich meine nur dauernd, dass ich muss, und dann ist aber nichts.«

Während ich wieder ins Bett schlich, war meinem Vater wohl doch etwas mulmig zumute, denn er weckte meine Mutter. »Schau mal nach deiner Tochter«, brummte er. »Mit der stimmt was nicht.«

Meine Mutter war sofort hellwach. »Das ist das Fruchtwasser«, sagte sie, als ich ihr den Anlass meiner Umtriebe erklärt hatte. »Steh auf. Zieh dich an. Wir müssen sofort ins Krankenhaus.«

Da das Krankenhaus nicht weit von der Wohnung meiner Eltern entfernt war, gingen wir zu Fuß.

Kurz vor vier Uhr waren wir dort. Und ich wurde auch gleich stationär aufgenommen.

»Sollen wir nicht bleiben?«, fragte meine Mutter, als ich mit meinem Köfferchen zur Station gebracht wurde. Doch die Hebamme schüttelte den Kopf. Die Eltern könnten ruhig wieder nach Hause und ins Bett gehen. Ich müsse erst für die Geburt vorbereitet werden. Eine Zeit lang gehe es schon noch.

So gegen sieben Uhr sollten sie anrufen. Dann wüsste man vielleicht schon etwas.

Für mich ging danach alles rasend schnell. Ich wurde kurz untersucht und umgehend in den Kreißsaal geschoben. Schmerzen hatte ich nicht, verspürte jedoch mehrfach ein starkes Ziehen im Rücken. Andere Mütter erzählten mir später, dass sie nach der Einlieferung erst einmal ein Bad nehmen mussten, einen Einlauf bekamen und im Schambereich rasiert wurden. All das fiel bei mir weg.

Ich weiß nur, dass die Belegschaft mich in höchster Alarmbereitschaft im Kreißsaal empfing. In Windeseile wurde mir eine Narkosemaske übergestülpt, und als ich gegen sieben Uhr wieder zu Bewusstsein kam, war mein Kind bereits seit fast zwei Stunden auf der Welt.

Unser Wunschkind war tatsächlich eine Tochter. Mit ihren 3150 Gramm war sie ein gesundes, wonniges Kind. Nur der Kopf sah schlimm zerdrückt aus. Und das war auch der Grund für die Komplikationen bei ihrer Geburt. Durch den schon so lange sehr weit geöffneten Muttermund war die Nabelschnur etwas vorgefallen und hatte sich um Kopf und Hals meiner Tochter gewickelt. Da sie bereits tief im Geburtskanal steckte, war es für einen Kaiserschnitt zu spät. Es ging jedoch um Leben und Tod. Man musste operativ eingreifen, deshalb hatte man mich unter Narkose gesetzt.

Als ich mein Kind erstmals in den Arm gelegt bekam, wurde mir von der Kinderschwester versichert, dass die Kerben am Köpfchen sich schnell verlieren würden. Es klang, als sei damit alles weitere Fragen verboten. Für den Augenblick zählte nur mein Baby. Es war da. Es war gesund. Also habe ich das, was geschehen war, hingenommen und nicht hinterfragt. Wie immer.

Da ich keine großen körperlichen Strapazen bei der Entbindung ertragen musste, erholte ich mich rasch von der Geburt. Franzel kam erst drei Tage später erstmals zu mir. Keiner wusste, wo er sich aufhielt. Er schien verschollen. Seinen Eltern war es wohl etwas peinlich. Meine verstanden es nicht. Aber alle miteinander machten sie mir lachend klar, dass es normal sei. Richtige Väter müssten die Ankunft ihrer Kinder gebührend feiern und begießen. Dass Franzel die Ankunft seiner Tochter mit den Tänzerinnen und Bordsteinschwalben in einer teuren Stripteasebar gefeiert hatte, verriet er mir nach meiner Heimkehr, als ich ein Streichholzbriefchen mit dem entsprechenden Aufdruck in seiner Jackentasche fand.

Im Anschluss an diese Sause kam der frisch gebackene Vater mit einem dicken Blumenstrauß zu mir ins Krankenhaus. Gerührt betrachtete er unsere Tochter durch die Scheiben des Säuglingszimmers und kniff sich eine Träne aus dem Augenwinkel. Seine Theatralik machte mir erst bewusst, dass sich meine während der Schwangerschaft so oft verspürte Angst um ein Haar erfüllt und ich beinahe auch dieses Kind noch in letzter Minute verloren hätte. Aber irgendwie erreichte mich der Gedanke nicht. Franzels läppischer Auftritt vor den Säuglingsschwestern war einfach nur peinlich. Ich wünschte, er hätte sich weniger zappelig und kindisch in Szene gesetzt und endlich einmal wie ein Mann auf mich gewirkt, der stark, fest und zuversichtlich den Arm um mich und unser Kind legt.

Mir war so bang zumute, wenn ich an die Zukunft dachte und an die Aufgaben, die vor mir lagen. Es hätte mich aufgebaut, an meinem Mann Halt zu finden. Stattdessen erweckte er den Eindruck, selbst das größte Kind zu sein.

Zum Glück vergaß ich Franzels affektiertes Gehabe, als nach und nach Verwandte und Bekannte mit ihren Gratulationen und Geschenken fürs Baby aufwarteten. Der Großelternstolz meiner Eltern und Schwiegereltern tat gut. Durch das Kind war ich plötzlich eine andere, war wertvoller, wie es schien. Eine, die zwar fast versagt hatte, weil die Nabelschnur sich um den Kopf des Kindes gewickelt hatte und es fast gestorben wäre. Aber immerhin eine, die letztlich nicht versagt, sondern trotz dieser Komplikation ein gesundes Kind geboren hatte. Noch dazu in einer Blitzaktion ohne Schmerzen. Ich genoss die neidische Bewunderung, die mir dafür von anderen Müttern entgegengebracht wurde, deren Kinder in mühsam durchlittenen Stunden oder gar per Saugglocke, Zange oder Kaiserschnitt zur Welt gekommen waren.

In den Ruhephasen ohne Besuch schlief ich viel und kostete den Luxus aus, allein in meinem Bett zu liegen. Die bedrängenden Gedanken an Franzel, der mir bei jedem Besuch versicherte, wie ungeduldig er meiner Heimkehr ins Ehebett entgegenfieberte, schob ich weg. Es gab jetzt Wichtigeres, Stillen zum Beispiel.

Es war schwierig, den kleinen suchenden Mund zufrieden zu stellen. Aus irgendeinem Grund hatte ich nicht genügend Milch, sodass von Anfang an mit dem Fläschchen zugefüttert werden musste. Da ich damit unter den anderen Wöchnerinnen keine Ausnahme war, nahm ich mir dieses Versagen jedoch weniger zu Herzen. Beruhigend kam hinzu, dass man zu dieser Zeit begann, der Muttermilch skeptisch bis ablehnend gegenüberzustehen und die industrielle Babynahrung als gesünder, weil weniger umweltbelastet ansah.

Knapp eine Woche nach der Entbindung war meine Schonzeit vorüber. Ängstlich, ob ich im Stande sein würde, von nun an allein für mein Baby zu sorgen, bat ich meine Mutter um Hilfe. Franzel hatte nichts dagegen, dass sie ein paar Tage bei uns bleiben sollte, bis mein Kind und ich uns an die Umstellung gewöhnt hätten. Tatsächlich gab mir ihre Gegenwart die nötige Gelassenheit, meine Sache als Mutter gut zu machen.

Von einer Trennung und meinem Umzug in eine eigene Wohnung sprachen meine Mutter und ich nicht mehr. Stillschweigend wussten wir beide, dass ich nicht stark genug war, mich zur gleichen Zeit sowohl Franzel als auch meiner Ehe zu entziehen, gegen ihn um mein Kind zu kämpfen, mich gegen Verwandte und Bekannte, besonders gegen meinen Vater zu behaupten, die mich als wohl verrückt bezeichnen und gesellschaftlich schneiden würden, zugleich meinen Arbeitsplatz in Franzels Filiale zu verlieren, mittellos in eine neue Wohnung umzuziehen und diese kindgerecht einzurichten sowie überdies einen neuen Arbeitsplatz zu suchen und dort trotz meines Kindes erfolgreich anzutreten. Mit dem Baby auf dem Arm war alles anders. Der Traum von Trennung und Neubeginn meines Lebens schien ausgeträumt. Und bald waren Franzel und ich erstmals als Eltern mit unserer Tochter Birgit allein.

Mein Baby war mein Ein und Alles. Wie im Krankenhaus auch, bekam die Kleine alle vier Stunden ihre Mahlzeiten. Die erste morgens um sechs, die letzte am Abend um zehn Uhr. Dazwischen schlief sie durch. Bis ich eines Morgens zu spät wach wurde und merkte, dass Birgit keinesfalls vor

Hunger schrie, sondern ebenfalls noch schlief. Leise ging ich aus dem Zimmer und ließ sie ruhen, bis sie von selbst erwachte. So merkte ich, dass sie keine fünf Mahlzeiten mehr brauchte, sondern mit vier zufrieden war und gern zwölf Stunden durchschlief. Künftig habe ich sie am Abend um acht fürs Bett fertig gemacht, und am Morgen um acht bekam sie ihr erstes Fläschchen. So nervös und hippelig ich selbst als Kind gewesen bin, so ausgeglichen und ruhig war mein eigenes Kind. Das nahm ich als ein gutes Zeichen für meine Qualitäten als Mutter und war sehr glücklich.

In den ersten Wochen zu Hause verzichtete Franzel zwar nicht auf sein eheliches Recht an mir, doch noch weitestgehend auf meine Mitarbeit im Betrieb. Abgesehen davon, dass er mich anrief, wenn er mich dringend brauchte, waren Birgit und ich auf uns allein gestellt. Wir vermissten ihn auch nicht. Im Gegenteil, ich genoss es, als Mutter allerlei Entscheidungen selbst treffen zu können, ohne von Franzel bevormundet zu werden. Mit ihm zu leben, hieß Kontrolle, Belehrung und Anweisung. Da ich bei meinen Eltern nicht im Haushalt helfen, sondern nur mein Zimmer richten musste und ansonsten über den Büchern sitzen oder den ganzen Tag zur Arbeit gehen durfte, konnte ich als junge Ehefrau weder kochen noch putzen. Ich musste alles erst lernen. Natürlich so, wie Franzel es wollte. Wie zu Hause, als ich Kind war, hieß es auch in meiner Ehe: »Du musst, du musst, du musst – mach es so und nicht so.« Und das betraf beileibe nicht nur den Haushalt, sondern gleichermaßen Franzels übrige Bedürfnisse.

Allein mit Birgit zu Hause zu sein, versetzte mich erstmals außerhalb meines Berufes in die Lage, spontan eigene Entscheidungen zu treffen und zu verantworten. Ganz gleich, wie lächerlich dies klingen mag, aber es machte mir zunächst beinahe Angst, allein zu entscheiden, das Kind jetzt zu füttern oder nicht zu füttern, die Windeln zu wechseln oder nicht zu wechseln, zum Kinderarzt zu gehen oder nicht. Und so gering diese Freiheit auch war, so war ich doch stolz, wie gut Birgit gedieh, ich also offensichtlich alles richtig machte und eine gute Mutter zu sein schien, der nicht einmal Franzel etwas vorzuwerfen hatte.

Da ich das Stillen schon in den ersten Tagen zu Hause gänzlich aufgab, konnte Franzel der Kleinen das Fläschchen geben. Auch badete, cremte und wickelte er sie täglich mehrfach mit Begeisterung. Dabei brachte er sie zum Strampeln, Quietschen und Giggeln, indem er ihr spielerisch in die wulstigen Innenseiten der prallen Oberschenkelchen biss, auf ihre Brust und den nackten Bauch prustete oder sie am ganzen Leibe umschmuste und kitzelte. Wer ihn sah, hielt ihn für den besten Vater der Welt.

Nur ich wurde dieses komische Bedürfnis nicht los, mein kleines Mädchen vor Franzels Liebkosungen schützen zu müssen. Ich kann bis heute nicht schlüssig erklären, was mich dazu brachte. Nur eines weiß ich, es hing mit Franzels ständig präsenter Sexualität und seiner Vorliebe für Nacktheit zusammen. Zum Beispiel liebte er es, jederzeit splitternackt durch die Wohnung zu laufen, selbst bei Licht und offenen Rollos, oder unbekleidet in den Garten zu gehen, hüllenlos bei Tisch zu sitzen und, ohne anzuklopfen, ins Bad zu kommen, egal, was ich dort tat. Die gleiche Blöße und Ungeniertheit verlangte er auch von mir. Wollte ich nicht, hieß es spöttisch: »Du bist ja total verklemmt!« Diesen Ton ertrug ich nicht. Es hatte doch wieder den Anschein, als sei es mein Versagen, nicht einmal unsere intime Nacktheit als das Natürlichste der Welt auszuhalten. Also gab ich nach und machte mit, obgleich ich innerlich vor Scham im Boden versank.

Es störte mich und weckte meinen Beschützerinstinkt, wenn ich beobachtete, wie Franzel unsere Tochter in ihrer Nacktheit musterte, sie bei der Körperpflege überall berührte und sie bei seinen Spielchen in der Nähe ihrer Vagina oder auf dem Bauch, an Brust und Po beknabberte, kitzelte und küsste. Obwohl er keine äußerliche Erregung zeigte, wenn er pudelnackt am Esszimmertisch stand und unser Baby versorgte, spürte ich die sexuelle Note dieser Situation.

Ebenso ärgerte es mich, wenn er sich darüber ausließ, wie »süß ihre kleine Muschi« sei. Schon diese Bezeichnung ihres Geschlechts erschien mir unerhört zudringlich und anmaßend, weil er nicht der Liebhaber war, der eines fernen Tages so sprechen mochte. Das, was Franzel dachte und meinte, wenn er von »Muschi« sprach, wusste ich. Das waren keine Gedanken, die angemessen für einen Vater waren. Der musste meiner Meinung nach in diesen Dingen Distanz halten und durfte allenfalls mit medizinischen Bezeichnungen über ihr Geschlecht sprechen. Doch als ich Franzel darauf hinwies, lachte er mich wegen meiner Prüderie aus.

Verunsichert suchte ich in meiner Erinnerung, ob auch mein Vater ähnlich mit mir gespielt hatte. Unser Versteckspiel fiel mir ein, bei dem man sich die Augen zuhalten und dann das Versteckte suchen musste. Da mein Vater ein Glasauge hatte, hielt er sich nur ein Auge zu und nicht zwei wie ich. Aber wie lange dauerte es, bis ich merkte, dass er immer das falsche zuhielt und alles sah, was ich machte. Auch das Milchhäutchen-Spiel kam mir in den Sinn. Es hing damit zusammen, dass ich die Haut auf der Milch nicht mochte, er hingegen liebte sie. Da konnte es geschehen, dass er mir versprach, mir eine Überraschung zu bereiten, ich aber erst zu ihm kommen dürfe, wenn er nach mir rufe. Kam ich, hatte er die Milchhaut in einem Schüsselchen mit Zucker verrührt und verriet mir erst, was es gewesen war, wenn ich den Leckerbissen verspeist hatte. Ich konnte mich an keine Szene erinnern, in der mein Vater sich mir nackt genähert hätte.

Im Gegenteil, ich wusste genau, wie ich selbst als Kind nie wollte, dass mein Vater ins Bad kam, wenn ich badete, nackt dastand oder gar die Toilette benutzte. Geschah es zufällig doch einmal, dass er die Tür öffnete, entschuldigte er sich und ging sofort. So musste es sein, dachte ich. So musste sich ein Vater verhalten.

Für mein Dafürhalten passte Franzels Benehmen nicht zu einem Vater. Wenn er mich tadelte, ich solle mich mit Birgit nicht so anstellen, er habe schließlich eine jüngere Schwester und wisse schon, wie mit kleinen Mädchen umzugehen sei, konnte ich ihm nicht widersprechen. Vielleicht war ja alles in Ordnung, und ich stammte tatsächlich aus dem letzten Jahrhundert. Trotzdem blieb das beklemmende Gefühl, und meine Tochter war noch zu klein, um sich selbst in ihrer Intimität zu schützen. Aber ich war da. Ich konnte, ich musste sie schützen. Auch wenn ich nur leise ahnte, dass und warum sie geschützt werden musste – noch dazu vor ihrem eigenen Vater.

Vor über dreißig Jahren war sexueller Kindesmissbrauch kein Thema. Man wusste, dass es gelegentlich zu Inzest kam. Das hatte etwas mit den alten Ägyptern und Pharaonen zu tun, führte zu Kindesmissbildungen und war in der Bibel verboten. All das war weit weg und hielt nur dann Einzug in die Gegenwart, wenn man über sieben Ecken etwas über ein missgebildetes Kind einer ledigen Mutter aus dem Hintertal der hintersten Hinterwäldler läuten gehört hatte und hinter vorgehaltener Hand über die Folgen überreichlichen Mostkonsums und Witwer tuschelte, die hinter jeder Schürze her waren, sogar hinter der eigenen Tochter. Ausnahmen waren das. Schauergeschichten. Wer so etwas tat, kam ohne Zweifel direkt in die Hölle.

Niemand hätte je angenommen, dass normale, stocknüchterne Väter oder gar Mütter sich über ihre eigenen Kinder hermachen würden. Das war ein Tabu. Man hielt es nicht nur für unmöglich, sondern konnte nicht einmal darüber nachdenken, weil eine solche Tat in unserem Denken nicht präsent war.

Aus diesen Gründen wusste auch ich nichts von sexuellem Kindesmissbrauch durch den eigenen Vater, geschweige denn, dass sogar Babys unter den Opfern sind. Dennoch brachte mich eine Angst vor etwas, das ich gar nicht kannte, bei Franzels Nackedei-Spielchen mit Birgit fast um.

Gesteigert wurde diese Angst noch, als Franzel sich zu der Behauptung verstieg, dass Birgit unmöglich von ihm sein könne, da sie bereits bei der Geburt dicke schwarze Haare und eine fein getönte, südländisch anmutende Hautfarbe hatte. In seiner Familie gäbe es nur hellhäutige Blonde und auch ich sei ja blond. Gewiss sei das Kind von einem der Italiener, die zu der Zeit, als ich schwanger wurde, Straßenarbeiten vor dem Haus ausgeführt hatten.

Wie immer, wenn ich zu Unrecht angegriffen werde, versuchte ich, zu erklären und mich zu verteidigen, und verstrickte mich dabei in Franzels Palaver, als hätte ich tatsächlich etwas zu verbergen. Oft genug, meinte er, sei ich ja allein zu Hause gewesen und hätte ihm mit einem von diesen »Itakern« leicht Hörner aufsetzen können, ohne dass er es bemerkt hätte. Schließlich hätte ich ihn schon mit dem ersten Kind reingelegt, damit er mich heiraten musste. Warum also nicht auch diesmal wieder, damit er für das Kind zahlen müsse, bis er schwarz werde?

Natürlich wusste nicht nur ich, sondern auch Franzel, dass er der Vater unserer Tochter ist. Es bereitete ihm lediglich ein sadistisches Vergnügen, mich zu beleidigen und zu Gesprächen über Sex mit einem anderen Mann zu verleiten. Meine Verlegenheit und Beschämung verliehen ihm ein intensives Machtgefühl über mich, das ihn erregte und mit seiner Vorstellung von Versöhnung im Bett endete.

Auch wenn danach nicht mehr die Rede davon war, dass Franzel nicht Birgits Vater sei, ging es mir nicht aus dem Kopf. Womöglich fühlte er sich wirklich nicht als ihr Vater und betrachtete sie weder mit den Augen eines Vaters noch liebte er sie väterlich.

Ein Vater hatte für mich den Nimbus des Asexuellen. Er war zwar ein Mann, aber der Tochter gegenüber kein erotisch fühlender, sondern ein rein seelisch liebender Mann. Wenn Franzel sich nicht als Vater fühlte, als was nahm er dann das kleine Mädchen in der Badewanne oder auf dem Esstisch wahr? Ich wusste es nicht. Doch künftig erfüllte es mich noch intensiver mit Unbehagen, wenn er den kleinen nackten Körper mit Liebkosungen überschüttete, die ich als seine Frau kannte.

Am liebsten hätte ich Franzel nur gestattet, Birgit voll bekleidet in den Arm zu nehmen und zu füttern. Aber natürlich war das unmöglich. Niemals hätte ich ein solches Verhalten rechtfertigen können. Alle Welt war doch voller Lob, wie aufopfernd er sein Töchterchen liebte und welch begeisterter Vater er war. Einen Mann wie ihn, der sich aktiv an der Versorgung eines Babys beteiligte und sich für nichts zu schade war, wünschte sich jede Frau unseres Bekannten- und Freundeskreises. Manchmal kam es mir vor, als hätten sie in ihrer Wohnung einen Altar für ihn aufgebaut, um dieses Wunder von einem Mann heimlich anzubeten.

Hätte ich nur ein Sterbenswort von meinen schrecklichen Visionen und Ängsten verraten, die mich überkamen, wenn ich Franzel im Umgang mit Birgit sah, hätten seine Fans mich verbal geteert und gefedert.

Um ehrlich zu sein, – ich selbst nahm mich ja nicht ernst, sondern verübelte mir meine Ängste. Es war mir entsetzlich peinlich. Ich haderte mit mir, weil ich anscheinend überall nur noch Sex, Sex, Sex sehen konnte. Doch selbst wenn ich mich noch so beschwor, dass ich keinen Grund hatte, Franzel zu misstrauen und seinetwegen Angst um Birgit zu haben, klumpte sich alles in mir zusammen, wenn er in ihre Schenkelchen biss.

Vor lauter Scham hätte ich mir lieber die Zunge abgebissen, als mit irgendjemandem darüber zu reden. Es sei denn, ich hätte meiner Mutter vertrauen können. Aber nicht einmal bei ihr vermochte ich Rat zu suchen. Und so ist es bis heute mein bitterstes Leid, dass ich von Anfang an ahnte, was meinem Kind eines Tages durch den eigenen Vater widerfahren würde, und es dennoch nicht schützen konnte.

In einer Stadt wie der unseren blieb wenig lange verborgen. So kam endlich auch mir zu Ohren, dass alle Welt sich über meine Blauäugigkeit kaputtlachte, weil ich nicht ahnte, welcher Art Entspannung Franzels geliebte Wohnwagenidylle am Waldrand diente. Wie es hieß, führte er dort ein lebhaftes Sexleben.

Bisher hatte ich Franzel wirklich geglaubt, dass sein Wohnwagentick allein von seiner Begeisterung für die freie Natur herrühre. Wie er mir kurz nach Birgits Geburt schwärmerisch anvertraut hatte, brauchte er den Wald, das Angeln und Fischen, das Suchen nach Blaubeeren, Himbeeren, Brombeeren und Pilzen sowie das Beobachten des Wildes auf heimlichen Pfaden oder beim Liebesspiel – wenn das Röhren der Hirsche durch die weiß wabernde Dämmerung auf einer Lichtung hallte. Ohne diese tiefe Verbundenheit mit Flora und Fauna könne er den stressigen Alltag in seiner Filiale nicht aushalten.

»Natürlich wäre es mir viel lieber, du könntest mitkommen«, meinte er. »Wir zwei da oben allein im Wald, das hat was. Aber mit dem Baby geht das nicht. Das sehe ich voll und ganz ein. Das verstehe ich auch. Später, wenn sie größer ist, können wir immer zusammen dort oben Urlaub machen. So ein Wohnwagen ist etwas Tolles. Besser als jedes Ferienhaus.«

Noch war ich nicht völlig überzeugt. Doch Franzel hätte einem Glatzkopf einen Kamm aufgeschwatzt. »Vertrau mir. Du wirst schon sehen, wozu der Wohnwagen gut ist. Denk nur mal daran, was ich aus dem Wald alles mitbringen werde. Was uns keinen Pfennig kostet. Das Geld können wir schon sparen. Du willst doch auch, dass wir mal bauen und ein eigenes Haus haben. Für die Kinder.«

Irgendwie war es komisch, aber am Ende lief es bei allen unseren Diskussionen darauf hinaus, dass ich diejenige war, die dankbar sein musste, einen so aufopfernden, verständnisvollen Ehemann zu haben.

Zum Beweis für seine Selbstlosigkeit brachte er gelegentlich ein, zwei Forellen nach Hause, die er geangelt hatte. Manchmal waren es auch ein Eimerchen Beeren oder ein Körbchen Pilze. Solche Mitbringsel hatte ich sofort nach Franzels Anweisung und Rezeptur zuzubereiten und einzukochen, sodass unsere Vorratskammer immer ganz nach seinem Geschmack bestückt war.

In Lauf der Zeit hatte ich mich an Franzels Wohnwagenurlaube gewöhnt. Ich fragte mich jedoch immer noch, was ihn ständig auch mitten im dicksten Winter hinaustrieb? Wirklich nur das Beobachten und Füttern der Rehe und Hirsche, die angeblich so zutraulich bei ihm waren, dass sie auf seinen Zuruf zur Futterstelle kamen? Und warum musste er unbedingt über Nacht dort bleiben, sodass wir sogar einen speziellen Heizkörper für den Wohnwagen gekauft hatten?

So fielen die Worte auf fruchtbaren Boden, als meine Arbeitskollegin mir flüsternd verriet, was die Spatzen von den Dächern pfiffen. Franzel telefoniere schon lange heimlich von seinem Bürozimmer aus mit einer anderen und verabrede sich mit dieser Person im Wohnwagen. Ein Geschäftskollege sei das jedenfalls nicht, denn wenn man zufällig ins Zimmer käme, bräche er das Telefonat entweder sofort ab oder benehme sich plötzlich so auffallend komisch, dass man sofort wusste, was die Glocke geschlagen habe.

Ich war völlig durch den Wind, wie man so schön sagt. Zu dieser Zeit hatte ich Franzel dabei ertappt, dass er 150 Mark an eine einschlägige Sammelbörse für Adressen von Paaren, die an Partnertausch interessiert waren, bezahlt hatte. Es sei doch nichts dabei, hatte er behauptet und gelacht. Wenn er die Adressen bekäme, müsse er sie doch nicht benutzen. Es sei lediglich ein Jux, weiter nichts.

Plötzlich erschien mir dieser Jux in einem völlig neuen Licht. Die Gedanken an Franzel mit einer anderen im Wohnwagen ließen sich nicht verdrängen. Und so wollte ich es wissen. Und zwar sofort.

Es war schon Abend. Außerdem herrschte tiefster Winter. Alle Landstraßen waren verschneit, obwohl die Räumfahrzeuge Überstunden machten. Niemand konnte vorhersagen, wie lange ich zum Wohnwagen unterwegs sein würde. Also brachte ich Birgit zu meiner Mutter und fuhr allein los. Schon auf halber Strecke begann es heftig zu scheinen. Ein undurchdringliches Schneegestöber. Ich kam nur langsam voran. Um in die Nähe des Wohnwagens zu gelangen, musste ich irgendwann von der Landstraße in einen Waldweg abbiegen. Dieser führte den Berg hinauf zu einigen einsamen Bauernhöfen und war nur unzureichend geräumt. In der Nähe des letzten Hofes blieb ich mit dem Wagen stecken. Die Räder drehten im hohen Schnee durch. Es ging weder vorwärts noch rückwärts.

Inzwischen war es zwei Uhr in der Nacht. Wenn ich wirklich zum Wohnwagen wollte, musste ich trotz meiner dünnen Stadtstiefelchen aussteigen. Eine Taschenlampe hatte ich nicht mitgenommen, doch da es inzwischen zu schneien aufgehört hatte, schien der Mond. Das war hell genug.

Bei normalen Wetterverhältnissen hätte ich von diesem Bauernhof aus bis zum Wohnwagen noch zehn Minuten bergauf steigen müssen. Da der Schnee so hoch lag, dass ich bei jedem Schritt tief einsank, benötigte ich mindestens eine halbe Stunde. Mein Herz hämmerte, als ich an der Wohnwagentür lauschte. Drinnen brummelte der Ofen. Aber sonst war nichts zu hören. Auf mein Klopfen und Rufen antwortete niemand. Franzel war offensichtlich nicht da. Aber wo steckte er?

In entgegengesetzter Richtung wusste ich ein Gasthaus. Normalerweise ebenfalls nur zehn, fünfzehn Minuten entfernt, stapfte ich nun fast eine Dreiviertelstunde durch den Tiefschnee. Doch das Gasthaus war dunkel. Hier hielt Franzel sich mit Sicherheit nicht auf. Womöglich war er mittlerweile im Wohnwagen? Um nichts in der Welt hätte ich jetzt aufgegeben. Also stieg ich zurück zum Wohnwagen, der immer noch leer war und von dort hinab zu meinem Auto.

Inzwischen war es etwa vier Uhr früh. Das Auto steckte im Schnee fest. Ohne Schaufel, nur mit den Händen, grub ich es frei. Als es endlich wieder fahrbereit war, biss ich die Zähne zusammen und setzte meine Suche nach Franzel fort. Diesmal in die andere Richtung den Berg hinunter, auf ein Städtchen zu, wo ich ein weiteres Gasthaus wusste, in dem mein Mann gern einkehrte. Und tatsächlich, dort auf dem Parkplatz, sah ich sein Auto. Ohne zu zögern oder nachzudenken, nass, zerzaust und voller Schnee, riss ich die Gasthaustür auf und trat ein. Franzel saß mit einigen Männern am Stammtisch zusammen, starrte mich an und sagte: »Da kommt schon die erste.«

Schnell stellte sich heraus, dass Franzel den Männern schon oft erzählt hatte, er wolle dort, wo jetzt sein Wohnwagen stand, ein Freudenhaus errichten. Zweifel hatte der Gastwirt ausgeräumt, der häufig in unserer Stadt zu tun hatte und dort erfuhr, dass Franzel kein Kind von Traurigkeit war und häufig in einschlägigen Bars anzutreffen war. Als Zuhälter oder Puffvater konnte man ihn sich offenbar gut vorstellen. Dann kam auch noch ich, und Franzel rief, da sei ja schon das erste der Freudenmädchen. Prompt glaubten die Stammtischler seine Freudenhausgeschichte gleich dreimal so gern.

Als alle lachten und Franzel am lautesten, lachte ich gern mit. Ich war ja so froh, ihn nur mit Männern zusammensitzend zu finden und nicht bei einer Frau. Ein Misstrauen aber blieb doch, das sich erst legte, als wir einen Bauplatz erwarben und Franzel den Wohnwagen zur Baustelle holte und zum Bauwagen umfunktionierte.

Während der Fertigstellung unseres Hauses verlor Franzel seinen bisherigen Arbeitsplatz in der Filiale einer Großhandelskette. Auslöser dafür war die erste große Wirtschaftskrise nach dem Krieg. Da viele Leute weniger Geld hatten, war das Geschäft immer schlechter gegangen, sodass man Filialen schließen oder zusammenlegen musste und die Zentrale keinen Bedarf mehr für Franzel als Geschäftsführer hatte. Das war ein harter Schlag für ihn, der nur dadurch gemildert wurde, dass er nahtlos einen neuen Arbeitsplatz bei einer anderen Firma fand, für die er allerdings im Außendienst tätig sein musste. So war er meist die ganze Woche über unterwegs, häufig sogar über Nacht, und manchmal nur an den Wochenenden zu Hause.

Meine Mutter bedauerte mich sehr. Sie hatte ja nie erlebt, dass mein Vater einmal nicht in ihrer allernächsten Nahe geblieben wäre. Und da sie meine Angst vor dem Alleinsein kannte, glaubte sie, Franzels Abwesenheit mache mir schrecklich zu schaffen. Manchmal hätte ich ihr dann schon gern verraten, dass es mir gar nichts ausmachte, im Gegenteil. Mit Birgit zusammen fühlte ich mich nie mehr allein. Und was Franzel mir zu bieten hatte, war so schön nicht, dass ich mich nach ihm gesehnt hätte. Wenigstens ab und zu Ruhe vor ihm zu haben, war wunderbar. Aber so etwas sagt man doch nicht. So beschränkte ich mich darauf zu erklären, dass ich mit Birgit, der Betreuung des Hausbaus und meiner Mehrarbeit im Büro vollauf beschäftigt und ganz froh war, nicht jeden Abend für Franzel kochen zu müssen.

Vor allem das Argument der Mehrarbeit im Büro beschwichtigte die Besorgnis meiner Mutter. Sie war ja so froh gewesen, dass nicht auch ich arbeitslos geworden, sondern von der Zentrale in eine andere Filiale übernommen worden war. Der Gedanke, dass wir unser Haus nicht fertig bauen und alles verlieren würden, wenn ich kein eigenes Einkommen mehr hätte, belastete sie weit mehr als mich.

»Kind, ich kann dir nichts dazugeben«, sagte sie oft. »Wir haben ja selbst nichts.« Mir war das schon immer klar gewesen. Franzel hingegen geriet deshalb außer sich. Er hatte allen Ernstes vermutet, meine Eltern hätten mir ein großes Erbe erspart, auf das er spätestens beim Hausbau seine Hand legen könnte. Zu erfahren, dass er nichts zu erwarten hatte und meine Eltern auch keine Bürgschaft oder dergleichen für das Haus übernahmen, ließ ihn vor Wut toben.

Es traf mich schwer, dass Franzel mich tatsächlich nicht aus Liebe, sondern aus Berechnung geheiratet hatte, als ich mit unserem ersten Kind schwanger wurde. Wenngleich ich dies manchmal bereits geahnt hatte, hatte ich es doch nicht glauben wollen. Es nun mit aller Verachtung aus seinem eigenen Mund zu hören, dass ich ihn zur Ehe gezwungen und mit dem Kind hereingelegt hätte, weil nur er blöd genug gewesen sei, auf mich Habenichts hereinzufallen, war fast mehr, als ich ertrug.

Aber was sollte ich dagegen einwenden? Es stimmte ja, dass ich nichts hatte und nichts war, dachte ich. Und war es nicht wirklich so gewesen, dass ich ihn durch die Schwangerschaft mit unserem toten Kind zur Ehe gezwungen hatte? Ich war so froh gewesen, dass er mich gewollt und immer wieder zu Hause abgeholt hatte, dass ich ihn nicht mehr hergeben wollte und mir oftmals ausgemalt hatte, ein Kind von ihm zu bekommen, damit er mich heiraten müsste. Wenn ich das nicht so sehr gewollt hätte, wäre ich sicher nicht so schnell schwanger geworden. Es hieß doch immer, wenn man bereit sei für ein Kind, würde man schon durch Samenflug schwanger.

Es schmerzte unendlich und machte mich so klein, hässlich und wertlos, dass mein Mann mich nur geheiratet hatte, weil er auf Geld gezählt hatte, das mein Vater, der Herr Standesbeamte, für sein einziges Kind in Säcken gehortet haben würde. Warum hatte ich mir überhaupt eingebildet, dass irgendjemand eine wie mich von Herzen lieben würde?

Das einzige Ventil waren meine Tränen. Ich habe viel geweint in dieser Zeit.

Wenn Franzel zu Hause war, widmete er sich gern unserer Tochter. Da sie sich vom ruhigen, zufriedenen Baby in ein übernervöses, unkonzentriertes Kleinkind verwandelt hatte, das kaum still sitzen mochte und Spielzeug am liebsten kaputtmachte, spielte Franzel mit ihr meist irgendetwas Wildes. Entweder rannten sie im Garten herum oder tobten auf dem Bett. Wenn das Wetter es zuließ, saßen beide pudelnackt in der kleinen Zinkbadewanne, in der schon ich als Kind gebadet worden war, und spritzten sich gegenseitig nass. Franzels Lieblingsspiel mit ihr war jedoch ein Doktorspiel und hieß: »Papa ist *dank*.«

Birgit war in diesem Spiel die kleine Krankenschwester, Papa der Patient, den sie gesund machen sollte. Franzel legte sich zu diesem Zweck auf den Teppich im Wohnzimmer und jammerte unter lautem Stöhnen: »Oh, Papa ist dank! Wie arg ist der Papa dank!« Darauf hatte Birgit ihm das Fieber zu messen und ihn am ganzen Leibe zu massieren, damit er schnell wieder gesund würde.

Da ihre kleinen Hände ihn nicht stark genug massieren konnten, verlangte er, dass Birgit die Schuhe ausziehen und mit bloßen Füßen auf ihm herumtrampeln solle. Diese Massage konnte Franzel ewig aushalten. Sobald Birgit keine Lust dazu hatte, erpresste er sie, indem er sich tot stellte und den Atem anhielt und nicht mehr auf ihre Rufe oder ihr Rütteln an ihm reagierte. Dadurch bekam sie solche Angst, dass sie alles machte, was er wollte.

Da Franzel am liebsten nackt herumlief und dies auch von mir und Birgit verlangte, hatte er keine Hemmungen, bei diesem Doktorspiel nackt zu sein. Für das Kind war es normal, aber in mir schürte es aufs Neue die alten Ängste. Das Ganze erschien mir unnatürlich und verrückt. Auch wenn Franzel sich zur Massage auf den Bauch legte, konnte ich es dennoch nicht mit ansehen und sein Stöhnen nicht mit anhören, ohne dass ein Rädchen in meinem Kopf arbeitete. Noch heute sehe ich dieses Bild vor mir, wie er im Wohnzimmer lag und jammerte: »Birgit komm, Papa ist dank.«

Ich wusste, dass an dieser Art Spiel etwas falsch war. Es passte mir nicht, wie er das Kind benutzte, um sich selbst einen Genuss zu verschaffen. Und ich fand es unanständig, dass er als Vater sich nackt von seiner kleinen Tochter massieren ließ. Es löste Widerwillen in mir aus. Trotzdem konnte ich mich nie dagegen wehren und habe auch meiner Tochter nicht beigebracht, sich zu wehren.

Warum, ist rasch erklärt. Franzel konnte mich stets mit Leichtigkeit an meinen Fähigkeiten als Mutter zweifeln lassen. Es genügte, dass er behauptete, mein Widerwille gegen das nackte Herumlaufen und diese doch völlig harmlosen Spielchen sei Ausdruck meiner sexuellen Verklemmtheit, und das sei falsch für Birgit, weil sie dadurch ebenso verklemmt würde, wie ich es sei, und später nicht den richtigen Spaß am Sex haben könnte. Damit würde ich ihr die schönste Sache der Welt verderben.

Wenn er als Vater ihr zeige, wie ein nackter Mann aussehe, wie er sich anfühle und was er gern habe, sorge er nur dafür, dass sie keine Hemmungen vor einem nackten Mann bekäme und sich später unverklemmt an einem nackten Männerkörper und am Sex erfreuen könne. Im Gegensatz zu mir kläre er sie auf ganz natürliche Weise und völlig richtig auf. Jedenfalls werde Birgits Freund sie später mal nicht erst aufklären müssen, wie er, Franzel, es bei mir erlebt habe. Und garantiert werde sie auch nicht so langweilig für ihren Mann sein wie ich.

Diese Aussage traf ins Schwarze. Es stimmte ja, ich hatte gar nichts gewusst, als ich Franzel kennen lernte. Peinlich berührt musste ich eingestehen, total verklemmt gewesen zu sein. Die sexuelle Befreiung, die damals öffentlich propagiert wurde, war bis zur Bekanntschaft mit ihm spurlos an mir vorbeigegangen. Und noch immer empfand ich Unbehagen bei Franzels auch im Bekanntenkreis heiß begehrten

Pornoabenden. Wenn alle dies normal und schön fanden, nur ich nicht, musste doch wohl etwas mit mir nicht stimmen. Vielleicht, so grübelte ich, traf es dann auch zu, dass ich immer noch verklemmt war und wirklich einen falschen Eindruck davon hatte, wenn Franzel so gern nackt mit Birgit spielte. Beim FKK, sagte Franzel, liefen Männlein, Weiblein und Kinder auch alle nackt herum und niemand denke sich etwas dabei. Es sei meine Schuld, wenn ich verklemmt war und noch verklemmt sterben würde.

Mit Verklemmtheit hatte es wohl auch zu tun, dass ich innerlich nicht mit einem tödlichen Unfall fertig werden konnte, in den Franzel eines Abends auf dem Heimweg verwickelt wurde. Er war beruflich mit dem Wagen auf Tour gewesen, als er auf einer Landstraße ein Pärchen sah, das dort zu Fuß unterwegs war. Als er die beiden überholte, geriet die am äußeren Straßenrand gehende Frau unvermittelt ohne erkennbaren Grund etwas zu weit auf die Straße. Franzel erfasste sie mit dem Kotflügel. Sie war auf der Stelle tot.

Ich wurde durch die Polizei zum Unfallort gerufen, um Franzel abzuholen, dessen Auto konfisziert wurde. Die Tote lag noch am Straßenrand. Sie war mit einem Tuch bedeckt. Der Anblick des stillen Bündels brannte sich mir in mein Gedächtnis ein. Ich habe ihn bis heute nicht vergessen. Franzel hingegen hatte eigentlich nur Angst, was mit ihm selbst geschehen würde.

Der Mann, der zusammen mit der Frau unterwegs gewesen war, klagte ihn an, den Unfall verschuldet zu haben. Er sei zu schnell und zu nah an der Frau vorbeigefahren. Dadurch habe er sie erschreckt. Nur deshalb habe sie eine falsche Bewegung und unwillkürlich einen unkontrollierten Schritt zur Seite gemacht. Deshalb sei sie zu weit auf die Straße und unters Auto geraten.

Franzel hingegen behauptete, unschuldig zu sein. Er sei nicht mit überhöhter Geschwindigkeit und keinesfalls zu nah am Straßenrand gefahren. Die Frau sei ihm völlig unvorhersehbar vors Auto gesprungen, sodass er nicht mehr habe ausweichen können. Womöglich habe der Zeuge sie ja geschubst.

Noch heute wundert mich, wie kalt er diesen Unfall hinnehmen konnte. Nie hatte er Albträume. Die hatte ich, obwohl ich gar nicht dabei war. Er schien auch nichts zu bereuen. Dass die junge Frau noch leben könnte, ging ihn anscheinend nichts an. Als sie bald nach dem Unfall beerdigt wurde, ging er weder in die Kirche noch auf den Friedhof zur Beisetzung. Nie kam er auf den Gedanken, die Eltern aufzusuchen, die um ihr totes Kind trauerten, um ihnen sein Mitgefühl auszusprechen oder irgendeine Hilfe anzubieten. Er sprach auch nicht darüber. Irgendwie war es, als sei nichts geschehen. Franzel lebte weiter wie zuvor.

Und dann plötzlich war das Gerücht da. Als ich es erstmals vernahm, habe ich anschließend stundenlang nur geweint. Franzel, so hieß es, habe mit der toten Frau ein Verhältnis gehabt und sie absichtlich überfahren, weil sie die Scheidung von ihm gewollt habe. Weinend stellte ich Franzel zur Rede. Natürlich versicherte er mir, dass keine Silbe davon wahr sei. Er habe die Frau nicht gekannt. Nie habe er etwas mit ihr gehabt. Selbstverständlich habe er sie nicht absichtlich überfahren. Die Leute würden viel reden, wenn der Tag lang sei. Alles sei weiter nichts als üble Verleumdung und böse Nachrede. Dorftratsch.

Gott sei Dank fand wenig später die Gerichtsverhandlung wegen des Unfalls statt. Die Polizeibeamten, die den Unfall aufgenommen hatten, bestätigten Franzels Aussage. Dadurch wurde er nur als mitschuldig in einem minder schweren Fall, nicht aber als allein schuldig verurteilt und entsprechend milde bestraft.

Einige Zeit später hatte er das Glück, eine verantwortungsvolle neue Arbeitstelle im Innendienst zu finden, sodass er nicht mehr so oft und weit mit dem Auto unterwegs sein musste. Alles schien sich zum Besten gewandelt zu haben.

Auch ich atmete auf. Wenn mir künftig wieder einmal etwas über Franzels Affäre mit der Toten zu Ohren kam, wies ich die Leute scharf zurecht und verbat mir derartige Lügen mit dem Hinweis auf eine Anzeige wegen Verleumdung und Rufschädigung. Das wirkte. Allmählich verstummte das Geschwätz.

Nur der Anblick der Toten am Straßenrand verließ mich nicht. Es hat mich oftmals gereizt, selbst ihre Eltern aufzusuchen und ihnen ein Bild von Franzel mit der Frage zu zeigen, ob sie diesen Mann als Liebhaber ihrer Tochter erkennen würden. Aber ich traute mich nicht. Ebenso wenig, wie ich jemals die Frage stellte, ob nicht die Polizeibeamten, die den Unfall protokolliert hatten, mit Franzel regelmäßig verkehrten. Es gehörten nicht wenige Polizeibeamte und Juristen zu seinem engeren Klüngel, mit denen er Pornofilme tauschte, sich zu Hause bei uns oder in Bars traf oder bei denen er sich große Filmprojektoren auslieh, um die auf großen Spulen ablaufenden Filme zu Hause vorführen zu können. Wer es war, blieb immer nur eine Vermutung für mich, aber sicher ist, dass mindestens einer aus diesem Klüngel später maßgeblich daran beteiligt war, dass Franzel mir Birgit nehmen konnte. Und selbst als ich mein Enkelkind verlor, geschah es mit Hilfe dieser alten Seilschaften. Alles nur Zufall? Ich weiß es nicht.

Vier Wochen nach ihrem fünfzigsten Geburtstag stellte sich heraus, dass meine Mutter an Krebs erkrankt war. Ich selbst war Mitte zwanzig und fühlte mich unzulänglich wie nie zuvor. Wie oft ertappte ich mich dabei, dass ich mit meinem

Kind an einem Fenster unseres neuen Hauses stand und dachte: »Du hast einen Mann, ein Kind, ein schönes Haus, einen anständigen Beruf, Geld genug, Freunde und nette Nachbarn. Eigentlich müsstest du absolut glücklich sein.«

Aber ich war es nicht. Die Arbeit, mein Kind, Franzel, der Haushalt, das wegen der Hauskredite knapper bemessene Haushaltsgeld, – alles wuchs mir irgendwie über den Kopf. Und nun kam auch noch die Krankheit meiner Mutter hinzu, der gegenüber mich ein schlechtes Gewissen plagte, weil ich das Gefühl hatte, sie in ihrem Leiden zu vernachlässigen. Noch nie war es mir gegeben, angesichts von Verletzungen, Blut oder Krankheiten Zuversicht und herzliches Mitgefühl ausstrahlen zu können. Vielmehr schreckte ich innerlich davor zurück, obwohl ich gern helfen wollte. Immer hatte ich ja Angst, etwas falsch zu machen. So wusste ich nur vom Kopf her, dass sie lebensbedrohlich erkrankt war und ich sie mit hoher Wahrscheinlichkeit bald für immer verlieren würde.

»Wenn ich eine gute Tochter wäre, würde ich mich vor Liebe für sie aufopfern und schon jetzt Tag und Nacht um sie trauern und ihr alles nur Erdenkliche zuliebe tun«, warf ich mir vor. Doch das kam nicht in meinem Innern an. Ich fühlte ich mich lediglich hilflos und fand es insgeheim entsetzlich, als meine Mutter nach ihrem ersten Klinkaufenthalt für drei Monate zur Pflege zu uns zog. »Das schaff ich doch nie!«, war alles, was ich bei ihrem Einzug denken konnte. Aber es war ja selbstverständlich, dass sie kam. Was für eine Tochter wäre ich gewesen, hätte ich sie abgewiesen?

Da Birgit, der Familientradition entsprechend, noch nicht in ihrem Kinderzimmer, sondern bei uns im Elternschlafzimmer schlief, hatten wir Platz für meine Mutter, die viel Ruhe, eine spezielle Ernährung und allerlei Hilfe benötigte. Ohne groß nachzudenken, stand ich ihr bei. Ebenso meinem

Vater, der nun täglich zu allen Mahlzeiten kam, dessen Wäsche ich zu besorgen und dessen Wohnung ich zu putzen hatte. Es wäre mir nicht in den Sinn gekommen, mich darüber zu beschweren. Dennoch waren es zusätzliche Aufgaben, die mich trotz meiner Jugend und Tatkraft an den Rand des Machbaren führten. Ständig war ich müde und fiel abends wie ein Stein ins Bett.

Meinem Mann durfte ich damit freilich nicht kommen. Wenn er von der Arbeit zu Hause kam, hatte ich für ihn da zu sein. Oft kam er spät, weil er zuvor noch mit seinen Kumpanen in irgendeiner Bar oder Kneipe versackt war. Schlief ich bereits, dann weckte er mich eben. Das war sein Recht. Ganz gleich, wie spät es war. Oder wollte ich etwa, dass er sich eine andere anlachte?

Eine Leichtigkeit sei das für ihn, sagte er. Das glaubte ich sofort. Wenngleich von Größe und Statur her eher schmächtig, war er doch gut proportioniert, charmant, wusste sich zu benehmen, wenn er wollte, kam immer geschmackvoll gekleidet daher, hatte Geld und machte als Liebhaber jedem Pornodarsteller Konkurrenz. Und Hemmungen, die ihn vielleicht an einer Affäre gehindert hätten, kannte er nicht. Schon zu seiner Zeit als Filialleiter hatten mir Kolleginnen berichtet, dass er sie auf Dienstreisen bedrängte, mit ihm ein gemeinsames Hotelzimmer zu mieten. Anderen hatte er einen flotten Dreier angeboten, weil er scharf auf eine bestimmte jüngere Mitarbeiterin war, die mit einer älteren ein Zimmer teilte. Ich wusste, er würde keine Sekunde zögern, seine Drohungen wahr zu machen, wenn ich mich ihm verweigerte. Also gab ich nach. Wenn es mir zu peinlich war, weil meine Mutter im Zimmer nebenan lag und uns im Schlafzimmer hätte hören können, standen uns im eigenen Haus ja schließlich auch eine Waschküche oder ein Kellerraum oder ein Auto zur Verfügung.

Morgens fuhr Franzel frisch und ausgelastet seiner Wege und hielt irgendwo unterwegs ein Nickerchen, wenn ihn die Müdigkeit einholte. Ich hingegen war schon morgens schachmatt und hasste mich dafür, dass ich nichts von allem, was an Arbeit anfiel, so gut und schnell fertig brachte, wie ich es mir vornahm, und immer öfter an Birgits Temperament scheiterte.

Jahre später sagte einmal ein Therapeut zu mir, der Charakter werde einem Kind bereits in die Wiege gelegt. Also auch, wenn man als Mutter oder Vater abwesend sei oder keine Rolle im Leben des Kindes spiele, habe es Eigenschaften der Eltern übernommen und trage diese in sich. Daran lasse sich durch Erziehung nichts verändern. Man müsse es akzeptieren und lernen, diese Eigenschaften hinzunehmen, um dem Kind kein Unrecht zu tun.

Als Birgit klein war, sagte mir derlei niemand. Ich spürte nur, dass sie das Wesen ihres Vaters geerbt hatte. Sogar Fremden fiel es auf, wenn sie mit dem hüpfenden, wippenden Schritt ihres Vaters daherkam oder wie er ein unschuldiges Gesicht schnitt, während sie hinter dem Rücken einen Schabernack spielte. Genau wie er konnte sie meine Nerven durch ihre ständige Unruhe, ihr lärmendes Spielen, das Zerstören ihrer Spielsachen und ihre lustige, meine Gutmütigkeit oft übertölpelnde Art bis zum Zerreißen überstrapazieren. Vor allem ihre Unzufriedenheit brachte das Fass zum Überlaufen. Jedes Mal, wenn ich sie anbrüllte oder mir die Hand ausrutschte, bereute ich meine Unbeherrschtheit anschließend zutiefst und versuchte, mein Kind durch besonders liebevolles Verhalten gefällig zu stimmen. Aber das Bewusstsein des Versagens blieb.

Wenn ich Franzel zu sagen versuchte, dass ich mit Birgit oftmals nicht fertig wurde und er mich doch bitte bei der Erziehung entlasten und mir helfen solle, wollte er mich nicht verstehen. Viel lieber demonstrierte er mir, wie leicht der richtige Umgang mit ihr sei, indem er sie mit zu sich ins Ehebett nahm und so lange mit ihr alberte, tobte und schmuste, bis sie zusammen einschliefen. Dankbar für die Ruhe, nahm ich in diesen Nächten gern mit dem Sofa vorlieb.

Aber wenn ich dort lag, umgeben von Birgits vergessenem Krimskrams auf dem Teppich, ging es mir immerfort im Kopf herum und wie Stiche durchs Herz, welch schlechte Mutter ich doch sei und wie ich bei meinem Kind versagte.

Wie leicht schien Franzel Zugang zu Birgits Herz zu gewinnen. Obwohl ich alles für sie tat und er fast nie da war und sich nur dann mit ihr befasste, wenn es ihm selbst gefiel, schien ihr Vati Birgits »Nummer eins« zu sein. Und was, so fragte ich mich, war ich für sie? Spürte sie überhaupt, dass und wie sehr ich sie liebte? Erkannte sie es vielleicht nicht, wie auch ich die Liebe meiner Eltern nicht erkannt hatte? Wie sollte ich es dann besser machen? Tat ich nicht alles mir Mögliche? Warum nur genügte nie, was ich zu geben hatte?

Schlaflos drehte ich mich von einer Seite auf die andere, bis mir endlich vor Übermüdung die Augen zufielen, nur um irgendwann von Franzel geweckt zu werden, der sich zum »Ausruherchen« an mich presste. Dass es auf dem Sofa geschah und meine Mutter jederzeit hätte hereinkommen können, weil sie schlecht schlief und jede Nacht irgendwann aufstand, spielte für ihn keine Rolle. Für mich schon. Aber wen kümmerte das? »Du mit deiner Verklemmtheit!«, lästerte Franzel. Und schon war der schwarze Peter wieder bei mir, bis es zu viel war und ich eines Tages einfach nicht mehr aufstehen konnte.

Eine Finsternis hatte sich über mein Gemüt gelegt. Starren Blickes lag ich im Bett, sprach nichts, wollte nichts. »Burnout« nannte es der Arzt. Ich sei durch die Doppelrolle Büro-Hausfrau-Mutter überfordert. Meine Nerven seien überreizt. Ich hätte Ruhe, Schonung, mehr Schlaf und ab und zu etwas Zeit, ganz allein nur für mich, nötig. Dann würde es mir schnell besser gehen.

Später erfuhr ich, dass Franzel meine Mutter sogleich aus dem Haus komplimentiert hatte, weil ich sie nun nicht mehr pflegen konnte. Seine Mutter und seine Tante kamen abwechselnd, um nach Birgit und dem Haushalt zu sehen. Franzel wieselte gelegentlich zwischen ihnen herum, um Anweisungen zu geben oder zu kochen und seine Besorgnis um mich zu demonstrieren. Irgendwie verging die Zeit. Ich merkte es nicht.

Gesund wurde ich letztlich, weil mein Körper sich das Recht nahm, mich quasi abzuschalten. Statt nach außen, wandte ich meinen Blick nach innen und wurde in mir selbst still, bis die Finsternis in mir einem neuen Morgen wich und ich ebenso überraschend wieder aus dem Bett aufstand, wie ich mich zuvor hingelegt hatte.

Als ich zwei Jahre nach dem Krankheitsausbruch meiner Mutter wieder ungewollt schwanger wurde, wagte ich kaum, ihr die Nachricht zu bringen. Sie lag erneut in der Klinik, weil die Metastasenbildung nicht zum Stillstand gekommen war. Ich befürchtete, sie werde mir vorwerfen, ich hätte die Schwangerschaft provoziert, um sie nach ihrer Entlassung endgültig nicht mehr pflegen und versorgen zu müssen. Doch zu meiner Überraschung freute sie sich riesig. Ihr: »Na, endlich!«, verriet mir so viel über sich selbst und ihre eigene unerfüllte Sehnsucht nach einem zweiten Kind, dass ich eine tiefe Verbundenheit mit ihr empfand.

Auch Franzel und ich freuten uns über den Nachwuchs und hofften erneut auf eine Tochter, da wir beide auch diesmal keinen Sohn wollten. Birgit half, einen Namen für das neue Baby auszusuchen. Und als ich nach einer weiteren leichten Geburt tatsächlich mit einem gesunden Mädchen nach Hause kam, herrschte bei uns für eine Weile eitel Sonnenschein.

Dennoch lief es zwischen Franzel und mir immer mühsamer. Oberflächlich betrachtet, schien nach außen hin alles in bester Ordnung zu sein. Wir waren in die Nachbarschaft integriert. Birgit tollte mit Freundinnen und Freunden im Kindergarten und durch sämtliche Gärten unseres Wohngebietes. Sandra, unser Nesthäkchen, entwickelte sich prächtig und war zu meiner übergroßen Freude ein süßes Kind, das gern still und sanft mit Puppen spielte und von einem goldigen Wesen war, das jeden entzückte.

Hinter dieser Fassade des gutbürgerlichen Lebens aber brodelte Franzels sexuelle Unzufriedenheit, der ich trotz aller Willfährigkeit und Bemühungen, ihm zu gefallen, nicht genügen und die ich nie begreifen konnte. Erst viele Jahre später, als ich als Großmutter bereits verwaist war und in meiner Verzweiflung jedes Puzzleteilchen meines Lebens immer und immer wieder von allen Seiten betrachtete, um zu verstehen, warum alles geschehen war, brachte ein tragischer Unglücksfall Licht in das Dunkel.

Franzels wenig jüngere Schwester Friederike, mit der er als erwachsener Mann noch ein gemeinsames Schlafzimmer im Elternhaus geteilt hatte, als wir heirateten, und die mir so ähnlich sah, dass wir oftmals als Schwestern angesehen wurden, nahm sich das Leben. Sie sei schwer depressiv gewesen, weil ihr Mann sie oft allein gelassen habe, hieß es.

Als Außenstehende hatte ich nie bemerkt, dass etwas in ihrer Ehe nicht stimmte. Doch was besagte das schon? Auch meine Ehe galt allgemein als hervorragend, bis es zur Scheidung kam. Ich empfand nur tiefes Bedauern und Verständnis für meine ehemalige Schwägerin, weil auch mir das Alleinsein als das Schlimmste auf Erden erschien. Und hatte nicht auch ich schon mehr als einmal wegen Franzels Benehmen daran gedacht, nicht nur eine, sondern das ganze Röhrchen Schlaftabletten zu schlucken, damit die liebe Seele endlich Ruhe fände?

Zugleich aber gab mir ihr Tod sehr zu denken, denn er erfolgte einige Zeit, nachdem ich all meinen Mut zusammengenommen und an die gesamte Familie ein Rundschreiben verschickt hatte, worin ich Franzel des sexuellen Kindesmissbrauchs anklagte. Niemand hatte darauf reagiert. Fritzel aber, Franzels Lieblingsschwester, nahm sich ausgerechnet in dieser Zeit das Leben. Gab es da, so fragte ich mich, einen Zusammenhang?

Alle Welt wusste, dass die Tote Franzels Lieblingsschwester gewesen war. Franzel und Fritzel, die Unzertrennlichen, hieß es immer. Und alles lachte, weil beide wirklich von klein auf an wie Kletten aneinander hingen. Hätte man ein Sinnbild der unzertrennlichsten Geschwisterliebe darstellen wollen, wären sie das perfekte Beispiel dafür gewesen.

Wenngleich ich Fritzel als Schwägerin gern hatte, empfand ich als junge Ehefrau bei ihren langen Blicken und innigen Umarmungen mit Franzel immer ein eigenartig schwüles Unbehagen. Aber ich war ja sowieso verklemmt, wie mein Mann meinte. Und Geschwister hatte ich auch nicht, mit denen ich vergleichbare Erfahrungen hätte sammeln können. Also versuchte ich, nichts auf meine seltsame Wahrnehmung zu geben und sie als absurde Eifersucht abzutun. Doch hatte ich mich tatsächlich geirrt? Nein, so meine ich mit meiner heutigen Erfahrung. Zwischen Franzel und Fritzel knisterte es.

Auch Fritzels frappierende Ähnlichkeit mit mir erscheint mir inzwischen nicht mehr zufällig. Vielmehr denke ich, dass Franzel sich an jenem ersten Tag unseres Kennenlernens im Wanderverein meiner Eltern vielleicht nur deshalb mit mir abgegeben und mich anschließend passend für seine Ansprüche erzogen hatte, weil ich ihr so ähnlich sah und mich ihm gegenüber auch ganz ähnlich verhielt.

Das erotische Knistern zwischen ihnen, die Ähnlichkeit zwischen Fritzel und mir – da drängt sich die Frage förmlich auf, ob Fritzel für Franzel mehr als nur die kleine Schwester war? Wie nah waren sie sich als Kinder, Jugendliche und junge Erwachsene in ihrem gemeinsamen Schlafzimmer, voller Begeisterung für Nacktheit und sexuelle Befreiung, gemeinsam in Aufklärungsbüchern stöbernd, heimlich zusammen Pornofilme betrachtend, ihre Betten Kopf an Kopf?

Spielte Franzel mit Fritzel irgendwann die Doktorspielchen, die er mit unserer kleinen Birgit liebte? Erfand er zusammen mit ihr das »Ausruherchen«-Spiel, welches er jedes Mal in einer läppischen Kleinkinderbabbel-Sprache einleitete, um es harmlos und kindlich erscheinen zu lassen? Und das er eines schlimmen Tages auch mit unserer Tochter Birgit zu spielen begann.

War Franzels Sexbesessenheit Ergebnis einer frühen sexuellen Beziehung zu seiner eigenen Schwester? Blieb er so ewig unbefriedigt, weil er nicht vergessen konnte, wie es mit Fritzel war? Hatte er sie, die Jüngere, nach den Doktorspielchen auf ganz ähnliche Art und Weise sexuell aufgeklärt und verführt wie mich? Suchte er deshalb vielleicht in jeder sexuellen Beziehung diesen besonderen Kick des erregend Verbotenen, den ihm die Liebe zu seiner Schwester gegeben hatte?

Entwickelte er seine Vorliebe für Pornos, fürs Zuschauen beim Sex anderer, für Partnertausch und Gruppensex, weil sie bis zur Hochzeit der zweiten, etwas älteren Schwester stets sogar zu dritt im Kinderzimmer geschlafen hatten? Und hatte er diese Schwester mit ihrem frisch angetrauten Ehemann etwa deshalb eingeladen, ihre Hochzeitsnacht neben uns im Ehebett zu verbringen? Sollte das womöglich ein Anfang sein, dem ich ein Ende machte, ehe es begann, weil ich voll Widerwillen gegen diese Viersamkeit aus unserem Schlafzimmer ausriss und die Nacht auf dem Sofa verbrachte?

Und Fritzel? War sie depressiv geworden, weil sie die Erinnerungen an das, was sie mit Franzel erlebt hatte, nicht aushielt oder die verbotene Liebe zu Franzel nicht überwinden konnte und es deshalb in ihrer Ehe nicht funktionierte? War mein Rundbrief mit der Anklage, dass Franzel sich an seiner eigenen Tochter vergangen hatte, der letzte Tropfen gewesen, der das Fass zum Überlaufen brachte? Hatte sie sich deshalb das Leben genommen?

Erfahren werde ich es wohl nie, aber die Indizienkette ist so dicht, dass ich glaube, die Wahrheit erkannt zu haben.

Sicher ist, dass Franzels sexuelle Wünsche an mich von Anfang an unbändig und nie wirklich zu befriedigen waren. Und mit dem Einzug einer gewissen ehelichen Gewohnheit genügte ich ihm zusehends weniger. Immer öfter phantasierte er mir vor, wie es wäre, wenn ich es mal mit einem anderen treiben würde, oder wenn wir beide einen anderen Partner hätten. Dann, so meinte, er könnten wir einander zeigen, was wir dazugelernt hätten und unsere langweilige Beziehung neu beleben.

Da ich jedoch weder zum Partnertausch noch zum Besuch in einem der Swingerclubs oder ähnlichen Etablissements zu bewegen war, die Franzels zweite Heimat waren, musste ich mir wie in einer Endlosschleife die alte Leier von meiner Verklemmtheit anhören. Wenigstens solle ich mir vorstellen, wie es mit einem anderen wäre. Er, Franzel, hätte keine Lust auf einen Stein im Bett.

Ich weiß nicht, ob dergleichen von sexueller Überlastung herrühren kann, jedenfalls bekam ich im Lauf der Zeit immer öfter schwere vaginale Pilzinfektionen, die mich zu diversen Pillenpausen zwangen. In einer davon wurde ich mit Sandra schwanger. Die Spirale, die ich nach Sandras Geburt einsetzen ließ, verrutschte ständig und musste zuletzt beim Frauenarzt wieder neu gesetzt werden. Ein Vierteljahr später bekam ich starke Blutungen und Schmerzen. Eine Ausschabung der Gebärmutter war unvermeidlich.

In der anschließenden Besprechung mit dem Arzt erfuhr ich, dass ich einen starken Eiterherd in der Gebärmutter hatte. Da diese Entzündung medikamentös nicht mehr zu beheben war, riet man mir, die Gebärmutter entfernen zu lassen. Für viele Frauen ist ein solcher Eingriff mit einschneidenden seelischen Belastungen verbunden. Daher bemühte der Arzt sich redlich, mich über alle Risiken aufzuklären.

Für mich stellte der Verlust der Gebärmutter jedoch kein Problem dar. Es war ganz im Gegenteil eher eine Erleichterung, da ich keine Kinder mehr wollte.

Angesichts der akuten Entzündung, deren Behandlung keinen Aufschub duldete, kam ich nach der Ausschabung erst gar nicht mehr nach Hause, sondern wurde umgehend für die Operation vorbereitet. Anschließend erfuhr ich, dass die Gebärmutter völlig entzündet und vereitert gewesen war. Es war um Leben und Tod gegangen.

»Geschlechtsverkehr«, mahnte der Arzt, »ist für die nächste Zeit absolut tabu. Es könnte zu schweren Komplikationen kommen. Und sterben wollen sie ja wohl noch nicht.«

»Können Sie dann meinem Mann etwas geben?«, bat ich. »Ich weiß genau, dass das nicht hinhaut.«

Den Blick, den der Arzt mir zuwarf, werde ich mein Leben lang nicht vergessen. Aber er versprach, mit Franzel zu reden. Und natürlich nickte dieser alles verständnisvoll, einsichtig und zustimmend ab.

In Wahrheit interessierte ihn all das nicht im Geringsten. Bereits am ersten Abend, als ich nach Hause kam, waren die Versprechungen mitsamt der guten Einsicht Schnee von gestern. Meine Schmerzen und Blutungen machten ihm nichts aus. Er hatte sechs Wochen wie ein Mönch gelebt und ein Recht auf Befriedigung. Das Risiko für mich war nicht seines.

Insgesamt kam ihm zu der Operation nur ein Gedanke: »Nun könntest du's mit jedem treiben, ohne dass ich etwas merke.« Wie üblich begann ich sogleich wortreich zu beteuern, dass dergleichen nie geschehen werde. Ich nahm seine Befürchtungen wirklich als Zeichen seiner Liebe. Wie naiv ich doch war!

Tatsächlich bedeutete dieser Satz keineswegs, dass Franzel eifersüchtig oder besorgt gewesen wäre, ich könne ihm heimlich untreu werden und mich einem anderen hingeben. Das alles war ihm im Grunde gleichgültig. Was ihn beschäftigte, war, dass ich von nun an einen Seitensprung ohne Angst vor einer Schwangerschaft begehen könne. Bisher hätte mich eine Schwangerschaft verraten können. Ohne diese Angst musste ich von Franzel keine Kontrolle mehr fürchten. Für ihn war es da nur folgerichtig, dass ich ihm dann auch nichts mehr verraten müsse. Und das war der entscheidende Punkt. Seine Sorge galt meinem Schweigen und dem dadurch für ihn möglichen Verlust der zumindest verbal-voyeuristischen Teilhabe an einem oder jedem meiner sexuellen Abenteuer. Schlimmer noch, womöglich wäre ihm durch eines meiner ihm verborgen geblieben Abenteuer sogar die Chance entgangen, endlich einmal mein schlechtes Gewissen wegen eines Seitensprungs zur Erpressung zum Gruppensex ausnutzen zu können.

KAPITEL 4

Ehe auf Abwegen

Seit meiner Gebärmutteroperation entglitt meine älteste Tochter Birgit mir immer deutlicher. Während der sechs Wochen, die ich im Krankenhaus verbracht hatte, war ihr Platz stets im Ehebett neben ihrem »lieben Vati« gewesen. Zwar sprach niemand darüber, doch ich wusste es, weil meine Schwiegermutter Franzel den Haushalt besorgt und in Birgits Zimmer gewohnt hatte. Sandra, unsere Jüngste, hatte bei der Oma im Zimmer geschlafen, damit Franzel nicht in seiner Nachtruhe gestört wurde.

Seitdem verhielt sich meine Große, als sei sie die Frau im Haus und ich ein lästiger Eindringling. Und Sandra gegenüber hatte sich ihre schwesterliche Fürsorge sehr gebessert. Mir kam es vor, als sei nicht ich, sondern Birgit die Mutter.

Eigentlich hätte ich froh darüber sein sollen und war es gewisser Weise auch. Ich fand es schön, zu sehen, wie aufmerksam und liebevoll sie sich ihres kleinen Schwesterchens annahm und wie herzlich diese an der großen Schwester hing und die ihr geschenkte Liebe erwiderte. Oft, wenn ich sie miteinander spielen sah und merkte, wie Birgits nervöse Unruhe sich im Zusammensein mit Sandras sanfterer Ausgeglichenheit milderte, war ich erfüllt von einer warm aufquellenden liebevollen Freude an meinen Kindern.

Umso schmerzlicher litt ich unter Birgits abweisender Haltung, die mit Aggressionen und Wutausbrüchen gegen mich verbunden waren. Unglücklich begründete ich ihr Verhalten mit Eifersucht wegen meiner Zuwendung zu Sandra, die so froh war, ihre Mama wiederzuhaben, dass sie mir nicht von der Seite wich und am liebsten ständig auf dem Arm genommen werden wollte. Doch was immer ich Birgit auch antrug, um die alte Vertrautheit wieder zu erlangen, sie verweigerte sich mir, trotzte, bockte, provozierte. Bis mir die Hand ausrutschte. Bis ich sie anschrie. Bis ich ihr androhte, einfach wieder fortzugehen, sie allein zu lassen.

Manchmal hatte ich den Eindruck, sie testete mich, ob ich tatsächlich verschwinden würde, wenn sie besonders garstig war.

»Sechs Wochen waren einfach zu lang«, dachte ich dann. »Sie hatte vielleicht Angst, dass ich nie mehr komme. Oder sie ist böse, weil sie glaubt, dass ich freiwillig so lang weg war. Sie kann ja nicht verstehen, was war.«

Auf diese Weise versuchte ich mir selbst Mut zu machen, dass Birgit mich trotz der abweisenden Haltung immer noch lieb hatte und bei sich haben wollte. Oft hatte ich den Eindruck, dass sie sich nichts sehnlicher wünschte, als dass ich wieder ginge und sie mit ihrem »lieben Vati« und Sandra allein ließe.

Zumindest, dachte ich schuldbewusst, wäre dann Ruhe im Haus, statt der ständigen Streitigkeiten zwischen Franzel und mir. Ich schämte mich vor den Kindern, weil der Ehekrach seine Ursache darin hatte, dass ich versuchte, mir ihren Vater vom Leibe zu halten und er massiv auf sein Recht pochte. »Vielleicht hasst sie mich, weil sie meint, dass ich bös zu ihrem lieben Vati bin«, grübelte ich.

Angespannt bemühte ich mich, Franzel weniger Widerworte zu geben und Streit aus dem Weg zu gehen, um es den Kindern angenehmer zu machen. Als sicherster Weg, ihn zu besänftigen, erwies sich Birgits Bettentausch mit mir. Wenn er das Kind neben sich hatte, schien er sich zu beherrschen.

Folglich fragte ich Birgit immer wieder, ob sie beim Vati schlafen wolle, damit erst gar kein Ärger mit ihm wegen meiner Verweigerung entstehen konnte.

Oberflächlich gelang es mir allmählich, die frühere emotionale Beziehung zu Birgit wiederherzustellen. Dass sie im Innersten scheu und verschlossen blieb, tarnte sie erfolgreich hinter ihrem Auftreten als Hans Dampf in allen Gassen. So ungebärdig wie ihre üppigen Locken zeigte sich ihr wirbelndes Wesen. Immerhin war sie inzwischen kein Kleinkind mehr, sondern entwickelte erste weibliche Formen und kam in die Pubertät. Wo Birgit hereinschneite, schien das Zimmer immer voll und immer etwas los zu sein, zumal sie stets einen ganzen Tross Freundinnen und Freunde mit sich führte, die wie Planeten um die Sonne kreisten.

Franzel vergötterte Birgit dafür. »Gott sei Dank kommst du nach mir und deiner Tante Fritzel«, konnte er sich manchmal freuen und zwinkerte Birgit mit bedeutungsvollem Kopfnicken in meine Richtung zu. »Es muss ja nicht jeder eine Schlaftablette auf zwei Beinen sein.«

Ihr Lachen auf meine Kosten tat weh, obwohl ich verstand, dass Birgit nichts dafür konnte. Es war Franzel, der sie animierte, mit ihm eine verschworene Gemeinschaft gegen mich zu bilden. Ich hatte es mir mit meiner Tochter anders gewünscht, aber was ich auch versuchte, irgendwie kam ich nicht mehr an sie heran. Ich hatte sogar den Eindruck, dass sie niemanden wirklich an sich heranließ. Trotz ihrer großen Clique.

Andere Mütter beruhigten mich. Manche Mädchen seien einfach ein bisschen spröde. Wenn sie sich erst einmal verliebe, werde sie schon auftauen. Es gebe nun mal Papa-Kinder und Mama-Kinder. Birgit sei ganz offensichtlich ein Papa-Kind, so wie Sandra ein Mama-Kind sei. Ich solle doch froh darüber sein, dass Franzel sich so gern mit Birgit befasse und sie einen guten Draht zu ihm habe.

So ließ ich mich einlullen und atmete jedes Mal erleichtert auf, wenn Birgit sich zu Franzel ins Ehebett legte und ich mit ihrem Bett im Kinderzimmer vorlieb nehmen durfte. Jede einzelne dieser Nächte, in denen ich meine Ruhe hatte, war eine Nacht mehr, die meiner Gesundheit gut tat und die Anweisung des Arztes befolgen half, meinem Unterleib die nötige Zeit zur Heilung zu gönnen.

Die Vorwürfe, die ich mir heute mache, lassen mich seit dem Tag, an dem ich von Birgit erstmals erfuhr, was sie erlitten hatte, häufig nicht schlafen. Ich hatte es doch geahnt, denke ich, hatte es von Anfang an befürchtet. Warum fiel mir dann nichts auf, als es geschah? Wie konnte ich so blind sein, so vertrauensselig, so dumm?

Ich kann nur immer wieder beklagen, dass ich mir nichts dabei dachte, Birgit mit Franzel allein im Bett zu lassen. Generationen anderer Kinder lagen schon gern bei ihrem Vater im Bett. Es schien so völlig normal zu sein.

Ganz gleich, wie viel Angst ich immer um sie gehabt hatte, als sie ein Baby war – inzwischen waren mehrere Jahre vergangen, in denen ich Franzel als guten Vater wahrgenommen hatte. Ich war zu der Meinung gelangt, dass meine Angst ungerechtfertigt, also etwas Schlechtes, Falsches gewesen war. Ich schämte mich dafür, ihm misstraut zu haben, denn Franzel war ja ein herzensguter Vater, wie es keinen zweiten gab. Alle lobten und bewunderten ihn dafür, wie er sich mit seinen Kindern beschäftigte, wie großzügig er zu mir war, dass ich allein tanzen gehen durfte, und wie umsichtig er mich im Haushalt entlastete, wenn er kochte, backte, putzte. Er schien ein wahrer Supervater und Mustergatte. Kein Stäubchen haftete auf seiner blütenweißen Weste.

Dass dieser hingebungsvolle Vater und sexuell mit mir mehr als nur ausgelastete Ehemann Übergriffe auf das eigene Kind vornehmen würde, hätte ich niemals gedacht. Ich hätte schon allein deshalb nie daran gedacht, weil ich zu dieser Zeit immer noch nicht wusste, dass es sexuellen Kindesmissbrauch gibt.

Birgit und ich haben in späteren Jahren, als sie bereits erwachsen war, nur selten über die Vergangenheit gesprochen. Sie wollte die alten Zeiten ruhen lassen, den Neuanfang mit mir genießen und vergessen, was sie in meiner Abwesenheit erduldet hatte. Dennoch brach es eines Tages aus ihr heraus, dass Franzel sich ihr sexuell genähert hatte. Vielleicht hätte ich ihr nicht geglaubt, weil diese Vorstellung damals unglaublich für mich war und noch immer unerträglich ist, sodass ich ihre Aussage lieber nicht für wahr gehalten hatte. Doch was sie beschrieb und mit Franzels ureigenem Wort als »Ausruherchen« benannte, war exakt das, was ich von meinem Ehemann kannte: dieses Bein über ihrem Oberschenkel, dieses sich von hinten Anpressen, Drücken und Schmusen, dieses falsche Ruhen mit dem eigenen darauf reagierenden, unwillkürlich wissenden Körpergefühl, was dieses »Spiel« zu bedeuten hatte.

Als Kind spürte Birgit wahrscheinlich nur, dass es dem Vati gefiel, so eng mit ihr zu kuscheln und zu schmusen. Was wusste sie schon von der männlichen Anatomie und von sexueller Erregung? Sie hatte ihn einfach nur auf ihre kindlich-unschuldige Weise lieb und fand es toll, dass sie seit jeher seine »kleine Frau«, und er derjenige war, den sie »wenn ich groß bin« heiraten wollte, wie alle kleinen Mädchen irgendwann ihren Vater heiraten wollen.

Und später, als ihr bewusst wurde, was tatsächlich in ihrem Vater vorging, wenn er sich zum »Ausruherchen« an sie heranspielte, da war es keine ungewohnte Situation mehr für sie. Da steckte sie in einer Zwickmühle. Hier der arme, von der Mama verlassene Vati, zutiefst traurig und »so arg *dank*« (krank). Welche kleine Tochter hätte nicht lieb zu ihm sein wollen, damit er wieder froh wurde? Er sagte doch immer, wie sehr er seine »kleine Frau« zum Schmusen brauche und wie wunderbar sie ihn trösten könne. Und auf der anderen Seite Birgit selbst: Wie hätte sie sich trauen können, dem Vater zu sagen, dass sie dieses »Ausruherchen« nicht mehr mochte? Sie hatte doch immer mitgemacht. Sie hatte es doch selbst gewollt. Würde er ihr das nicht vorwerfen?

Oder sein »Papa is dank«-Spiel? Solange ich mit Franzel unter einem Dach lebte, war es an der Tagesordnung. Als ich ihn verließ, war Birgit fast auf den Tag genau zehn Jahre alt und hatte nie gewagt, sich Franzels Forderungen zu entziehen. Es gehörte dazu, dass er sie zu sich zitierte, damit sie ihm den nackten Körper massierte, indem sie auf ihm herumtrampelte und -hüpfte. Unter dem Deckmäntelchen seiner starken Rückenschmerzen, die sich angeblich nur unter Birgits Füßen lindern ließen, musste sie ihm gehorchen. Ihre Fußmassage war ja wie eine medizinische Anwendung.

Oder das »Papa mit dem Schlauch«-Spiel? Franzel hatte immer so großen Wert darauf gelegt, dass seine Kinder nicht verklemmt aufwachsen. Einen Badeanzug oder Schlafanzug gab es deshalb nicht. Sie spielten und tollten nackt herum. Und im Sommer gab es statt der normalen Dusche den Gartenschlauch.

Solange ich dabei war, schritt ich gegen alle diese Spielchen ein, wenn es zu viel wurde. Aber als ich fort war? Es ist unwahrscheinlich, dass Franzel nach meinem Auszug plötzlich andere Vorlieben entwickelt und Birgit mehr Mut zum Widerstand aufgebracht hat.

Sandra erzählte, oft habe sie sich schützend vor die ältere Schwester zu stellen versucht, wenn diese dem harten, kalten Strahl des Gartenschlauchs ausweichen wollte. Oft habe Birgit geweint und sich gekrümmt. Doch Franzel habe nicht genug bekommen und sie ausgelacht oder beschimpft: »Ihr seid genauso blöd wie eure Mutter!« Für ihn war das alles ja nur ›verklemmt‹. Und wie ich zu sein, das war meinen Kindern sehr bald schon als das Schlimmste beigebracht worden.

Wem hätte Birgit sich in dieser Situation anvertrauen sollen? Bei wem hätte sie fragen können, ob das, was der Vati da machte und von ihr wollte, normal und richtig sei? Ob das alle Väter so mit ihren Kindern machen? Wer hätte ihr geglaubt? Wer hätte ihr geholfen? Niemand, denn ich war fort.

Auch Sandra berichtete später, dass sie vor Franzel zu der Zeit, als Birgit bereits aus dem Haus ausgezogen war, ihre Zimmertür verriegelte, um von ihm in Ruhe gelassen zu werden. Dennoch habe er oftmals, wenn er angetrunken nach Hause gekommen sei, an ihre Tür gepocht und gejammert: »Sandra, mach doch auf, ich will mit dir schmusen!«

Anders als Birgit hat Sandra damals eine Grenze ziehen und sich vor seiner wenig väterlichen Liebe schützen können. Im Gegensatz zu Birgit ist Sandra deshalb bis heute für ihn gestorben.

Meine zunehmende Nervosität, die in Wahrheit aus meiner Angst um Birgit und wegen Franzels Rücksichtslosigkeit entstand, wurde von ihm selbst als mein Versagen interpretiert. »Zwei Kinder, kranke Mutter, Haushalt, Garten, Arbeit«, ratterte er die Liste meiner Aufgaben herunter. Ganz sicher würde ich bald wieder krank, wenn ich nichts dagegen unternähme. Ich solle doch mal ausspannen und mit einer Nachbarin zum Tanz gehen.

»Geh nur«, schickte er mich fort. »Der Arzt hat gesagt, du sollst dich schonen und dir Zeit für dich nehmen. Ich pass derweil auf die Kinder auf. Amüsier dich nur. Vielleicht lernst du ja jemanden kennen. Du kannst es mir dann erzählen, wie es war. Appetit holt man sich doch gern mal draußen, wenn daheim gegessen wird. Es ist ja nichts Schlimmes dabei.«

Erst Jahre später zeigte Franzel mir und der Öffentlichkeit erstmals seine wahre Meinung über mich, indem er an das für unsere Stadt zuständige Amtsgericht schrieb, dass er mich als »schillernde Persönlichkeit« mit »chaotischem Verhalten« und »immer Besorgnis erregenden Gesundheitszustand« bewerte, die seines »Erachtens Zweifel an der Zurechnungsfähigkeit« aufkommen lasse.

Mit dieser nachweislich falschen Einschätzung trug Franzel maßgeblich dazu bei, dass meinem ehemaligen Schwiegersohn das Umgangsrecht mit meinem Enkelkind verweigert wurde, weil er trotz der Scheidung weiterhin mit meiner Familie und mir sprach und mir eventuell ein Wiedersehen mit dem Kind ermöglicht hätte.

Doch selbst wenn ich jemals eine »schillernde Persönlichkeit« gewesen wäre, hätte erst Franzel mich dazu erzogen. Sein Drängen, ich solle doch endlich allein zum Tanzen gehen, mich amüsieren und fremden Kerlen an den Hals werfen, war eines seiner Bravourstücke.

Ich wusste natürlich, was er mit dem Tanzen meinte. Jetzt, da ich unfruchtbar geworden war, konnte mir ja nichts Unerwünschtes, Verräterisches mehr passieren. Solange ich Franzel alles brühwarm erzählte, sollte ich mich jetzt endlich auf ein Abenteuer einlassen. Dazu hatte ich nicht nur seine ausdrückliche Erlaubnis. Es war sein dringender Wunsch. Nur ob ich das wollte, war mir nicht klar.

»Jetzt geh erst mal. Wenn's doch gut für uns beide ist«, trumpfte Franzel auf.

Wie immer gab ich gehorsam nach.

»Endlich!«, sagte er.

Obwohl ich zunächst schüchtern war, taten mir Musik, Bewegung und die damit verbundene Unbeschwertheit ebenso gut wie die Versuche des einen oder anderen Tanzpartners, mich zu mehr als nur zum Tanzen zu verführen. Meine Nachbarin machte sich einen Jux daraus, in ihren Tänzern Hoffnungen zu wecken und sie am Ende kalt abblitzen zu lassen. Wir tanzten beide gern. Keine von uns saß als Mauerblümchen in der Ecke. Manchmal traute ich mich sogar bei Damenwahl, mir einen Tänzer auszuwählen und genoss es, wenn dieser sich sichtlich geehrt fühlte. Es gab mir das so lange vermisste Gefühl zurück, jung, attraktiv und lebendig zu sein und nicht nur deshalb begehrt zu werden, weil ich nun mal verfügbar und es meine eheliche Pflicht war.

Flüchtig dachte ich manchmal, ob Franzel wirklich zu Hause bei den Kindern, oder ob er, wie eines Abends zur Fastnachtszeit, als Frau verkleidet in der Disko wäre und mich beobachtete. Sein Auftritt damals hatte allen Männern den Kopf verdreht. Wie die Narren waren sie auf ihn hereingefallen. Weder unsere guten Bekannten und Nachbarn, mit denen ich losgezogen war und die nun mit Franzel tanzten, noch ich selbst hatten ihn erkannt, so perfekt war er als Frau geschminkt und ausstaffiert.

»Die Kleine da an der Bar ist scharf wie Schmitzens Lumpi!«, hatten die Männer gestöhnt, wenn sie vom Tanzen mit Franzel an unseren Tisch zurückkamen. »Die geht ran. Die langt dir überall hin. Die geht aufs Ganze.« Und jeder hatte unbedingt mit diesem Rasseweib tanzen wollen, bis es um Mitternacht plötzlich verschwunden war.

Dass es Franzel gewesen war, bemerkte ich erst, als ich seine Schminkutensilien, Perücke und Frauenkleidung in unserem Badezimmer fand. Nie hätte ich für möglich gehalten, dass er sich so perfekt schminken und kleiden und als Frau bewegen könne, dass nicht einmal ich ihn erkennen würde. Als ich ihn fragte, wo der das denn gelernt und woher er die Kleider habe, lachte er nur. Das bisschen Kosmetik sei doch nichts. Das könne doch jedes Kind. Die Kleider habe er sich im Kostümverleih ausgeliehen. Und dass er ein richtiger Mann sei, werde er mir sofort zeigen. Damit hatten sich alle weiteren Fragen erledigt.

Seltsam erschien es mir im Nachhinein dennoch. Nicht einmal ich hätte mich so fantastisch zurechtmachen können wie er. Und welcher Mann bewegt sich schon, ohne jemals zu üben, perfekt in hohen Stöckelschuhen? Hatte er vielleicht heimlich ein Faible für Frauenkleider? Trug er sie womöglich öfter? Nannte man solche Männer nicht Transvestiten? Sein schwuler Freund fiel mir ein, den er zu Beginn unserer Ehe zu uns nach Hause eingeladen hatte, damit ich recht lieb zu ihm sein sollte. War er mit diesem zusammen die Frau gewesen?

Der Verdacht erschien mir damals so ungeheuerlich, dass ich niemanden einzuweihen wagte. Also schwieg ich und schob die Gedanken so gut wie möglich beiseite. Jetzt, allein in der Disko, drängten sie sich wieder nach vorn. Doch als ich Franzel dort nicht entdeckte und ihn auch nie wieder mit geschminkt und in Frauensachen ertappte, tat ich meine Gedanken als dumme Einbildung ab und leistete ihm im Stillen Abbitte.

Wie von ihm vorhergesehen, profitierte Franzel insofern tatsächlich von meinen Alleingängen in die Disko, als er mich anschließend bis ins Detail ausfragte. Ein wenig Alkohol und die unbeschwerte Gelöstheit der Musik im Blut, versetzte mich das Tanzvergnügen in eine Stimmung, die mich für seine Wünsche leichter zugänglich machte. Genau das also, was er wollte.

Ich selbst hingegen geriet in immer stärkere Konflikte mit mir selbst. Auch wenn es recht unterhaltsam und animierend war, mit fremden Männern zu flirten und zu tanzen, passte es nicht zu meinen Moralvorstellungen und Ansichten über das Leben einer anständigen Ehefrau und Mutter.

Allmählich ließ es sich nicht mehr verleugnen, dass ich nicht mit denselben Absichten in die Disko und um die Häuser zog wie meine Nachbarin. Sie verstand sich gut mit ihrem Mann. Für sie war das Tanzen in der Disko wirklich nur Spaß. Ich hingegen ging mit Sehnsüchten und Hoffnungen dorthin. Sehnsucht, dass mich jemanden einfach nur in den Arm nehmen und halten würde. Hoffnung, dass es jemand wäre, der es ernst mit mir meinte. Gleichzeitig zermürbten mich meine Schuldgefühle, sodass ich am liebsten nie mehr zum Tanzen gegangen wäre. Und über allem stand Franzel, der mich massiver denn je bedrängte, endlich mein lustloses Herumhängen als Trauerkloß aufzugeben.

Er habe meine Langeweile satt, nörgelte er. Wenn ich in die Disko gehe, funktioniere es wenigstens ein bisschen besser mit uns. Mir sei das anscheinend egal. Aber ihm nicht. Und wenn ich nicht endlich in die Spur käme und mich für ihn interessanter machte, sehe er keinen Sinn mehr in unserer Beziehung.

Ich war zutiefst entsetzt. Meine Mutter war todkrank. Sie würde nicht mehr lange leben. Und Franzel drohte mir die Scheidung an. Er wusste, wie viel Angst ich vor dem Alleinsein hatte, ja, dass ich es nicht konnte. Dass ich immer jemanden brauchte, der mich hielt und führte. Ich hatte ihm oftmals anvertraut, dass ich nichts sei ohne ihn. Er wusste, dass ich keine Scheidung wollte. Das durfte er mir nicht antun.

In heller Panik widersprach ich nicht länger, als Franzel einzulenken schien und mich zu streicheln begann, während er mir ins Gewissen redete, dass ich womöglich wieder trübsinnig und krank werden würde, wenn ich meine Traurigkeit nicht ablegen und aus der Depression kommen würde. Wenn ich die Augen schloss und meinen Kopf ein wenig an seine Schulter lehnte, konnte ich mir einbilden, er meine es gut mit mir. Sobald er etwas bei mir erreichen wollte, konnte er seine Stimme schmeicheln lassen. Es klang wie Liebe.

Die sanfte Methode wirkte. Franzel hatte ja Recht, merkte ich. Wenn meine Mutter starb, hatte ich niemanden mehr, dem ich die Kinder anvertrauen konnte, wenn ich krank würde. Franzels Mutter war zu gebrechlich geworden, seine Geschwister waren entweder weit weg oder mit reichlich eigenen Kindern beschäftigt. Er selbst musste arbeiten. Ich konnte gar nicht anders als einsehen, dass er wieder einmal Recht hatte. Um meiner Kinder willen musste ich besser auf mich achten und mir wieder ein paar Auszeiten gönnen.

Mit Gewissensbissen meiner Mutter gegenüber, die im Sterben lag, während ich mich amüsierte, und voller Scham, was die Leute von mir denken würden, befolgte ich Franzels Anweisung und fragte meine lebenslustige Nachbarin, ob sie nicht wieder mit mir zum Tanz gehen wollte. Sie war auch sogleich gern dazu bereit. Also zogen wir los.

Franzels »Amüsier dich gut!« klang mir noch in den Ohren, als ich meine ersten Schritte mit dem Mann tanzte, der für mich in Gedanken immer »der Tänzer« geblieben ist. Der Funke zwischen uns sprang fast sofort über. Wir blieben den ganzen Abend zusammen, tanzten, lachten, tranken etwas zu viel. Und als wir uns trennten, gab er mir einen Kuss und ich ihm meine Telefonnummer.

Diesmal hatte ich Franzel eine Erfolgsmeldung zu überbringen. Aufgeregt wollte er jedes Wort, jeden Blick, jede Berührung, jede Gefühlsregung, einfach alles ganz genau wissen und machte sich meine Gefühle für den anderen Mann zu Nutze.

Insgeheim hatte ich gehofft, dass er nun mit mir zufrieden sei und ich davon profitieren würde, von nun an endlich einen anderen Mann kennen gelernt zu haben, an den ich denken konnte, wenn Franzel dies von mir verlangte. Aber das bisschen Denken reichte meinem Ehemann bei weitem nicht. Es konnte ihm gar nicht schnell genug gehen, dass ich mich wieder mit dem Tänzer traf.

»Hast du jetzt schon was mit ihm?«, fieberte er jedes Mal, wenn ich nach Hause kam, und war zutiefst enttäuscht, dass die Angelegenheit nicht in seinem Sinne voranging. »Mach's mit ihm!«, verlangte er. »Dann zeigst du mir, was er dir beigebracht hat. Das wird super für uns.«

Natürlich dachte ich darüber nach, wie es mit dem Tänzer wäre. Wir waren uns auch schon näher gekommen. Nur nicht nahe genug, wie Franzel fand. Mir aber gefiel gerade das Zarte zwischen dem Tänzer und mir. Dass er uns beiden Zeit ließ, nichts überstürzen wollte, es schön fand, einfach so Hand in Hand mit mir zu sitzen, spazieren zu gehen, ein bisschen zu schmusen. Nach dieser Art Beziehung hatte ich mich so lange gesehnt. Im Vergleich dazu widerten mich Franzels gierige Augen, mit denen er uns vielleicht irgendwo sogar heimlich belauerte, an. Ich wollte ihm nichts mehr erzählen müssen, wollte diese neue Liebe ganz für mich allein.

Wie es so ist: Gelegenheit macht Diebe und Not erfinderisch. Meine Gelegenheit war ein Volkshochschulkurs in Buchhaltung, den ich gemeinsam mit einer Bekannten in einer Nachbarstadt belegt hatte, um mich beruflich weiterzubilden. Die Kurse selbst boten mir das perfekte Alibi für ein heimliches Rendezvous. Und da sie während Franzels Arbeitszeit stattfanden, konnte ich sicher sein, nicht von ihm beobachtet zu werden, wenn ich mich mit dem Tänzer traf.

Während der ersten zwei, drei Unterrichtseinheiten, in denen ich angeblich zur Schule fuhr, aber nicht daran teilnahm, sondern mit dem Tänzer zusammen war, hatte ich noch Angst, Franzel werde uns entdecken und mir die Hölle heiß machen. Als nichts geschah, wiegte ich mich in Sicherheit. Allein mit dem Tänzer zu sein und diese Treffen nicht vor Franzel ausbreiten zu müssen, fühlte sich wunderbar an.

Dummerweise hatte ich mich auf eine trügerische Sicherheit verlassen. Meine Bekannte, mit der ich den Kurs besuchte, war eine der Frauen, die lieber vor fremden Türen als vor der eigenen kehren. Folglich hatte sie nichts Eiligeres zu tun, als Franzel zu verraten, was seine treulose Ehefrau mit diesem Typen aus der Disko trieb. Und schon brach das Kartenhaus zusammen.

Um bei Franzel keinen Verdacht zu erregen, kam ich auch an den Tagen, an denen ich den Tänzer getroffen hatte, immer zusammen mit meiner Bekannten nach Hause. Da sie in der Nachbarschaft wohnte, hatten wir denselben Weg. Ahnungslos mit ihr plaudernd, erschrak ich an jenem verhängnisvollen Tag, einem Freitag, fast zu Tode, als Franzel plötzlich hinter einem Busch hervortrat, hinter dem er sich versteckt und uns förmlich aufgelauert hatte.

Vielleicht hatte er gehofft, der Tänzer werde mich begleiten und er könne mich in flagranti ertappen. Jedenfalls stellte er mich in scharfen Worten vor meiner Bekannten zur Rede und forderte sie zur Zeugenaussage gegen mich auf. Lügen war zwecklos. Also gab ich alles zu.

Prompt zog Franzel die Show des trotz aller Liebe und Großzügigkeit betrogenen Ehemanns ab und tobte wie verrückt. Meine Bekannte hatte den Eindruck, er könne meine Untreue nicht verkraften. Sie konnte ja nicht ahnen, worum es wirklich ging und dass Franzel nicht wegen eines anderen Mannes außer sich geriet, sondern weil ich gewagt hatte, ihm nichts von den Zärtlichkeiten zu beichten, die ich mit dem Tänzer ausgetauscht hatte.

Seiner Meinung nach war genau das eingetreten, was er seit meiner Totaloperation befürchtet hatte: Ich hatte mich mit einem anderen Mann eingelassen, ohne dass er es bemerkte, und den vollen Genuss für mich allein gehabt. In gewisser Weise benahm er sich mir gegenüber wie ein Zuhälter, dessen Bordsteinschwalbe ihm den Liebeslohn vorenthalten hatte. Aber wenn ich das jemandem gesagt hätte, würde mir kein Mensch geglaubt haben. Der piekfeine Franzel tat doch so etwas nicht! Pfui, wie abscheulich seine Frau war, die ihm erst Hörner aufsetzte und ihm dann auch noch die Schuld daran geben wollte. So hätte man über mich gedacht und geredet. Und ich hätte nichts zum Beweis der Wahrheit vorbringen können. Also schwieg ich, ließ Franzels Schimpfkanonade über mich ergehen und schämte mich vor meiner Bekannten in Grund und Boden – sie hörte sich das alles an und trug es garantiert sofort an die Öffentlichkeit.

Die Wut verlieh Franzel ungeahnte Kräfte, sodass er mich förmlich ins Haus trieb und sofort ins Obergeschoss und ins Schlafzimmer jagte. Mir war klar, was er vorhatte. In meiner Panik versuchte ich, wieder nach unten zu fliehen und hatte die rettende Treppe beinahe erreicht. Doch er war schneller. Vielleicht wollte er mich nur packen und mit sich zerren. Tatsächlich aber stieß er mich unter wildesten Drohungen die Treppe hinunter, und ich sah mein letztes Stündlein gekommen.

Doch umbringen wollte Franzel mich gar nicht. Er kannte weit bessere Schikanen. Am Ende war klar: Die einzige Wiedergutmachung meiner Heimlichkeiten bestand darin, ihm endlich von meinen Rendezvous mit dem Tänzer die gewünschten Erfolgsmeldungen heimzubringen und vorzuführen.

Der Tag X war ein Sonntag. Bereits am Samstag, also einen Tag nach der Entdeckung meiner heimlichen Rendezvous, eröffnete Franzel mir noch vor dem Frühstück, dass er allein, ohne mich, mit den Kindern etwas Schönes unternehmen wolle. Erst spätabends werde er wieder zu Hause sein.

»Nimm mich doch mit!«, bettelte ich.

»Kommt nicht in Frage«, sagte er. »Du hast etwas Besseres vor.«

»Wieso? Was?«

»Du rufst diesen Typen an. Sag ihm, dass du am Sonntag Zeit hast. Verabrede dich mit ihm. Und komm mir ja nicht wieder mit der Ausrede, dass nichts ging. Diesmal geht's zur Sache. Aber hallo! Und lass dir nicht einfallen, mir wieder etwas vorzumachen. Damit kommst du nicht mehr durch. Kapiert?«

Ich stand wie unter Schock. Nach Franzels gestrigem Jähzorn und meinem brutalen Treppensturz hätte ich ihm niemals zu widersprechen gewagt.

Wir hatten mehrere Gewehre, Jagdmesser und andere Waffen zu Hause. Franzel war Sammler. Ich wusste, dass er auch Munition besaß und Mitglied in einem Schützenverein war, auf dessen Schießgelände und Übungsanlage er häufig trainierte. Schon mehrfach hatte er bei Wettschießen Auszeichnungen errungen. Und nach der gestrigen Erfahrung traute ich ihm alles zu.

»Warum kommst du nicht mit?«, fragten die Kinder, als Franzel ihnen sagte, sie würden ohne mich fortfahren. Vor allem Sandra bettelte: »Ach, Mama, komm doch.«

»Nichts da«, wies Franzel sie zurecht. »Die Mama braucht auch mal ihre Ruhe. Sie hat euch ja alle Tage. Jetzt soll sie es sich mal schön gemütlich machen. Wir drei kommen prima ohne sie zurecht.«

Widerstandslos rief ich also den Tänzer an, verabredete einen bestimmten Treffpunkt für Sonntag mit ihm und bat ihn, mich dort abzuholen, da mein Mann mit dem Auto fortfahre und ich deshalb kein eigenes Fahrzeug habe, um direkt zu ihm zu kommen. Freudig sagte er zu. Zu diesem Zeitpunkt kannten wir uns knapp zwei Wochen. Ein Sonntag mit mir war mehr, als er zu hoffen gewagt hätte.

Nach einer unruhigen Nacht stand ich am Sonntag mit weichen Knien auf. Immer wieder schossen mir die Tränen in die Augen, während ich meine Kinder für den Ausflug mit ihrem Vater ankleidete und ihnen ihre Provianttäschchen packte.

»Bist du traurig, weil du nicht mitdarfst, Mama?«, fragte Sandra.

»Vati«, rief Birgit hinter sich ins Haus, »Vati, die Mama will doch mit.«

»Was ist los?«, brummte Franzel.

»Nimm mich mit«, bat ich. »Lass mich mit euch mitkommen.«

Nachdrücklich schüttelte er den Kopf. »Hast du vergessen, dass du eine Verabredung hast?«

Nein, das hatte ich natürlich nicht vergessen. Gerade deshalb bettelte ich doch wie um mein Leben, dass er mich mitnehmen solle. »Du weißt, was passiert, wenn ich heute gehe?«, flüsterte ich und versuchte vergeblich, das Zittern in meiner Stimme zu unterdrücken. »Ich will das nicht. Du weißt, dass ich das nicht will. Nimm mich mit. Wir machen es uns mit den Kindern gemütlich. Nur wir vier. Bitte!«

Doch sein Plan stand fest. »Du gehst.«

Wie eine Marionette an Franzels Fadenkreuz ließ ich mich von meinem Mann am vereinbarten Treffpunkt für mein Rendezvous mit dem Tänzer absetzen, stieg etwas später in dessen Wagen und abermals etwas später mit ihm ins Bett.

Meine Erstarrung löste sich erst, als Franzel am Abend nicht wie erhofft friedlich neben Birgit einschlief, die sich in mein Ehebett geschlichen hatte, sondern an die Kinderzimmertür klopfte, hinter der ich mich einschlossen hatte. »Komm her, zeig's mir! Wie war es mit dem anderen.«

Ich sollte wirklich und wahrhaftig mit ihm das Gleiche wiederholen, was ich mit dem Tänzer erlebt hatte. Ich hatte es geahnt. Nein, gewusst. Aber es ging nicht. Es war unmöglich. Ich konnte das nicht. Alles in mir schrie: »Nein!« Und so öffnete ich die Kinderzimmertür nicht, wie laut er auch klopfte, wie erregt, wie wütend, wie drohend er zuletzt auch brüllte: »Wenn du jetzt nicht kommst, ist es aus. Dann lass ich mich scheiden.«

»Dann ist es eben aus!«, schrie ich zurück und dachte dennoch nicht im Geringsten daran, es könnte Ernst daraus werden. »Dann lässt du dich eben scheiden.« Für mich war es ein Streit, einer von vielen. Wenn man wütend ist, sagt man schon mal Dinge, die man nicht ernst meint.

Alles, was ich wollte, war, dass Franzel mich in Ruhe ließe und ein für alle Mal begreifen würde: Ihn, meinen Mann, hatte ich betrügen müssen, weil er dies gewollt hatte. Aber meinen Liebhaber mit meinem Mann betrügen, das konnte ich nicht. Ich war keine Hure.

Niemals war ich von einem Menschen so erniedrigt und ausgenutzt worden wie von meinem eigenen Mann. Und zum ersten Mal versuchte ich, mich zu wehren.

In den nächsten Tagen zeigte sich, dass Franzel keineswegs kapituliert hatte. Ich fühlte mich wie eine der Forellen, die er so gern in ihren Wildbächen aufspürte und ihnen mit allen möglichen Listen und Ködern nachstellte. Mich, dachte ich, sollte er nicht erwischen. Das hatte ich mir geschworen. Die eheliche Pflicht konnte ich ihm nicht verweigern. Ich war seine Frau. Es war sein Recht. Und ich hatte auch nichts dagegen. Aber dennoch würde ich ihm niemals Intimes über den Tänzer und mich erzählen, geschweige denn vorführen und es mit Franzel kopieren.

Angst vor der eigenen Courage hatte ich aber doch, seit Franzel mich die Treppe hinuntergestoßen hatte. »Wer einmal die Hand gegen die eigene Frau erhebt«, dachte ich, »der kann es wieder tun.«

Wie dringend hätte ich jetzt meine Mutter gebraucht, den einzigen Menschen, dessen unverbrüchlicher Hilfsbereitschaft ich mir sicher war. Aber meine Mutter lag im Sterben. Ich konnte und wollte sie nicht mit meinen Eheproblemen belasten. Außer meinem Vater hatte ich niemanden mehr auf der Welt, der mir beistehen konnte, wenn es hart auf hart käme.

In meinem Kopf wirbelten die Gedanken. Was sollte ich tun? Einfach fortlaufen? Aber was würde dann aus meinen Kindern werden? Nein, das war keine Lösung.

Die letzten Tage meiner Schwangerschaft mit Birgit fielen mir ein, in denen ich Franzel erstmals im Leben verlassen und mich zu meinen Eltern geflüchtet hatte. Damals hatte mein Vater sich Franzel zur Brust genommen und von Mann zu Mann zu ihm gesprochen. Ob er das abermals für mich tun würde?

Der absehbare Tod meiner Mutter hatte meinen Vater und mich näher zusammengeführt. Fast schon zu nah, wie ich fand, wenn mein Vater, der mich nie groß umarmt hatte, plötzlich immer wieder den Arm um mich legte oder mich streichelte. Oder wenn er mir anvertraute, dass zwischen ihm und meiner Mutter »seit Jahren nichts gelaufen« sei und er sich noch zu jung fühle, um nach ihrem Tod für immer allein zu bleiben. Gleichwohl half mir diese neue Nähe, alle Peinlichkeit zu überwinden und meinem Vater anzuvertrauen, dass auch ich Eheprobleme hatte und Franzel bereits an Scheidung denke.

»Mama hat immer gewusst, dass er nichts für mich ist«, schloss ich. »Jetzt sehe ich es auch. Aber jetzt kann ich nicht mehr so einfach weg. Was soll denn aus den Kindern werden, wenn wir uns scheiden lassen?«

Ich hatte erwartet, dass mein Vater mit einem Riesengezeter eine Moralpredigt anstimmen werde. Zu meiner Überraschung blieb er ganz gelassen. »Ehen sind einfach nicht mehr das, was sie einmal waren«, meinte er. »Aber eine Scheidung ist heutzutage eine saubere Sache. Ohne schmutzige Wäsche. Anders als früher. Da fragt keiner mehr, wer von beiden jetzt ausgebrochen ist. Du kriegst das Haus und die Kinder, dafür verzichtest du auf Unterhalt für dich. Der Franzel zahlt für die Kinder und zieht aus. Da brauchst du dir keine Sorgen zu machen.«

Anders als er, der sich von Berufs wegen mit Ehen befasste, hatte ich mir über die Rechtslage nie groß Gedanken gemacht. Ich hatte vor einiger Zeit in den Nachrichten zwar gehört, dass das Schuldprinzip abgeschafft worden war und keiner mehr fragte, wer wen betrogen hatte. Aber was hatte es mich gekümmert? Es schien mich nicht zu betreffen. Jetzt sollte es mir zugute kommen. Es tat gut, das von meinem Vater zu hören.

»Wenn's bei euch wirklich so weit ist, soll der Franzel gleich ausziehen und sich eine kleine Wohnung nehmen. Du bleibst mit den Kindern im Haus. Das ist das Einfachste und Beste«, überlegte er laut. »Wenn er dir nichts zahlen muss und du die Schulden für das Haus übernimmst, hat er genug Geld für sich. Da kann er leicht noch mal von vorn anfangen.

Er ist ja noch jung. Der findet schnell eine, mit der er neue Kinder kriegt.«

»Ich nicht!«, rief ich. »Gott sei Dank.«

Mein Vater nickte. »Zwei reichen.«

»Aber wovon soll ich die Schulden bezahlen?«, fragte ich. »Wenn ich die Kinder hab, kann ich nicht den ganzen Tag arbeiten gehen.«

Auch dafür hatte mein Vater eine Lösung. »Kein Problem. Wir wissen ja, dass deine Mutter leider bald von uns gehen muss. Bis es so weit ist, gehöre ich zu ihr ans Krankenbett. Aber danach komm ich zu dir und pass auf die Kinder auf. Platz genug hast du dann ja im Haus für mich. Und für mich ist es auch wegen dem Essen und der Wäsche praktisch. Du kannst arbeiten gehen und ich bin versorgt. Da wäscht dann eine Hand die andere.« Sein gesundes Auge schien ebenso starr in mein Gemüt zu schauen wie das Glasauge. »Wenn du willst, rede ich mit deinem Mann.«

»Okay«, stimmte ich zu. »Sprich mit ihm. Vielleicht ändert er sich ja, und alles wird gut.«

Was genau die beiden Männer kurz darauf besprachen, habe ich nie erfahren. Mein Vater teilte mir nur mit, dass Franzel einverstanden sei, mir die Kinder und das Haus zu überlassen, und demnächst ausziehen werde. Er habe bereits eine passende Wohnung in Aussicht. Franzel selbst sagte mir gar nichts.

In den folgenden Tagen begegnete ich mehreren Personen aus der Nachbarschaft und dem entfernteren Bekanntenkreis, die mich fragten, ob es wahr sei, dass Franzel und ich uns scheiden lassen würden. Er habe ihnen mitgeteilt, dass wir uns auseinander gelebt hätten. Zwar habe er um mich gekämpft, aber ich hätte bereits einen anderen. Das sei schwer für ihn. Er wolle meinem Glück jedoch nicht im Weg stehen und den Kindern den üblichen Scheidungskrieg ersparen. Bei uns werde es »eine saubere Scheidung geben, keine, bei der schmutzige Wäsche gewaschen wird«. Alles werde im besten gegenseitigen Einvernehmen abgewickelt.

»Verstehen können wir dich schon«, meinte eine der Nachbarinnen, mit der wir enger befreundet waren. »Er ist ja nicht immer so ganz einfach, der Franzel. Und fort ist er auch andauernd. Wenn eine dann so lebenslustig ist wie du, da kann man sich schon auseinander leben.« Dabei schaute sie mich mit diesem wissenden Blick an, dass mir sofort klar war, sie hatte etwas über den Tänzer und mich erfahren. Stotternd und stockend versuchte ich weder zu lügen noch Franzel bloßzustellen und machte alles nur schlimmer. Ihr »Aha!« und »Ach, so!« klangen falsch in meinen Ohren, als ich stammelte, wir hätten zwar mal über eine Trennung geredet, aber sicher wäre noch nichts.

Doch Franzel war sich sicher. Ganz sicher. »Ja, und? – Es stimmt doch«, wies er mich zurecht, als ich ihn wegen seines Geschwätzes zur Rede stellte. »Wir sind uns doch einig. Du hast mit deinem Vater geredet. Er hat mit mir geredet. Was gibt es da noch?«

Ohne die geringste Verlegenheit gab er zu, unsere Privatangelegenheiten nach draußen getragen zu haben. »Glaubst du, an mir geht das spurlos vorbei?« Da war er wieder, sein Märtyrerblick. »Glaubst du, ich brauche keinen, mit dem ich mich aussprechen kann?« Schon war der Spieß umgedreht. Anstatt ihn tadeln zu können, saß ich auf der Armesünderbank.

»Aber wir könnten es doch nochmals versuchen«, wandte ich ein. »Eine Ehe schmeißt man doch nicht so schnell weg.«

Franzel schüttelte den Kopf. »Schnell? Wir sind über zehn Jahre verheiratet. Zehn Jahre Frust im Bett. Und sag nicht, ich hätte nicht alles versucht. Mit uns klappt es einfach nicht.

Du bist verklemmt und basta! Was sollen wir da noch lange rummachen? Wir trennen uns wie erwachsene Leute.«

»Aber warum?«, fragte ich zögernd und hatte das Gefühl, als gleite mein Leben in gerade diesem Moment wie Wasser durch meine Finger.

»Warum?« Franzel lachte kurz auf. »Du hast einen anderen. Darum! Das weiß hier jeder. Ich habe dich geliebt. Auch das weiß jeder. Ich hab dir vertraut. Hab dich sogar allein zum Tanzen gehen lassen. Das weiß auch jeder. Und was machst du? Treibst es hinter meinem Rücken mit einem anderen. Jeder, wirklich jeder weiß das schon. Nur ich, ich hab's nicht gewusst. Sogar das weiß jeder. Und dass ich mich von dir nicht zum Affen machen lasse, das weißt jetzt du!«

Ein Hammerschlag hätte mich nicht vernichtender treffen können. Was sollte, was konnte ich noch sagen? Wie mich rechtfertigen? Alles sprach gegen mich. Und jeder wusste es.

Hastig sprudelte ich irgendetwas hervor, um mich zu erklären und zu entlasten. Wenn jemand auf dieser Welt wusste, was wirklich passiert war und warum, dann war es Franzel. Er hatte alles, was geschehen war, gewollt. Mehr als das, es war seine Idee gewesen. Warum gab er das nicht zu? Weshalb führte er sich jetzt als ahnungslos betrogener Ehemann auf? Welches falsche Spiel spielte er diesmal mit mir?

»Das kannst du nicht mit mir machen!«, schrie ich. »Das ist nicht fair.«

Doch Franzel winkte ab. »Lass das, es ist vorbei. Geh du zu deinem Galan. Ich will dir nicht im Wege stehen.«

Plötzlich, schon mit abgewandtem Rücken, blieb er nochmals auf dem Absatz stehen, drehte sich kurz um. »Ach, ja, noch eins, – dass du es gleich weißt: Du kannst gehen. Selbstverständlich. Die Kinder kannst du mitnehmen. Aber das Haus kriege ich.«

Seit dem Tag, an dem ich den Tänzer erstmals gesehen hatte, waren bis jetzt fünfzehn Tage verstrichen. Zwei Wochen, die mein Leben auf den Kopf gestellt hatten. Seitdem versetzte mich der Schock über die Scheidung in eine Art Trance. Heute würde ich sagen, ich erlitt einen völligen Nervenzusammenbruch, den niemand registrierte, am allerwenigsten ich selbst.

Im Gegensatz zu mir lief Franzel zur Höchstform auf. Er kümmerte sich um eine Wohnung für mich, die die Kinder und ich zum nahe bevorstehenden Ersten beziehen sollten. Womöglich war es diejenige, von der er meinem Vater berichtet hatte, dass er demnächst dort einziehen wolle.

Vor allem aber kümmerte er sich um einen Notartermin, den er erstaunlicherweise nach einem einzigen Anruf umgehend erhielt, um auf der Stelle eine so genannte »Öffentliche Urkunde über Scheidungsfolgenvereinbarung« ausfertigen zu lassen.

»Da steht dann drin, dass du die Kinder kriegst und ich das Haus«, sagte er. »Morgen um zehn Uhr. Du kommst mit und unterschreibst.«

Auf den Tag genau zwanzig Tage nach meiner ersten Begegnung mit dem Tänzer nahmen Franzel und ich im Amtszimmer des Notariats Platz, um als »unbedenklich voll geschäftsfähige und persönlich bekannte« Eheleute meine alleinige Haftung für die Folgen meines Seitensprungs zu beurkunden.

Da wir bei unserer Hochzeit weder einen Ehevertrag noch eine offizielle »Verfügung von Todes wegen« aufgesetzt hatten, lebten wir im Stand der Gütergemeinschaft. Aus diesem Grund war es Franzel unmöglich, seinen alleinigen Anspruch auf unser gemeinsames Grundstück, Haus, Mobiliar und andere Vermögensanteile geltend zu machen. Es sei denn, wir vereinbarten ab sofort für unsere noch bestehende Ehe Gütertrennung und ich verzichtete zu seinen Gunsten unwiderruflich und auch für den Fall der eines Tages unvorhersehbar eintretenden Not auf meinen Anteil.

Einen entsprechenden Vereinbarungsentwurf brachte Franzel als eine Art Lückentext ins Notariat mit. Es mussten nur mehr einige Paragraphen und persönliche Angaben eingetragen werden, ansonsten stand der Vereinbarungstext fest. Aus diesem Grund konnte das Schriftstück unmittelbar nach der Sitzung sofort unterzeichnet und mit einem Siegel versehen werden. Schon war die Urkunde fertig.

Einige der nachträglich eingefügten Angaben oder gelegentlich auch Streichungen fehlerhafter oder unvollständiger Satzteile wurden mit verschiedenen Schreibmaschinen geschrieben, die sich untereinander in Schriftstärke und Typographie unterschieden und nicht mit jener Schreibmaschine identisch waren, auf der der durchgängige Ursprungstext verfasst worden war. Offensichtlich waren hier mindestens zwei Verfasser am Werk gewesen, die den Text vorgefertigt und korrigiert hatten, ehe der Notar ihm den letzten Schliff gegeben hatte.

Rätselhafterweise besitze ich heute nur eine für Franzel, aber keine für mich ausgefertigte Kopie dieser Urkunde, die nicht einmal unsere handschriftlichen Unterschriften, sondern lediglich unsere auf der Schreibmaschine getippten Namen enthält.

Zum ersten Mal erfuhr ich beim Notar vom Inhalt dieses Schriftstückes. Franzel und ich hatten zu keiner Zeit miteinander darüber gesprochen. So war ich gänzlich ahnungslos. Alles, was ich wusste, war: »Franzel will das Haus.« Und: »Ich will die Kinder.«

Erst viel später wurde mir klar, dass Franzel diese Scheidungsfolgenvereinbarung bereits lange im Vorfeld vorbereitet hatte. Die Frage bleibt lediglich, ab wann er damit begonnen hat? Ich vermute, es geschah zu dem Zeitpunkt, als der Tod meiner Mutter absehbar war und Franzel definitiv erkannt hatte, dass ich tatsächlich nichts erben, sondern mein Vater wieder heiraten und alles, was je da gewesen sein könnte, für sich selbst verbrauchen würde.

Meine Mutter starb mit 57 Jahren. Damals war mein Vater, etwas jünger als seine Frau, ein Mann in den besten Jahren. Niemand konnte von ihm erwarten, als Witwer alt und grau zu werden. Und er selbst machte auch kein Geheimnis daraus, dass er dies nicht beabsichtigte.

Über zehn Ehejahre hatte Franzel wohl damit gerechnet, dass ich mich am Ende doch noch als die schwerreiche Erbin entpuppen würde, wie er es von Anfang an erwartet hatte. Jetzt war der Traum vom großen Geld endgültig geplatzt. In allem, was ihm wichtig war, glaubte er mit mir eine Niete gezogen zu haben. Ich war ihm zu nichts mehr nütze. Warum also sollte er sich noch länger mit mir belasten?

Angesichts des Todes meiner Mutter und seiner fehlgeschlagenen Erwartungen begann er wohl zu planen, wie er mich am schnellsten und kostengünstigsten abservieren konnte.

Es schmerzt mich noch heute unendlich, erkennen zu müssen, dass dieser Mann mich wirklich bloß benutzt hat und ich mich von ihm benutzen ließ. Ich habe ihm alles gegeben, meine Unschuld, meine Jugend, meinen Körper, meine Würde. Alles nahm er hin, benutzte es, hielt es für ungenügend und verlangte nach mehr. Und ich gab und gab und gab, über zehn Jahre lang, bis ich ihm nichts mehr zu bieten hatte. Da jagte er mich weg. Im wahrsten Sinne des Wortes von einer Stunde zur anderen.

Der einzige Triumph, den ich diesem Menschen voraus habe, ist der Umstand, dass er mich vernichten wollte und ich wie von den Toten auferstanden bin. Er hat mir alles genommen, was man einer Frau nehmen kann. Und doch lebe ich heute in der beglückendsten Ehe, die ich mir je erträumt habe, mit einem Mann, der mich lehrt, was Liebe wirklich ist. Meine Tochter Sandra hat mit ihrer Familie zu mir gefunden. Und was hat Franzel? Ein großes Haus mit vielen leeren Zimmern – das gilt auch im übertragenen Sinne.

Wie er es anstellen musste, um sich meiner zu entledigen, konnte Franzel sich leicht denken. Er wusste, wie schnell ich mich schuldig fühlte, dass ich Angst vor der Gewalt und dem Alleinsein hatte, dass ich bestimmte Moralvorstellungen in mir trug und aus all diesen Gründen heraus von Kindesbeinen an unfähig zum offenen Widerstand oder zum Ungehorsam war.

Was lag näher, als mich in die schlimmste Schuldfalle hineinzustoßen, die ich mir denken konnte? Nämlich die eines Seitensprungs. Franzel wusste so sicher wie das Amen in der Kirche, dass ich vielleicht fremdgehen würde, wenn er dies wollte und verlangte, mir aber innerlich nie vergeben könnte. Einmal hineingetappt, würde ich vor Schuldgefühlen und Angst alles für ihn tun. Womöglich rechnete er sich sogar aus, dass ich dann endlich zu all den netten kleinen Spielchen bereit wäre, die er sich schon so lange vergeblich von mir wünschte. Vielleicht war Franzel ja sogar gewillt, uns als Paar noch eine Chance zu geben, als er mich auf Männerfang schickte und feststellte, dass er lustvoll davon profitierte.

Doch als sich auch diese Berechnung letztlich als falsch erwies, weil ich entgegen jeder Vorhersehung plötzlich und völlig überraschend einen eigenen Willen und den Mut entwickelte, seine sexistischen Pläne zu durchkreuzen, bekam ich den Tritt. Endgültig.

Wie sich beim Notar zeigte, hätte Franzel persönlich die hieb- und stichfesten Vorformulierungen der Scheidungsfolgenvereinbarung niemals ohne juristische Hilfe und auf die Schnelle erstellen können. Er hätte nicht die nötigen Kenntnisse dazu gehabt.

»Wie gut für ihn«, kann ich heute nur sarkastisch denken, »dass es ihm nicht an geeigneten Ratgebern mangelte, da zu seinen besten Freunden sowohl Rechtsanwälte als auch Richter zählten.«

Manchmal würde es mich immer noch interessieren, wer ihm die private, außergerichtliche Verzichtserklärung per Scheidungsvereinbarung empfahl und den Enteignungsvertrag für mich aufsetzte. Ein geschickter Schachzug war es allemal. Im Endergebnis hebelte dieser das neu verabschiedete Gesetz aus, die Ehe ohne Ansehen der Schuld mit beiderseitig gerechtem Vermögens- und Zugewinnanteil nebst Unterhaltsanspruch zu scheiden.

Nach moderner Gesetzeslage wäre eine Scheidungsfolgenvereinbarung, die einen Ehepartner extrem schlecht stellt und krass benachteiligt, entweder gar nicht zulässig, zumindest aber im Nachhinein vor Gericht anfechtbar, weil sittenwidrig. Und wenn ich nur die geringste Chance sähe, würde ich noch heute gegen den an mir verübten Betrug kämpfen. Doch Recht haben und Recht bekommen waren schon immer zweierlei, wie der Volksmund weiß, denn vor dem Gesetz und auf hoher See sind wir alle in Gottes Hand.

Da das Gesetz zur Zeit meiner Scheidungsfolgenvereinbarung noch weniger bevormundend in die Entscheidungsfreiheit des Einzelnen eingriff als heutzutage, bestand die Pflicht des Notars als Rechtsberater lediglich darin, mich auf die Benachteiligung aufmerksam zu machen, die ein solcher Vertrag bedeutete. Er musste sicherstellen, dass ich in Kenntnis aller Fakten und aus freien Stücken unterschrieb.

An jenem Tag im Notariatszimmer wusste ich davon nichts. Ich saß nur da und dachte an gar nichts. Ich glaube, damals hätte ich diese Scheidungsfolgenvereinbarung auch unterschrieben, wenn mir niemand die Details erläutert hätte.

In Erinnerung geblieben ist mir, wie sichtlich unwohl dem Notar bei dieser üblen Rechtssache war, als er die von Franzel vorgefertigten Seiten vor sich auf dem Tisch glatt strich und sie im Einzelnen mit uns durchzugehen begann. Ein Eindruck, den er mir übrigens auch selbst bestätigte, als ich in einer Erbsache erneut mit ihm zu tun hatte und er es »als ausgleichende Gerechtigkeit« bezeichnete, dass mir gänzlich unerwartet das Elternhaus meines Vaters zugefallen war.

Zwanzig Tage nach meinem ersten und einzigen Seitensprung in der Ehe erfuhr ich durch diesen Notar von Franzels ganz unglaublicher Berechnung, dass wir in über zehn Ehejahren »keinen ausgleichspflichtigen Zugewinn erzielt« hatten und über »keine nennenswerten Vermögenswerte« verfügten. So absurd diese Behauptung auch war, es fiel mir nicht ein, sie in Zweifel zu ziehen, obwohl es objektiv und jederzeit nachweislich Unsinn war.

Franzel und ich waren mit meiner wohl gefüllten Ausstattungstruhe, diversen Kleinmöbeln aus dem Besitz meiner Großmutter und etwas Erspartem von ihm in die Ehe gegangen. Von seinem Geld hatten wir die fehlenden Möbel für unsere kleine Mietwohnung erworben. Ich hatte sie aus meiner Truhe gefüllt, um es uns bequem und gemütlich zu machen. Auf diese Weise hatten wir einen absolut schuldenfreien Start ins Eheleben. Anschließend erarbeiteten wir gemeinsam unseren Lebensunterhalt und sparten von unser beider Lohn für ein künftiges Haus. Im Gegensatz zu Franzels Geschwistern verfügten wir immer über ausreichend

Bargeld und lebten mit einer umsichtigen Vorratshaltung ohne jeden Mangel. Das war durchaus auch mein Verdienst und Erfolg, worauf ich mit Recht stolz war.

Um vorzutäuschen, ich habe in der Ehe immer bedeutend geringere Einkünfte erzielt als er, gab Franzel in der Vereinbarung fälschlich an, ich sei während der Ehe nur halbtags erwerbstätig gewesen. Tatsächlich verdiente ich sehr gut und erwirtschaftete während seiner Tätigkeit als Filialleiter so manchen Sonderbonus und etliche Leistungsprämien. Gelegentlich sogar unter Lebensgefahr, wenn ich in aller Frühe oder spätnachts aufstehen und für Franzel Geschäftskunden von irgendeinem Bahnhof oder Flughafen abzuholen oder an einen anderen Ort zu fahren hatte, weil er zu betrunken oder zu müde war oder übers Wochenende in seinem Wohnwagen die Zeit vergessen hatte.

Dass ich die Kinder dann unbeaufsichtigt allein zu Hause lassen musste und oftmals für Stunden unterwegs war, wusste er. Aber es scherte ihn nicht. Seine Angelegenheiten gingen immer vor. Er wusste, dass er sich auf mich verlassen konnte, und ein Anruf genügte, damit ich für ihn einsprang. Also benutzte er mich auch.

Einmal stellte sich auf diesen Nachtfahrten heraus, dass der angebliche Geschäftsmann ein entsprungener Mörder war, der zur Fahndung ausgeschrieben war. Von einem anderen wurde ich um ein Haar vergewaltigt. Und nicht nur einmal hatte ich einen Unfall, bei dem es knapp für mich ausging. Zum Glück passierte anderen dabei nie etwas, da ich Fahrgäste übervorsichtig transportierte. Wenn ich allein und übermüdet war oder die Zeit drängte, wurde ich leichtsinniger. So überschlug mich schon mal oder schoss bei Schnee und Glatteis über die Böschung hinaus. Für Franzel war all das kein Grund, mich mit diesen Nachtfahrten zu verschonen. Im Gegenteil, wenn ich morgens nach einer solchen Tour unausgeschlafen ins Büro kam, putzte er mich gern vor den Kollegen und seinen Geschäftskunden herunter.

Tatsächlich verdiente also nicht er allein den Löwenanteil unseres Einkommens, sondern der Bauplatz und das Haus wurden von gemeinsam erwirtschaftetem Geld finanziert. Ganz davon zu schweigen, dass ich viel körperliche Arbeit in den Hausbau und die Anlage des großen Gartens investierte. Es war folglich ein erheblicher Zugewinn vorhanden, denn das Grundstück mit rund zehn Ar und auch das Haus waren sehr großzügig bemessen und erfuhren seit Baubeginn eine bis heute anhaltende Wertsteigerung. Zu verlangen, dass aus Mangel an Masse »ein Zugewinnausgleich entfällt«, entbehrte jeder Grundlage. Das war auch Franzel bewusst. Deshalb schob er gleich noch den Passus nach, zur Sicherheit werde für den Fall »einer Unwirksamkeit einzelner Bestimmungen dieser Urkunde« sofort »vorsorglich gegenseitig auf Ausgleich des Zugewinns« verzichtet und dieser »Verzicht wechselseitig« angenommen.

Hatte mich der Notar bereits bei diesem Teil der Vereinbarung mehrfach nachdrücklich auf das Risiko des Verzichts hingewiesen, intensivierte er seine Belehrungen noch, als es um die Frage des gegenseitigen Unterhalts ging. Anlass dafür war die Formulierung: »Wir verzichten für die Zeit nach der Scheidung gegenseitig auf Unterhalt und zwar auch für den Fall von Krankheit oder Not. Wir nehmen diesen Verzicht gegenseitig an.«

Die Fragen des Notars zu diesem Komplex verwirrten mich. Ich verstand zwar die Worte, aber die Inhalte verstand ich nicht. Alles lief an mir vorüber, wie in einem Film. Ich war nicht aufnahmefähig. Mir fehlte jede Energie, um die Dinge zu bedenken und mich zur Wehr zu setzen.

Ich glaube heute, dass dem Notar mein Fall unvergesslich blieb, weil er mir gegenüber ein schlechtes Gewissen hatte. Jeder konnte damals erkennen, dass ich über alle Maßen nervös war und mit meinen Gedanken nicht bei der Sache zu sein vermochte, ja, dass ich keinen eigenen Willen hatte und niemals gewagt hätte, Widerspruch gegen Franzels Vorhaben zu erheben.

Meines Erachtens hätte ein verantwortungsbewusster Notar es unter diesen Umständen ablehnen müssen, einen solchen Vertrag in dem von Franzel gewollten Hauruckverfahren zur Unterschrift zu bringen. Hätte er mir auch nur einen Tag Aufschub zum Nachdenken auferlegt, oder hätte sein Sekretariat die Ausführungen erst noch formuliert und er sie uns an einem anderen Tag zur Unterschrift vorgelegt, wäre es niemals zu meiner Enteignung gekommen. Denn selbst der geringste Aufschub zwischen Kenntnisnahme und Unterschrift hätte mir Gelegenheit verschafft, mich meinem Vater, der in Vertragsangelegenheiten bewandert war, nicht erst anzuvertrauen, als es schon zu spät und meine Zustimmung unwiderruflich war.

Als eine der ersten Passagen las mir der Notar zur Stellungnahme aus dem Vereinbarungstext vor, dass mir »bis zur Scheidung und zumindest für eine Übergangszeit nach der Scheidung ein Unterhaltsanspruch gegen den Ehemann nach den gesetzlichen Vorschriften zusteht«, auf den ich laut Vereinbarung jedoch ausdrücklich verzichten wolle.

Vorschriftsgemäß fragte er, ob ich über das Risiko nachgedacht habe, das ein so folgenschwerer Verzicht gegebenenfalls in sich berge. Zum Beispiel dann, wenn ich als Mutter minderjähriger Kinder einmal schwer erkranken würde und nicht mehr arbeitsfähig wäre. Wie wollte ich in einem solchen Fall die Versorgung meiner Kinder sicherstellen? Würde ich mit einer möglicherweise nur geringen Sozialhilfe auskommen? Wäre ich dann nicht froh, zusätzlich etwas Unterhalt zu bekommen?

In meinem umnebelten Verstand waberte nichts als Leere. Statt endlich meine eigenen Interessen wahrzunehmen, erklärte ich, wenn Franzel dies so wolle, sei es mir recht. Und, als sei es damit noch nicht Verzicht genug, ließ ich schweigend zu, dass Franzel mit fester Stimme seinen Standpunkt verteidigte. Der Herr Notar möge bedenken, dass die väterliche Unterhaltspflicht für die Kinder unabhängig von meinem eigenen Anspruch als Ehefrau bestehen bleiben würde. In gewisser Weise käme das Geld dann ja auch mir zugute, da ich diesen Anteil des Kindesunterhalts von meinem Einkommen für mich behalten könne.

Als handelte es sich um eine besondere Vergünstigung für mich, strich er auch gleich seine freiwillige Selbstverpflichtung heraus, mich künftig von allen mit den hausbedingten »Grundschulden zusammenhängenden dinglichen und persönlichen Ansprüchen freizustellen«. Die verbliebene Restschuld für das Haus werde er großzügigerweise künftig selbst abtragen. Dadurch würde ich völlig entlastet und könne meine gesamten künftigen Einkünfte für mich behalten, während er sich – selbstverständlich nicht zum eigenen Vorteil, sondern um des Erhalts des Erbes unserer Kinder willen – finanziell aufs Äußerste einschränken müsse.

Selbstverständlich sei er mir für den Fall der Trennung bei der Wohnungssuche behilflich. Überdies wolle er mir einen angemessenen einmaligen Betrag für die Neuanschaffung einer Wohnungseinrichtung zahlen sowie zwölf Monate lang einen festen Betrag als »Regel- und Sonderbedarf«. Beides zusammen gelte meinen gesamten Unterhaltsanspruch bis zur Scheidung ab. Diese Lösung gereiche vollumfänglich zu meinem Vorteil, da sie mich finanziell unabhängig stelle, sodass ich sofort ausziehen und mir ein neues

Leben aufbauen könne, statt auf den Verbleib im Haus angewiesen zu sein, bis ich eine feste Arbeit gefunden habe. Zusammen mit dem monatlich im Voraus zu zahlenden Kindesunterhalt und dem gesetzlichen Kindergeld würde diese Übergangszahlung meine Existenz für ein volles Jahr sichern.

»Außerdem habe ich schon eine Arbeit in Aussicht«, setzte ich hinzu. »Ich will nichts für mich von meinem Mann. Ich will nur die Kinder.«

»Die kriegst du ja auch«, sagte Franzel.

Der Notar schüttelte ratlos den Kopf, als ich die Vereinbarung unterschrieb.

Seltsamerweise klammerte ich mich nach der Unterzeichnung unserer Scheidungsfolgenvereinbarung emotional an der Redewendung »für den Fall der Scheidung« fest. Wie ein Hoffnungslicht im Dunkeln trug ich es gedanklich vor mir her. »Für den Fall« bedeutete ja nicht, dass die Scheidung bereits beschlossene Sache sei, redete ich mir ein. Wir hatten lediglich eine Vorsichtsmaßnahme getroffen. Ähnlich wie man eine Lebensversicherung »für den Fall« des Todes abschließt, ohne gleich sterben zu wollen. Wir hatten die Scheidung ja gar nicht beantragt. Folglich schien sie weit, weit weg. Und doch sollte der erste Tag, nachdem ich eingewilligt und unterschrieben hatte, dass Franzel »im Falle der Scheidung« unser Haus bekäme, zugleich mein letzter Tag in diesem Haus sein.

Wie heute sehe ich die Szene vor mir: Franzel, der mich im Schlafzimmer bedrängt, ich solle ihm sagen, wie es mit dem Tänzer gewesen sei, solle es ihm zeigen. Jetzt, sofort! Seine laute, hitzige Stimme. »Mach es mit mir! Ich will es! Solange du unter meinem Dach wohnst, tust du, was ich dir sage. Du bist noch immer meine Frau!« Meine ängstliche

Gegenwehr. Immer wieder mein »Lass mich! Ich will nicht!« Dazwischen die Kinder, verstört, weinend aneinander geklammert, zitternd vor Angst.

Sein Grabschen nach mir. Sein Lachen zuerst, als ich ihm ausweiche. Sein Vergnügen, mir den Weg zu versperren, mich zu jagen. Dann seine Wut, als ich entwische, ins Treppenhaus flüchte. Sein rascher, mehrere Stufen auf einmal nehmender Schritt, dicht auf meinen Fersen. Gleich wird er mich schnappen, wird mich zwingen. Mein Aufschrei: »Hau endlich ab! Ich hasse dich! Ich gehe! Du kannst das Haus behalten! Es ist mir völlig egal, ob du es bekommst. Ich mache nicht mehr, was du willst.«

Und plötzlich Franzels Griff nach dem langen Jagdmesser an der Wand. Sein hoch erhobener Arm, die funkelnde Klinge. Wie eingefroren verharrt sie über mir. »Gleich!«, weiß ich. Das zweistimmige schrille Entsetzenskreischen der Kinder. Meine urplötzliche, panische, meine unbeschreibliche, meine Wahnsinnsangst. Der eine einzige Gedanke in meinem Kopf: »Er bringt mich um!« Meine rasenden Sprünge. Hinaus zur Tür. Nur fort.

Die Nachbarin öffnete mir, als ich Sturm klingelte. Kaum fähig zu sprechen, von Angst wie im Fieber geschüttelt, flehte ich sie an, sofort meinen Vater und den Tänzer anzurufen. Wenig später war mein Vater da.

»Ich gehe mir dir rein und nehme mir den Kerl zur Brust«, sagte er und strahlte eine Kraft aus, die sich wie ein schützender Mantel um mein Innerstes legte. »Mit dem Messer auf dich loszugehen. Dich umbringen wollen. So weit kommt es noch. Hat der Mann den Verstand verloren? Wenn er die Scheidung will, soll er ausziehen und verschwinden. Das Haus bleibt dem, der die Kinder hat. So ist es ausgemacht.«

Wie früher als kleines Kind lief ich ihm nach und fühlte mich beschützt genug, das Haus zu betreten, in dem meine Töchter sich noch immer voller Verzweiflung umklammert hielten und schluchzten. Zitternd warfen sie sich in meine Arme, während mein Vater geradewegs auf Franzel zusteuerte. Flüchtig bewunderte ich, wie unerschrocken er war, obwohl er wusste, dass ich mit dem Messer bedroht worden war. Wie, wenn Franzel auch auf ihn losginge? Wenn er Amok liefe, weil ich – und dabei wurde mein Mund staubtrocken – ihn mit meinem Verhalten zu einer solchen Wahnsinnstat getrieben hatte?

»Jetzt habe ich auf das Haus verzichtet«, dachte ich mit einem Schwall glühender Schuldgefühle, »und da hat er erst gemerkt, dass mir das Haus ganz egal ist. Dass er mich nicht mehr halten kann. Dass er mich verliert. Dass ich wirklich nicht wegen des Geldes mit einem Mann lebe, sondern nur aus Liebe. Das ist ihm bestimmt so nahe gegangen, dass er verzweifelt und völlig durchgedreht ist.«

Die Kinder pressten ihre heiß geweinten Gesichter an mich, als wollten sie sich zurück in meinen Leib bohren, um der bedrohlichen Welt zu entfliehen. »Oh, lieber Gott«, zuckte es mir durch den Kopf, »was habe ich getan? Der arme Franzel. Er hat mich ja doch geliebt. Es ist ja alles meine Schuld.« – »Meine Schuld, meine Schuld!«, rauschte es mit dem Herzschlag in meinen Ohren. Mir war, als spürte ich die Fliehkraft der Erde an mir zerren, als müsste ich in einem Wirbel mitten hinein ins schwarze All gezogen werden. Nur die schmächtigen Arme meiner Kinder hielten mich fest.

Irgendwann vernahm ich die Stimme meines Vaters durch die Zimmerwände. In einem heftigen Wortwechsel beschimpfte er Franzel so hart, wie ich es von meinem vornehmen Beamtenvater nie gehört und für möglich gehalten hätte. Ein Brüllen ergab das andere. Eine Faust dröhnte auf dem Tisch. Zuletzt flog die Tür mit einem Knall auf und mein Vater stürmte heraus.

»Pack das Nötigste für die Kinder und dich ein«, sagte er schroff. »Ich nehme euch mit. Ihr kommt erst mal mit mir.«

Hätte ich geahnt, dass ich nie mehr einen Fuß über die Schwelle meines Hauses setzen würde, hätte ich anders gepackt. So nahm ich nicht einmal die Schmuckschatulle mit, in der zwar nichts überwältigend Kostbares, doch Stücke, die mir aus bestimmten Gründen etwas bedeuteten, und auch mein Schmuck aus Kindertagen lagen. Auch die geliebten Möbel aus dem Erbe meiner Großmutter blieben zurück. Und, schmerzlich vermisst bis heute, all die Kleinigkeiten, die mir als Erinnerungsstücke von zu Hause sehr lieb und teuer waren: Meine Schulsachen mitsamt dem ersten Ranzen und Erstklassheften, meine Bilderbücher, Poesie- und Fotoalben, der Puppenwagen und das Holzwägelchen sowie meine Puppen, mein Baby allem anderen voran.

In späteren Jahren versuchte die schon erwachsene Birgit immer wieder, heimlich den einen oder anderen Schatz aus Kindertagen für mich aus dem Haus zu schmuggeln. Deshalb stöberte sie auf dem Dachboden und versteckte die Funde anschließend im Kofferraum ihres Wagens. Ich habe mich unsäglich gefreut, als ich auf diese Weise ein schönes geflochtenes Puppensesselchen und mein Poesiealbum mit den Einträgen meiner Eltern, sowie ein Fotoalbum mit Bildern aus meiner Kindheit zurückgewann. Damit gab Birgit mir, der aus der Familie Verstoßenen, Entwurzelten, ein Stück Heimat, ein Stück meiner geraubten Identität zurück.

Doch als Birgit mir auch meinen Schmuck bringen wollte, ging es in letzter Sekunde schief. An diesem Tag war ich vor dem Haus mit meinem Auto vorgefahren, um Birgt abzuholen. Als sie einstieg, erfasste ich im Rückspiegel, was sie so eilig auf der hinteren Sitzbank abgelegt hatte. Doch auch Franzel, der plötzlich aus dem Gartentor trat, sah die ihm wohl bekannte Schatulle im Fond liegen und riss sie wieder an sich, ehe ich Gas geben konnte.

In den vierzehn Tagen, die meine Kinder und ich nach der Flucht aus unserem Haus bei meinem Vater wohnten, führte uns unser erster Gang zu einem Rechtsanwalt, den mein Vater als vertrauenswürdig schätzte. Sorgfältig las er sich die Kopie der Scheidungsfolgenvereinbarung durch. Danach zog er mit einer Hand die Brille vom Ohr, um geistesabwesend die Gläser zu polieren, und schüttelte den Kopf. »Da ist nichts zu machen. Unterschrieben ist unterschrieben. Das Ding galt schon, als die Tinte noch nicht trocken war.«

»Aber das ist gegen die mündliche Absprache zwischen meinem Schwiegersohn und mir«, rief mein Vater.

»Haben Sie Zeugen?«, fragte der Anwalt.

»Nein«, musste mein Vater einräumen.

»Was gilt dann schon das gesprochene Wort?« Der Anwalt zuckte mit den Schultern. »Worte sind Schall und Rauch.«

»Aber es ist Betrug!«, insistierte mein Vater. »Der ganze Vertrag ist ein einziger Betrug an meiner Tochter.«

»Das könnte man so sagen!«, nickte der Rechtsanwalt. »Entscheidend ist, Ihre Tochter hat diesem Betrug zugestimmt. Sie ist belehrt worden. Sie hat alles verstanden. Sie hat unterschrieben. Ihr Schwiegersohn hat es völlig legal schwarz auf weiß. Im Fall der Scheidung ist er der alleinige Besitzer des Hauses. Und eingereicht ist die Scheidung ja wohl bereits.«

Zur Überraschung des Anwalts wusste ich das nicht.

»Was wissen Sie denn überhaupt?«, wunderte er sich. »Sie unterschreiben eine Scheidungsfolgenvereinbarung, lassen sich darin von Ihrem Mann über den Tisch ziehen und merken es nicht. Sie überlassen ihm Haus, Hof und alles, was Sie jemals hatten, und merken es nicht. Und jetzt wissen Sie nicht einmal, ob die Scheidung läuft? Was soll man denn davon halten?«

»Ich weiß es nicht«, flüsterte ich. Das war alles, was ich wusste.

Mein Vater sah mir an, dass ich vollkommen am Ende war. »Tja, wenn nichts zu machen ist, ist nichts zu machen«, meinte er und nahm meinen Arm. »Besten Dank für Ihre Bemühungen, Herr Rechtsanwalt. Wir wollen Sie nicht länger belästigen.«

Unverrichteter Dinge kehrten wir in die Wohnung meines Vaters zurück, wo meine Kinder uns bereits sehnsüchtig erwarteten.

»Mama«, wisperte Birgit, die Arme fest um meinen Hals und die Lippen nah an meinem Ohr, »ich bin so froh, dass wir vom Papa weg sind.«

Damals tat mir ihr Satz unendlich gut, weil er mir das Gefühl gab, mit meiner Trennung von Franzel das Richtige getan zu haben. Heute weiß ich, dass mein Kind mir damit mehr, viel mehr sagen wollte. Dass sie mir etwas über sich selbst mitteilen wollte. Sie hatte nicht gesagt, wie froh sie sei, dass nur ich von Franzel weg war. Nein, sie selbst, auch sie selbst war froh darüber. Wie schrecklich, dass ich mein Kind nicht wirklich verstanden habe!

Dennoch war es Birgits Äußerung, die allmählich den Nebel in meinem Bewusstsein auflöste. »Was wissen Sie denn überhaupt?« Immer wieder fiel mir die Frage des Rechtsanwalts ein, aber ich hatte keine passende Antwort dazu. Er hatte Recht, so zu fragen.

Was wusste ich denn überhaupt?

Ich hatte nach über zehnjähriger Ehe erstmals einen Seitensprung begangen. Ich hatte eine Scheidungsfolgenvereinbarung unterschrieben, wodurch Franzel das Haus bekam und keinen Unterhalt leisten musste. Ich hatte Franzel verlassen. Ich hatte die Kinder mitgenommen. Ich hatte kein Geld, aber eine Wohnung und eine Arbeit in Aussicht. Und ich hatte einen neuen Freund, den Tänzer, den mein Vater zwar verachtete, aber dennoch von ihm verlangte, dass er ihn zu meiner Mutter ins Krankenhaus fuhr.

Und Franzel? Hatte er an all dem keinen Anteil? Als zöge jemand einen Vorhang auf, begann ich die Ereignisse bis zum jetzigen Moment zu addieren.

Am einem Samstag war ich, wie so oft, auf Franzels ausdrücklichen Wunsch in die Diskothek gegangen, um Männer kennen zu lernen, die mich sexuell animierten. Und es klappte: An diesem Abend lernte ich den Tänzer kennen, den ersten Mann, der mir etwas bedeutete, seit ich allein zum Tanzen ging.

Sobald ich in dieser Nacht nach Hause gekommen war und danach bei jeder Gelegenheit verlangte Franzel, ich solle ihm zeigen und mit ihm wiederholen, was ich mit dem Tänzer getrieben hatte. Da ich das nicht wollte, beschloss ich, ihm nichts mehr von meinen Treffen mit dem Tänzer zu erzählen, sodass er glauben würde, es sei aus, und mich nicht mehr bedrängte.

Vom Montag bis zum Freitag der darauf folgenden Woche traf ich den Tänzer mehrmals heimlich ohne Franzels Wissen. Es ging aber nie über kleine Zärtlichkeiten hinaus.

Spätestens an jenem Freitag erfuhr Franzel von diesen Rendezvous und stellte mich vor Zeugen zur Rede. So wurde meine eheliche Untreue öffentlich bekannt. Anschließend stieß er mich die Treppe in unserem Haus hinunter und bedrohte mich mit Gewalt. Ich bekam Angst vor ihm.

Am folgenden Tag, einem Samstag, befahl Franzel mir eine erneute Verabredung mit dem Tänzer, weil er sich von mir um die Teilhabe an meinen sexuellen Erlebnissen betrogen fühlte und Wiedergutmachung verlangte.

Am Sonntag nötigte Franzel mich gegen meinen ausdrücklichen Willen zum Seitensprung mit dem Tänzer samt entsprechendem Rapport.

Am Abend desselben Tages versuchte Franzel vergeblich, mich zu zwingen, mit ihm in gleicher Weise sexuell zu verkehren wie mit dem Tänzer. Zur Strafe für meine Weigerung drohte er mir die Scheidung an. Diese Androhung hielt ich für eine Wutreaktion und nahm sie nicht ernst.

Von Montag bis Donnerstag informierte Franzel sich ohne mein Wissen bei ihm bekannten Juristen über die Modalitäten einer für ihn günstigen Scheidungsfolgenvereinbarung und erzählte, abermals ohne mein Wissen, im Bekanntenkreis herum, wir würden uns einvernehmlich scheiden lassen.

Am Donnerstagabend teilte Franzel mir mit, dass er die Scheidung verlange und mir die Kinder überlassen werde, aber im Gegenzug das Haus behalten wolle.

Am Freitag arrangierte Franzel einen Notartermin, den wir gemeinsam wahrnahmen. Dort präsentierte er die von seinen juristischen Beratern ohne mein Wissen vorgefertigte, im Detail nicht mit mir abgestimmte Scheidungsfolgenvereinbarung. Der Notar trug mir die Details vor. Ich unterschrieb im irrigen Glauben, es handele sich nur um eine Vereinbarung für den eines fernen Tages eventuell eintretenden »Fall der Scheidung«. Dabei nahm ich an, Franzel wolle mich durch die Inbesitznahme des Hauses an sich binden und daran hindern, ihn wegen des Tänzers zu verlassen. Durch meine Unterschrift ging unser gemeinsames Familieneigentum in Franzels alleinigen Besitz über.

Am nächsten Morgen, auf den Tag drei Wochen nach jenem Samstag in der Diskothek, bedrohte Franzel mich mit dem Messer, damit ich in meiner Todesangst überstürzt und ohne etwas Wesentliches mitzunehmen, das Haus verließ, das ich ihm am Tag zuvor bedingungslos überschrieben hatte. Ihm war bekannt, dass ich zu diesem Zeitpunkt keine eigene Wohnung, geschweige denn eigenes Geld und auch keine Arbeit hatte, und folglich obdachlos sowie mittellos war und mit meinen Kindern in größte Not geraten musste. Diese Not war ihm zu diesem Zeitpunkt bereits gleichgültig, da er mir laut Scheidungsvereinbarung nicht helfen musste.

Noch an diesem Samstag, unmittelbar nach der Messerattacke, nahm mein Vater meine Kinder und mich zu sich. Franzel blieb als alleiniger Hausbewohner und Hausbesitzer in unserem Anwesen zurück.

Am folgenden Montag veranlasste mich mein Vater, erstmals einen Rechtsanwalt aufzusuchen, um mich juristisch über die Scheidungsfolgenvereinbarung und eine Widerrufsmöglichkeit beraten zu lassen. Ich erfuhr, dass ich keine Chance hatte, dagegen vorzugehen.

Diese Liste der Ereignisse zeigte, dass Franzel mich binnen drei Wochen dazu brachte, ihm einen Scheidungsgrund zu liefern, ihm meinen kompletten Anteil an unserem gemeinsamen Familienbesitz zu übertragen, sein Haus zu verlassen und arm wie eine Kirchenmaus mit meinen Kindern auf der Straße zu stehen.

Alles das hatte ich willenlos mit mir machen lassen, ohne dass mir auch nur einmal zu Bewusstsein gekommen wäre, dass auch ich das Recht hatte, mich dagegen zur Wehr zu setzen. Als Erklärung für diese Willenlosigkeit habe ich bis heute nur einen Satz: »Wer immer Schuld bekommt, glaubt am Ende, sie auch immer zu haben.«

Nach meiner Flucht vor Franzel wieder solo und zurück unter dem Dach meines Vaters zu sein, versetzte mich in die Position der bevormundeten und zum Gehorsam verpflichteten Tochter – es war ein Rückschritt. Als sei ich der väterlichen Kuratel nie entkommen, ordnete er an, was ich wann zu tun und zu lassen hatte, wann ich ihn wohin fahren oder abholen musste. Meine Kinder blieben dadurch ständig sich selbst überlassen oder wurden zu Bekannten abgeschoben, die stundenweise auf sie aufpassten.

Es brach mir das Herz, in ihre unglücklichen Gesichter zu blicken und mir ständig Selbstvorwürfe zu machen, dass ihr Kummer von mir verschuldet war. Durch mich hatten sie ihr schönes Zuhause, ihren Garten, ihre Freunde, hatten sie einfach alles verloren, sogar ihren Vater, der nicht mehr nach ihnen fragte, seit sie ihn mit mir zusammen verlassen hatten.

»Wir ziehen ja bald in unsere eigene Wohnung um«, versprach ich ihnen. »Nur zwei Wochen, dann ist sie fertig renoviert. Dann wird alles wieder gut.«

»Haben wir da auch ein eigenes Zimmer?«, fragte Birgit.

Ich nickte. »Wir holen eure Möbel und Spielsachen aus dem Haus. Dann habt ihr es wieder richtig schön.«

»Und du?« Sandras helle Augen sahen mich aufmerksam an. »Wo schläfst du?«

»Ich kaufe mir ein neues Schlafzimmer«, sagte ich. »Und eine neue Küche und ein neues Wohnzimmer.«

»Ist der Tänzer dann unser neuer Vati?«, wollte Sandra wissen.

Ich kam ins Schleudern. Was sollte ich antworten? Wollte ich, konnte ich den Kindern einen neuen Vater geben? »Nein«, schüttelte ich schließlich den Kopf und ahnte nicht, dass ich ihnen damit etwas zum Festhalten für den Tag mitgab, an dem ich selbst nicht mehr bei ihnen sein würde. »Euer Vati ist euer Vati. Und eure Mutti ist eure Mutti. Auch dann, wenn der Vati oder die Mutti mal weg ist. Man bleibt immer der Vati oder die Mutti.«

Zu meiner Überraschung schlang ausgerechnet Birgit, mein sonst so sprödes Kind, beide Arme um mich und rief: »Mutti, du darfst aber nie weggehen. Wir brauchen dich!«

Da saßen wir drei und hielten uns fest. Und ich dachte, nichts könnte uns trennen.

Entgegen der großen Hoffnung, in meiner eigenen Wohnung endlich mit den Kindern frei und glücklich zu sein, entpuppte sich das Leben als allein erziehende Mutter als Albtraum. Die Einsamkeit, das ständige Grübeln, entwurzelt und haltlos ohne Mann als den einen Menschen, der sich zu mir bekannte, mich führte, mir half, einfach bei mir war und zu mir gehörte – ich wurde fast wahnsinnig.

Dabei ging es mir, objektiv betrachtet, gut. Franzel hatte den ersten Teil der mir in der Scheidungsfolgenvereinbarung zugesicherten Abfindungssumme für Regel- und Sonderbedarf ausgezahlt. Das Geld hatte gerade so für Möbel und Elektrogeräte gereicht. Da ich wieder eine Arbeitsstelle hatte und nicht schlecht verdiente, war ich zuversichtlich, die Miete und den Lebensunterhalt für die Kinder und mich aufbringen zu können. Der von Franzel zu leistende Unterhalt für die Kinder würde ihren nötigsten Kleidungs- und Schulbedarf abdecken. Unsere Existenz schien zumindest so lange gesichert, wie ich gesund und arbeitsfähig war.

Was wäre, wenn ich einmal ausfiele, wagte ich kaum zu denken. Ich war von allen Menschen und guten Geistern verlassen, wie es schien. Wenngleich Franzel meinen Vater, die Kinder und mich mehrmals auf der Gartenterrasse seines nun allein bewohnten Hauses mit Kaffee und selbst gebackenem Kuchen bewirtet hatte, wusste ich, dass er sich nur oberflächlich für die Mädchen interessierte. Seine Einladungen sollten sichtbar nach außen bekunden, wie phantastisch er unsere Trennung abwickelte. Ich konnte die Nachbarn förmlich hören und sehen, wie sie tuschelten, was für ein vorbildlicher Mann und Vater und welch guter Mensch dieser Franzel doch sei. Und dass man selbst es kaum fertig gebracht hätte, die treulose Ex-Ehefrau zum Kaffee einzuladen, als sei nichts geschehen. Dieses Gerede, das war es, was Franzel brauchte. Darin sonnte er sich.

Dazu gehörte auch, dass er den Kindern die Kinderzimmereinrichtung aus ihrem einstigen Elternhaus überlassen hatte. Die Mädchen freuten sich, wieder in ihren eigenen Betten schlafen zu können und ihre Spielsachen neu zu entdecken. Und die Nachbarn konnten wieder denken, wie selbstlos dieser Franzel sei. Er war doch ein so begeisterter Vater gewesen. Und jetzt ließ er die Kinder mit der Mutter gehen und räumte ihnen das halbe Haus leer. Ach! Die Nachbarinnen schmolzen wieder einmal nur so dahin.

Natürlich war auch ich froh, dass er den Kindern die Möbel überlassen hatte. Sie waren ein Stück Zuhause. Niemand konnte das besser nachfühlen als ich. Und es gab ihnen wenigstens ein bisschen von ihrem gewohnten Lebensstandard wieder.

Dennoch spürte ich deutlich, dass sie jetzt erst, nach dem Umzug, die Tragweite der Trennung ihrer Eltern zu spüren begannen.

Ihre tiefe Verunsicherung und Bestürzung wurde mir erstmals an jenem Tag bewusst, an dem ich ihre Möbel, Spielsachen und Kleidung sowie meine persönlichen Habseligkeiten aus dem Haus abholen wollte. Als wir mit dem Wagen ankamen, fanden wir alles wie zur Sperrmüllabfuhr an den Straßenrand gestellt. Neben drei schmalen Perserteppichbrücken gehörten auch einige Küchenutensilien dazu, die ich in meiner Aussteuertruhe in die Ehe eingebracht hatte.

Wie bitter vermisste ich meinen eigenen Krimskrams, der auf dem Dachboden des Hauses untergebracht war. Die Spielsachen aus meiner Kinderzeit. Großmutters Möbel. Alles, was mir persönlich Heimat bedeutete, Erinnerung und Zugehörigkeit. Die Tränen stiegen in mir auf, als ich mir bewusst machte, dies alles verloren zu haben. Franzel würde mir keinesfalls gestatten, mein Eigentum selbst aus seinem Haus zu holen. Und er würde es mir niemals geben. Lieber würde er alles verbrennen oder auf dem Flohmarkt verkaufen. Diese Kleinigkeiten zu missen, bedeutete mir unendlich viel mehr als der Verlust des Hauses. Und ich wusste nur zu gut, dass Franzel das auch wusste und dieses Wissen genoss.

Als wir die Sachen der Mädchen von der Straße auflasen und einpackten, schoben nicht nur neugierige Nachbarn heimlich die Gardinen an den Fensterscheiben beiseite, um uns zu beobachten. Auch Franzel glaubte ich hinter der dichten Hecke neben dem Gartentor zu bemerken. Aber auf meinen Zuruf antwortete er nicht. Und hinein in den Garten wollte, nein, konnte ich nicht. Haus und Gartentor waren fest verschlossen. Die heruntergelassenen Rollläden signalisierten Abweisung. Die Botschaft war klar: »Du bist hier unerwünscht. Und was dir gehört, bestimme ich!«

Ich hatte große Angst, das Haus in Franzels Gegenwart nochmals zu betreten, nochmals den aus vielen Ehejahren vertrauten Geruch in mich aufzunehmen, nochmals mit ihm allein unter vier Augen zu sein. Aber eine Vergewaltigung hätte nicht erniedrigender sein können als diese auf die Straße geworfenen Überreste dessen, was mein Leben gewesen war. Es fiel mir schwer, die Tränen zu unterdrücken und nicht um mich zu schlagen.

In der schlafwandlerischen Trance eines ausgesetzten, verstoßenen Kindes erlebte ich das Sterben meiner Mutter, die uns knapp vier Wochen nach meiner Flucht vor Franzel für immer verließ. Die Jahre der Krankheit, in denen sie mehrfach auf der Schwelle des Todes stand, hatten uns die Möglichkeit eines bewussten Abschiednehmens geschenkt. Doch selbst als Gewebewasser sich in ihrem ganzen Körper einlagerte und meine Mutter in ein Koma fiel, aus dem sie völlig überraschend nochmals erwachte, rechnete sie nicht damit zu sterben, sodass auch wir, die wir um ihr Schicksal wussten, den Gedanken an ihr Sterben verdrängten.

Zwei Wochen im Koma gelegen zu haben, faszinierte sie, weil dies eine Nahtoderfahrung war und sie ihr Erwachen als eine Rückkehr aus dem Tod ins Leben empfand. Die Krankenschwestern und Ärzte mussten ihr bis ins Kleinste erzählen, was sie in dieser Zeit getan hatte. Verwundert nahm sie zur Kenntnis, dass sie sehr aggressiv gewesen sei. Immer wieder hatte sie die lebenserhaltenden Schläuche aus ihrem Körper gerissen und heftig um sich geschlagen, als ob sie sich gegen etwas zur Wehr setzen und nichts gefallen lassen wollte.

Meine Mutter machte sich in der Stille ihre Gedanken darüber. Ihren Schwestern, die sie häufig besuchten, vertraute sie an, ihr Leben grundlegend ändern zu wollen, wenn sie erst wieder aus dem Krankenhaus herauskomme. Der Auftakt dazu sollte ein großes Fest sein. Leider kam es nicht mehr dazu, denn zwei Tage später wurde sie von der Wasserlast in ihrem Körper erdrückt.

Ich hatte sie am Vorabend ihres Todes zum letzten Mal im Krankenhaus besucht. Unförmig aufgequollen sah sie mich aus den Kissen an, als sie meine Hand nahm und so eindringlich sprach, dass es mir wie ein Vermächtnis zum Abschied erschien: »Käthe, lass dich nicht so ausnutzen, wie ich ausgenutzt worden bin.«

Oft habe ich seither schon gegrübelt, wie sie diesen Satz wohl gemeint hat. Und für immer werde ich bedauern, sie nicht danach gefragt zu haben. Wie üblich nahm ich ihre Worte einfach hin und merkte erst später, dass sie in mir rumorten, bis die Gedanken und Fragen wie bei einem Vulkan aus meinem Innersten hervorbrachen.

Zunächst interpretierte ich diesen Satz nur rein äußerlich. Ich bezog ihn auf Franzels Geschwister. Da meine Mutter deren ständige Selbstbedienungsmentalität in meinem Haushalt oftmals beobachtet hatte, nahm ich an, sie warne mich vor einer weiteren Ausbeutung. Dies schien mir umso plausibler, als ich annahm, dass meine Mutter nichts von meiner Scheidung ahnte.

Ich hatte ihr nichts davon gesagt, wollte sie nicht damit belasten.

Erst Jahre später dämmerte mir, dass sie ihre Worte wohl viel tiefer gehend gemeint hatte. Sie hatte sich und mich verglichen. Und dieser Vergleich stimmte nicht, wenn es um Besitz ging. Diesbezüglich hatte meine Mutter sich nie ausnutzen lassen, denn außer Franzel gab es keinen, der es je versucht hatte. Und ihm hatten meine Eltern gemeinsam erfolgreich widerstanden.

Aber in ihren Gefühlen und in ihrem Frausein war meine Mutter ausgenutzt worden. Und zwar durch ihren Mann. Genau wie ich durch meinen Mann ausgenutzt wurde. Diese Erkenntnis muss ihr in den letzten Tagen ihres Lebens offenbar geworden sein. Und mit ihrem Abschiedssatz gab sie mir in der ihr eigenen verschlüsselten Weise ihren Segen zum Widerstand mit auf den Weg.

So glaube ich heute, dass meine Mutter wohl doch ahnte, dass es nicht zum Besten stand zwischen Franzel und mir. Mit Sicherheit war ihr aufgefallen, dass er sie nicht mehr am Krankenbett besuchte und meine Stimmung auf dem Nullpunkt angelangt war. Sie fragte nicht. Ich sagte nichts. Vielleicht dachte sie, sie habe noch Zeit, um mit mir zu reden.

Sie glaubte ja, dem Tod entkommen und gewissermaßen neugeboren zu sein. Sie war doch erst 57 Jahre alt.

Als sie mich verließ, blieben mir ihre letzten Worte gegenwärtig. Über den Tod hinaus hielt sie mit ihnen neben mir aus, bis ich mich endlich zu wehren begann. Das hat mir viel, unendlich viel bedeutet.

Zwei Tage nach dem Tod meiner Mutter hatte der Tänzer genug von all dem Trubel, der Trauer, dem Trübsinn, dem dunklen Treiben, das ihn an meiner Seite überrollte, und trennte sich von mir. Er hatte sich in eine andere verliebt und zog zu ihr an den Bodensee.

Wahrscheinlich ging er mit dem beruhigenden Eindruck seiner Wege, dass ich den Abschied völlig gelassen nahm und ihn ohnedies nicht geliebt hatte. So ganz falsch war das nicht einmal, denn tatsächlich nahm ich sein Geständnis in vollkommener Starre hin. Als sei ich schockgefrostet.

Heute denke ich: »War das ein Wunder? Von jetzt auf nachher die Ehe kaputt, das Haus weg, das Geld weg, die Mutter tot, der Freund weg – alles Schlag auf Schlag binnen weniger Wochen. Kann ein sensibler, verletzlicher Mensch das verkraften, ohne daran zu zerbrechen? Ich glaube nicht.«

Der Mann, für den ich alles aufgegeben hatte, ließ mich im Stich. Auch er. Ich fühlte mich wie eine einzige Wunde. Wie aufgezogen wickelte ich die Aufgaben des Alltags ab, brachte meine Kinder in den Kindergarten und zur Schule, chauffierte meinen Vater in der Gegend herum, kochte, besorgte die Wäsche und putzte seine Wohnung.

Hatte ich mir bei einer Arbeit wehgetan, musste ich lachen. Wollte ich schlafen, lag ich wach. Musste ich konzentriert bleiben, überfiel mich Müdigkeit. Unruhe trieb mich auf, sobald ich saß. Mit den Kindern Geduld zu haben, wenn sie laut spielten, lachten, durch die Wohnung tollten, ausgelassen waren, bedeutete einen seelischen Kraftakt, der oftmals misslang. Wenn ich schimpfend und zeternd ausrastete, bekam ich vor mir selbst Angst. Das bedrückte Umherschleichen der Kinder danach regte mich nicht weniger auf als ihre Lautstärke zuvor. Ich wollte nur noch weinen, doch die Tränen kamen nicht. Nichts war mehr an seinem Platz. Alles stand Kopf.

»Jetzt könntest du zu Franzel zurück«, durchblitzte mich manchmal ein Gedanke. Unmöglich, ihn zu Ende zu denken. Der Verstand hielt die Konzentration nicht, driftete ab. Als wenige Tage später die Nachricht von Franzels offiziell eingereichtem Scheidungsantrag bei mir einging, war mir, als treibe ich auf einer schmelzenden Eisscholle im Eismeer.

Typisch für die Wirren dieser Zeit ist, dass ich keine Ausfertigung des Scheidungsantrags besitze und nur aus dem anderthalb Jahre später erstellten Gerichtsprotokoll zur richterlichen Vernehmung anlässlich der Scheidungsverhandlung weiß, dass Franzel zunächst eine Version der Antragsschrift eingereicht hatte, die »unter Verzicht auf den ursprünglichen Vortrag« verworfen und durch den Vorwurf der Ehezerrüttung als neuer Scheidungsgrund ersetzt wurde. Als Beweis dafür wurde unsere Trennungszeit angeführt.

Aus einem psychologischen Gutachten im Zusammenhang meines Umgangsrechtsverfahrens weiß ich jedoch, dass Franzel mir zunächst vorgeworfen hatte, »die Mutter habe sich einem anderen Manne zugewandt«.

Für mich stellt sich die Frage, warum er dies im endgültigen Scheidungsantrag nicht mehr vorbrachte. Ich bin überzeugt, er hatte Angst, ich würde nach der Vertreibung aus dem Haus die Scheidungsfolgenvereinbarung für ungültig erklären lassen und beweisen, dass meine eheliche Untreue auf sein eigenes Betreiben zurückging, mithin mit seinem Willen und Einverständnis geschah und deshalb kein von ihm vorgetragener Scheidungsgrund sein konnte. Mit einem solchen Beweis hätte ich die Ehescheidung erfolgreich verweigern oder zumindest für drei bis fünf Jahre hinauszögern können.

Das hätte Franzel insofern Schwierigkeiten bereitet, als ihm unser Haus laut Scheidungsfolgenvereinbarung zwar »mit sofortiger Wirkung« ab Beurkundung dieser Vereinbarung zustand, aber eben nur deshalb, weil es sich um eine Vereinbarung im Zusammenhang der Scheidung handelte. Wäre es nicht zur Scheidung gekommen, hätte ich die Übertragung des Hauses kippen können, da diese nur im Falle und als Folge einer Scheidung wirksam war.

Leider war ich in den Tagen, in denen Franzel mein ganzes bisheriges Leben einstürzen ließ, nicht in der Verfassung, meinen Verstand einzusetzen und um mein Recht zu kämpfen. Ich hätte leicht den Beweis für die Intrige antreten können, die Franzel gegen mich gesponnen hatte, um mich um meinen Besitzanteil an unserem ehelichen Vermögen zu betrügen.

Schon die Tatsache, dass Franzel mit dem Messer tätlich gegen mich vorgegangen war und mich auf diese Weise – mitsamt unseren Kindern – nur einen Tag, nachdem ich ihm meinen Vermögensanteil an unserem Haus überschrieben hatte, gewaltsam obdachlos gemacht hatte, hätte mit Sicherheit bei Gericht gegen ihn gesprochen. Und diesen Gewaltakt konnten unsere Kinder sowie Nachbarn und mein Vater bezeugen – sie alle hatten meine Panik und Flucht miterlebt. Hätte ich Franzel wegen der Androhung von körperlicher Gewalt und der damit verbundenen Nötigung, sein Haus zu verlassen, angezeigt, wäre die gesamte Intrige schnell aufgeflogen.

Tatsache ist auch, dass ich damals ohne Franzels Gewaltakt keinesfalls leicht und schon gar nicht mit sofortiger Wirkung aus dem Haus zu vertreiben gewesen wäre, da meine Auszugspflicht in unserer Scheidungsfolgenvereinbarung nicht ausdrücklich und im Detail geregelt worden war. Wir hatten lediglich unterschrieben, dass ihm »ab sofort die Nutzung« des Hauses zustehe. Mit keiner Silbe war erwähnt, dass und wann oder ob ich ausziehen müsse. Die Nutzung an sich entsprach also weder einer sofortigen Auszugspflicht noch einer Auszugsgarantie meinerseits. Es wäre zum Beispiel auch eine Vermietung an mich denkbar gewesen.

Letztlich war dies der wahre Grund, weshalb Franzel mich nur einen einzigen Tag nach der unwiderruflichen Scheidungsfolgenvereinbarung mit dem Messer bedrohte und mir eine solche Todesangst einjagte, dass ich das Haus mitsamt den Kindern auf der Stelle freiwillig verließ und keine Stunde länger unter einem Dach mit ihm wohnen wollte.

Damals hatte ich die Kraft nicht aufgebracht, diese Zusammenhänge zu erkennen und zu nutzen. Ich hatte nicht einmal Energie genug, Franzels Scheidungsbegehren umgehend zu bestätigen, sondern ließ mehrere Monate verstreichen.

Anderthalb Jahre nach meiner Vertreibung aus dem Haus, musste Franzel jedoch größere Bedenken gehabt haben, mir Ehebruch als Scheidungsgrund vorzuwerfen. Er wusste, dass ich ein sehr starkes Gerechtigkeitsempfinden habe. Ebenso war ihm klar, dass ich schon immer alles daran gesetzt habe, mich zu rechtfertigen und meine Unschuld zu beweisen, wenn ich fälschlich beschuldigt wurde. Wäre er bei seinem Vorwurf des Ehebruchs geblieben, hätte ich mich unweigerlich und mit aller Kraft bei Gericht verteidigt.

Das aber wäre ein geradezu unkalkulierbares Risiko gewesen, denn niemand konnte ausschließen, dass der Richter mir aufmerksam zuhören und wider Erwarten glauben würde. Immerhin war ich mittlerweile mehrfach in psychologischer Behandlung gewesen. Auch wenn Franzel mich in dieser

Zeit ständig im Visier behalten hatte und über alles, was ich tat, im Bilde war, konnte er nicht sicher sein, mich völlig schachmatt gesetzt zu haben. Er hatte mich bereits einmal unterschätzt und nicht damit gerechnet, dass ich ihm Widerstand leistete. Das konnte sich wiederholen.

Die Folgen waren nicht auszudenken, hätte ein psychologischer Gutachter entgegen aller Vorausberechnung und ohne Franzels Wissen dem verantwortlichen Richter gegenüber meine Glaubwürdigkeit bestätigt und mir gemeinsam mit einem fähigen Rechtsanwalt geholfen, Strafantrag mit Schadenersatzforderung gegen Franzel einzureichen und die Scheidungsfolgenvereinbarung nachträglich zu annullieren.

In diesem Zusammenhang wären nicht nur seine üblen Machenschaften, sondern womöglich auch die juristischen Berater aufgeflogen, die das notarielle Enteignungsschreiben zu meinem Nachteil ausgetüftelt und aufgesetzt hatten. Ganz sicher aber wären Franzels Sexleben in einschlägigen Swingerclubs und mit ihm die Hintermänner beleuchtet worden, die ihn seit Jahren mit Pornofilmen für seine Sexpartys eindeckten.

Selbst wenn dabei immer alles legal zugegangen sein sollte, wäre es für Franzel wohl unangenehm bis geschäftsschädigend gewesen, hätte sich sein abscheuliches Intimleben bei seiner Kundschaft herumgesprochen. Da ich während unserer Ehe oftmals für die Zeitung geschrieben hatte, durfte Franzel mir zutrauen, meine Kontakte zu nutzen und für Presseberichte zu sorgen, die in seinem unmittelbaren Lebensumfeld aufmerksam gelesen worden wären. Das hätte ihn weit mehr gekostet als Geld.

Für einen psychologischen Fachmann wäre es nicht schwer zu erkennen gewesen, dass Franzel mich wegen seiner Neigung zum Gruppensex und Partnertausch nicht nur zum Seitensprung getrieben, sondern überdies meine Schuldgefühle ausgenutzt und mich zur Unterzeichnung der ihn begünstigenden Scheidungsfolgenvereinbarung genötigt hatte. Ein Jurist wiederum hätte problemlos nachvollzogen, dass er dies alles arrangiert hatte, um mich ohne Unterhaltsanspruch loszuwerden und sich selbst zum alleinigen Besitzer unseres gemeinsamen Familienbesitzes aufzuschwingen. Mehr noch, dass er mir überdies kurz nach der Trennung, entgegen unserer Scheidungsfolgenvereinbarung, durch einen weiteren furchtbaren Trick auch die Kinder entrissen hatte. Einzig und allein, um ihnen selbst keinen Unterhalt zahlen zu müssen, sondern mich zur Unterhaltszahlung zu verpflichten und zudem Anspruch auf allerlei öffentliche Geldmittel zur Kinderbetreuung und Hausfinanzierung erheben zu können, die ihm ohne die Kinder nicht zustanden. Und um mich – zu seinem persönlichen Schutz – auf die grausamste Weise in den Wahnsinn zu treiben und somit unglaubwürdig zu machen.

Das alles durfte niemals ans Tageslicht kommen. Selbst das geringste Risiko eines solchen Skandals musste vermieden werden. Also beschloss man, mein leicht reizbares Gerechtigkeitsgefühl ruhig zu stellen und mir keine Angriffsfläche zu bieten. Dies geschah, indem Franzel seinen ursprünglichen Vortrag des Scheidungsbegehrens verwarf und sich darauf zurückzog, die Ehe sei nur wegen unserer Trennungszeit »endgültig gescheitert«. Dagegen konnte ich keine Einwände erheben, da wir ja in der Tat so lange getrennt gelebt hatten. Also schwieg ich. Und wie immer war mein Schweigen Franzels Stärke.

KAPITEL 5

Schuld

In meiner Einsamkeit besuchte ich eines Abends einen so genannten »Single-Treff«, wo ich eine nette Frau meines Alters kennen lernte, mit der ich spontan ins Gespräch kam. Gern ließ ich mich auf ihren Vorschlag ein, gemeinsam zum Tanz ins »Libelle« zu gehen, ein nettes kleines Lokal, in dem Livemusik geboten wurde.

Das Datum dieses Samstags ist mir unvergesslich. Es war fast auf den Tag genau vier Wochen nach dem Tod meiner Mutter. Wie oft habe ich mir seitdem gewünscht, doch besser zu Hause geblieben zu sein, keinen Fuß über die Schwelle gesetzt, nie einen einzigen Blick in die Runde geworfen und Jean niemals gesehen zu haben. Er saß dort an der Bar und sah mich an, als habe er nur auf mich gewartet, und seine Augen sagten mir: »Du bist die Eine.«

Eigentlich war er nicht mein Typ. Ich stand auf groß gewachsene, schlanke Männer mit schwarzen Locken und Bart. Jean war nicht viel größer als ich, also eher klein. Aber seine schwarzen Haare, der gepflegte Vollbart, die breiten, muskulösen Schultern und die laszive Gelassenheit seiner Bewegungen imponierten mir. Er konnte phantastisch tanzen, war ausgesprochen elegant gekleidet und strahlte eine faszinierende, furchtlose Ruhe aus, in die ich mich augenblicklich verliebte.

Als er mir auch noch seinen ganz persönlichen Traum vom ewigen Glück zwischen Mann und Frau schilderte, glaubte ich, endlich dem Mann meines Lebens begegnet zu sein. Genau wie ich sah er die Liebe zwischen Mann und Frau als das Schönste und Erhabenste an. Nichts könne so wichtig sein wie diese Liebe zwischen zwei Menschen, die füreinander bestimmt seien, schwärmte er. Eine solche Liebe sei der Mittelpunkt des Universums. Selbst Kinder müssten hinter der Liebe ihrer Eltern zurückstehen und könnten für eine Mutter nicht so viel bedeuten wie der Mann.

Jedes dieser Worte weckte ein Echo in meinem Herzen. Meine Angst vor dem Alleinsein und dem Verlassenwerden, mein Gefühl, ohne die Liebe eines Mannes ein Nichts zu sein, meine Bereitschaft zur völligen Selbstaufgabe für einen geliebten Mann, sogar meine heimliche Sorge, als allein erziehende Mutter unvermeidlich versagen zu müssen, eben weil kein starker, führender Mann und Vater neben mir stand – alles, alles schien endlich Sinn zu bekommen. Selbst die Trennung von Franzel wurde mir plötzlich zur Fügung des Himmels, damit ich für Jean frei war. Wenn er mich ansah, fühlte ich mich auserwählt. Wenn er mich berührte, waren wir die erste Frau und der erste Mann. Und wenn ich den Kopf an seine Schulter legte, fühlte ich mich endlich angekommen.

Bis zu dem Tag, an dem der Tänzer kam.

Es war ein völlig harmloser, nett und unverbindlich gemeinter Besuch. Als es klingelte, stand der Tänzer überraschend vor der Tür und ich öffnete. Mit demselben Charme wie früher lächelte er mich an, doch der Zauber seines Lächelns war für mich verschwunden. Ich liebte ihn nicht mehr. Was wollte er also noch?

»Hey«, grüßte er. »Hallo, wie geht's?«

»Danke, ganz gut«, gab ich steif zurück.

Unschlüssig blieb er vor der Wohnungstür stehen. Nur ein wenig reden wollte er, mir Guten Tag sagen, da er gerade mal wieder in der Gegend sei. Er hatte sich gefragt, wie es mir wohl ging. Ob ich mit all dem, was passiert war, gut fertig geworden war.

Ich antwortete höflich, aber kühl. Ich bin nicht der Mensch, der abgelegte Liebhaber als gute Freunde behalten will.

Obwohl ich merkte, dass er nicht Nein gesagt hätte, bat ich den Tänzer nicht auf eine Tasse Kaffee in die Wohnung. Normalerweise hätte ich ihn selbstverständlich eingeladen. Das schickte sich so. So war ich erzogen worden. Doch Jean war im Bad. Er konnte jeden Augenblick herauskommen. Wie peinlich, wenn er, nur mit einem Badetuch oder gar unbekleidet, plötzlich einem wildfremden Gast gegenübergestanden wäre. Eine solche Situation wollte ich vermeiden. Lieber fertigte ich den unwillkommenen Tänzer möglichst rasch vor der Wohnungstür ab.

Als ich die Tür schloss und mich umdrehte, stand Jean vor mir. Sein Gesicht war bleich vor Wut und Eifersucht. »Wer war das? Warum hast du ihn nicht hereingelassen? Du hast doch was mit dem Kerl. Wenn da nichts wäre, hättest du ihn auf einen Kaffee hereinbitten können. Was will er von dir? Was hast du vor mir zu verbergen?« Die Fragen prasselten nur so auf mich nieder.

Augenblicklich riefen sie die alten, wohl bekannten Schuldgefühle in mir wach. Es stimmte ja, ich hatte eine Beziehung zu diesem Mann gehabt. Aber das war vorbei. Es war dumm von mir, mich so albern angestellt und ihn nicht hereingebeten zu haben. Jean hatte Recht. Ich hatte mich unmöglich benommen. Aber ich konnte es ihm erklären.

Wie immer, wenn ich zu Unrecht angegriffen werde, habe ich mich auch an diesem Tag viel zu viel aufgeregt und übernervös verteidigt, obwohl es gar nichts zu verteidigen gab, und habe Jeans Eifersucht und Misstrauen dadurch bestärkt. Irgendwann riss er einfach die Wohnungstür auf, rannte davon und verschwand.

Ich drehte fast durch.

Als Jean abends anrief, um mir zu sagen, wo er sei und dass ich ihn abholen solle, war ich dankbar, überglücklich und zu Tränen gerührt und zögerte keine Sekunde. Jean hatte getrunken. Genug, um die Fahrerlaubnis zu verlieren, wenn die Polizei ihn erwischte. Fernfahrer von Beruf, riskierte er nichts und fuhr nie, wenn er nicht nüchtern war.

Ich verabscheue Betrunkene. Sie widern mich an. Und sie machen mir Angst. »Bauchgefühle«, hatte der Tänzer das einmal genannt. »Auf die solltest du besser achten.«

Doch Jean gegenüber spielte bei mir jedes Gefühl verrückt. Als sei er der Magnet, der meine innere Kompassnadel vom Kurs abbrachte.

Während ich meine Handtasche suchte und nach den Schlüsseln griff, dachte ich flüchtig an die Kinder, die ich mitten in der Nacht allein lassen musste. Sie würden Angst bekommen, wenn sie aufwachten und ich nicht da wäre. Ich selbst als Kind und mein schrecklicher Kindheitsalbtraum vom Alleinsein schossen mir durch den Kopf. Doch das aufkeimende schlechte Gewissen ließ sich schnell beschwichtigen. Meine Eltern waren auch ohne mich ausgegangen. Es war nie etwas passiert. Außerdem waren meine Kinder nie wirklich allein. Sie waren zu zweit, hatten sich gegenseitig.

Im Vorbeihasten warf ich einen kurzen Blick ins Kinderzimmer. Die Mädchen schliefen. Wie so oft lagen sie zusammen in einem Bett. Zwei blonde Lockenköpfchen, die Gesichter rosig vom Schlaf überhaucht, die Arme ineinander verschlungen. Aus Erfahrung wusste ich, dass sie nicht vor dem morgendlichen Weckerklingeln aufwachen würden. Sie würden gar nicht merken, dass ich fort war.

Im tiefsten Herzen wusste ich, wie unverantwortlich es war, die Kinder sich selbst zu überlassen und ihnen nicht einmal einen Zettel mit einer Nachricht zu hinterlegen, damit sie wussten, warum ich fort war und dass ich bald wiederkommen würde. Wir waren gerade erst umgezogen. Die Nachbarn ringsum kannten uns noch kaum. Wenn die Kinder mitten in der Nacht wach geworden wären und Angst bekommen hätten, wäre niemand für sie da gewesen. Nicht zu vergessen, dass ich im Zorn schon oft gedroht hatte, einfach abzuhauen und für immer zu verschwinden.

Doch die Angst, Jean zu verlieren, zog an mir wie der lebhafte Hund an der Leine. Als stünde Jean leibhaftig neben mir, glaubte ich seine Stimme an meinem Ohr zu hören: »Die Liebe zwischen Mann und Frau ist etwas Heiliges. Die Liebe zwischen Mann und Frau kommt immer zuerst. Kinder entstehen erst nach der Liebe zwischen Mann und Frau. Deshalb kommt für eine richtige Frau der Mann immer zuerst. Eine richtige Frau tut alles für den Mann, den sie liebt.«

Er könnte mir niemals verzeihen, wenn ich ihn wegen der Kinder vernachlässigen würde. Und ich wollte diesen Mann, der wie kein anderer zu mir zu passen schien, nicht aufgeben.

Als ich die Wohnungstür hinter mir ins Schloss zog, mündete mein einziges Problem in der Frage, wie ich zu Jean eilen sollte. Doch der Zufall kam mir zu Hilfe. Als ich noch nach einer Straßenbahnverbindung suchte, fuhren Bekannte von früher an mir vorbei und hielten mit großem »Hallo!« Sie nahmen mich mit, als ich ihnen erzählte, warum ich zu nachtschlafender Zeit allein unterwegs war. Der kleine Umweg über meinen Treffpunkt mit Jean machte ihnen nichts aus.

Die Bar *La Blanche Neige*, in der Jeans Schwester Blanche und ihre Damen den Gästen französische Spezialitäten aller

Arten anboten, lag nicht direkt im Zentrum des Rotlichtmilieus unserer Stadt, das Franzel so liebte, aber auch nicht allzu weit davon entfernt. Ich kannte die Bar, weil Franzel hier ebenso verkehrte wie Jean. Vermutlich gaben sie sich sogar mit denselben Animierdamen an der Bar und den toupierten Bordsteinschwalben ab, die in Overkneestiefeln und mini Miniröcken ihre Reize feilboten. Wenn eine darunter war, die aus einer langen Zigarettenspitze laszive Rauchseufzer aufsteigen ließ, galoppierte Franzels Puls.

Ob allein oder mit Geschäftskunden, *La Blanche Neige* war ihm während unserer Ehe immer einen Versuch wert gewesen, auf seine Kosten zu kommen. Und nicht selten hatte ich auch von ihm einen nächtlichen Anruf erhalten, ich solle ihn dort abholen, da ihn seine Vorliebe für »spitze Gläser und coole Drinks« mal wieder »strichuntauglich« gemacht hatte. Wer Franzel kannte, wusste, dass er damit nicht nur auf eine Prozedur zur Feststellung der Fahrtauglichkeit anspielte.

Nun also sollte ich im *La Blanche Neige* Jean abholen. Meine Mutter hatte wohl Recht, als sie mir sagte, dass die Männer in diesem Punkt alle gleich seien.

Jean erwartete mich schon, als ich von der Straßenkreuzung, an der mich die Bekannten abgesetzt hatten, auf die Bar zueilte. Sein erster Schlag fegte meine zur Umarmung ausgebreiteten Arme beiseite. Weitere Faustschläge und Ohrfeigen ließen mich torkeln. Ich spürte, wie die Haut zwischen den Haaren am Hinterkopf riss und Blut herausschoss. Ich hörte mich schreien, als sei es eine fremde Person. Kurz darauf verebbte das Schreien zum Stöhnen, weil die Lippen aufgeplatzt und die Zunge durchbissen waren.

Ich bestand nur noch aus Entsetzen, Angst und Schmerz und schwarzer Gedankenleere.

Die Arme schützend über dem Kopf, die Beine vor den Leib gezogen, lag ich irgendwann wimmernd am Boden.

Und dennoch war ich nicht wütend auf den Mann, dessen Hand mich schlug, denn Schläge von einem Mann, den ich liebte, kannte ich. Mein Vater hatte es mir beigebracht: »Wer liebt, der züchtigt.« Oder im Umkehrschluss: Wer nicht schlägt, der liebt nicht.

»Jean liebt mich«, dachte ich, während er mich schlug. Und ich dachte es noch, als die Schläge aufhörten und ich versuchte, ihn aus meinen verquollenen Augen anzuschauen und mit meinem blutigen Mund anzulächeln.

»Verzeih mir, dass ich mich vorhin so blöd verhalten habe!«, flüsterte ich, jeder Buchstabe ein Schmerz. »Ich liebe dich. Nur dich.«

Jean starrte auf mich herunter. Seine Brust hob und senkte sich heftig von der Anstrengung der Schläge. Gedankenlos rieb er mit der Linken die Knöchel der rechten Faust. Ich lag atemlos vor Angst und Hoffnung, dass er mir meine Schuld vergeben werde, ihn durch den dummen Vorfall mit dem Tänzer zur Eifersucht gereizt und zu Schlägen als Beweis seiner Liebe provoziert zu haben. Zitternd griff ich nach der Hand, die er mir endlich wie in Zeitlupe reichte, damit ich aufstehen konnte.

Schmutzig, zerschlagen, blutig ließ ich mich von ihm in den Arm nehmen und empfand nur Dankbarkeit für seine Liebe – darüber, wie ein Mantel, lag das Brennen meiner eigenen Reue.

Etwas in mir zersprang in dieser Nacht. Irgendetwas in meiner Seele. Es bewirkte, dass tief in meinem Innersten aus mir, einer erwachsenen Frau und Mutter, wieder ein unmündiges, vollkommen unselbstständiges, abhängiges, für ein bisschen Liebe zu allem bereites Kind wurde. Ein Kind im Körper einer Frau, das verinnerlicht hatte, von dem Mann, den es zärtlich liebte, jederzeit verprügelt und erniedrigt werden zu dürfen, da all diese Gewalt nur Ausdruck seiner Liebe war.

Jean wurde für dieses Kind in mir zum Übervater und somit zum Erzieher, Vormund, Entscheidungsträger, zur alles bestimmenden Instanz. Ich unterwarf mich Jean, wie ich mich meinem leiblichen Vater gegenüber unterworfen hatte – als Kind, das kein Recht hatte, zu fragen oder zu widersprechen, und deshalb nicht lernte, Befehle und diktierte Entscheidungen in Zweifel zu ziehen, sondern unreflektiert hinnahm, was geboten war. Und genau wie ich als Kind der geistigen Enge und dem Zwang zur totalen Angepasstheit meines Elternhauses zu entfliehen träumte, so sehnte ich mich schon nach der ersten Prügelstrafe danach, auch Jeans erdrückender Übermacht entfliehen zu können. Aber in meinem Innersten war ich ein vor Angst halb wahnsinniges Kind, das kein Zuhause mehr hatte, das sich verstoßen, verlassen und mutterlos an den einzigen Menschen klammerte, der mich zu lieben schien und haben wollte – und das war Jean.

Ohne es zu wissen oder auch nur zu ahnen, waren die Schläge dieser Nacht für mich der sprichwörtliche letzte Tropfen, der das Fass meiner Widerstandskraft zum Überlaufen brachte und mich seelisch schwer krank machte.

Ich hatte alles in dieses Fass hineingestopft: mein lebenslanges Leid über die distanzierte Liebe meiner Eltern; meine seit dem siebzehnten Lebensjahr anhaltende Scham und Verzweiflung über die ständige Erniedrigung durch Franzels perverse Unersättlichkeit; meine ständige Beschämung, seinen sexuellen Ansprüchen nicht genügen zu können und in seinen Augen verklemmt zu sein; meine Angst, er werde mich eines Tages gegen meinen Willen zu Gruppensex und

Partnertausch zwingen; meine undefinierbare Angst, er werde unseren Töchtern etwas antun; meine massiven Schuldgefühle, mich, entgegen meinen eigenen Prinzipien, mit einem anderen Mann eingelassen und einen Seitensprung begangen zu haben; meine Schuldgefühle und Ohnmacht, für diesen von Franzel gewollten Seitensprung sowohl die Scheidung als auch den Verlust meines Besitzes und meines öffentlichen Ansehens hinnehmen zu müssen; mein Entsetzen und die als zutiefst entwürdigend empfundene Blamage, von Franzel mit dem Messer aus dem Haus gejagt worden zu sein, weil ich ihn betrogen hatte; meine Trauer über den Tod meiner Mutter; meine Angst, meinen Kindern als allein erziehende Mutter nicht gerecht werden zu können; meine Verzweiflung, mein ganzes Leben lang nie wirklich geliebt, sondern immer nur benutzt worden zu sein – und nun die brutalen Schläge des Mannes, in dem ich den einen einzigen, mir vom Schicksal vorbestimmten Menschen gefunden zu haben schien, der mich endlich, endlich verstand und annahm und von ganzem Herzen liebte.

Das mir von Kindesbeinen an eingebläute »Fass dich an die eigene Nase!« – »Kehr vor deiner eigenen Haustür!« – »Eigenlob stinkt!« – »Liebe deinen Nächsten, nicht dich selbst!« machte mich unfähig, hinter Jeans attraktiv-gepflegtem Äußeren den gewalttätigen Charakter zu erkennen. Ich hatte nur gelernt, mich selbst als die stets allein verantwortliche Fehlerquelle wahrzunehmen, die all das bereits erlittene Leid, all die Schuld, die Scham und Erniedrigung, all die damit verbundenen Folgen verursacht und verdient hatte.

Jean hatte mir mit seinen verklärten Schilderungen vom Wunder der unauflöslichen Einswerdung des einen Mannes mit der einen Frau in der ihnen vorbestimmten Liebe die schöne Illusion vermittelt, dass alle meine vorherigen Erfahrungen Ergebnis der falschen Liebe waren. Bei ihm schien ich endlich für immer geborgen und am Ziel meiner Bestimmung angelangt zu sein.

Dass auch Jean in dieser Nacht vor *La Blanche Neige* mir nicht zärtlich begegnen konnte, wie ich es so gern gehabt hätte, sondern mich – wie ich glaubte – aus Liebe schlug, zerstörte in mir den letzten Rest der für eine gesunde Seele unverzichtbaren tiefen Gewissheit, die Liebe, die ich ersehnte, wert zu sein.

Jeder Schlag hämmerte mir meine Wertlosigkeit ein, bis meine Seele zersprang und ich mich selbst aufgab, um als willenloser Schatten meiner selbst, wieder unselbstständig wie ein Kind, im Körper einer Frau zu überleben.

Dieses Kind in mir verstand aus der im Elternhaus erlittenen Gewalterfahrung heraus, warum Jean brutal ausgerastet war: Er hatte doch nur die Beherrschung verloren und rotgesehen, weil er mich liebte. Die Liebe zu mir und die Angst, ich hätte den Tänzer noch nicht vergessen, hatten ihn zur Verzweiflung getrieben. Jeans Gewalt gegen mich war meine eigene Schuld.

Seine Wut zeigte mir, dass ich die Sache mit dem Tänzer falsch gemacht hatte. Ich hatte es vermasselt und sah das auch ein. Und es tat mir Leid. Der Gedanke, ich könnte ihm untreu werden und ihn verlassen, machte Jean verrückt. Verrückt vor Liebe. Weil er mich für sich allein wollte. Nur er und ich. So hatte er es doch immer und immer wieder beschworen. Kein Faden Zahnseide dazwischen, so nah sollten wir uns sein.

So absurd mir diese Gedanken heute erscheinen, so selbstverständlich waren sie damals für mich. Mir war klar, dass ich mich über zehn Ehejahre lang jeden Tag und jede Nacht vergeblich nach dieser besonderen, einmaligen Liebe zwischen Franzel und mir gesehnt hatte, die nicht teilen und auch nicht zuschauen will, sondern zwei Menschen ganz allein gehört. Und ich machte mir Vorwürfe, dass ich mich jetzt, da mir dieses Wunder der Liebe endlich durch Jean geschenkt worden war, als unwürdig erwies. Wie konnte ich es nur so weit kommen lassen, fragte ich mich, dass ich diese phantastische Liebe gefährdete und einen so wunderbaren Mann wie Jean verletzte? Was war bloß in mich gefahren, dass ich diesen Wahnsinnsfehler begangen und den Tänzer an der Tür abgefertigt hatte, anstatt ihn in aller Offenheit mit Jean bekannt zu machen? Reumütig versetzte ich mich in Jeans Lage, wie mir denn zu Mute gewesen wäre, wenn er mit einer ehemaligen Geliebten an der Wohnungstür gemauschelt hätte.

Durch seine Brille betrachtet, musste ich seine Wut und seine Brutalität nicht nur verstehen, sondern als Zeichen seiner eifersüchtigen Liebe begreifen und darüber glücklich sein, dass er so für mich empfand und schon bei der bloßen Vorstellung, ich könnte ihn betrügen, völlig den Verstand verlor.

Heute sehe ich das anders. Aber damals konnte ich nicht mehr anders denken und nicht mehr anders sehen als Jean. Ich kam nicht einmal auf die Idee, dass ich eventuell falsch liegen könnte und er im Unrecht wäre. Ich litt unter den körperlichen Schmerzen der Schläge. Aber ich glaubte, dass er durch meine Schuld noch größere Schmerzen litt als ich. Dafür, so empfand ich, hatte ich die Schläge verdient.

Im Volksmund heißt es oft, es sei jemandem die Seele aus dem Leib geprügelt worden. Genau das war an jenem Abend vor dem *La Blanche Neige* mit mir geschehen. Nur habe ich es damals leider nicht registriert.

Ich kam erst wieder zu mir, als mich der Selbsterhaltungstrieb in einer letzten Anstrengung endgültig vor Jean flüchten ließ und ich Hilfe in einer psychiatrischen Klinik fand. Doch bis dahin war es von jenem Abend, an dem ich die ersten Schläge von Jean über mich ergehen lassen musste, noch ein weiter Weg.

Mein dichtes Haar verdeckte die Platzwunden am Hinterkopf, eine Sonnenbrille und Schminke die Blessuren im Gesicht, langärmlige Kleidungsstücke die blauen Flecken. Natürlich fiel mein geschundenes Aussehen trotzdem auf.

Mein Vater stellte Fragen. Arbeitskolleginnen sahen mich an, wissend die einen, spöttisch, mitleidig, zweifelnd die anderen. Wohnungsnachbarn, mit denen ich Wand an Wand lebte, machten sich ihren Reim auf die eindeutigen Geräusche und Schreie, die sie immer wieder unfreiwillig mit anhörten. Mitleidig betrachteten sie meine Kinder, misstrauisch und verächtlich mich. »Was bist du für eine Mutter?«, las ich den Vorwurf in ihren Augen.

Oft mussten dann die Ausreden aller geprügelten Frauen der Welt herhalten. Die vom Treppensturz, vom Stolperstein, vom Fahrradunfall sowie andere ähnlich harmlose Erklärungen für blutige Verletzungen, die Männerfäuste und Fußtritte hinterlassen.

Da Jean an seinen freien Tagen wie selbstverständlich bei mir wohnte, wurden meine Kinder mehrfach Zeugen seiner Gewalt. Nicht immer waren sie unmittelbar dabei. Häufig lagen sie bereits im Bett oder rannten in ihr Zimmer, wenn die ersten Schläge fielen und sperrten die Tür hinter sich zu. Manchmal gab es kein Ausweichen, dann pressten sie die Hände vor die Augen und über die Ohren und weinten und schrien mit mir. Selbst im Schutz ihres Zimmers wussten sie, was mir geschah. Schluchzend hielten sie einander umklammert und zitterten vor Angst wie Espenlaub.

Was die Leute oder mein Vater über mich und meine Beziehung zu Jean sagten und dachten, war mir zwar nie egal.

Es ließ sich jedoch leichter wegdrücken als mein furchtbar schlechtes Gewissen gegenüber meinen Kindern. Kinder sollten in geordneten Verhältnissen aufwachsen. Sie sollten anständige, ehrenhafte Eltern haben, die ihnen ein ordentliches und liebevolles Beispiel geben und sie gut erziehen. Kinder sollten ein schönes Leben, eine frohe Kindheit haben. Das wusste ich. Diese Maxime war unauslöschlich in mir verankert. Familien, in denen Männer ihre Frauen schlagen, hatte ich immer als asozial eingestuft. Jetzt gehörte ich dazu. Ein wahrhaft unerträglicher Gedanke, eine ständig gegenwärtige Schuld.

Schlimm waren die Fragen der Kinder. »Warum schlägt er dich, Mama?« – »Warum gehen wir nicht von dem weg, Mama?« – »Mama, ich will nicht, dass er das mit dir macht!« – »Mama, schlägt er mich auch?«

Am liebsten hätte ich den Kopf in den Sand gesteckt. Die Versuchung war groß, derartige Fragen gar nicht erst zuzulassen. Aber die großen blauen Kinderaugen sahen mich an. Liebe stand darin und diese Angst, die ich nur zu gut kannte. Ich musste antworten. Also versuchte ich es.

»Er meint es nicht so«, sagte ich. »Er will nur nicht, dass ich von ihm weggehe.«

Die Mädchen saßen rechts und links von mir, jede einen Arm um meinen Hals geschlungen, jede ein Bein über eine der Sessellehnen gelegt. »Willst du denn weg?«, fragte Birgit.

Ich schüttelte den Kopf. »Ich will nicht von ihm weg. Das versteht ihr jetzt nicht. Dazu seid ihr noch zu klein. Aber wenn ihr groß seid und euch verliebt, dann wisst ihr es.«

»Mhm-Mhm«, schüttelte Sandra den Kopf, die wohl an ihre Spielkameraden dachte. »Ich verlieb mich nicht. Jungs sind blöd.«

»Wird er uns auch schlagen?«, fragte Birgit.

Die Frage ging mir durch und durch. Wie das Anklopfen in einem Telefonhörer, während man mit einem anderen Gespräch beschäftigt ist, hatte sich der Gedanke immer wieder einmal unverhofft bei mir gemeldet. Ich hatte ihn nie zugelassen. Jetzt stand er im Raum. Es hielt mich nicht mehr zwischen den Mädchen im Sessel. Ich musste aufspringen, mich bewegen, musste dem inneren Strom freie Bahn schaffen, um ungehindert durch meine Nervenstränge zu rasen, ehe es einen Kurzschluss gab.

Vor meinem inneren Auge sah ich Jean vor mir. Er schnippte mit den Fingern oder pfiff, mit einem Wink des Kopfes in Richtung Kinderzimmer, damit sie verschwanden. Die Mädchen waren ihm lästig. Sie störten ihn. Aber er würde sie nicht schlagen. Jean prügelte aus Eifersucht. Um mich zu zwingen, einzig und allein ihn zu lieben. Er wollte, dass ich Angst hatte, ihn zu verlassen, damit ich nicht wagen würde zu gehen.

Er hatte mir einmal erzählt, dass sein Vater Portugiese und seine Mutter Französin war. Insgesamt habe seine Mutter siebzehn Kinder geboren, von denen elf überlebten. Deshalb habe sie für ihn von klein auf niemals Zeit gehabt. Ständig sei ein neues Kind dazugekommen und wichtiger gewesen.

Selbst für ihren Ehemann habe sie sich nur Zeit genommen, wenn sie zuvor eine Tracht Prügel bekommen und der Vater die Kinderschar mit altersgemäß mehr oder weniger verdünntem Rotwein ruhig gestellt hatte. Hätte seine Mutter damals begriffen, dass der Mann die Nummer eins sein muss und nicht die Kinder, meinte Jean, hätte er sie nicht geschlagen. Aber sie sei einfach zu dumm gewesen und hätte sich ständig ein neues Kind angeschafft.

Er, Jean, habe schon als Kind gewusst, dass er einmal eine andere Frau haben wollte, eine, die nur ihn liebe und jederzeit ganz und gar für ihn da sei. Das Problem sei, dass die meisten Frauen einen Kinderfimmel hätten und sich einbildeten, der Mann müsste für sie und die Kinder da sein. Tatsächlich sei es die Aufgabe der Frau, zuallererst für den Mann da zu sein. Zuerst komme der Mann und dann lange gar nichts und dann nochmals der Mann und lange gar nichts und dann komme vielleicht mal ein Kind. So stehe es schon in der Bibel. Aber die meisten Männer seien ohnedies Memmen und wüssten nicht, was Sache sei.

»Eine wie du, die keine Kinder mehr kriegen kann, würde normalerweise gar kein Mann haben wollen«, hatte er damals abschließend erklärt. »Du kannst froh sein, dass ich anders gestrickt bin und gar keine von dir will. Was soll ich mit Kindern? Ich will nur dich. Du bist für mich das Wichtigste auf der Welt. Und ich bin für dich das Wichtigste auf der Welt. Deine zwei Kinder von deinem Ex, okay. Die gehen mich nichts an. Solange du weißt, wohin du gehörst – nämlich zu mir – kann ich damit leben.«

Ich war sicher, Jean würde meine Kinder nicht anrühren. Er liebte sie ja nicht.

»Jean schlägt euch nicht«, antwortete ich deshalb. »Das würde er niemals tun.«

»Aber wenn doch?«, fragte Birgit und Sandra echote:»Ja, genau.«

»Dann würde ich euch zum Vati bringen«, flüsterte ich. »Dann hättet ihr eben keine Mama mehr.«

»Nein«, sagte Birgit und blieb ganz still im Sessel sitzen, während Sandra sich an meine Brust warf. »Nein, Mama, wir brauchen dich doch zum Überleben.«

»Genau«, wiederholte Sandra an meinem Hals. »Wir brauchen dich doch zum Überkleben.«

Ich war ihr so dankbar für unser Lachen über ihren kleinen Fehler.

Jeans besitzergreifende Liebe verlangte, mich immer, immer bei sich zu haben und mich keine Sekunde mehr aus den Augen zu lassen. Ich sollte ihn sogar auf seinen Touren im Lastwagen begleiten. Der große Fernfahrertruck verfügte nicht nur über eine breite Sitzbank, sondern auch über eine großzügige Schlafnische. »*Place en masse* – Platz genug«, meinte Jean, der seine französisch-portugiesische Herkunft gern mit entsprechenden Wortbrocken herauskehrte.

»Aber meine Arbeit? Und die Kinder?«, wandte ich ein. »Wenn ich ständig fehle, wird mir gekündigt. Und die Mädchen müssen in den Kindergarten und in die Schule.«

»Papperlapapp!«, lachte er und sah mich auf eine Weise an, dass ich wusste, das Lachen stand auf des Messers Schneide. »Du hast doch Urlaubsansprüche. Und richtige Kinder müssen auch mal schwänzen. Schreib ihnen eine Entschuldigung, dass sie krank waren. Kinder werden schnell mal krank und schnell wieder gesund. Da kräht kein Hahn danach.«

Jeans Wunschtraum von der heilen Familie war mir so in Fleisch und Blut übergegangen, dass jeglicher Widerstand gegen seine Wünsche unvorstellbar geworden war. Mein ganzes Ich war nur darauf abgestellt, ihm zu beweisen, dass er mir vertrauen und sich hundertprozentig auf mich verlassen konnte; dass ich ihn so liebte, wie er geliebt werden wollte; dass er das Wichtigste im Leben für mich war. Dann, so wollte ich glauben, würde er mich nicht mehr aus Eifersucht schlagen.

All das läge nur an mir, glaubte ich. Dass er mich schlug, sei mein Versagen, meine Schuld, weil ich ihn noch immer nicht von meiner Liebe überzeugen konnte. Wenn ich gut genug wäre, würde er sofort damit aufhören.

Jean bestätigte mich. »Du bist alles, was ich habe. Keine versteht mich wie du. Wenn du mich liebst, kann ich mich ändern. Du gehörst mir. Mir ganz allein. Ehe du mich verlässt, bringe ich dich um.«

Es war eine schaurige Liebeserklärung. Sie überzog mich mit einer Gänsehaut der Furcht, weil ich ihm zutraute, dass er seine Worte wahr machen würde. Dennoch traf sie wieder mitten ins Herz, denn sie sagte mir, wie sehr ich gebraucht, wie unverzichtbar ich geliebt wurde, wenn es sein musste, bis in den Tod.

In gewisser Weise sind Großstädte nichts als lange Dörfer. Obwohl ich nach meiner Vertreibung in meine Heimatstadt zurückkehrte und Franzels Haus weit entfernt in einer anderen Stadt lag, legten Gerüchte die Distanz mit Schallgeschwindigkeit zurück.

Sicher bin ich mir dessen nicht, doch wenn ich Äußerungen meines Vaters Glauben schenken darf, wurde er von einer Mitbewohnerin des Miethauses, in dem ich wohnte, darüber informiert, in welch chaotischen Verhältnissen unsere Kinder bei mir lebten.

Da Jean mich erstmals zwei Wochen nach unserem Kennenlernen geschlagen hatte, wird mein Vater davon etwa in der ersten Septemberwoche erfahren haben. Prompt hatte er nichts Eiligeres zu tun, als seinen Schwiegersohn zu benachrichtigen, diesen ehrenwerten Mann mit Haus, mit dem er sich bereits gegen mich solidarisiert hatte. Dieser wiederum instruierte umgehend das Jugendamt, das er schon während meines angeblich teenagerhaft-unsittlichen Herumtreibens im »Single-Treff« und wegen der anzunehmenden Vernachlässigung der Kinder informiert hatte.

Ich hörte von allem zunächst einmal nichts.

Da Franzel im Jugendamt wohl erfahren hatte, dass man Beweise von krasser Vernachlässigung und Erziehungsunfähigkeit, Sittenlosigkeit und mentaler Unreife gegen mich brauche, um mir die Kinder entziehen zu können, und er sich einen Zeugen mitnehmen solle, der seine Ermittlungsergebnisse vor Gericht bestätigen könne, machten er und mein Vater gemeinsame Sache.

Schnurstracks begaben sie sich auf Spurensuche, um alles über »diesen Kerl« in meinem Leben ausfindig zu machen. Nach außen hin taten sie dies in bester Absicht und aus edelstem Pflichtgefühl, um die Kinder und mich vor einem Gewalttäter zu retten. Ihr nicht genanntes Ziel, das sie aus jeweils ganz privaten Gründen anstrebten, galt jedoch dem Beweis meiner Unzurechnungsfähigkeit.

Für Franzel war dies von Bedeutung, um mich im laufenden Scheidungsverfahren vor Gericht als sittenlose, amoralische und völlig haltlose, schillernde Persönlichkeit vorzuführen, die als Mutter unfähig und als Ehefrau für jeden anständigen Mann untragbar sei. Nur so durfte er sicher sein, dass alles, was ich gegen ihn vorzubringen hatte, als unglaubwürdig eingestuft werden würde und die Scheidungsfolgenvereinbarung unangefochten bliebe.

Meinem Vater hingegen kam es darauf an, mich öffentlich für geisteskrank erklären zu können, um Zweifel an der Qualität seiner Erziehungsmethoden sowie der Integrität seiner eigenen Person zu unterbinden. Wahrscheinlich hatte er meine Erkrankung an einer vegetativen Nervenstörung, wegen der ich während meiner Lehrlingszeit in eine Kurklinik geschickt worden war, nie richtig verstanden, sondern sich eingebildet, ich sei »irgendwie verrückt«. Damals galt jeder, der etwas mit den Nerven hatte, als »irr«.

Hätte mein Vater den Leuten in der Stadt und am Stammtisch mein Verhalten als das einer Geisteskranken erklären können, deren seit der Jugend schwelende Nervenkrankheit jetzt tragischerweise voll ausgebrochen sei, wäre dies für ihn von entscheidendem Vorteil gewesen. Immer wieder warf er mir ja vor, ich ruiniere seinen guten Ruf, da die Leute nicht über mich, sondern über »die Tochter vom Kärele« herzögen. Wäre ich unheilbar »irre« gewesen, hätte man ihn vielleicht bedauern, aber nicht als Versager hinstellen können.

Wie hoch mein Vater seinen guten Namen über alles stellte, beweist sein Testament. Er verfasste es handschriftlich wenige Tage nach meiner Scheidung und somit mehrere Jahre vor seinem Tod. Es wurde mir im Kreis der Erben durch einen Notar in voller Länge vorgelesen. So erfuhr ich auf zutiefst beschämende Weise, dass mein Vater mich enterbt hatte und mir selbst den Pflichtteil entzog. Er habe mir meine Verfehlungen und den von mir wider seinen Willen geführten ehrlosen und unsittlichen Lebenswandel nicht verziehen.

Ich glaube, ich werde nie verwinden, dass mein Vater mir eine solche Schmach und einen solchen Schmerz antun konnte.

Das Entsetzliche für mich war und ist nicht der Verlust des Erbes, das, ganz in meinem Sinne, meinen Kindern zufiel. Nein, es ist die Tatsache, dass mein Vater, den ich bis zu seinem überraschenden Tod immer wieder traf und besuchte, mir zu Lebzeiten niemals gesagt hat, dass er mich enterben wollte oder enterbt hat. Dazu war er ganz offensichtlich zu feige. Stattdessen tat er mir posthum die Demütigung an, mir – quasi aus dem Grab heraus und ohne jede Rechtfertigungschance – seine unendliche Verachtung öffentlich, vor den Augen und Ohren der Verwandtschaft, von einem Gesetzesvertreter ins Gesicht sagen zu lassen und sich dadurch offiziell, noch über den Tod hinaus und vor aller Welt, als Vater auf ewig von mir loszusagen.

Die auf meinen Lebenswandel bezogene Wortwahl des Testaments und die in einem Anhang beigefügten Informationen, die meinen seiner Ansicht nach ehrlosen und unsittlichen Lebenswandel beweisen sollten, um die Enterbung zu rechtfertigen und mir die Möglichkeit des gesetzlichen Widerspruchs zu nehmen, ist ein für Außenstehende fatal glaubwürdig wirkender Mix aus Wahrheit und persönlicher Auslegung, den Franzel mit Hilfe seiner ermittelten Zeugen über mich verbreitete. Beispielsweise die Lügen, dass ich mit dem Tänzer vom ersten Tage an eine ehebrecherische Beziehung unterhalten, dadurch allein schuldig die Trennung der Ehegatten herbeigeführt und später unberechtigterweise mit Jean zusammengelebt habe, der auch meine Kinder so geschlagen habe, dass man deren Schreie stockauf, stockab im ganzen Haus hören konnte.

So besteht für mich kein Zweifel, dass es Franzels Intrigen und Lügen im Zusammenhang mit meiner Scheidung und Beziehung zu Jean waren, die meinem Vater den falschen Eindruck vermittelten, Franzel und mit ihm auch meine Kinder seien das unschuldige Opfer meiner sexuellen Triebe, meiner ehelichen Untreue und meiner vollständigen »Verrücktheit«.

Ich bin überzeugt, dass Franzel diese Manipulation in Erwartung des Erbes beging, das er sich ja bereits bei unserer Hochzeit ausgerechnet und vergeblich von meinen Eltern als Mitgift erwartet hatte. Indem er meinem Vater glaubhaft machte, dass ich ein wertloser Mensch sei und ihn dazu bewegte, mich zu enterben und stattdessen Franzel als treuhänderischen Verwalter des Erbes unserer Kinder einzusetzen, damit ich es nicht an meine Liebhaber verschwenden könnte, ging diese Rechung endlich doch noch auf. Im übertragenen Sinne wurde ich dadurch zum zweiten Mal mittellos aus dem Haus gejagt, diesmal aus meinem Elternhaus.

Wenn meine Mutter noch gelebt hätte, wäre dies niemals so geschehen. Wie schwach und abhängig sie auch von meinem Vater war, so hätte sie doch niemals zugelassen, dass er sich ausgerechnet von dem Mann gegen mich aufhetzen und manipulieren ließ, der mich mit dem Messer aus dem Haus getrieben und in jeder Hinsicht skrupellos ausgenutzt hatte.

Manchmal ertappe ich mich heute dabei, dass ich meinem Vater in Gedanken das zu erklären versuche, was er nicht hören wollte, als er noch lebte. Ich würde noch immer Gott weiß was dafür geben, wenn ich wüsste, er würde mich verstehen und mir verzeihen.

Natürlich gibt es keine Beschönigung für die furchtbare Tatsache, dass ich Jean in geistiger und körperlicher Hinsicht absolut verfallen war. Auch ist es wahr, dass er mich schlug und meine Schmerzensschreie und das laute Schreien und Weinen meiner Kinder weithin zu vernehmen waren. Nicht wahr ist jedoch, dass Jean meine Kinder schlug.

Ohrenzeugen sind nun mal keine Augenzeugen. Und so konnten die betreffenden Nachbarn, die meinem Vater und Franzel sowie dem Jugendamt Bericht erstatteten, nicht sehen, ob Jean meine Kinder schlug oder nicht. Sie konnten nur hören, dass sie schrien. Daraus schlossen sie und nahmen an, die Kinder würden geschlagen. Und jedermann glaubte ihnen. So wurden aus Meinungen Tatsachen, die gegen mich verwendet wurden.

Meine Kinder waren beim Kinderarzt in Behandlung, gingen mit wenigen Ausnahmen regelmäßig zur Schule, waren im Turnverein. Sie besuchten Freundinnen und wurden von Nachbarinnen betreut, wenn ich nicht da war. Niemand konnte später blaue Flecken oder blutige Verletzungen oder andere körperliche Schäden an ihnen bezeugen. Wären sie von Jean geschlagen worden, hätte er sie ähnlich hemmungslos zugerichtet wie mich. Es wäre jedem aufgefallen.

Außerdem besuchten die Kinder, entgegen seiner Behauptungen, ihren Vater Franzel seit meiner Vertreibung aus dem Haus sehr oft und blieben sogar übers Wochenende bei ihm. Anlässlich unserer Scheidung wurde unsere private Regelung auch offiziell mit zwei Wochenenden im Monat beim Vater festgelegt.

Lediglich einmal verweigerte ich ihm den Umgang, weil er mit den Kindern eine unabgesprochene Reise unternommen und mich nicht informiert hatte, dass er sie nicht wie vereinbart zu mir zurückbringen würde. Aus der Erinnerung an seine Messerattacke gegen mich und die Waffen in seinem Haus hatte ich Todesängste um die Kinder ausgestanden, als sie nicht kamen und ich bei Franzel niemanden erreichen konnte.

Ansonsten aber waren die Kinder oftmals bei ihm ein- und ausgegangen. Und bei seinem Nacktheitsfanatismus hätte er unvermeidlich Spuren von Schlägen an ihnen bemerkt. Doch nicht einmal Franzel, der nichts ausließ, was geeignet schien, ein schlechtes Licht auf mich zu werfen, berichtete jemals davon. Schlicht und einfach deshalb nicht, weil es keine derartigen Spuren gab, da meine Kinder nicht geschlagen wurden.

Meine Kinder schrien. Das stimmt. Sie hatten Angst. Auch das ist wahr. Und sicher befürchteten sie oft, irgendwann von Jean geschlagen zu werden. Diese Angst war grauenhaft für sie. Und es war unverzeihlich von mir, sie in dieser Angst aufwachsen zu lassen.

Aber sie schrien nicht, weil sie körperlich misshandelt wurden, sondern weil sie seelisch litten. Und zwar mit mir, ihrer Mutter. Weil ich geschlagen wurde und blutete und weinte und schrie. Welches Kind würde bei einem solchen Anblick nicht verzweifeln und lauthals schreien?

Meine Kinder wurden von Jean auch niemals sexuell missbraucht, obwohl Birgit dies behauptete, nachdem sie mir mein Enkelkind entrissen hatte und vor dem Familiengericht rechtfertigen musste, dass sie auch dem Vater des Kindes jeden Umgang verweigerte, weil dieser mit mir und meinem Mann trotz des Scheiterns ihrer Ehe freundschaftlichen Umgang pflegte.

In ihrem Hass, weil ich in ihrem ehelichen Streit Partei für den Vater ihres Kindes ergriffen und mich dadurch anscheinend zum zweiten Mal wegen eines Mannes gegen mein eigenes Kind entschieden hatte, war Birgit jedes Mittel recht, das Gericht gegen mich einzunehmen.

Grundsätzlich ist wohl kein Vorwurf für einen beschuldigten Menschen in seinem privaten Lebensraum vernichtender als der des sexuellen Kindesmissbrauchs. Abgesehen von dem Vorwurf, eine Mutter habe einen solchen Missbrauch wissentlich widerstandslos zugelassen statt ihr Kind zu schützen.

Ihrem Ehemann konnte Birgit diesbezüglich nichts vorwerfen. Mich aber vermochte sie damit auszuschalten und somit zwei Fliegen mit einer Klappe zu schlagen, da die Beschädigung meiner Integrität und Ehre auf ihren mit mir befreundeten Ehemann zurückfallen würde. Somit würde der gegen mich gerichtete Vorwurf, dass ich als Mutter den sexuellen Missbrauch meines Kindes durch meinen Liebhaber zugelassen hätte, den Vater meines Enkelkindes vom Umgangsrecht ausschließen.

Eine Falschaussage gegen Jean durfte Birgit risikolos in den Ring werfen, weil er damals bereits verschollen war. Dies ermittelte Franzel mit Hilfe seines polizeilichen und juristischen Netzwerkes weit früher als ich mit meinen auf das Private beschränkten Suchaktionen. Letztere vermittelten mir dennoch den sicheren Eindruck, Jean sei tot. Es war also gewiss, dass ich ihn nicht zu meiner Entlastung in den Zeugenstand rufen lassen konnte.

Folglich war vorhersehbar, dass auch dieser Makel an mir kleben bleiben und den zuständigen Familienrichter dank Franzels privater Einflüsterungen über meine Vergangenheit veranlassen musste, dem Vater meines Enkelkindes das Sorge- und Umgangsrecht zu entziehen, weil nicht auszuschließen war, dass eine angeblich so verworfene, »ehrlose« Person wie ich das Kind in seiner Obhut sehen und durch meinen Einfluss schädigen könnte.

Ein wahrhaft teuflischer Schachzug, den Birgit niemals allein, sehr wohl aber mit Franzel und seinen juristisch versierten Hintermännern ausbrüten konnte.

Warum Birgit ausgerechnet Jean ins Spiel brachte, um mich zu diffamieren, lag auf der Hand. Ihren Vater wollte und konnte sie zu dieser Zeit nicht mehr ans Messer liefern, da sein Geld und seine Beziehungen zum Familiengericht und zum Jugendamt ihr dienlich waren.

Ihre Mutter war es, die abgestraft werden musste. Und den Schlüssel dazu bot die einzige Zeit meines Lebens, über die es Negatives zu berichten gab – mein turbulenter Lebensabschnitt mit Jean.

Daraus folgte, dass Birgit Jean des Kindesmissbrauchs beschuldigen musste, denn sie brauchte den Vorwurf des sexuellen Kindesmissbrauchs durch einen Mann, mit dem meine Kinder und ich unter einem Dach gelebt hatten, um mein Versagen als Aufsichtsperson und meine sexuelle Hörigkeit gegenüber Männern zu demonstrieren. Einem, der Frauen verprügelte, der vielleicht sogar ein Sadist und ganz sicher ein Trinker war, traute man leicht zu, dass er auch Kinder sexuell missbrauchte. Dagegen mochte ich getrost behaupten, dass er kein Kinderschänder war und Birgit nicht sexuell missbraucht hatte. Beweise hatte ich dafür ja nicht. Und wer würde einer Frau wie mir noch glauben wollen, wenn das Gericht erst einmal festgestellt hätte, dass ich völlig gewissenlos, unmoralisch und jedem beliebigen Mann so vollkommen hörig sei, dass mir selbst der schlechteste Mann noch wertvoller als meine eigenen Kinder war und man mir deshalb keinesfalls ein Enkelkind anvertrauen dürfe.

Aus der dicken Dokumentenmappe unserer eigenen Scheidungs- und Sorgerechtsache übergab Franzel Birgit genügend Beweismaterial für meinen angeblich negativen Charakter. Darunter auch ein psychologisches Gutachten über mich, das ich persönlich niemals zu Gesicht bekommen hatte, obwohl es mehr als ein Jahr nach meiner Scheidung erstellt wurde und Franzel niemals hätte ausgehändigt werden dürfen. Gleichwohl sandte er nachweislich eine Seite aus diesem Gutachten in Kopie dem zuständigen Familiengericht zu, um seine strikte Forderung zu untermauern, ich solle die Kinder in Ruhe lassen und auch nicht mehr mit Anrufen belästigen.

Leider war ich bei meinem eigenen Umgangsrechtsverfahren psychisch, nervlich und physisch nicht mehr in der Lage, diese Machenschaften zu erfassen. Eine Tatsache, die auch der zuständige Familienrichter erkannte und daher mehrfach den Scheidungstermin wieder aufhob, weil er Zweifel an meiner Geschäftsfähigkeit hatte.

So begriff ich erst, als es um mein Enkelkind ging, welch unlauterer Mittel Franzel sich über Jahre hinweg immer wieder gegen mich bedient hatte. Als ich ihn endlich auf Herausgabe dieses mir unbekannten Gutachtens verklagte, bestritt er, es je besessen zu haben. Stattdessen verwies er auf die seither verstrichene Zeit, welche ihn von der Aufbewahrungspflicht für diese Akten befreite. Da auch im Archiv des mich seinerzeit behandelnden Arztes keine Ausfertigung dieses Gutachtens mehr vorhanden ist, kenne ich den vollständigen Wortlaut bis heute nicht.

Gleichwohl kannte ihn der in den Sorgerechtsstreit um mein Enkelkind involvierte psychologische Gutachter, der die darin enthaltenen Informationen nutzte, um bei Gericht nachzuweisen, dass ich eine Gefährdung für das Wohl meines Enkelkindes darstellte. Dies weiß ich, weil er so manche mich persönlich betreffenden Informationen niemals selbst ermittelt haben konnte, denn Franzel kannte sie aufgrund unserer Trennung nicht aus eigener Erfahrung, und ich selbst wurde von diesem Gutachter nicht dazu befragt. Überflüssig zu erwähnen, dass meine Klage auf Herausgabe des Gutachtens auch bei diesem Herrn ins Leere lief.

Der Grund für Birgits Falschaussage, von meinem Liebhaber Jean sexuell missbraucht worden zu sein, beruhte jedoch nicht allein auf ihrem Wunsch, den ihr lästig gewordenen Ehemann und Vater meines Enkelkindes wirksam aus ihrem neuen Leben auszugrenzen und sich dazu meiner Vergangenheit zu bedienen.

Selbst der psychologische Gutachter in Birgits Sorgerechtsverfahren erkannte, dass sie geradezu einen Vernichtungsfeldzug gegen mich führte, und verwies vor Gericht darauf, dass ein schwer wiegendes psychologisches Problem zwischen Mutter und Großmutter bestehe, dass das Verfahren gegen den Vater dominiere und der Therapie bedürfe. Leider war nur ich zu einer solchen Therapie bereit, Birgit hingegen lehnte sie rigoros ab.

Natürlich habe ich von Anfang an verstanden, dass meine Tochter mir so wehtun wollte, wie nur irgend möglich, als sie den sexuellen Missbrauch, den sie real durch Franzel, ihren eigenen Vater, erlitten und mehrfach vor verschiedenen Zeugen geschildert hatte, fälschlich auf meinen Liebhaber Jean abwälzte. Sie wusste, wie sehr ich bis heute unter meinen Schuldgefühlen leide, einst meine Kinder im Stich gelassen zu haben, und wie schmerzlich ich die Zeit betrauere, die mir dadurch mit ihnen verloren ging. Somit war ihr klar, dass sie durch nichts gründlichere Rache an mir nehmen konnte, als durch die Wiederholung und damit die Potenzierung des Leides, das ich durch die Wegnahme meiner Kinder erfahren habe.

Mir als Strafe für meine damalige Schwäche mein über alles geliebtes Enkelkind zu nehmen, dessen glückliches Heranwachsen mich für die Zeit entschädigte, in der ich das Heranwachsen meiner eigenen Kinder nicht miterleben durfte, hieß, mir das Herz zu brechen. So wie ich als Mutter einst Birgit das Herz brach, indem ich sie verließ und ihrem Vater überantwortete, obwohl sie mir gesagt hatte, wie froh sie war, bei mir und von ihm fort zu sein. Birgits Aufschrei »Mama, wir brauchen dich!« hallte in meinem Herzen nach, als die erwachsene Birgit behauptete, Jean habe sie missbraucht.

Niemand kann ermessen, wie sehr ich mich während der Zeit mit Jean immer wieder nach einem Vater sehnte, der mich so annimmt, wie ich bin, und mir nicht nur gönnerhaft, belehrend, tadelnd, besserwisserisch und aus Gründen des öffentlichen Ansehens zur Seite steht, sondern mit liebevollem Interesse an meiner Person. Es hätte mich aus der größten Not aufgerichtet, hätte ich sicher gewusst, dass mein Vater an mich glaubt und mir zutraut, aus mir heraus ein guter Mensch zu sein. Und noch heute bin ich überzeugt, dass mit meinen Kindern und mir alles anders gekommen wäre, hätte ich auf das Vertrauen meines Vaters bauen können, ein väterliches Vertrauen, das sich aus der Erkenntnis speiste, dass Franzel sich mit seinen Lügen über den Ehebruch und meine angebliche »Ehrlosigkeit« an mir rächte. Deshalb rächte, weil er in seiner narzisstischen Selbstverliebtheit die Kränkung niemals verwinden konnte, die ich ihm zugefügt hatte, als ich mich weigerte, seine voyeuristischen Neigungen zu befriedigen und ihn an meiner sexuellen Beziehung zu dem Tänzer teilhaben zu lassen.

Drei Jahre nach unserer Scheidung brachte ein psychologischer Gutachter aus unserem Umgangsstreit Franzels böse Fixierung auf mich mit den Worten auf den Punkt, dass Franzel mich innerlich nie losgelassen habe und dies auch nicht wolle, sondern mich fortwährend umklammert halte und an mein Verhalten den Maßstab einer »harten Tugend« anlege, um mich gnadenlos dafür abzustrafen, dass ich ihn enttäuscht hatte.

In dieser Härte und Rachsucht, so der Psychologe, werde er durch die Betreuerin meiner Kinder bestärkt, die auf Befragen mitteilte, dass sie gegen den Umgang der Kinder mit der Mutter sei, weil sie sich und ihre Arbeit nicht durch deren Einmischung stören und beeinträchtigen lassen wolle. Eine Mutter, die ihre Kinder wegen eines Mannes verlasse, verdiene ihrer Ansicht nach kein Umgangsrecht. Und was die Mutter den Kindern in der Dreizimmerwohnung angetan habe, sei unverzeihlich.

Diesen Satz wiederholten sowohl Birgit als auch Franzel mehrfach wortwörtlich als Begründung dafür, dass die Kinder mich unter keinen Umständen wiedersehen wollten. Als der Gutachter nachwies, dass sowohl die Betreuerin als auch Franzel die Kinder gegen mich einnahmen, bestritten beide heftig, jemals etwas Negatives über mich geäußert zu haben, obwohl der Gutachter soeben erst Ohrenzeuge ihrer Aussagen geworden war.

Tragischerweise übertrug Franzel seine »harte Tugend« voll und ganz auch auf meinen Vater, der sich von ihm zum Tugendwächter und Rächer machen ließ und mich verstieß.

Was hätten mein Vater und der Gutachter und die Jugendamtsmitarbeiter und der Richter wohl von Franzel als meinem strengen Tugendwächter gehalten, wenn Birgit ihnen berichtet hätte, wie sie als Kind Zeugin der Pornofilmabende im Hause ihres Vaters war und die Männer im Partykeller um die Wette stöhnen hörte?

Wäre dann immer noch ich als »Ehrlose« am Pranger gestanden, oder wäre dann endlich doch einmal Franzels Maske als ehrenwerter Saubermann gefallen?

»Vati«, rufe ich ihm noch heute in Gedanken nach, »ich hätte dich so sehr gebraucht! Warum nur hast du mich nicht genug geliebt, um mir zu vertrauen und für mich zu kämpfen?«

Aber wie hätte ich ihm von Franzel und mir erzählen können, wenn ich ihm nicht einmal mitzuteilen vermochte, was es mit meiner, laut Franzel angeblich so unziemlichen Kleidung auf sich hatte. Dabei war die Erklärung so banal.

Da ich nach meiner Vertreibung und Trennung von Franzel erstmals eigenes Geld in Händen hielt, gönnte ich mir die Freude, endlich einmal das eine oder andere modische Kleidungsstück zu kaufen. Ich hatte die hausbackenen Sachen so unendlich satt, die ich seit Kindertagen entweder auf den Leib geschneidert oder von Dritten ausgesucht bekam.

Ich war jung und auf Grund von Kummer und mangelndem Appetit schlanker denn je. Mein Mann hatte mir soeben den Laufpass gegeben, also war ich frei. Niemand hatte mehr das Recht, mir vorzuschreiben, wie ich mich kleiden und zurechtzumachen hatte. Es war mir ein Bedürfnis, nicht mehr nur zeitlos-praktisch-unscheinbar, Hauptsache »schicklich«, angezogen und frisiert zu sein, sondern zeitgemäß, meinem Alter entsprechend, attraktiv, individuell und modisch.

Und natürlich wollte ich nicht allein im dunklen Kämmerlein sitzen und versauern, sondern etwas Spaß haben, meine Sorgen abschütteln und leben.

Nicht anders als andere junge Frauen in meinem Alter, für die es selbstverständlich war, nach Feierabend oder am Wochenende auszugehen.

Daraus wurde laut Franzels Interpretation das unpassende Outfit eines Teenagers sowie ein sittenloser Lebenswandel, und mein Vater plapperte es nach.

Hätte er mir sein Missfallen mitgeteilt, hätte ich seine Vorurteile gegen meine Vorstellung von modischer Kleidung vielleicht verstehen können. Immerhin hatte seine Mutter noch täglich Tracht getragen. Wir hätten uns nur einmal aussprechen müssen. Leider gelang es uns nicht. Und so verloren wir uns am Ende ganz.

Doch lassen Sie mich zu jenen ersten Septembertagen meines Trennungsjahres zurückkehren, als mein Vater sich als Standesbeamter in seiner Ehre getroffen fühlte, weil fremde Leute ihm die blamable Nachricht zutrugen, dass ich mit einem Mann zusammenlebte, der mich schlug und angeblich auch meine Kinder verprügelte.

Voller Empörung hatte mein Vater Franzel alarmiert und erlebte zu seiner großen Genugtuung, dass der von ihm immer verachtete Bäckerbursche blitzschnell aktiv wurde.

Wie mein Vater mir mitteilte, gelang es Franzel dank seiner guten Beziehungen, Jeans Spur sofort aufzunehmen. Mit einem Strafrichter als Freund und Polizeibeamten, die sich als Detektive betätigten, weil sie ihrem Kumpel mit der tollen Filmausrüstung einen Gefallen schuldeten, war dies kein sonderliches Heldenstück.

Kaum hatte Franzel den Wohnort in Erfahrung gebracht, an dem Jean zuletzt gemeldet gewesen war, hatte er auch schon den Bürgermeister am Telefon. Vor über zwanzig Jahren war von Datenschutz noch keine Rede, und so erhielt er prompt die Adresse einer Frau, die über den Gesuchten Auskunft geben würde.

Ich konnte mir gut ausmalen, wie Franzel mit leidgeprüfter Miene bei ihr aufgetauchte und sein Elend von der durchgebrannten Frau und ihrem prügelnden Liebhaber klagte. Leidensgenossin, die sie war, verriet sie ihm gern, dass auch sie auf diesen Menschen hereingefallen sei und alles für ihn getan habe. Sogar ihre Kinder aus erster Ehe hatte sie seinetwegen bei ihren Eltern gelassen und sich nur um das kleine Mädchen gekümmert, das sie mit ihm habe. Zum Glück sei jetzt Schluss damit und die Scheidung schon eingereicht. Da Jean seine Frau immer wieder schwer verprügelt hatte, weil sie ihn wegen des Kindes nicht ständig auf seinen Fernfahrten begleiten konnte, und er glaubte, dass sie ihn in seiner Abwesenheit betrüge, war sie eines Tages in ihr Elternhaus und zu ihren Kindern heimgekehrt und hatte die Scheidung eingereicht.

Zusätzlich brachte Franzel von Jeans Frau in Erfahrung, dass auch seine erste, in sehr jungen Jahren geschlossene Ehe wegen seiner Gewalttätigkeit gescheitert war. Aus dieser Ehe waren zwei Söhne hervorgegangen, die bei der Mutter lebten.

Da beide Frauen während der Ehe in ihrer Not mehrfach die Polizei zur Hilfe gerufen und Anzeige gegen Jean erstattet hatten, war er der Polizei durchaus bekannt. Einer Bestrafung war er bisher lediglich entgangen, weil die Frauen die Anzeigen stets zurückgezogen hatten.

»Und mit so einem Schwein gibst du dich ab!«, schrie mein Vater.

»So ist er ja gar nicht mehr«, verteidigte ich Jean und riss mich zusammen, um meinen Vater nicht merken zu lassen, wie schwer mich seine Neuigkeiten getroffen hatten. Von mir hatte Jean bis ins kleinste Detail alles wissen wollen. Mein Leben lag offen wie ein Buch vor ihm. Hingegen war alles, was ich von ihm wusste, verglichen mit dem, was ich soeben erfahren hatte, nebensächlich.

Mir zu sagen, dass er aus einer kinderreichen Familie mit sizilianischen Vorfahren stammte, früher als Fliesenleger einen eigenen Betrieb hatte und jetzt Fernfahrer war – was war das schon im Vergleich dazu, dass er verheiratet und bereits einmal geschieden war, drei Kinder hatte und mehrfach einschlägigen Kontakt mit der Polizei? Warum, fragte ich mich fieberhaft, hatte Jean mir nichts davon berichtet?

Die Angst, dass Jean es nicht ernst mit mir meinte, sondern immer noch mit seiner zweiten Ehefrau zusammenkäme und mich nur als Lückenbüßer benutzte, schnürte mir fast die Stimme ab. Aber das ging meinen Vater nichts an.

»Vati, du weißt doch selbst«, presste ich hervor, »dass er auch ganz anders sein kann. Oder warum hast du ihn gefragt, ob er deiner Freundin die Küche fliesen will?«

»Da vergleichst du doch Äpfel mit Birnen«, brauste mein Vater auf. »Wenn einer Fliesenleger gelernt hat, kann er Fliesen legen. Aber das und das und das«, zeigte er auf die frischen Spuren der letzten Schläge, die Jean mir verabreicht hatte, »das ist ja wohl das Letzte!«

»Er will sich ändern«, sagte ich. »Das hat er nicht so gemeint. Das macht er ja nicht mehr wieder. Das kommt nicht mehr vor. Er hat es versprochen.«

»Und das glaubst du?«, rief mein Vater.

»Ja«, antwortete ich.

Erst jetzt, nach dem Besuch meines Vaters, wurde mir bewusst, dass es keine selbstverständliche Routine des Jugendamtes gegenüber einer allein erziehenden Mutter gewesen war, mich in den vergangenen Sommerwochen immer wieder einmal anzurufen und zu besuchen, um meine Anwesenheit zu Hause festzustellen, Ordnung und Sauberkeit meiner Wohnung zu prüfen, mit meinen Kindern zu sprechen, deren Wohlbefinden nebst regelmäßigem Schulbesuch zu kontrollieren und sich ein Bild von unserem Familienleben zu verschaffen.

Plötzlich wurde mir augenblicklich klar, dass Franzel diese Behörde eingeschaltet hatte. Es war ja ein Leichtes für ihn, denn er hatte geschäftlich mit dem einen oder anderen Mitarbeiter zu tun. Das Jugendamt lag unweit seiner Arbeitsstelle. Wie schnell konnte er da auf einen Sprung vorbeigehen und bitten, man möge doch nachschauen, wie es seinen armen Kindern bei der verrückten Mutter und ihrem Schlägertypen ergehe.

Bestätigt wurde diese Vermutung vier Jahre später durch die Lektüre eines psychologischen Gutachtens, das das Familiengericht anlässlich meines Umgangsantrags angeordnet hatte. Aus der durch den verantwortlichen Gutachter ermittelten Vorgeschichte unserer Scheidung ergab sich, dass Franzel schon kurz nach meinem Umzug in meine eigene Wohnung und noch ehe ich mit Jean zusammen war, Kontakt zum Jugendamt aufgenommen und dort fälschlich behauptet hatte, ich habe ihm jegliches Besuchsrecht verweigert und führe einen unsittlichen Lebenswandel, wobei ich mich mit lächerlichen Fähnchen bekleide und mich in Diskotheken von heruntergekommenen Subjekten abschleppen lasse.

Wäre ich zu diesem Zeitpunkt schon mit Jean liiert gewesen, hätte Franzel dies an die erste Stelle in die Liste meiner angeblichen und tatsächlichen Verfehlungen gesetzt.

Erst als Franzel zusätzlich einen negativen Bericht über den neuen Mann an meiner Seite vorlegen konnte und ich die

Dummheit beging, meine Kinder an zwei aufeinander folgenden Tagen unentschuldigt aus der Schule und auf eine Fernfahrt mitzunehmen, obwohl Birgit anhaltend schlechte Schulnoten schrieb und ein verhaltensauffälliges Kind war, wurde Tags darauf auch das Familiengericht eingeschaltet. Wie es hieß, habe eine Nachbarin sich geweigert, die Kinder ständig während meiner Abwesenheit zu beaufsichtigen. Eine Vernachlässigung der Kinder durch mich sei offenkundig.

An jenem Tag, an dem das Jugendamt dem Familiengericht einen umfangreichen Bericht überreichte, beantragte Franzel in einem eigenen Schreiben offiziell die Übertragung des elterlichen Sorgerechts für beide Kinder. Somit hatte sich die behördliche Maschinerie der Kindesentziehung unaufhaltsam gegen mich in Gang gesetzt.

Für mich ist der Zeitpunkt, zu dem Franzel das Jugendamt erstmals auf mich ansetzte, einer der entscheidenden Hinweise, dass er mir die Kinder von Anfang an nicht überlassen wollte. Tatsächlich dienten die Mädchen ihm lediglich als Lockvogelangebot, um mich zu ködern und zur Unterschrift unter die Scheidungsfolgenvereinbarung zu bringen. Franzel wusste, dass ich dieser Vereinbarung trotz meiner desolaten seelischen und nervlichen Verfassung niemals zugestimmt hätte, wenn er mir nicht im Gegenzug für das Haus die Kinder versprochen und mir das alleinige Sorgerecht garantiert hätte.

Ich hätte misstrauisch werden müssen, als er in dieser Scheidungsfolgenvereinbarung seine Unterhaltspflicht mir gegenüber auch für den Not- oder Krankheitsfall ausschloss. Die Formulierung, dass wir dies auf Gegenseitigkeit vereinbarten, beruhigte mich fälschlicherweise. Es schien mir ein Vorteil für mich zu sein.

Einzig und allein Franzel wusste sehr genau, was er tat. Mehrfach hatte er erlebt, wie wenig stressresistent ich war und wie ich unter psychischem Druck seelisch und körperlich zusammenbrach. Folglich musste er nur den entsprechenden Druck aufbauen, um sein Ziel zu erreichen, mir nicht nur das Haus, sondern auch die Kinder zu nehmen. Die entscheidenden Erfolgsfaktoren dafür waren mein von Franzel verursachter Geldmangel, meine ihm wohlbekannte Unfähigkeit zum Alleinsein und meine Anfälligkeit für Schuldgefühle.

Heute begreife ich selbst kaum, wie ich so dumm sein konnte, mich auf den Verzicht des Hauses und den mir zustehenden Ehegattenunterhalt einzulassen. Jeder, der etwas mehr Erfahrung im Umgang mit Geld hatte als ich, konnte an fünf Fingern abzählen, wann ich nach der Enteignung mitsamt den Kindern in finanzielle Not geraten würde, da ich ihretwegen nicht Vollzeit erwerbstätig sein konnte und mithin nur geringfügig verdienen würde.

Ich hingegen merkte erst nach meiner Vertreibung aus Franzels Haus und dem Umzug in meine neue Dreizimmerwohnung, dass nach Abzug aller monatlichen Verpflichtungen für Miete, Nebenkosten, Versicherungen, Benzin und sonstige Autokosten von meinem maximal 1000-DM-Nettolohn kaum genug blieb, um den Lebensunterhalt für mich und zwei rasch wachsende Mädchen zu bestreiten.

Ständig lebte ich damals in der Angst, dass die Kinder krank würden und nicht allein zu Hause im Bett bleiben könnten. Kein Arbeitgeber hätte mir freigegeben, um sie zu pflegen. Keine noch so nette Nachbarin hätte sich ihrer angenommen, bis ich von der Arbeit nach Hause käme. Und eine Mutter, die mir helfen würde, hatte ich nicht mehr.

Auch Franzel wusste, dass ich spätestens in einer solchen Notlage gezwungen gewesen wäre, die Kinder zu vernachlässigen oder meine Arbeit aufzugeben. Eine Wahl zwischen Skylla und Charybdis, denn beide Alternativen hätten gezeigt, dass ich unfähig war, meine Kinder zu versorgen.

Außerdem konnte er sich die Hände reiben, denn er hatte ja noch ein zweites Eisen gegen mich im Feuer: Meine unerträgliche Angst vor dem Alleinsein. Er kannte mich. Es war klar, dass ich mein einsames Mauerblümchendasein nicht ertragen, sondern abends tanzen gehen und mir einen neuen Mann suchen würde. Was wiederum bedeutete, dass ich die Kinder nicht nur tagsüber allein lassen würde, weil ich Geld verdienen musste, sondern auch abends, weil ich etwas Spaß brauchte.

Unter dem Strich hieß das, Franzel konnte mir problemlos das Jugendamt schicken. Die sichere Rückkehr der Kinder ins Vaterhaus schien damit bereits mit meiner Unterschrift unter unsere Scheidungsfolgenvereinbarung vorprogrammiert zu sein.

Heute, mit Aktenstapeln voller Schriftsätze, die sich im Laufe der Jahre vergeblichen Ringens gegen Jugendamtsmitarbeiter und Familienrichter, Rechtsanwälte, psychologische Gutachter und Umgangspfleger ansammelten, weiß ich, was sich damals gegen mich zusammengebraut hatte. Mit meinem jetzigen Wissen würde ich meine Kinder geschnappt haben und umgezogen sein, möglichst weit weg von Franzel und all seinen Helfern und Helfershelfern. Vielleicht hätte ich es geschafft, uns dort ein schönes Leben aufzubauen.

Aber leider verfügte ich über dieses Wissen nicht.

Ich ärgerte mich nur über Franzels Intrigen, seine Gemeinheiten und darüber, dass die Befragungen unserer Nachbarn und Bekannten im Umfeld meiner neuen Wohnung sowie in Schule und Kindergarten Unruhe stifteten. Von allen Seiten fühlte ich mich schief angesehen. Wenn die Kinder von einem Besuch bei Franzel zu mir kamen, wirkten sie aufgebracht gegen mich und wichen Jean noch intensiver aus als zuvor.

Angstvoll registrierte ich, dass auch er sich immer heftiger über die Einmischung des Jugendamtes in unser Privatleben empörte.

Vermutlich hegte er Befürchtungen, überraschend bei einer Gewalthandlung ertappt zu werden. Immerhin lebte er noch in Scheidung, und seine scheidungswillige Ehefrau hatte als Scheidungsgrund seine Gewaltausbrüche angegeben. Gut möglich, dass sie Vorteile aus einem weiteren häuslichen Gewaltdelikt gezogen hätte oder Jean bei entsprechender Beweislage strafrechtlich zur Rechenschaft gezogen worden wäre.

»Wenn das so weitergeht, bin ich weg, und du siehst mich nie wieder«, schimpfte Jean immer lauter. »*Qu'est-ce-que tu penses de moi? Cet gaillard là, c'est Jean le Fou?*«

Ich hatte ein wenig Französisch in der Schule gelernt und verstand, dass er wissen wollte, ob ich ihn für einen Idioten hielt. Panik machte sich in mir breit.

Wir hatten erst eine heftige Szene hinter uns, weil ich ihn wegen seiner Vergangenheit zur Rede gestellt hatte. Er war wütend gewesen, weil mein Vater und Franzel mit ihren Nachforschungen einiges über ihn herausgefunden hatten. »Alles Lügen!«, hatte er gebrüllt. Ob ich etwa einer blöden Kuh mehr glauben würde als ihm?

Erst nach langem Hin und Her hatte er mir schließlich gestanden, dass er tatsächlich noch verheiratet und auch bereits geschieden sowie mehrfacher Vater war. Die erste Frau habe er ganz jung geheiratet und verlassen, weil sie ihn betrog. Die zweite Frau liebe er nicht mehr, weil sie nicht zusammengepasst hätten. Er sei froh, sie endlich bald los zu sein.

Ich wisse doch selbst am besten, wie es gehen könne, meinte er in Anspielung auf meine gescheiterte Ehe mit Franzel. Manchmal gerate man an den Falschen, ehe man eines Tages den Menschen finde, der einem vorbestimmt sei. Es baute mich ungemein auf, dass ich für ihn dieser eine Mensch sei.

Zur Versöhnung waren Jean und ich an jenem Abend zusammen ins *La Blanche Neige* gefahren, um uns ein wenig zu amüsieren und den Streit zu vergessen. Als ich nach kurzer Abwesenheit an die Bar zurückkehrte, sah ich Jean eng umschlungen mit einer zweifelhaften Dame im Chambre séparée verschwinden. Wie gelähmt nahm ich auf meinem Barhocker Platz und starrte in mein Glas.

Es dauerte einige Zeit, bis Jean wieder neben mir auftauchte und mich, noch ehe ich ihm den geringsten Vorwurf machen konnte, anpöbelte, was ich denn bloß für eine Frau sei. Eine richtige Frau würde kämpfen, wenn sie sähe, dass der Mann mit einer anderen weggehe. »Aber du«, schloss er, »du bist ja zu nichts fähig.«

Ich wollte nicht, dass Jean mich verachtete. Er sollte mich lieben und respektieren und stolz auf mich sein. Und er sollte sehen, dass ich für ihn kämpfen würde. Für ihn und für unsere Liebe.

Jeans Wüten und Schimpfen, der hinter der beiseite geschobenen Küchengardine hinter einer Frau herstarrte, die uns schon öfter unangenehm aufgefallen war, weil sie unsere Nachbarn über uns auszuhorchen schien, riss mich aus meinen Gedanken. »Jetzt«, dachte ich, »jetzt kannst du's ihm beweisen, dass du zu allem fähig bist, wenn es um ihn geht.«

Ich hätte ihn gern umarmt, aber man konnte nie sicher sein, wie Jean reagierte. Schließlich war er der Mann. Also war er der Eroberer. Die Frau hatte sich erobern zu lassen.

Wenn, dann hatte eine Umarmung von ihm auszugehen. Also blieb ich lieber auf Distanz.

»Ich sag dem Richter, dass die Typen vom Jugendamt verschwinden und aufhören sollen, uns nachzuspionieren«, versprach ich und reichte Jean eine Vorladung, die mir das Familiengericht zugestellt hatte. »Wenn ich dem Richter sage, dass bei uns alles okay ist, lassen sie uns in Ruhe.«

»Das träumst auch bloß du«, knurrte Jean.

Jean hatte Recht. Der Familienrichter, den ich dennoch als wohlwollend und einfühlsam in Erinnerung behalten habe, wollte mich nicht verstehen. Franzels Ermittlungsprotokolle in Händen, stand sein Bild von meinem Liebhaber und unserem Zusammenleben fest.

»Trennen Sie sich von diesem Mann«, drängte er mich. »Er ist gewalttätig. Sprechen Sie mit seinen beiden vorherigen Frauen, wenn Sie wollen. Beide sind bereit dazu. Sie werden Ihnen die Augen öffnen. Sie können Ihrem Ehemann dankbar sein, dass er sich trotz der Trennung so verantwortungsvoll der Sache angenommen und die Fakten ermittelt hat. Wir haben die Angaben geprüft. Sie entsprechen der Wahrheit. Glauben Sie mir! Dieser Mann taugt nichts. Einem Alkoholiker und Schläger können auch Sie nicht helfen.«

»Doch, doch«, widersprach ich, »ich kann! Er ändert sich. Er ist nicht mehr derselbe. Die anderen Frauen haben ihn nicht verstanden. Ich verstehe ihn.«

»Was ist, wenn er sich an den Kindern vergreift?«, versuchte der Familienrichter es auf anderem Wege. »Wie wollen Sie die Kinder schützen? Sie können sich doch nicht einmal selbst vor diesem Mann schützen.«

»Er tut den Kindern nichts«, verkündete ich stolz.

Der Familienrichter lehnte sich in seinem Amtsstuhl zurück und sah mich lange nachdenklich an. »Sie wissen, dass Ihr Mann die Übertragung des Sorgerechts auf seine Person und den Umzug der Kinder in sein Haus beantragt hat?«, fragte er schließlich.

Davon hatte ich bis zu diesem Moment nichts geahnt.

»Trennen Sie sich von diesem Mann«, wiederholte der Richter. »Oder wollen Sie, dass das Jugendamt den Antrag des Vaters befürwortet?«

In mir wurde alles kalt.

»So lass ihm die Kinder doch endlich!«, fuhr Jean mich zu Hause wütend an. »Wenn der Vater sie haben will, ist es okay. Bei ihm haben sie ein Haus und einen Riesengarten, ihre Freunde von früher, die Schule, ein tolles Auto. Alles. Was kannst du ihnen bieten? Ein popliges Zimmerchen in einer popligen Mietwohnung.«

»Aber es sind meine Kinder«, schluchzte ich. »Ich hab sie lieb. Ich kann sie nicht hergeben.«

»Wenn du sie wirklich lieb hast, dann gibst du sie her«, meinte Jean und breitete pathetisch die Hände nach oben. »Weil sie's bei ihrem Vater nämlich besser haben als bei dir. Weil er ihnen was bieten kann. Und weil wir zwei heiraten werden, sobald wir beide geschieden sind. Und dann bist du sowieso weg hier, weil du mit mir auf Fahrt gehst.«

Er hatte »heiraten« gesagt. Ungläubig, das aufgeregte Flattern des Herzschlags hoch im Hals, schaute ich ihn an. Jean wollte mich heiraten.

»Also, was ist? Ruf ihn an. Sag ihm, er kann sie kriegen. Er soll sie gleich von der Schule abholen. Sag ihm, dass der Zirkus ein Ende hat.« Wenn er wollte, konnte Jean so unheimlich lieb sein, die Arme um mich legen, mich drücken und halten, das Kitzeln seines schwarzen Schnurrbarts an meiner Wange.

»Ob er es so mit seiner Frau auch gemacht hat, bis sie ihre Kinder bei ihren Eltern gelassen hat?«, dachte etwas, das ich nicht kontrollieren konnte, plötzlich in meinem Kopf. »Schmusen und schlagen, heiß und kalt, wie's ihm gerade passt. Heute mit mir, morgen mit ihr. Stopp jetzt, Käthe! Lass dich nicht schon wieder ausnutzen.«

Was Jeans Schmeichelei nicht vermocht hatte, brachte diese innere Stimme mit der Warnung meiner verstorbenen Mutter zu Wege: eine eigene Entscheidung. »Ich kann nicht, Jean«, sagte ich. »Ich kann die Kinder nicht allein lassen. Es geht nicht. Sie brauchen mich. Ich kann es einfach nicht.«

Jeans Arme ließen mich los, als habe er sich verbrannt. Ich spürte den ersten Schlag von hinten kommen. Trotzdem duckte ich mich zu spät.

Einen Tag später – fast genau einen Monat, nachdem Franzel mit Hilfe des Jugendamtes beim Familiengericht beantragt hatte, mir das elterliche Sorgerecht wegen meines angeblich unsittlichen Lebenswandels zu entziehen und auf ihn selbst als Vater zu übertragen – legte das Gericht fest, dass die Kinder weiterhin bei der Mutter bleiben und dem Vater lediglich ein vierzehntägiges Umgangsrecht gewährt werden solle.

Für mich war es ein bittersüßer Tag. Einerseits empfand ich pure Freude, weil Franzel mir die Kinder trotz seiner Ermittlungen über Jean nicht nehmen konnte und sie weiterhin mit mir zusammenbleiben durften. Andererseits litt ich unter Jeans wütender Unzufriedenheit, der die Kinder lieber heute als morgen aus meinem und damit auch seinem Leben verschwinden sehen wollte.

»Sei doch nicht so böse«, bat ich ihn. »Jetzt ist es ja geregelt, dass Franzel die Kinder immer alle zwei Wochen übers Wochenende und auch in den Ferien hat. Da können wir doch planen und haben mehr Zeit für uns.«

»Und ich sag dir eins, wenn du am nächsten Freitag nicht mit mir auf Tour gehst, kannst du die Sache mit uns vergessen«, gab Jean zurück. »Ich hab dir meine Meinung gesagt. Der Vater will die Kinder. Also gib sie ihm. Entscheide dich: Die Kinder oder ich. Es liegt ganz bei dir.« Worte, die wie ein Fallbeil niedergingen.

Ich hatte so sehr gehofft, nach der Gerichtsentscheidung über den Verbleib der Kinder bei mir endlich Ruhe vor dem Jugendamt zu haben, und ich erwartete, dass sowohl Franzel als auch Jean sich nun mit den Gegebenheiten abfinden würden. Das Gegenteil war der Fall. Die Hölle brach los.

Jugendamtskontrollen, Streitigkeiten mit Jean, seine immer drohenderen Forderungen, Franzel endlich die Kinder zu überlassen, seine Schläge, meine Schreie, dann sein Fernbleiben und meine Angst, es sei endgültig aus, die schiefen Blicke der Nachbarn im Haus, das Getuschel der Arbeitskollegen, die Verachtung meines Vaters – jede Sekunde meines Lebens geriet zur Tretmine aus Bedrohung, Angst und Scham.

Ich versuchte, die Kinder auf Jean einzustimmen. Der Rat meiner Mutter fiel mir ein, dass ich meinen Vater doch ein wenig umgarnen solle, um ihn um den Finger wickeln zu können. Vielleicht, dachte ich verzweifelt, würde Jean sich auch mit den Kindern abfinden, wenn sie etwas lieber zu ihm wären.

»Ihr sollt euch mit Jean vertragen«, verlangte ich. »Er ist schließlich euer künftiger Stiefvater. Wir heiraten schon bald. Wir ziehen mit Jean von hier fort und fangen noch einmal ganz von vorn an. Dann sind wir wieder eine richtige Familie.«

Die Mädchen sagten nichts. Aber das mussten sie auch nicht. Ich sah ihre ängstlichen Augen und Mienen und wusste, was sie dachten. Ihr schreiendes »Mama!«-Weinen wird mir mit der Erinnerung an Jeans Schläge auf ewig unvergesslich bleiben.

Jean ging und blieb fort, damit ich erkennen sollte, wie es allein mit den Kindern und ohne ihn sei. Meine Phantasie malte sich so einfach aus, wo er war. Noch war er verheiratet. Noch konnte er die Scheidung stoppen. Noch konnte er zurück zu ihr. Panik überfiel mich, wenn ich allein in meinem Schlafzimmer lag, das Bett neben mir kalt und leer, und meinen Kopf in Jeans Kissen bohrte, um mit dem schwachen Duft seines Shampoos die Illusion seiner Nähe zu wecken. Ich wusste, er verachtete mich dafür, dass er als Mann für mich nicht alles war und mir nicht mehr bedeutete als meine Kinder. Was sollte aus mir werden, wenn auch er mich verließe? Wer, schrie es vor quälender Angst in mir, wollte denn eine wie mich noch lieben und haben, ohne Geld, ohne Haus, sogar ohne Gebärmutter?

»Haben das Jugendamt und Jean nicht doch Recht? Wäre es nicht besser für die Kinder, wenn Franzel sie hätte?«, grübelte ich und rief mir ins Bewusstsein, welches Leben die Mädchen bei mir hatten. Birgits schulische Leistungen waren rapide gesunken. Die Lehrerin beklagte sich bei Franzel und berichtete beim Jugendamt, dass die Misere in meinem chaotischen Leben sich negativ auf das Kind auswirke. Es brauche mehr Aufsicht, mehr Kontinuität, meine Hilfe bei den Hausaufgaben, insgesamt mehr Ruhe, mehr Aufmerksamkeit und Zuwendung der Mutter.

Wie sollte ich das gewährleisten, wenn ich Jean heiraten und mit ihm in eine andere Stadt umziehen würde? Er war Fernfahrer. Er wollte mich mitnehmen. Und er hatte davon gesprochen, in sein Heimatland zurückkehren zu wollen. Durfte ich das den Kindern überhaupt zumuten? Sie hatten schon ihr großzügiges Zuhause und ihre heile Familie verloren. Wie durfte ich es wagen, ihnen mit einem solchen Umzug ihren Vati, ihre Freundinnen, alle Verwandten, die Schule und ihr Heimatland zu nehmen? Ich dachte an meine

Kindheit, welche Angst es mir schon bereitet hatte, allein in einem Zimmer zu sein. Wie viel größere Angst würden meine Kinder in einem fremden Land haben?

Natürlich war mir längst aufgefallen, dass Birgits nervöses, hektisches Wesen mir gegenüber immer aggressiver und launischer durchbrach. Sie sprach es nie aus, aber ich glaubte zu spüren, dass sie mich verachtete oder sogar hasste und am liebsten eine andere Mutter gehabt hätte oder zumindest weit, weit fort von mir gewesen wäre. In meiner Verzweiflung und Ratlosigkeit überreagierte ich oftmals und strafte sie ab, wo ich sie lieber in den Arm hätte nehmen sollen. Birgit musste glauben, ich liebe sie nicht. Und ich war nicht fähig, ihr meine Liebe zu zeigen und das Gegenteil zu beweisen.

Gleichzeitig hatte sie eine liebevolle Verantwortung für ihre kleine Schwester entwickelt, die weit über ihr Alter hinausging und mich zugleich freute und bedrückte, weil ich es als mein Versagen als Mutter betrachtete, ihr diese Last aufzubürden.

Zutiefst unglücklich sah ich mit an, wie binnen weniger Monate aus Birgit, meinem unbekümmerten, so gern lachenden, so leicht Freundschaft schließenden Wildfang eine schwermütige, in sich zurückgezogene Jugendliche wurde, der das Zusammenleben mit mir nur Ängste, Verzweiflung und Überforderungen einbrachte.

Selbst Sandra, meine Kleine, mein Baby, die meinem Herzen so nahe stand, weil sie das Nesthäkchen und ohne jeden Zweifel mein letztes Kind war, hatte ihre sanfte, stille Freude am Spielen fast gänzlich verloren. Zwar war sie immer noch ein Puppenmütterchen und widmete sich hingebungsvoll ihren Babys und Bärbels und wie sie alle hießen, aber die frühere Ruhe fehlte dabei. Immer öfter ertappte ich sie, wie sie als Puppenmutti Szenen unseres alltäglichen Lebens nachstellte, die sie nicht verkraftete und auf diese Weise für sich aufzuarbeiten versuchte. Mir hielt sie dabei unbewusst den Spiegel vor.

Deutlicher als je zuvor fiel mir in diesen Tagen nach der Familiengerichtsentscheidung über den Verbleib der Kinder bei mir auf, wie oft Sandra mitten in einer fröhlichen Geste innehielt, um mit angehaltenem Atem hinaus ins Treppenhaus zu lauschen, wo soeben ein etwas energischerer Schritt zu hören war. Die Panik ließ ihre Augen übergroß wirken, sobald sie zu begreifen glaubte, wer kam. Dann sprang sie flüchtend auf.

Zu sehen, wie beide Mädchen ihre Sachen rafften und ins Kinderzimmer liefen, weil sie Jean schon an der Art erkannten, wie er den Schlüssel ins Schloss steckte und die Wohnungstür aufstieß, war für mich jedes Mal wie ein körperlicher Schmerz. Noch schlimmer traf es mich, wenn sie mich mit den Augen um Hilfe anflehten, weil sie ihm nicht mehr rechtzeitig ausweichen konnten und er ins Zimmer trat, während sie noch da waren. Er hatte sie nie geschlagen. Aber sie hatten erlebt, dass er mich schlug. Natürlich hatten sie Angst, er werde auch sie schlagen.

Die unverhohlene Abscheu in Birgits Blick, wenn Jean mich umarmte und küsste, setzte mir zu, weil ich darin ihre Gedanken über mich lesen konnte. Und wenn Sandra sich von mir nicht mit derselben Hand berühren lassen wollte, mit der ich Jean soeben erst gestreichelt hatte, schmerzte mich diese Abwehr mehr als Jeans Schläge.

Tag und Nacht drehten sich die Gedanken, Eindrücke, Erinnerungsfetzen, Zukunftsvisionen in einem Wirbel unaussprechlicher Angst und Schuldgefühle in mir. Schlaflos wälzte ich mich nachts damit herum. Rastlos trieb es mich am Tage um. Wenn ich mich heute in meiner damaligen Lebenslage beschreiben soll, sehe ich mich als Schwimmerin in einem reißenden Strom, dessen Sog mich trotz meiner verzweifelten Schwimmbewegungen unaufhaltsam in einen Strudel hinabzuziehen drohte.

Vier Wochen vor Weihnachten, an einem kalten, regnerischen Montag im November, nur ein langes Wochenende, nachdem das Familiengericht mir die Kinder und Franzel lediglich ein Umgangsrecht zugesprochen hatte, gab ich auf.

Früh am Morgen, nachdem ich die Kinder zur Schule und in den Kindergarten gebracht hatte, hatte ich noch mit mir gerungen, wie ich den Spagat zwischen Jeans Forderung, ihn auf seinen Fahrten zu begleiten, und die Anwesenheitspflicht der Kinder in Schule und Kindergarten bewerkstelligen könnte, als die Leute vom Jugendamt schon wieder unangemeldet vor der Tür standen. Ob man, bitte sehr, die Wohnung sehen dürfe? Wo meine Kinder wären? Nachbarn hätten sich über Schreie der Kinder aus der Wohnung beschwert. Was mit den Kindern passiert sei? Man müsse den Vorfall dem Familiengericht melden. Der Richter werde Konsequenzen ziehen. Ich solle doch endlich Vernunft annehmen und die Kinder dem Vater überlassen, der sie jederzeit nehmen und dafür sorgen würde, dass sie wieder in geordneten Verhältnisse lebten. Kinder bräuchten geordnete Verhältnisse. Wenn ich schon keine Verantwortung für mich übernehmen und mich von diesem Schlägertypen lösen wollte, vor dem der Familienrichter mich gewarnt hatte, sollte ich doch wenigstens Verantwortung für die Kinder zeigen und sie vor diesem Kerl in Sicherheit und zu ihrem Vater bringen.

Müde, die Stirn an das Fensterkreuz gelegt, starrte ich den Inquisitoren des Jugendamtes nach, die hintereinander aus meinem Wohnblock traten, die Straße überquerten und sich in ihr Auto setzten. Einer von ihnen trug einen Mantel, den er mit beiden Händen wie einen Schwalbenschwanz schürzte, ehe er auf dem Beifahrersitz Platz nahm. Wenn ich die Augen schließe, sehe ich diese Szene wie eingebrannt in meinem Gedächtnis. Und sofort schießen mir Gedanken von damals wieder durch den Kopf: »Das Jugendamt sagt, ich bin eine schlechte Mutter, und die Kinder haben es schlecht bei mir. Es sagt, Jean ist ein schlechter Stiefvater. Es sagt, die Kinder haben es gut bei ihrem eigenen Vater.« Drei Gedanken, die einen vierten hervorbrachten: »Franzel kriegt die Kinder.«

Tränenlos, innerlich eiskalt erstarrt, löste ich mich vom Fenster und griff zum Telefon. Ich rief Jean an, dass er mich abholen solle. Eine Antwort wartete ich nicht ab. Ich rief meinen Vater an und bat ihn, künftig für meine Kinder da zu sein, da ich sie bei Franzel lassen und mit Jean fortgehen werde. Mein Vater war so geschockt, dass ich vernahm, wie er nach Luft rang. Ich legte den Telefonhörer auf.

Wie ein Roboter ging ich durch die Wohnung und raffte das Nötigste für mich in einer Reisetasche zusammen, die Jean später im Truck verstauen sollte. Ich räumte das Kinderzimmer auf. Die Betten, die Spielsachen, Bücher, alles nahm ich auf, strich es glatt, legte es an seinen Platz. Nur einmal, als ich Sandras Babypuppe in ihr Steckkissen schob, wallte es heiß in mir auf, doch ehe sich Tränen bilden konnten, war das Gefühl schon wieder erstorben.

Eine nach der anderen verschloss ich alle Türen in der Wohnung mit Ausnahme des Kinderzimmers, dessen Tür ich weit offen ließ. Als stünde ich neben mir oder kleidete eine andere Person an, schlüpfte ich in den Mantel, verschloss ordentlich jeden Knopf, warf den Schal um und zippte die Reißverschlüsse der Stiefel hoch. Dann zog ich die Wohnungstür hinter mir ins Schloss und ging.

Irgendetwas in mir zählte die Treppenstufen, die Steinplatten auf dem Bürgersteig, die Straßenlampen, an denen ich vorbeikam, bis ich vor der Tür der späteren Betreuerin meiner Kinder anlangte, klingelte und ihr meinen Wohnungsschlüssel mit der Bitte aushändigte, Franzel zu benachrichtigen und am Abend das Kinderzimmer auszuräumen. »Er wollte die Kinder. Jetzt kriegt er sie«, sagte ich. »Er kann auch das Kinderzimmer zurückhaben. Ich brauche es nicht mehr.«

»Aber warum?«, fragte die spätere Betreuerin meiner Kinder verdutzt.

»Weil ich dann nicht mehr da bin«, sagte ich mit einer Stimme, die mir selbst fremd war. »Wenn ihr die Sachen für die Kinder draußen habt, werft mir den Schlüssel in den Briefkasten.«

Sie schüttelte den Kopf. »Und wohin willst du?« Ich erinnere mich an ihren Gesichtsausdruck, als könnte ich ihn auf einem Photo sehen. »Ich heirate Jean und gehe mit ihm fort.« Sie war fassungslos.

»Hol Birgit bitte von der Schule und Sandra vom Kindergarten ab«, sagte ich mit derselben inneren Starre, in der mich die Leute vom Jugendamt zurückgelassen hatten. »Sag ihnen, dass ich sie lieb habe. Sie sollen zu ihrem Vater zurück. Dort haben sie es besser als bei mir.«

Die spätere Betreuerin meiner Kinder nickte nur, nahm mir den Wohnungsschlüssel ab und starrte mir nach, wie ich steif und aufrecht die Straße entlang in eine ungewisse Zukunft ging. Jahre später war sie es, die dem Familiengericht mit »harter Tugend« ihre Meinung kundtat, dass eine Mutter, die ihre Kinder wegen eines Mannes verlasse, das Recht auf ein Wiedersehen und den Umgang mit ihnen auf immer verwirkt habe.

Minuten später erreichte ich Birgits Schule. Es war um die dritte Unterrichtsstunde. Der unverwechselbare Geruch nach Schweiß, Staub und der Angst von Generationen von Schülern, der wohl allen Schulen anhaftet, empfing mich, als ich das Schulhaus betrat. Aus den Klassenzimmern drangen das laute Dozieren der Lehrer, das Murmeln von Kinderstimmen, das Rücken von Stühlen und das Lärmen der Schüler, die sich selbst überlassen waren, weil der Lehrer Verspätung hatte oder der Unterricht ausfiel. Zeichnungen und Wasserfarbenbilder schmückten die Wände. Ein großer Gummibaum schob seine staubigen Blätter aus einer Wandnische zum Licht, das aus einem Oberfenster fiel. Irgendwo knallte eine Tür. Kinderfüße rannten. Eine Männerstimme rief etwas. Ich verstand es, aber ich begriff es nicht.

Wie an Fäden gezogen schritt ich an langen Mantelreihen und verschlossenen Türen vorbei zu Birgits Klasse. Die Klassenlehrerin rief: »Ja, bitte!«, oder vielleicht auch: »Herein!«, als ich klopfte.

Ich musste mich nicht erst vorstellen. Sie kannte mich, verachtete mich.

In einem Brief an Franzel, den er kurz nach Weihnachten dem Familiengericht vorlegte, um nun endlich die Übertragung des alleinigen Sorgerechts zu erwirken, schrieb sie, sie habe sich gezwungen gesehen, das Jugendamt darüber zu informieren, dass sie durch Birgit von den vielen Streitigkeiten zwischen Jean und mir und von den Misshandlungen ihres zukünftigen Stiefvaters erfahren habe. Unter diesen Zerwürfnissen habe Birgit sehr gelitten und daher schlechte Schulleistungen erbracht. Im Vergleich zu dem Milieu, in dem die Kinder bei mir lebten, sei der Vater ein Glück für sie. Denn im Gegensatz zu mir sei er verantwortungsbewusst und scheue weder Mühen noch Opfer, um den Kindern Liebe und Geborgenheit zu schenken.

Normalerweise hätte ich die verächtliche Miene, mit der die Lehrerin mich von oben bis unten musterte, als ich die Türklinke niederdrückte und ins Klassenzimmer trat, kaum ertragen. An jenem Novembermorgen glitt auch das an mir ab.

»Ich muss meine Tochter sprechen. Es ist wichtig!«, stieß ich hervor. Die Erinnerung ist seltsam neblig. Meine Seele hat sie verdrängt, gibt sie nur zögernd und in Puzzleteilchen wieder frei.

Birgit trat sogleich heraus zu mir. Sie muss verwundert gewesen sein, vielleicht schon auf Schlimmes vorbereitet. Es kam sonst nicht vor, dass ich sie während des Unterrichts sprechen wollte. Wahrscheinlich stellte sie keine Fragen, sondern ging schweigend neben mir den Gang hinunter.

Und dann sagte ich ihr dort draußen vor der Schulhaustür mit Worten, an die ich mich nicht mehr erinnere, dass sie und Sandra ab sofort bei ihrem Vater leben müssten, weil ich wegginge und nicht mehr zurückkäme.

Wie totenblass sie daraufhin wurde, habe ich nie verdrängen können. Auch nicht, wie eiskalt die Ärmchen und Hände waren, die wie leblos an ihr herunterhingen, als ich sie ein letztes Mal zu umarmen versuchte und es bei der halben Bewegung bewenden ließ, weil Birgit mir nicht entgegenkam. Und immer noch ist mir, als hörte ich, wie dünn ihre Stimme klang, als sie fragte: »Gehst du mit Jean?«

»Ja«, sagte ich.

Erst durch den Brief ihrer Klassenlehrerin an Franzel habe ich erfahren, dass Birgit es drinnen im Klassenraum noch bis zu ihrem Sitzplatz schaffte, ehe sie bitterlich weinte.

Draußen, als ich ging, weinte sie nicht.

Sandra habe ich an jenem Schicksalstag nicht aufgesucht. Lange habe ich mir selbst vorgemacht, dass es nicht nötig gewesen sei, weil Birgit ihr alles sagen würde und ich der Kleinen den Abschiedsschmerz ersparen wollte. Tatsächlich ersparte ich ihn mir selbst.

Ich habe damals nicht darüber nachgedacht. Aber ich bin sicher, dass ich zusammengebrochen wäre, wenn Sandra beim Abschied geweint und gebettelt hätte, ich solle nicht gehen. Birgit gegenüber hätte ich mich vielleicht verhärten können. Aber nicht Sandra gegenüber. Es ist schwer für mich als Mutter, zugeben zu müssen, dass ich Sandra immer anders und vielleicht mehr geliebt habe als Birgit. Eine gute Mutter würde alle ihre Kinder gleich lieben, denke ich. Unterschiede zu machen, ist falsch und ungerecht. Ein Kind kann nichts dafür, dass es Eigenschaften geerbt hat, die man nicht gut findet. Und natürlich sollte man als Mutter in der Lage sein, immer das Gute im Kind zu sehen. Ich habe das nicht so geschafft, wie ich es schaffen wollte. Und es tut mir unendlich Leid. Ich werde mir wohl immer Vorwürfe machen, Birgit zwar geliebt, doch Sandra bevorzugt zu haben.

So bin ich also aus Angst vor dem Trennungsschmerz aus Sandras Leben verschwunden, ohne sie noch ein letztes Mal gesehen und ihr persönlich gesagt zu haben, dass ich sie verlasse.

Starr, tränenlos, kalt und innerlich völlig leer stand ich später im Häuserschatten der Nachbarschaft verborgen und sah zu, wie Franzel mit seinen Helfern das Kinderzimmer aus meiner Wohnung transportierte, meinen Schlüssel in den Briefkasten warf und endlich alles hatte, was mir jemals im Leben etwas bedeutete, meine Kinder.

KAPITEL 6

Absturz

Mein Jahr mit Jean war eine grausige, furchtbare Zeit. Solange wir auf seinen Fahrten unterwegs waren, nahm er sich zusammen. Kaum waren wir unter vier Augen allein, kam es fast zu Mord und Totschlag. Noch heute habe ich schwere Narben am Kopf. Im Grunde ist es ein Wunder, dass ich noch lebe und keinen bleibenden Schaden durch Schädelbrüche oder geplatzte Adern im Gehirn erlitten habe.

Manchmal schlug und trat Jean auf mich ein, wenn ich schon am Boden lag. Einmal klaffte in meiner Lippe von einem Tritt ein tiefer Riss, sodass ich vor Schmerzen tagelang nichts essen konnte. In meiner Verzweiflung kroch ich heimlich aus dem Fenster, um zu fliehen. Aber wohin sollte ich denn? Wie früher, als ich ein kleines Mädchen war und vor den Schlägen meines Vaters abhauen wollte, kehrte ich weinend wieder um, weil ich nicht wusste, wohin.

Uns gegenüber wohnte ein junger Mann. Wenn ich die Jalousien an unseren Fenstern herunterließ, konnte es vorkommen, dass er zufällig an einem seiner Wohnungsfenster stand und grüßend herübernickte. Für Jean ein Anlass, mich grün und blau zu schlagen, weil ich ihn angeblich mit diesem Mann betrogen hatte.

Wenn er aus dem Haus ging, legte er Fallen für mich aus. Ein Haar über dem Telefonhörer zum Beispiel. Kam er zurück und das Haar fehlte, versuchte er, aus mir herauszuprügeln, mit wem ich angeblich telefoniert hatte. Vielleicht hatte ich das Haar beim Staubwischen entfernt. Vielleicht hatte ein Windhauch es fortgeweht. Möglicherweise hatte Jean auch nur behauptet, ein Haar ausgelegt zu haben, es aber nie getan. Es mochte tausend gute Gründe geben, warum das Haar verschwunden war. Nur den einen nicht, dass ich telefoniert hatte. Ich wagte vor Angst ja kaum, auch nur in die Nähe des Apparates zu kommen.

Was immer ich zu meiner Entlastung vorbrachte, geriet zur Farce – all das hatte ich schon einmal in meiner Kindheit erlebt. Wie mein Vater, so schlug mich auch Jean, obwohl oder weil ich mich verteidigte oder entschuldigte oder Vorwürfe wortlos auf mich niederprasseln ließ. Für alles, was ich sagte oder nicht sagte, gab es ein: »Wer sich verteidigt, klagt sich an.« – »Keine Antwort ist auch eine Antwort.« – »Wer schweigt, betrügt.« Ohne dass ich dies benennen konnte, spürte ich in schrecklicher Weise, dass das Kind in mir durch meine Verbindung mit Jean heimgekehrt war.

Wie schon als Kind nahm ich auch jetzt hin, was mir widerfuhr. Wenn ich geschlagen wurde, musste ich es verdient haben. Egal, ob ich den Grund kannte oder einsah oder nicht. Jean war der »Bestimmer«, wie wir als Kinder sagten. Ich war, was er wollte und bestimmte.

Wehren konnte ich mich nicht. Nur einmal wäre ich fast zur Mörderin geworden, als ich bei dem Versuch, mich vom Boden aufzuraffen, ein Messer zu fassen bekam. Jean hatte mich zusammengeschlagen und glaubte wohl, ich werde so schnell nicht wieder aufstehen, sodass er mir den Rücken zukehrte, während er die Rotweinflasche ansetzte. Ein tödlicher Irrtum, hätte mich nicht in letzter Sekunde die Panik vor der Einsamkeit nach Jeans Tod erfasst. Ohne ihn, wurde mir in dem Sekundenbruchteil, in dem ich das Messer zum Stich erhob, bewusst, würde ich ja vollkommen verlassen sein, weil mich kein Menschen auf der Welt liebte – nur dieser eine Mann, der mich, wie ich glaubte, nicht aus Lust an der Gewalt, sondern vor Liebe und Eifersucht fast umbrachte. So legte ich das Messer fort, ehe Jean es bemerkte, und schämte mich, dass ich eine Sekunde lang daran gedacht hatte, es ihm hinterrücks in den Leib zu stoßen.

»Was bist du nur für ein Mensch?«, klagte ich mich im Stillen an, während Jean zum üblichen Versöhnungszeremoniell überging. »Er liebt dich, und du willst ihn umbringen.« Aber im Grunde erwartete ich ohnehin nichts Gutes mehr von mir, denn schlechter als ich von mir dachte, konnte niemand von mir denken.

Ich verachtete mich unendlich dafür, nicht stark genug gewesen zu sein, um dem Jugendamt die Stirn zu bieten. Ich hasste mich, weil ich zu schwach gewesen war, Franzel Widerstand zu leisten, sodass er mich ausnutzen und ausbeuten konnte ohne Ende. Und die Schuldgefühle, meine Kinder verlassen zu haben, verfolgten mich in jedem einzelnen Moment. In meinen Augen war ich abgrundtief gesunken, weil ich dem Druck Franzels, Jeans und der Jugendamtsmitarbeiter nicht gewachsen war und ihre unendliche Leier aus Vorwürfen, Drohungen, Maßregelungen und Demütigungen nicht mehr ertragen konnte. Und wie viel tiefer fiel ich nun täglich durch Jeans Schläge, die mich für jedermann sichtbar als Versagerin brandmarkten.

Nicht einmal meinem ärgsten Feind wünsche ich, sich selbst so hassen zu müssen, wie ich mich dafür hasste, verachtete und schämte, meine Kindern aus Angst und Schwäche im Stich gelassen zu haben.

Das erste Weihnachtsfest ohne meine Kinder hatte ich noch wie in Trance verbracht. In der Rückschau kommt es mir vor, als sei ich seit jenem Novembertag, als ich Abschied genommen hatte, seelisch tiefgefroren gewesen und mit der

Zeit ganz langsam aus dem Eiskeller meiner Gefühle in die Sonne gelangt.

Mit dem Erwachen des Frühlings in der Natur ging erstmals auch ein Erwachen durch mich. Zu dieser Zeit hatte Jean mit dem Fernfahren aufgehört und mit meiner Hilfe begonnen, ganz in der Nähe meiner Heimatstadt ein eigenes kleines Unternehmen in seinem ursprünglichen Beruf als Fliesenleger aufzubauen. Wir schufteten zusammen auf dem Bau, aber es kam auch vor, dass wir getrennt arbeiteten. An diesen Tagen erschlich ich mir stets die eine oder andere halbe Stunde, um mich heimlich in der Nähe der Schulen meiner Kinder zu verstecken und mit klopfendem Herzen darauf zu warten, sie unbemerkt zu sehen.

Ein Recht, sie offiziell zu sehen, hatte ich nicht mehr. Kurz nach Weihnachten war Franzel gerichtlich das alleinige Sorge- und Aufenthaltsbestimmungsrecht erteilt worden. Eine Regelung meines Besuchs- und Umgangsrechts hatte er kategorisch abgelehnt. Ich hatte ihm nicht widersprochen. Das schlechte Gewissen, meinen Kindern so unendlich wehgetan und sie verlassen zu haben, machte mich vollkommen willenlos und wehrlos. So schloss der Richter die Regelung des Umgangs im elterlichen Einvernehmen aus und fügte dem Gerichtsbeschluss hinzu, da ich die Kinder dem Vater aus freien Stücken überlassen hatte, werde meinerseits kein Anspruch auf Umgang mehr erhoben. Apathisch ließ ich alles über mich ergehen. Wenn der Richter damals verlangt hätte, ich solle mich zur Strafe dafür, eine schlechte Mutter zu sein, lebendig einmauern lassen, hätte ich auch das getan.

Niemand hatte mir seitdem eine Nachricht über die Kinder zukommen lassen. Jean und ich hatten meine letzte gemeinsame Wohnung mit den Kindern unmittelbar nach ihrem Auszug aufgelöst. Meine Möbel und sonstigen Habseligkeiten waren zunächst in einem Möbeldepot eingelagert worden. Seit Jean sich als Fliesenleger selbstständig gemacht hatte, lebten wir miteinander in einer gemeinsam eingerichteten Wohnung. Wahrscheinlich kannte mein Vater nicht einmal meine Adresse. Wenn überhaupt, dann rief ich ihn manchmal von irgendwo unterwegs kurz an. Aber zu mehr als einem kühlen Gruß kam es nie. Mir war auch ohne Worte klar, was mein Vater von mir hielt.

So wurde es allmählich Ostern. Die ersten Schlüsselblumen in den Wiesen erinnerten mich an die Kränze, die sich die Kinder geflochten und aufgesetzt hatten. Die geringelten Korkenzieherweiden in den Vorgärten hatten wir als Osterstrauß geschmückt. Jedes Jahr hatten die Kinder und ich Eier ausgeblasen und bunt bemalt oder verziert, um sie dann in die krausen Zweige zu hängen.

Nachts, wenn Jean endlich schlief, lag ich mit brennenden Augen wach und starrte Löcher in die Dunkelheit, während die Gedanken zu meinen Kindern wanderten. »Ob auch sie wohl manchmal an mich denken?«, fragte die Hoffnung in mir. »Ob sie lieb an mich denken?« Doch die Schuld entgegnete hart: »Niemals! Sie hassen dich.« Dann schlug ich die Ecken des Kopfkissens über die Ohren und vernahm das Rauschen und Dröhnen in mir: »Schuld! Schuld! Schuld!«

Karfreitag wuchs die Sehnsucht nach meinen Kindern so übermächtig in mir, dass ich den ersten Fluchtversuch wagte.

An diesem Abend musste der Fisch schwimmen, wie Jean zu sagen pflegte, sodass er ein Fläschchen »Flüssigbrot« nach dem anderen zur traditionellen Fischmahlzeit zischte und später rasend vor Wut auf mich einschlug, weil er in seinem betrunkenen Zustand zwar Lust, aber keine Potenz mehr aufbrachte.

Kaum war er endlich schnarchend eingeschlafen, schob ich mich kaum merklich aus dem Bett und huschte ins Wohnzimmer, dessen Fenster sich im Gegensatz zur knarrenden Tür geräuschlos öffnen ließen. Ohne Geld, ohne auch nur ein anderes Kleidungsstück als das, was ich am Leib trug, stieg ich aus dem Fenster und floh per Anhalter. Ich wollte nichts mitnehmen, was Jean gehörte oder worauf er Anspruch erheben konnte. »Man soll nie nie sagen«, hatte meine Mutter immer gemahnt. Doch diesmal versprach ich mir selbst dieses »Nie!«, denn ich wollte Jean nie mehr wiedersehen.

Am Bahnhof meiner Heimatstadt ließ ich mich absetzen. Die Lichter der Stadt waren längst erloschen. Alles schlief. Mein Vater hatte sich nach dem Tod meiner Mutter frisch verliebt. Mitten in der Nacht hatte er jetzt Besseres zu tun, als seiner heruntergekommenen Tochter ein Bett im Wohnzimmer herzurichten. Zu ihm konnte ich um diese Zeit nicht gehen. Was also tun?

Die Bahnhofsmission fiel mir ein. Früher hatte meine Mutter manchmal abgelegte Kleider und Decken dorthin gebracht. Für die Penner, die Obdachlosen und Verlorenen. »Sie würde sich im Grabe umdrehen, wenn sie wüsste, wie tief ich gesunken bin«, dachte ich, als ich zaghaft an die erleuchtete Tür klopfte.

Eine ältere Frau öffnete. Sie musterte mich nur kurz. Die Spuren der Schläge auf meinem Gesicht, die zerknautschte Kleidung, kein Gepäck. Ein Blick genügte ihr, um sich eine Meinung über mich zu bilden.

»Nein, schlafen können Sie hier nicht«, schüttelte sie den Kopf, als ich um einen Schlafplatz bat, weil ich keine Menschenseele hatte, zu der ich jetzt noch gehen konnte, und auch keinen Pfennig in der Tasche, um mir ein Hotelzimmer zu nehmen.

»Aber wo soll ich denn hin?«, rief ich verzweifelt. »Ich kann nicht mehr zurück. Soll ich mir draußen, unter den Brücken, den Tod holen?«

»Kommen Sie, ich bringe Sie zur Polizei«, sagte die zweite Frau in der Stube der Bahnhofsmission resolut. »Sie sollten zuerst einmal Anzeige erstatten. Wer Ihnen das hier«, sie zeigte auf die Schlagspuren in meinem Gesicht, »angetan hat, der gehört hinter Gitter. Und zwar für lange Zeit.«

Bei der Polizei wusste man sich schließlich keinen anderen Rat, als mich in die Ausnüchterungszelle zu stecken. »Betrunken sind Sie zwar nicht«, meinte der Dienst habende Beamte, der mich bei der Nennung meines Namens wie einen Geist angestarrt hatte. »Aber Sie brauchen ein Bett. Und da drinnen ist eins.« Mein Vater, der ehrenwerte Herr Standesbeamte, war ihm garantiert bekannt. Die Tochter vom »Kärele« verwahrlost, mittellos und schwer misshandelt zu sehen, kam selbst für einen Polizeibeamten, der einiges gewohnt war, einer Sensation gleich.

Mir war alles egal. Ausnüchterungszelle hin oder her, ich hätte auch auf dem nackten Boden geschlafen, so fix und fertig war ich.

Am nächsten Morgen, dem Ostersamstag, schüttelte der Polizeibeamte mich an der Schulter wach. Er hatte mit meinem Vater telefoniert. »Er sagt, Sie sollen kommen«, teilte er mir mit. »Sie können gleich zu ihm.« Die Zweifel mussten wohl deutlich an meinem Gesichtsausdruck abzulesen sein, denn er fügte hinzu: »Gehen Sie ruhig. Er erwartet Sie schon.«

Ich glaube, so schnell bin ich die kurze Strecke zwischen dem Polizeirevier und der Wohnung meines Vaters nie gelaufen wie an diesem Samstag.

Die Scham trieb mich an, in einem solchen lumpigen Aufzug öffentlich sichtbar nach Hause zu kommen. Zum Glück waren die meisten Fensterläden und Türen noch geschlossen. Doch bald schon würde die Stadt erwachen. Es war ein Tag vor Ostern. Alle Welt würde in die Geschäfte strömen, um letzte Leckerbissen für die Festtage einzukaufen. Ich musste mich sputen, wenn ich ungesehen hinter der Wohnungstür meines Vaters verschwinden wollte, ehe ich ihm noch mehr Schande machen konnte, als ich ihm ohnedies schon bereitet hatte.

Ein bisschen hatte ich mir erträumt, dass er sich trotz allem freuen würde, mich zu sehen oder dass er mich doch wenigstens spüren ließe, dass er mich ein wenig lieb hatte. Aber alles, was mein Vater für mich aufbrachte, waren die alten, seit Kindertagen bekannten Beschimpfungen und Vorhaltungen, die er mir bereits entgegenschleuderte, als er die Tür öffnete und mich auf der Schwelle empfing. Mit hängendem Kopf ließ ich alles über mich ergehen. Es hatte doch keinen Zweck, ihm etwas zu erklären. Er wollte mich nicht verstehen. Was für ihn zählte, war seine eigene Meinung. Und die stand für ihn längst unverrückbar fest.

Als mein Vater mich kurz darauf allein ließ, weil er, wie meist, auch an diesem Samstag vor Ostern zahlreiche Hochzeitspaare zu trauen hatte, verfiel ich erneut in tiefe Verzweiflung. Wie hatte ich nur annehmen können, es werde mir möglich sein, meine Kinder zu Ostern besuchen und ihnen ein Körbchen mit Ostergeschenken bringen zu dürfen? Eine wie ich, das hatte mir mein Vater nun endgültig klar gemacht, hatte kein Recht dazu. Das Beste, was ich für meine Kindern noch tun konnte, war, sie für immer in Ruhe zu lassen, damit sie mich vergaßen.

Bitterlich schluchzend, blieb mein Blick irgendwann an einem wahren Berg von Tabletten hängen, die mein Vater auf einem Beistelltischchen aufgehäuft hatte. Vielleicht waren es Tabletten aus der Zeit, als meine Mutter noch lebte, und sie sollten als Sondermüll in die Apotheke gebracht werden. Ich weiß es nicht. Ohne auch nur eine Sekunde zu zögern, verschlang ich alle diese Tabletten und stopfte auch die letzte in mich hinein, die kaum noch meinen trockenen Hals hinuntergelangte.

Mein Vater hatte einen Fernsehsessel im Wohnzimmer stehen. Der war groß und weich und bequem. Als ich mich hineinlegte, umfing er mich wie mit liebevollen, warmen Armen. Das tat gut. In diesem Sessel ruhend, wollte ich einschlafen und sterben.

Nach einiger Zeit merkte ich im Dämmerschlaf, dass ich eine pelzige Zunge bekam und mein Kopf begann, seltsam leicht und schwindlig zu schweben. Obwohl ich keine Erfahrung mit Suizidopfern besaß und mich auch anderweitig nicht über Selbstmord informiert hatte, wusste ich, dass dieses Gefühl der Anfang vom Ende war. Es war mir recht.

Als mein Vater Stunden später von der Arbeit nach Hause kam, fand er mich im Esszimmer unter dem Tisch liegend. Irgendwann musste ich also aufgestanden und in der Wohnung umhergelaufen sein, bis ich das Bewusstsein verloren hatte. Davon weiß ich jedoch nichts. Da ich noch schwache Lebenszeichen von mir gab, rief er den Notarzt und den Krankenwagen an, die mich wenig später in die Notfallaufnahme der nahe gelegenen Klinik einlieferten.

Mein Leben muss wohl auf der Kippe gestanden haben, denn obwohl mir sofort der Magen ausgepumpt worden war, lag ich zwei Tage bewusstlos im Koma, und die Ärzte schlossen meinen Tod nicht aus.

Als ich endlich doch erwachte, war ich mir selbst zu viel und empfand Groll gegen die Ärzte, die mich wieder zurückgeholt hatten.

Der Grund, weshalb ich lieber sterben als weiterleben wollte, hatte sich in den Stunden meines Komas leider nicht in Wohlgefallen aufgelöst. So erfüllte es mich mit Bedauern, dass ich noch lebte, statt mit neuer Lebensfreude. »Warum und für wen soll ich leben?«, dachte ich und unterdrückte die leise Stimme, die mich an Jean erinnerte. »Niemand braucht mich. Keiner vermisst mich.«

Da ich einen Suizidversuch unternommen hatte, war vor meiner Entlassung aus der Klinik ein Gespräch mit einer Psychologin unumgänglich, um abzuklären, aus welchem Grund ich mein Leben beenden wollte und ob ich weiterhin selbstmordgefährdet war. In dieses Gespräch setzte ich einige Hoffnung.

Doch als es endlich stattfand, bewirkte es nur neue Enttäuschung. Die Psychologin stellte eine Anfangsfrage, saß mir dann schweigend gegenüber, ließ mich reden und nach Worten ringen. Gelegentlich murmelte sie »Ach so?« und »Ach, ja!« oder »Das sollten Sie etwas vertiefen.« Dazwischen klopfte sie ab und zu mit dem Radiergummi ihres Bleistiftes auf ein Blatt Papier oder sah immer wieder einmal prüfend auf die Uhr. Draußen im Gang warteten schließlich schon die nächsten Patienten. Also hatte ich mich gefälligst zu beeilen und Rücksicht zu nehmen.

Vielleicht dachte sie nicht so. Sie vermittelte mir aber genau diesen Eindruck. Ich spürte, Interesse an mir als Mensch und meinem ganz speziellen Problem hatte diese Ärztin nicht. Ich war für sie lediglich ein Fall unter vielen, und sie tat ihren Job. Deshalb hatte sie mich als »Nummer sowieso« zu sich bestellt, aber den Menschen in mir nicht abgeholt.

In den folgenden Tagen klangen die körperlichen Folgen des Tablettenmissbrauchs ab. Ich fühlte mich unendlich einsam und überflüssig. Mein Vater ließ sich zweimal flüchtig in meinem Krankenzimmer blicken. Wie es sich gehörte, damit ihm niemand etwas Schlechtes nachsagen konnte. Ansonsten nahm kein Mensch von mir Notiz. Unglücklich und neidisch zugleich sah ich die Frauen in den Betten neben mir Besuch von ihren Lieben bekommen, hörte unfreiwillig ihren zuversichtlichen, liebevollen oder fröhlichen Gesprächen zu. Die Freude der Kinder darüber, dass der Heilungsprozess ihrer Mutter fortschritt und sie bald wieder zu Hause sein würde, schnitt mir ins Herz. Ob ich gesund wurde oder nicht, interessierte keinen. Nicht einmal meinen Vater, der, kaum im Krankenzimmer und am Bett angekommen, froh war, wenn er wieder gehen konnte. Wäre ich gestorben, ich glaube, er wäre erleichtert gewesen. Und meine Kinder ahnten nicht einmal, dass ich krank war und beinahe ums Leben gekommen wäre. Für sie war ich bereits so gut wie tot.

Aber ich lebte, und mit jedem Tag, den ich einsam und verloren in diesem Krankenhaus lag, meinen Kindern so nah und zugleich ferner denn je, dachte ich öfter und reumütiger an Jean. Er schlug mich. Er war gemein zu mir. Doch er liebte mich.

Kurz vor meiner Entlassung wurde ich nochmals von dem behandelnden Arzt untersucht. »Ihr ganzer Körper ist voller Hämatome, Platzwunden und frisch verheilter Narben«, stellte er fest. »Wollen Sie den Mann, der Ihnen das zugefügt hat, nicht anzeigen?«

»Nein«, antwortete ich.

Noch am gleichen Tag rief ich Jean an, der auch sofort zu mir eilte, mich umarmte und streichelte, mich küsste und mir sagte, wie sehr er mich vermisst habe und sich freue, dass ich am Leben und wieder ganz gesund sei. »Wie habe ich nur vor ihm fortlaufen können?«, fragte ich mich.

Als ich schließlich aus der Klinik entlassen wurde und Jean mich am Arm hinausbegleitete, lief uns der Anästhesist über den Weg, der mich am Tag meiner Einlieferung behandelt hatte. Mit einem Seitenblick auf Jean reichte er mir zum Abschied die Hand und sagte: »Passen Sie auf sich auf, gute Frau, denn sonst sind Sie eines Tages tot. Und zwar entweder durch Ihre eigene Hand oder durch die Hand dieses Mannes.«

»Der spinnt doch«, sagte Jean. Und in diesem Augenblick glaubte ich das auch.

Von nun an hatte Jean noch leichteres Spiel mit mir als zuvor. Ich war ja mit wehenden Fahnen wieder zu ihm übergegangen, weil es keinen gab, der mich haben wollte. Nur ihn. Sein früheres »Überleg dir mal, wie gut ich es mit dir meine« hatte plötzlich eine neue Bedeutung erhalten. Was ich vor meinem Fluchtversuch nur befürchtet hatte, war jetzt Gewissheit. Jean war der einzige Mensch, der mich nicht im Stich ließ, obwohl ich ihm fortgelaufen war. Er war mir nicht böse gewesen, sondern hatte sich meiner angenommen, als ich von allen verlassen war. Er war der mir vorbestimmte Mann. Ohne ihn war ich einsamer als Robinson auf seiner Insel. Ich musste froh sein, dass er mich nicht in die Wüste schickte.

Da ich immer noch nicht geschieden war, begleitete Jean mich zu den Gerichtsterminen. Dort spielte er sich als mein Beschützer auf und beschwerte sich sogar einmal bei dem Familienrichter, dass die Scheidung nicht endlich vollzogen wurde. Wir wollten heiraten und uns eine neue wirtschaftliche Existenz aufbauen. Die Verzögerung meiner Scheidung stand dem entgegen.

Die Scheidung habe bisher nicht ausgesprochen werden können, teilte ihm der Familienrichter daraufhin mit, weil nicht sicher sei, ob ich in meinem depressiven Zustand überhaupt in der Lage sei, die Tragweite einer Scheidung zu erfassen. Es stehe zu befürchten, dass ich nicht in dem Maße geschäfts- und zurechnungsfähig sei, um der Sache im vollen Bewusstsein der Folgen zuzustimmen.

Tatsächlich war mir der Familienrichter wohl gesonnen und hatte Mitleid mit mir. Er kannte Jeans Polizeiakten und die Ermittlungsergebnisse, die Franzel und mein Vater über ihn zusammengetragen hatten. Mindestens einmal hat er mich eindringlich vor ihm gewarnt.

Jetzt befähigte ihn seine langjährige Berufspraxis zu erkennen, dass ich nicht freiwillig bei Jean blieb, sondern durch dessen Gewalttätigkeit und meine eigenen entsetzlichen Schuldgefühle und Lebensängste unter enormem Druck stand. Berührt durch sein Mitgefühl, wagte ich an einem Verhandlungstag, ihm unter vier Augen anzuvertrauen, dass ich immer nur wegwolle von Jean und alles dafür tun würde, wenn ich zurück zu den Kindern und Franzel könnte.

An diesem Verhandlungstag schleuste mich der Richter heimlich durch lange Zimmerfluchten und über den Gefängnishof zum Hinterausgang des Gerichtsgebäudes, damit ich Jean entkommen konnte. Während Jean noch auf der Armesünderbank im Flur vor dem Familiengerichtssaal saß und vergeblich auf mich wartete, war ich bereits in der Praxis meines Hausarztes, bekam eine Beruhigungsspritze und fiel in einen tiefen Schlaf.

Anschließend wurde ich ohne langes Federlesen in einen Krankenwagen geschoben und im Tiefschlaf in eine psychiatrische Klinik gebracht. Dort sollte ich eine Langzeittherapie aufnehmen und lernen, mein Leben in den Griff zu bekommen.

Wo ich war, bemerkte ich erst, als ich in der geschlossenen psychiatrischen Abteilung des Klinikums erwachte und feststellte, dass ich von geistig und seelisch Kranken sowie von zahlreichen Pflegern und Pflegerinnen umgeben war, die gelegentlich hart durchgreifen konnten, um einen schreienden oder tobenden Patienten zu beruhigen und auch nicht vor dem Gebrauch der sarkastisch »Hab-mich-lieb-Jacke« genannten Zwangsjacke zurückschreckten.

Als sei ich die Einäugige, die unter Blinden Königin ist, fühlte ich mich im Vergleich zu den anderen Patienten zwar entnervt, doch völlig gesund. In mir rebellierte alles gegen die Art meiner Einweisung. Man hatte mich übertölpelt. Ich hatte den Familienrichter lediglich angefleht, mich ungesehen an Jean vorbei aus dem Gericht zu lotsen, damit ich nicht wieder mit ihm fahren musste. Dass der Richter meinte, ich solle mich beruhigen und er werde mich zu meinem Hausarzt bringen lassen, war in Ordnung. Selbst die Beruhigungsspritze akzeptierte ich noch. Nicht aber den Abtransport in die Psychiatrie. Ich war nicht verrückt. Ich war nervös und hatte Angst vor Jean, weil er mich körperlich schwer misshandelte und psychisch grausam zu mir war. Aber ich hatte alle meine Sinne beisammen. Es gab keinen Grund, mich in den Tiefschlaf zu spritzen, als sei ich ein wildes Tier, und mich sang- und klanglos ohne mein Wissen und Wollen in die Psychiatrie und hinter Gitter zu verfrachten.

Es kam mir vor, als habe nun auch der Richter sich mit Franzel gegen mich verschworen, um mich für mein Verhalten den Kindern gegenüber zu strafen. Da er mich nicht in den regulären Knast stecken und aus dem Verkehr ziehen konnte, schien er mein Vertrauen missbraucht zu haben, um mich unter dem Vorwand, mir helfen zu wollen, einsperren zu können.

Panik brach in mir aus. »Hat Franzel seine Hand im Spiel?«, fragte ich mich. »Will er mich einfach in der Klapsmühle verschwinden lassen? Soll ich so lange unter Verrückten eingesperrt bleiben, bis auch ich verrückt geworden bin?«

Das wäre für Franzel die sicherste Methode gewesen, damit ich nie mehr etwas gegen meine Enteignung unternehmen konnte, die laut Scheidungsfolgenvereinbarung zwar ab dem Tag der Unterschrift unser gemeinsames Haus im Alleinbesitz auf ihn übertrug, aber nur für den Fall der einvernehmlich beantragten und gewollten Scheidung gültig war. Ohne rechtskräftige Scheidung keine rechtskräftige Anwendung einer Scheidungsfolgenvereinbarung. So viel war klar. Also konnte Franzel erst sicher sein, unwiderruflich alleiniger Besitzer unseres Hauses zu sein, sobald wir rechtskräftig geschieden wären. Die Scheidung aber zog sich wegen meines schlechten Gesundheitszustands immer länger hin.

»Bestimmt hat er die Geduld verloren«, dachte ich. »Und der Richter wird es auch satt haben, ständig neue Termine anzuberaumen, wenn es dann doch nicht zur Scheidung kommt.«

Es jagte mir Angst ein, keinen unbeobachteten Schritt mehr tun zu können. Irgendwie rechnete ich jeden Moment damit, dass auch ich irgendwann in die langen Ärmelkraken einer Zwangsjacke eingewickelt werden würde.

Mit verzweifelter Hoffnung dachte ich an meinen Vater. Der Familienrichter hatte mir versprochen, ihn zu informieren, wohin ich gebracht worden war. Auch hatte ich in der Klinik veranlasst, dass er angerufen wurde. Nun wartete ich, dass er käme, um mich abzuholen. Wenn Gedankenkraft einen Menschen wirklich über große Entfernungen hinweg berühren könnte, hätte mein Vater wie an Stahlseilen gezogen zu mir kommen müssen. Doch er kam nicht. Er ließ mir nicht einmal etwas ausrichten.

Am dritten Tag meines Klinikaufenthalts war meine Widerstandskraft gegen Jean erneut gebrochen. Irgendwie bewerkstelligte ich, das strikte Telefonverbot der Station zu durchbrechen und eine Betreuerin zu überzeugen, dass ich unbedingt meinen Freund anrufen müsse, um ihm zu sagen, wo ich sei.

Ein paar Stunden später stand Jean auf der Matte und schwatzte dem verantwortlichen Arzt ein Ohr ab, um mich sofort mitnehmen zu können. Wenn er es darauf anlegte, glaubte ihm jeder den lieben, fürsorglichen Mann, der mich auf Händen trug und mich höchstens zufällig und ganz ungewollt ab und an etwas hart fallen ließ.

Schon im Auto und erst recht zu Hause ging gleich wieder die Post ab, denn einer wie Jean ließ sich doch nicht von einer wie mir auf der Nase herumtanzen und zum Affen machen. Nochmals, schrie er, würde ich ihm jedenfalls nicht entwischen, dafür werde er sorgen. Und da Worte allein bei mir ja nicht zu fruchten scheinen, müsse ich es eben auf die harte Tour begreifen.

Angespannt lauschend lag ich später so lange mucksmäuschenstill neben Jean im Bett, bis ich sicher sein konnte, dass er eingeschlafen war. Die Tabletten, die ich aus der Klinik mitbekommen hatte, standen in einem dicken Röhrchen neben mir auf dem Nachttisch. Vorsichtig, damit nicht eine klapperte und Jean womöglich weckte, entnahm ich jede einzeln und schluckte sie ohne Wasser.

Mehrere Tage später wachte ich zu meinem großen Leidwesen wieder auf. Jean hatte nicht einmal einen Arzt gerufen.

Mein Vater schrieb in seinem Testament, fünfmal sei ich mittellos, verwahrlost und mit deutlichen Spuren von Schlägen auf der Flucht vor Jean zu ihm gekommen. Jedes Mal habe er mir geholfen, habe mich neu ausgestattet und mit Geld versorgt. Auch habe er mir Arbeitsstelle und Wohnung besorgt. Einmal habe er sogar eine Bürgschaft für einen größeren Betrag geleistet, damit ich mich neu einrichten konnte. Doch alles habe nichts gefruchtet. Meine Abhängigkeit von Jean habe mich immer wieder ins Elend gestürzt, da ich seinetwegen jede neue Arbeitsstelle ohne Kündigung verlassen und meine neu eingerichteten Wohnungen wieder aufgegeben habe. Dies alles habe ihn, meinen Vater, so tief enttäuscht, dass er mir über den Tod hinaus nicht verzeihen könne.

Ob ich Jean wirklich fünfmal verlassen wollte, weiß ich nicht mehr. Ich glaube aber, dass mein Vater sich in diesem Punkt nicht irrte. Ehre, wem Ehre gebührt. Auch gebe ich gern zu, dass er mich finanziell unterstützte und mir tatsächlich sowohl bei der Wohnungssuche als auch hinsichtlich eines Arbeitsplatzes zur Seite stand. Aus seinem Testament zu erfahren, dass er dies mit großen Hoffnungen tat und mir einmal auch half, obwohl er sich zunächst weigern wollte, sich dann aber doch überwand, da er mir entgegen aller negativen Erfahrungen immer noch ein wenig vertraute, bringt mich nach all den Jahren noch immer zum Weinen. Ich habe so verzweifelt darauf gewartet, dass er mir einmal nur gesagt hätte: »Käthe, es ist vieles schief gegangen, aber wir kriegen das zusammen wieder hin. Ich vertraue dir.« Leider brachte er dies niemals über sich.

Zu unserem zweiten Weihnachtsfest schenkte Jean mir eine Wildlederjacke mit Pelzkragen. Mit diesem Charme, der einst mein Herz erobert hatte, legte er sie mir um die Schultern und sagte, sie solle mich wärmen und beschützen, wenn er nicht bei mir sei, als ob er selbst mich in den Armen hielte. Seitdem trug ich diese Jacke beinahe Tag und Nacht. Ich hatte ja nur noch den einen Wunsch, endlich für immer gehalten und beschützt zu werden.

Auch an diesem Heiligen Abend hatte ich meine Kinder nicht gesehen und nicht gehört.

Mein Vater rief mich nicht an. Ihn anzurufen, hatte ich nicht gewagt. Ich weiß nicht, was ich fühlte oder was wir an diesen Feiertagen und danach getan haben. Alles war mir zu viel und zu schwer geworden. Ich hatte immer so gern getanzt. Jetzt hing ich wie eine Bleiente in Jeans Arm, wenn er mich einmal zur Radiomusik durch die Wohnung drehen wollte. Selbst ein Staubtuch schien in meiner Hand zentnerschwer zu sein. Oft stand ich mitten im Zimmer und versuchte, mich zu erinnern, was ich wollte. Die Gedanken tauchten wie von weither in mir auf und liefen durch mich hindurch. Irgendwie lebte ich. Aber ich war doch nicht dabei.

Erst im Januar, am Samstag nach dem Feiertag Heilige Drei Könige, ging mir der Name meiner Stadt wie der grelle Strahl eines Laserlichts durch und durch und weckte mich plötzlich wie aus dem Koma auf. Jean hatte den Namen genannt. Ich solle mich sofort anziehen und mitkommen, befahl er. Er müsse eine Zeitungsannonce wegen seines Fliesenlegergeschäfts aufgeben.

Da ich meine neue Winterjacke bereits trug, hätte ich nur noch in feste Schuhe schlüpfen müssen. Stattdessen zog ich die Jacke aus einem mir völlig unklaren, unbegründbaren Gefühl heraus von den Schultern, legte sie säuberlich über einen Stuhl und kleidete mich in meinen alten Mantel. Jean zog die Augenbraue hoch, als ich so ins Auto stieg, verkniff sich aber eine Bemerkung.

Als wir in meine Stadt einbogen, begann ich meinen Puls zu spüren. Ein paar Straßenzüge weiter überfiel meine Füße ein nervöses Zucken. Ich dachte nichts, plante nichts. Doch als Jean vor dem Gebäude der Zeitung stoppte, kostete es mich eine schier übermenschliche Anstrengung, gehorsam und still auf dem Beifahrersitz zurückzubleiben, während Jean auf das Zeitungsgebäude zuging. Und kaum war er durch die breite Eingangstür im Innern des Pressehauses verschwunden, sprang ich aus dem Auto und lief weg.

Es war mir egal, wer mich sah. Ich nahm nicht wahr, wie die Leute mich anstarrten oder was sie sagten. Nicht der Verstand, sondern ein untrügliches Gefühl trieb mich schnurstracks ins Rathaus, hinauf ins Büro meines Vaters, hinter die Sicherheit der Behördentür. Hier, so nah unter dem Auge des Gesetzes, hatte Jeans Macht ein Ende.

Mein Gefühl hatte klug entschieden. Unter den neugierigen Blicken der Vorzimmerdame konnte mein Vater es nicht wagen, sich meinen unangemeldeten Besuch zu verbitten. Notgedrungen musste er gute Miene zum bösen Spiel machen und ließ mir einen Kaffee bringen, anstatt mich wegzuschicken. Gemeinsam blieben wir bis zu seinem Feierabend im Büro. Dann nahm er mich mit nach Hause.

Wie gern hätte ich unterwegs seine Hand genommen und ihm versprochen: »Diesmal schaffe ich es, Vati. Diesmal ist es für immer. Ich gehe nie mehr zu ihm zurück.« Aber was zählt schon das Ehrenwort von einer, die in den Augen ihres Vaters keine Ehre mehr hat. Also schwieg ich und versprach es nur mir selbst.

Entschlossen ging ich gleich am Montagmorgen zu meinem Hausarzt und bat ihn, mir einen Therapieplatz in einer psychiatrischen Klinik zu verschreiben und mich so rasch als möglich einweisen zu lassen. Drei Tage später war ich dort und kehrte tatsächlich niemals mehr zu Jean zurück.

Erst Jahre später fiel mir ein, dass man das Ablegen und Zurücklassen meiner neuen Winterjacke auch symbolisch sehen kann. Jean hatte sie mir mit den Worten geschenkt, dass ich mich darin wie in seinen Armen fühlen solle. Als ich sie auszog und auf dem Küchenstuhl zurückließ, hatte ich zugleich mit den Jackenärmeln auch Jeans Arme von mir abgestreift und mich endlich aus seiner Umklammerung befreit.

KAPITEL 7

Das Urteil des Salomon

Schneewechten türmten sich an jenem frostklirrenden Dienstag im Januar zu beiden Seiten der Straßen auf, an dem mein Vater mich auf eigenen Wunsch in die geschlossene Abteilung einer psychiatrischen Klinik brachte. Rund sechs Monate lang blieb sie meine Zuflucht vor Jean und zugleich meine Ruheinsel, in deren geschütztem Raum meine kranke Seele heilte.

Bei meinem ersten kurzen Aufenthalt in einer psychiatrischen Klinik hatte ich die verschlossenen Türen und die über mich verhängte Kontaktsperre zu Außenstehenden als bedrohlich empfunden und das Eingesperrtsein kaum ertragen. Diesmal bedeutete mir das Leben hinter Schloss und Riegel Freiheit.

Nach einer Zeit der völligen Abgeschiedenheit, in der ich lebensmüde dahindämmerte und meiner selbst kaum gewahr wurde, fanden meine Lebensgeister zu mir zurück. Man gab mir Arbeit im Büro sowie in der Cafeteria des Klinikums. Dort unter Gesunden zu sein und meine Aufgaben zur vollen Zufriedenheit erledigen zu können, tat mir gut. Für meine Leistung gelobt zu werden, zu erleben, dass man sich freute, mich zu sehen, und mich oft schon mit Ungeduld erwartete, wenn ich kam, weil man eine knifflige Aufgabe mit mir besprechen und meine Meinung dazu wissen wollte, vermittelte mir das schöne Gefühl: »Na, siehst du, du kannst es doch!«

Einige Zeit später lernte ich einen Mitpatienten kennen, der wegen schwerer Depressionen und Selbstmordgefahr behandelt wurde. Draußen, im normalen Leben, hätte ich ihn wohl völlig übersehen. Er war genau der Typ anlehnungsbedürftiger Mann, aus dem ich mir nichts mache. In der Klinik aber war er das Beste, was mir begegnen konnte. Er bewunderte mich auf eine liebevolle, zärtliche Art. Und er brauchte mich. Ihn als bevorzugten Gast in der Cafeteria zu umsorgen und ein wenig zu verwöhnen, machte mich glücklich, weil es mich mit mir selbst in Einklang brachte. Mit diesem Mann, dem ich als Frau gut tat und der mich dafür zärtlich liebte, erfüllte sich meine innere Bestimmung, als gute Frau für einen guten Mann da zu sein. Und langsam begann das Loch, das durch Angst und Demütigungen in meine Seele gerissen worden war, durch Zuversicht und Anerkennung zu heilen.

Für meine Psychotherapeutin wurde ich zum Vorzeigefall, wie sie gern betonte. Doch in Wahrheit waren es nicht unsere wenigen Therapiegespräche, die mich aufbauten, sondern die Liebesbeziehung zu diesem Mann, der mir die Gewissheit vermittelte, eine wertvolle, liebenswerte Frau zu sein, obwohl ich als Mutter meine Kinder verlassen hatte und keine Kinder mehr gebären konnte.

Wie schon während meiner ersten Erfahrung mit einer psychiatrischen Einrichtung gaben mir die Therapiegespräche wenig. Nach den ersten beiden Sitzungen hatte ich der Psychologin nichts mehr zu sagen. Sie erfuhr, dass ich krank vor Schuldgefühlen gegenüber meinen Kindern war. Im wahrsten Sinne des Wortes litt ich unsäglich, sodass ich kaum zu sagen vermochte, was es für mich bedeutete, meine Kinder verlassen zu haben.

Jeder Gedanke, alles, was ich fühlte, drehte sich um diese Schuld und meine unendliche Reue. Mit einem Erinnerungsbild an meine Kinder schlief ich ein und wachte ich auf. Der Klang ihrer Stimmen, das körperlich wahrgenommene und doch nur erinnerte Gefühl ihrer Arme um meinen Hals überfiel mich bei allem, was ich tat, von einer Sekunde zur anderen. Und alles, was ich mit meinem Klinikaufenthalt wollte, war, mein Leben wieder in Ordnung zu bringen, um vor dem Jugendamt, dem Familiengericht, meinem Vater und aller Welt als anständiger Mensch bestehen zu können und endlich meine Kinder wiedersehen zu dürfen.

Doch die tieferen Ursachen dieser Schuld, die Entwicklung, die ihr seit meiner Kindheit vorausgegangen war und ihren Anteil daran hatte, dass ich schuldig wurde, kamen nicht zur Sprache. Darüber vermochte ich erstmals während der vielen Gesprächswochen, die Karin Jäckel und ich täglich in mindestens sechs zusammenhängenden Stunden miteinander verbrachten, offen zu reden. Dabei half mir, dass wir uns gemeinsam meine alten Photo- und Poesiealben, Briefe meiner Kinder an mich, Ordner mit Gerichtsunterlagen und meine gesammelten medizinischen Schriftstücke anschauten. Unsere daraus gewonnenen Erkenntnisse und logischen Folgerungen wurden vertieft, indem wir allgemeine Ereignisse des Zeitgeschehens in mein privates Leben einbezogen. Zusätzlich befassten wir uns intensiv mit der Korrespondenz über mein Schicksal, die wir über mehrere Jahre hinweg miteinander geführt hatten und die mehrere dicke Ordner füllt. Das aus der Summe aller Faktoren entstehende Gerüst konnten wir mit Hilfe meiner lebendigen Erinnerungen in ein komplexes Abbild meines Lebens verwandeln und durch Interviews mit anderen Personen ergänzen.

Am Ende hatte ich die Szenen meines Lebens erstmals in ihrem Zusammenhang überblickt und den aus mehreren Strängen verquickten roten Faden erkannt, der all das seit meiner frühesten Kindheit verband: Der erste Strang war das durch elterliche Gewalt und Liebesentzug ausgelöste

Bewusstsein meiner Unfähigkeit und meiner deshalb bis zur Selbstaufgabe bestehenden Pflicht zum Gehorsam gegenüber dem Mann als scheinbar omnipotentem Wesen. Den zweiten Strang bildete das durch diese Unfähigkeit verursachte Schuldbewusstsein für alles, was andere oder ich selbst mir anlasteten. Der dritte Strang bestand aus meiner unendlichen Sehnsucht nach Liebe. Der vierte Strang verkörperte meine kritiklose Akzeptanz der Gewalt als erzieherische Liebeshandlung zur Besserung meiner Unfähigkeit. Der fünfte Strang umfasste meine Angst vor der eigenen Unfähigkeit und der strafenden Gewalt. Und der sechste Strang beinhaltete meine Kraft zur Flucht, in letzter Konsequenz bis in den Tod.

Erstmals diesen roten Faden meiner Lebenserfahrungen aus untrennbar miteinander verbundenen Strängen leidvoller Erkenntnisse vor Augen, begann ich zu ahnen, dass ich mir eines Tages vielleicht doch verzeihen könnte, aus Liebe zu meinen Kindern eine falsche Entscheidung getroffen zu haben, die sie, entgegen meinen Absichten, nicht glücklich, sondern unglücklich gemacht hatte.

Ich weiß nicht, ob es den Fachleuten in der psychiatrischen Klinik theoretisch und praktisch möglich gewesen wäre, eine solche Aufarbeitung meiner Lebenserfahrungen mit mir anzugehen und zum guten Ende zu bringen. Sicher bin ich mir nur, dass es in den auf halbe Stunden begrenzten und von Termindruck geprägten Therapieeinheiten, die mir angeboten wurden, unmöglich gewesen wäre.

Wenn ich den Eindruck beschreiben soll, den mir die professionellen Therapiegespräche vermittelten, fällt mir ein Suppentopf ein. Mein Leben war dieser Suppentopf. Und als ich in die Klinik kam, kochte er gerade über. In der Therapie ließ man etwas Dampf ab, schüttete ein wenig Wasser aus, rührte den Inhalt des Suppentopfes einmal um und hielt denjenigen fern, der die Temperatur des Herdes zu hoch gedreht hatte. Dann stellte man den nun nicht mehr überkochenden, aber immer noch mit dicken Brocken ungenießbarer Zutaten gefüllten Suppentopf meines Lebens auf die Herdplatte des Alltags zurück. Den Inhalt des Topfes genießbar zu machen, blieb allein meine Sache.

Dennoch hatte selbst die Therapie im Klinikum ihr Gutes, denn sie vermittelte mir den wertvollen Eindruck, mit meinem Umgangsrechtsanliegen vor dem Familiengericht nicht ganz allein zu stehen. Dadurch schöpfte ich Mut, meinen Kindern vielleicht doch noch einmal zeigen und sagen zu dürfen, wie lieb ich sie habe und immer hatte.

Mein Vertrauen in die Unterstützung meiner Psychotherapeutin erwuchs ganz speziell aus einem Brief, den sie an Franzel schrieb und worin sie ihn aufforderte, sich mit ihr und der Klinik in Verbindung zu setzen, um gemeinsam eine außergerichtliche Besuchsregelung zu erwirken. Von diesem Brief versprach ich mir viel, doch Franzel ging gar nicht darauf ein.

»Warum auch?«, denke ich heute. Er hatte alle Trümpfe in der Hand. Selbst die Psychotherapeutin räumte in ihrem Schreiben ja ein, dass sie verstehe und aus den Akten entnehme, was er Schlimmes mit mir durchgemacht habe. Sie begreife deshalb voll und ganz, dass er wenig Neigung verspüre, seine ablehnende Haltung gegen mein Umgangsrecht mit den Kindern aufzugeben. Sie könne ihn nur bitten, seine Haltung in meinem Interesse nochmals zu überdenken, da ich erheblich unter dem Vorgefallenen leide und die Kinder vermisse.

Mit meiner heutigen gefestigten Persönlichkeit hätte ich ihr erklärt, dass sie nur die Oberfläche eines Berges sah, ohne den Vulkan darunter zu erkennen. Damals, aus meinen zwanghaften und darum kranken Schuldgefühlen heraus, war ich nur dankbar, dass sie sich meiner trotz meiner Schuld annahm. Dennoch schwelte eine gewisse Enttäuschung in mir, dass auch sie nicht hinter Franzels Fassade blickte. Seelenspezialisten, dachte ich, müssten das können.

Ich hatte ja versucht, ihr von Franzels Sexbesessenheit, meiner damit zusammenhängenden Angst um die Kinder und davon zu berichten, wie es tatsächlich zu meinem Seitensprung gekommen war. Und dass ich die Kinder nicht für einen Mann, nicht aus sexueller Hörigkeit gegenüber Jean verlassen hatte, wie Franzel so oft fälschlich behauptet hatte, bis alle Welt es glaubte, sondern weil ich annahm, sie würden ohne mich glücklicher sein. Und weil ich wollte, dass sie glücklich wären.

Offenbar hatte die Psychologin nur das Stichwort »Schuld« erfasst, mich der Schublade »Zwangsneurose« zugeordnet und alles, was ich sonst noch vorbrachte, als überflüssiges Beiwerk der Krankheit ausgefiltert. Dank dieser Scheuklappen reduzierte sie meinen Fall auf den Tatbestand, dass ich meinen Mann mit einem Liebhaber betrogen und meine Kinder wegen eines weiteren Liebhabers verlassen hatte, mein Mann und die Kinder deshalb nichts mehr mit mir zu schaffen haben wollten und ich nun unter meinem schlechten Gewissen litt, bis ich seelisch krank geworden war und nur mehr an meine »Schuld« denken konnte.

Für die Expertin zählte nicht der Weg, sondern das Ziel. Und so unterblieben Fragen und Antworten, wie ich zu meiner Zwangneurose gekommen war, obwohl es für den Familienrichter möglicherweise doch einen Unterschied gemacht hätte, ob ich erkrankt war, weil ich bereits in der Jugend schwache Nerven besaß und seelischen Belastungen nicht gewachsen war, oder ob ich gezielt in eine Zwangsneurose hineingetrieben worden war, um mich ungestraft meines Besitzes und meiner Kinder berauben zu können.

Insgesamt zog sich das Verfahren zum Umgangsrecht, das ich vor dem Familiengericht gegen Franzel führte, über drei Jahre hin. Im Herbst des ersten Jahres erging der Beschluss, dass ich für meine dem Vater überlassenen Kinder unterhaltspflichtig sei. Auf diese Unterhaltspflicht wurde die zweite Rate der Unterhaltsleistungen angerechnet, die Franzel mir selbst laut unserer Scheidungsfolgenvereinbarung als Regel- und Sondersatz für die Zeit bis zur Scheidung schuldete. Darüber hinaus wurde mir auferlegt, Franzel alle drei Monate schriftlich Auskunft über mein Einkommen zu erteilen, um meine Unterhaltsschuld neu zu berechnen. Anders als Franzel dies in unserer Scheidungsfolgenvereinbarung für sich selbst festgeschrieben hatte, wurde mir also kein konstanter, einkommensunabhängiger monatlicher Fixbetrag, sondern ein nach den gesetzlichen Vorschriften variabler Satz verordnet. Diese Leistungen habe ich bis zum Ende meiner Unterhaltspflicht regelmäßig erbracht.

Anders als viele Väter, die nach einer Trennung oder Scheidung weder Ehegatten- noch Kindesunterhalt leisten wollen, um auf diese Weise ihr Umgangsrecht durchzusetzen oder die Mutter zur Erwerbstätigkeit zu treiben, habe ich mich immer für den Lebensunterhalt meiner Kinder verantwortlich und zuständig gefühlt. Ob auch Franzel ein Teil dieses Geldes persönlich zugute kam oder nicht, hat mich nur insofern beschäftigt, als er mich willentlich in bitterste Armut und aus unserem gemeinsamen Haus vertrieben hatte. Wie schnell war ich nach seiner Messerattacke gegen mich in große Not und schwere Krankheit geraten. Und wie erleichtert konnte er sich da die Hände reiben, dass er sich mit seiner Scheidungsfolgenvereinbarung so schlau aus der

Verantwortung manövriert hatte und mir auch in Zeiten krankheitsbedingter Arbeitslosigkeit keinen Pfennig geben musste.

Aber es war für mich nie ein Thema, mich deshalb meiner Zahlungspflicht für die Kinder zu entledigen oder Franzel um Geld zu prellen. Bei der Vorstellung, dass meine Kinder entbehrten, was ich soeben auf dem Teller hatte, wäre mir jeder Bissen im Munde stecken geblieben.

Da sich leider nicht alles so reibungslos regeln ließ, wie meine Unterhaltspflicht für die Kinder, kamen mehrfach psychologische Gutachter zu Lohn und Brot. Meine psychische Erkrankung ließ zunächst keine endgültige, sondern nur eine befristete Umgangsregelung zu. Nach Ablauf dieser Frist musste erneut geprüft werden, ob es nun zum Wohl oder gegen das Wohl der Kinder sei, wenn sie mit mir Umgang hätten. Das hieß, auch Franzel, die Betreuerin meiner Kinder und sie selbst kamen abermals auf den Prüfstand.

Obwohl ich mittlerweile mit dem Mann verheiratet war, den ich in der Psychiatrie kennen gelernt hatte, einen anspruchsvollen Arbeitsplatz sowie eine nette Wohnung hatte und somit ins gutbürgerliche Leben zurückgekehrt war, legte Franzel keinen Wert auf eine Umgangsregelung zu meinen Gunsten. Heute würde man ihn möglicherweise bei Gericht wegen mangelnder Bindungstoleranz kritisieren und ihn dazu auffordern, professionelle Hilfe zur Überwindung seiner Aversionen gegen mich und zur Gewährleistung des Umgangs zwischen Mutter und Kindern anzunehmen. Damals genügte sein Verweis auf »das, was die Mutter den Kindern angetan hat«, um meinen Antrag auf Eis zu legen.

Dass er damit unanfechtbar am längeren Hebel saß, wusste Franzel spätestens seit Kenntnis eines Gutachtens, das die mich in der Psychiatrie behandelnden Ärzte kurz vor meiner Entlassung erstellt hatten. Wie es widerrechtlich in seinen Besitz gelangte, wird sich wohl nie mehr klären lassen, da Franzel Stein und Bein schwört, es niemals besessen zu haben, obwohl dies nachweislich gelogen ist.

Grundsätzlich ist und bleibt es ein Vorgang von besonderer Brisanz. Wie immer man es dreht oder wendet, es ist ungeheuerlich, dass einer Patientin ein solches Dokument mit äußerst sensiblen Daten von erheblicher Bedeutung nie ausgehändigt wird. Weit skandalöser aber ist, dass es stattdessen ohne Wissen und Einverständnis der Patientin und ganz sicher gegen ihren Willen ihrem geschiedenen Ehemann überlassen wird. Noch dazu, wenn den unter ärztlicher Schweigepflicht stehenden Gutachtern bekannt ist, dass dieser Ehemann ein spezielles Interesse daran hat, die geheimen Daten der Patientin zu kennen, um diese in einem Rechtsstreit zum eigenen Vorteil und zum schweren Nachteil der Patientin zu nutzen.

Selbst dem detektivisch Unbegabtesten sträuben sich die Nackenhaare, wenn die Recherche ergibt, dass sich die Datierung des Gutachtens aus verschiedenen Dokumenten rekonstruieren lässt, in den entsprechenden Klinikarchiven aber weder das Original noch irgendeine Kopie oder Handnotiz auffindbar ist. Ich kann daraus nur schließen, dass Franzel sich meine Daten dank bestimmter Beziehungen gezielt beschaffen konnte und sie mir zu meinem Schaden bewusst entzog.

Ich gehe davon aus, dass das Gutachten verschwinden musste, weil es für mich sprach. Das lässt sich aus dem ersten Satz der letzten und einzigen mir bekannten Seite schließen. Dieser leitet die Auflagen ein, unter denen eine Besuchsregelung ohne Gefährdung des Kindeswohls denkbar wäre. Zugleich wird darin darauf hingewiesen, dass den Gutachtern Klärungsbedarf für die Situation insgesamt wünschenswert erschien. An einer solchen Klärung war Franzel nicht gelegen. Für ihn war es taktisch weitaus klüger, auch künftig nach dem Erfolgsmotto »Was niemand weiß, macht niemand heiß!« zu verfahren.

Wie es seiner Art entsprach, stand Franzel nicht offen zu seiner Ablehnung des Umgangs, sondern bediente sich der verschiedensten Ausreden oder eines Sündenbocks, um nach außen hin als edler Mensch und selbstloser Vater dazustehen. So schob er zum Beispiel seine Arbeit vor, die er tatsächlich jederzeit selbst einteilte, um Terminanfragen des Gutachters abschlägig zu beantworten. Bei anderer Gelegenheit erklärte er, persönlich ja gar nichts gegen meinen Umgang mit den Kindern zu haben, doch diese selbst wollten nichts mehr mit ihrer Mutter zu schaffen haben und sie nicht sehen. Ein andermal war er einfach nicht zu Hause, wenn der Gutachter kam. Dann schob er vor, die Ersatzmutter und deren Ehegatte seien gegen einen Umgang mit mir. Da er von ihrem Wohlwollen abhängig sei, müsse er, ob er wolle oder nicht, ihrem Willen entsprechen. Vor allem aber stellte er sich dumm, was meine seelische Erkrankung und Genesung betraf.

Der Gutachter verzweifelte fast an Franzels zur Schau getragener Unfähigkeit, Unterschiede in meinem früher kranken, nunmehr geheilten und somit auch jetzt erst selbstverantwortlichen Verhalten zu erkennen. Wäre es nicht so traurig, müsste man lachen, mit welch perfektem Schauspieltalent Franzel vertuschte, dass er meine frühere Schuldunfähigkeit nicht akzeptieren wollte, um sie keinesfalls bei der Prüfung meines Umgangsbegehrens berücksichtigen zu müssen. Für ihn blieb es dabei, dass ich von meinem Charakter her und somit von Grund auf boshaft, sittenlos, unmoralisch und zu sexueller Hörigkeit veranlagt sei. Nur aus dieser »Geilheit« heraus, so betonte er, habe ich völlig unerwartet unsere harmonische Ehe gebrochen, meinen tadellosen Ehemann betrogen und böswillig verlassen. Und schließlich habe ich aus der sexuellen Hörigkeit heraus auch meine Kinder im Stich gelassen. Etwas zu verzeihen gebe es für ihn und die Kinder als Opfer meiner Schuld nicht.

In dieselbe Kerbe schlug auch die Ersatzmutter meiner Kinder, die als wichtige Bezugsperson selbstverständlich ein maßgebliches Mitspracherecht bei der Entscheidung hatte, ob ich meine Kinder sehen durfte oder nicht. Einer wie mir, die ihre Kinder wegen eines Mannes im Stich gelassen habe, sprach sie, stehe kein Umgangsrecht mehr zu.

Wenngleich der verantwortliche Gutachter diese vernichtenden Urteile über mich in seiner Expertise als »harte Tugend« bezeichnete, blieben sie unangefochten als berechtigte Meinung im Raum stehen und flossen somit in das Urteil des Familienrichters ein.

Auch die Kinder hatten ein Mitspracherecht. Als ihr Vater und Erziehungsberechtigter erlaubte Franzel sich immer wieder, nicht die Kinder sprechen zu lassen, sondern selbst den Widerwillen der Kinder gegen einen Umgang mit mir kundzutun.

Hätte ich nicht manchmal das Glück gehabt, Birgit und Sandra zufällig in der Stadt zu begegnen und einige Worte mit ihnen zu wechseln, hätte ich Franzel geglaubt. So aber gewann ich einen anderen Eindruck.

Mit Herzklopfen vor Angst und Aufregung zugleich, wagte ich Birgit einmal an einer Bushaltestelle anzusprechen, wie es ihr gehe und ob sie mich nicht einmal besuchen wolle. Sie verhielt sich kühl und desinteressiert, sodass ich den Eindruck gewann, sie sei erleichtert, als der Bus kam und sie mich loswerden konnte. Dennoch hatte sie mich nicht gemein abgefertigt und war auch nicht vor mir weggelaufen. Das gab mir Hoffnung.

Diese wuchs, als ich auch Sandra einmal begegnete und sie ebenfalls fragte, ob sie nicht einmal zu mir kommen wolle. Es tat mir weh, sie nicht in die Arme nehmen zu dürfen, aber ich hielt mich ganz bewusst zurück. Um nichts in der Welt wollte ich sie erschrecken oder gar in Loyalitätskonflikte gegenüber Franzel bringen. Trotzdem schossen mir die Tränen in die Augen, als sie einen Besuch nicht ausschloss, sondern meinte, wenn Birgit mitgehe, wolle sie schon gern einmal kommen.

Natürlich erzählten die Mädchen Franzel von unseren Begegnungen. Prompt nahm er dies zum Anlass, eine feste Umgangszeit besonders vehement zu verweigern. Es sei keine gerichtliche Regelung nötig, da ich die Kinder ja im alltäglichen Laufkontakt sehe und daher wisse, wie diese sich entwickelten und dass es ihnen beim Vater und der Ersatzmutter gut gehe.

Passend dazu schwächte der Gutachter meine zuversichtliche Berichterstattung über die doch noch nicht völlig zerstörte Bindung zwischen meinen Töchtern und mir für den Familienrichter ab. Man könne die Äußerungen der Kinder zwar wie von mir verstanden deuten. Aus meiner eigenen Zielsetzung heraus erscheine die meinem Wunsch entsprechende Interpretation vielleicht sogar als die einzig sinnvolle. Tatsächlich sei jedoch auch eine andere Auslegung denkbar. Die Kinder hätten der einstmals geliebten, jetzt aber nicht mehr geliebten Mutter gegenüber lediglich Hemmungen, ihre Abneigung klar zum Ausdruck zu bringen.

Welche Bedeutung dem Wunsch der Kinder zukomme, die Mutter nicht oder doch zu sehen, betonten auch meine Psychotherapeutin sowie der ihr vorgesetzte Professor aus der psychiatrischen Klinik in ihrem verschollenen Gutachten über mich. Kaum war dieses widerrechtlich in Franzels Besitz gelangt, berief er sich vor dem Familiengericht und mir auch schon triumphierend auf den Expertenrat, das psychische Wohl der Kinder nicht zu gefährden oder zu beeinträchtigen. Dies sei zu befürchten, wenn man mir ohne Einverständnis der Kinder und deren direkter Bezugspersonen ein Umgangsrecht gewähre.

Auch ich nahm die Mahnungen meiner Psychotherapeutin sehr ernst. Deshalb hatte ich immer wieder mündlich und schriftlich betont, dass ich die Kinder weder bedrängen, noch zu etwas zwingen wolle. Für mich stand fest, ihnen meine Nähe immer wieder anzubieten, aber geduldig abzuwarten, bis sie von sich aus dazu bereit wären.

Niemand kannte Franzel so wie ich. Also wusste ich, dass den Kinder massive Schwierigkeiten bevorstanden, wenn sie eine andere Meinung als er vertreten würden. Ohne seine Erlaubnis konnten und sollten sie nicht zu mir kommen.

Viel zu oft hatte ich selbst unter derartigen Konflikten gelitten und als kleines Kind sowohl um meinen Vater als auch um meine Mutter geweint, weil ich nicht zu entscheiden vermochte, zu wem ich eher halten müsse oder wen ich lieber hätte. Meine Kinder hatten meinetwegen schon viel zu viel Kummer ertragen. Es sollte nie mehr wieder meine Schuld sein, wenn sie nochmals leiden mussten.

Für den Familienrichter war nach Prüfung aller Meinungen, Wünsche und Sachverhalte die Gesamtsituation klar. Die Gutachter rieten: »Im Prinzip Ja, aber nur, wenn keiner Nein sagt.« Der erziehungsberechtigte Vater und die betreuende Ersatzmutter sagten: »Nein, denn die Mutter stört uns.« Die Kinder meinten: »Vielleicht!«, doch eventuell nur, weil sie nicht wagten, knallhart »Nein!« zu rufen. Und ich als Mutter sagte zwar »Ja!«, aber ich wollte die Kinder nicht zwischen uns Eltern zerreißen.

Der richterliche Beschluss lautete: »Dem Umgangsantrag der Mutter wird nicht stattgegeben.«

Wie oft habe ich in all den Jahren meiner tiefen Verzweiflung gehört, der Familienrichter habe ein »salomonisches Urteil« gefällt und ganz richtig entschieden, denn eine gute Mutter müsse ihr Kind lieber loslassen, als es im Sorgerechtsstreit zu verletzen. Da ich diejenige gewesen sei, die vor Gericht an den Kinder gezerrt habe, habe ich mich als schlechte Mutter erwiesen. Daher sei es zum Wohl der Kinder gewesen, sie allein dem Vater zu überlassen und mich als Mutter aus ihrem Leben auszugrenzen.

Wenn ich das nicht glauben wolle, solle ich doch einmal im Alten Testament nachschlagen oder *Der kaukasische Kreidekreis* von Bertold Brecht lesen, der durch das Urteil des weisen Königs Salomon zu seinem berühmten schriftstellerischen Werk inspiriert worden sei. Garantiert würde ich die Entscheidung des Familiengerichts gegen meinen Umgang mit den Kindern besser verstehen, wenn ich diese Geschichten einmal ernsthaft gelesen hätte.

Neugierig und von dem Wunsch nach Trost bewegt, nahm ich die Bibel zur Hand, schlug das Alte Testament auf und las im *Buch der Könige*, was dort in Kapitel 3, Vers 16 bis 28, über zwei Frauen geschrieben steht, die sich einst um ein Kind stritten.

Eine der Frauen war als Gast in das Haus der anderen gekommen, wo beide innerhalb von drei Tagen Mutter wurden und jeweils einen gesunden Sohn zur Welt brachten. Kurze Zeit später legte sich eine der Frauen des Nachts so unglücklich auf ihr Kind, dass es erdrückt wurde und starb. Rasch nahm sie ihr totes Kind, schob es heimlich der schlafenden zweiten Frau unter und stahl deren lebendiges Kind. Als die Bestohlene am nächsten Morgen den Raub bemerkte, behauptete die Diebin, das geraubte lebende Kind sei ihr eigenes und das tote Kind gehöre der Bestohlenen. Weil keine Zeugen die Tat beobachtet hatten und die Säuglinge nicht sprechen konnten, gab es keinen Beweis, welches Kind welcher Mutter gehörte.

Daher eilten die beiden Frauen vor Gericht, damit der als weise geltende König Salomon den Streit schlichten und urteilen solle, welches die wahre Mutter des lebendigen Kindes sei.

Wie die Frauen vor seinem Thron stritten und sich gegenseitig der Lüge beschuldigten, befahl der König: »Bringt mir ein Schwert!« Und er entschied: »Teilt das lebendige Kind in zwei Hälften und gebt die eine Hälfte der einen, die andere Hälfte der anderen!«

Sofort empfand die Mutter des lebendigen Kindes großes Mitleid mit ihrem Kind, sodass sie rief: »Mit Verlaub, mein Herr, gebt ihr doch das lebendige Kind und tötet es nicht!« Die Diebin aber verlangte: »Es gehöre weder dir noch mir! Teilt es!«

Da fällte der weise König Salomon sein Urteil: »Gebt der anderen das lebendige Kind und tötet es nicht! Sie ist seine Mutter.« Denn er hatte die wahre Mutter an der Liebe erkannt, aus der heraus sie ihr Kind lieber für immer an die andere Frau hergeben als es töten lassen wollte.

Alle, denen dieses Urteil zu Ohren kam, bewunderten die Entscheidung und empfanden große »Ehrfurcht vor dem König, denn man sah, dass Gottes Weisheit in ihm wohnte, um Rechtsentscheide zu treffen«.

»Eine schöne, anrührende Geschichte«, fand auch ich. Aber wenn die Menschen in meinem Umfeld glaubten, dass ich der Mutter glich, die das Kind unrechtmäßig raubte und es aus Egoismus lieber zerteilen wollte als es loszulassen und dem rechtmäßigen Elternteil zurückzugeben, irrten sie.

In meinem Fall war Franzel der Elternteil, der mich aus Egoismus und Rachsucht beraubte, indem er die Mitarbeiter des Jugendamtes dazu anstachelte, mich im Einvernehmen mit ihm so lange als sittenlose, unmoralische und somit schlechte Mutter zu drangsalieren, bis ich ihm die Kinder freiwillig gab. Danach beraubte er mich der Kinder ein zweites Mal, indem er sich weigerte, sie mir auch nur für einen noch so kurzen Besuch zurückzugeben, damit sie an meinem und ich an ihrem Leben Anteil haben könnten.

Ich hingegen gab meine Kinder erstmals auf, weil mich die mit Franzel abgestimmten Vorhaltungen des Jugendamtes zermürbten und ich die Kinder lieber losließ, als sie festzuhalten und als schlechte Mutter unglücklich zu machen. Und beim zweiten Mal gab ich sie auf, weil ich erkannte, dass Franzel nie nachgeben würde und mein Recht auf Teilhabe an ihrem Leben unwichtiger war als ihr Recht auf ein Leben ohne Angst und elterliche Gewalt. Wie weh die tut, wusste ich nämlich nur zu gut.

Leider besaß der Familienrichter in meinem Fall nicht die Weisheit des Königs Salomon. Er erkannte diese Zusammenhänge nicht. Sein Urteil gab demjenigen die Kinder, der sie geraubt hatte und lieber mit dem scharfen Schwert des Gesetzes zerteilen lassen wollte, als der Frau, die er hasste, freiwillig ein wenig Liebe ihrer Kinder zu gönnen.

KAPITEL 8

Glück

Als habe sich das Schicksal mit dem Verlust meiner Kinder in einem letzten fulminanten Ausbruch des Unglücks gegen mich erschöpft, begann sich von nun an alles in meinem Leben zum Glücklichen zu wenden. Das Beste trat mir gleich zu Anfang entgegen und zwar die Liebe, nach der ich mich mein gesamtes bisheriges Leben lang vergeblich gesehnt hatte.

Als René und ich uns an einem Fastnachtsabend beim Tanz kennen lernten, war ich nach dem Unfalltod meines zweiten Mannes verwitwet. René hingegen war in erster Ehe mit einer bedeutend älteren Frau verheiratet, die zwar mehrere Kinder hatte, mit ihm selbst aber kinderlos geblieben war.

Er war äußerlich genau der Typ Mann, für den ich schwärmte und dessen Sexappeal mich ungemein anzog. Seine wunderbare Persönlichkeit entdeckte ich erst später, sodass ich nicht behaupten kann, ich hätte mich auf der Stelle in den ganzen Menschen verliebt. Vielmehr muss ich gestehen, dass ich mich zwar spontan in seine äußere Erscheinung und seine charmante Art verschossen hatte, mir die große, mein ganzes Leben bestimmende Liebe zu ihm jedoch erst allmählich und in dem Maße bewusst wurde, wie sein Verhalten mir zeigte, dass er an mir als Person interessiert war und dadurch mein Vertrauen zu ihm wachsen ließ.

Obwohl ich das Zusammensein mit René genoss und durch das immer tiefere Vertrauen zwischen uns so unbeschwert und frei auftreten konnte wie nie zuvor, war es mir lange Zeit fast unmöglich zu erkennen, zum ersten Mal im Leben um meiner selbst willen geliebt zu werden und nicht allein aus sexueller Begierde. Liebe, die mehr ist als sexuelle Anziehung, kannte ich bis dahin ja gar nicht. So spürte ich zwar, dass zwischen René und mir etwas ganz Neues entstanden war, was ich so nie mit einem anderen Menschen erlebt hatte, nämlich echte, harmonische Zusammengehörigkeit in allen Bereichen des Lebens. Aber dass dies Liebe ist, konnte ich nicht definieren. Es war, als hätte ich den Begriff »Liebe« bis zu diesem Zeitpunkt wie ein Wort aus einer fremden Sprache benutzt und seine facettenreiche Bedeutung erst nachträglich erfasst.

René hingegen sagt noch heute, er hätte sich spontan und auf den allerersten Blick in die zärtliche Ausstrahlung meiner Seele verliebt, die er im Ausdruck meiner Augen wahrnahm. Für ihn war es also von Anfang an ganz bewusst mehr als körperliche Anziehung und erotisches Interesse.

Monatelang trafen wir uns in einer sehr romantischen, heimlichen Beziehung, oftmals unter freiem Himmel und voll träumerischer Zukunftspläne.

Da wir beide in punkto Ehe gebrannte Kinder waren, scheuten wir das Feuer und ließen uns bewusst Zeit, einander eher unverbindlich zu erforschen. Hinzu kam, dass René sich nicht jederzeit und beliebig lange aus der bestehenden Ehe fortstehlen konnte, ohne das Misstrauen seiner Frau zu wecken. Zwangsläufig blieben nur beschränkte Freiräume für unsere Rendezvous.

Ein Glück für uns war, dass Renés Frau immer ein ausgeprägtes Eigenleben geführt hatte und Wert darauf legte, von ihm unabhängig aufzutreten. Dazu gehörte, dass sie seit Jahren allein zum Tanzen ausging oder Sport trieb, während er als Babysitter oder stillvergnügter Tüftler zu Hause blieb.

Als die Kinder größer wurden und keiner ständigen Betreuung mehr bedurften, nutzte auch René die Gelegenheit immer öfter, sich allein mit Freunden zu treffen oder Sport zu treiben. Diese Stunden, in denen er ohne Argwohn zu wecken außer Haus weilen konnte, gehörten nun uns.

Dabei entdeckten wir viele gemeinsame Vorstellungen und Vorlieben, sodass wir einander als Ergänzung empfanden und immer öfter merkten, dass wir allein nicht halb so viel Freude an bestimmten Erlebnissen oder Begebenheiten verspürten wie zu zweit. So entwickelte sich eine innere Nähe zwischen uns, von der wir beide zwar als Ideal geträumt, doch nicht mehr geglaubt hatten, dass sie sich verwirklichen ließe.

Wenngleich es mir imponierte, dass René seine Frau und Ehe nicht Hals über Kopf fallen ließ, vermisste ich ihn täglich mehr, bis ich nach über einem Jahr an meine Grenzen stieß. Einer der Gründe war unser ständiges Versteckspiel vor Renés Frau. Es missfiel mir, mit ihm entweder bei mir allein zu Hause bleiben oder weiter entfernte Orte aufzusuchen zu müssen, um nicht Gefahr zu laufen, von ihr oder ihrem Bekanntenkreis entdeckt und als Ehebrecher erkannt zu werden.

Erschwerend kam hinzu, dass ich als heimliche Geliebte immer einsamer wurde. Auf Renés Wunsch hin hatte ich nämlich niemandem etwas von unserer Beziehung verraten. So musste ich mir ständig irgendwelche Ausreden ausdenken, wenn meine Freundinnen mich einluden, ich aber bereits verabredet war. Natürlich blieb trotzdem nicht verborgen, dass ich frisch verliebt war. Und ebenso natürlich wollten meine Freundinnen nur zu gern erfahren, wer denn der Glückliche sei. Doch wie geschickt sie auch fragten, ich schwieg, bis ihnen meine Geheimniskrämerei auf die Nerven ging. Einige wandten sich enttäuscht schmollend von mir ab. Meine beste Freundin glaubte sogar an ein Verhältnis mit meinem Chef. Doch das Unangenehmste war, dass sich eine meiner Freundinnen ebenfalls in René verliebt hatte, sich Hoffnungen auf ihn machte und mir immer wieder von ihm vorschwärmte. Zwar wusste ich, dass er sich nichts aus ihr machte, doch da ich noch nie gut lügen konnte, belastete es mich, ihr etwas vormachen zu müssen.

Für René wäre es zwischen uns wohl noch länger auf dieselbe heimliche Weise weitergegangen wie bisher, doch ich empfand spätestens das erste Weihnachtsfest als heimliche Geliebte äußerst einsam und war so bedrückt, dass ich beschloss, auf diese Weise nicht weiterleben zu wollen. Schon wieder drohte mich die Liebe zu einem Mann um jede Selbstachtung zu bringen und mein so mühsam geordnetes Leben aus der Bahn und ins Chaos einer neuen Abhängigkeit zu werfen. Das, hatte ich mir geschworen, sollte es nie wieder geben, dass ich mich wegen einer Beziehung zu einem Mann schämen und verstecken und mit dem Finger auf mich zeigen lassen würde. Wenn René sich nicht entscheiden konnte, musste ich mich entscheiden. Zur Not auch gegen ihn.

Unsicher, ob ich mit diesem Beschluss nicht den größten Fehler meines Lebens beginge, vertraute ich mich endlich meiner besten Freundin an, deren Meinung mir wichtig war.

Glücklicherweise nahm sie mir nicht übel, sie so lange an der Nase herumgeführt und im Glauben gelassen zu haben, mein Chef und ich hätten etwas miteinander. Sie verstand die Probleme, die ich als Renés heimliche Geliebte hatte, und dass ich sogar ihr gegenüber mein Wort nicht brechen wollte, das ich ihm gegeben hatte.

»Schenk ihm reinen Wein ein«, meinte sie, nachdem ich mit meinem Erzählen zum Ende gekommen war. »Sag ihm, was du für ihn fühlst, aber dass er sich jetzt definitiv für seine Frau oder für dich entscheiden muss. Und dann lass ihm Zeit.«

»Wie, Zeit?«, fragte ich.

»Lass ihn einfach ein bisschen zappeln. Zeig ihm, dass du nicht immer nur zu Hause sitzen und auf ihn warten wirst. Das kann er nicht von dir verlangen. Und das weiß er auch. Also mach dich schick. Eine neue Frisur. Etwas Schönes zum Anziehen. Und dann wartest du mal nicht auf René und darauf, ob er heimlich von seiner Frau weg- und zu dir kommen kann, sondern gehst zusammen mit mir und unseren Freundinnen aus. Am besten gleich nächsten Samstag.«

Dieser Rat gefiel mir. Seit langer Zeit war es endlich wieder einmal eine klare, ehrliche Linie, die ich mir selbst gegenüber einnehmen konnte. »Aber was ist, wenn er bei ihr bleibt und mich verlässt?«, fragte ich meine Freundin trotzdem, denn der Gedanke, René zu verlieren, tat so unsäglich weh, dass ich das Gefühl hatte, meiner eigenen Entscheidungskraft nicht trauen zu dürfen.

»Ich glaube, er wird sich für dich entscheiden«, meinte meine Freundin. »Aber sicher ist es nicht. Es ist immer ein Risiko dabei. Aber wenn er bei ihr bleibt, war's auch nicht der Richtige für dich. Dann hast du nichts an ihm verloren.«

»Doch«, widersprach ich, »wenn er geht, verliere ich alles, denn er bedeutet mir alles.«

»Aber wenn er nur bleibt, weil er dich und seine Frau haben kann, verlierst du mehr«, sagte meine Freundin, »denn dann verlierst du dich. Willst du das?«

»Nein.« Das wollte ich nicht. Niemals mehr.

Als ich René bei unserem nächsten Rendezvous vor die Wahl stellte: »Entweder sie oder ich!«, tat er sich mit einer Entscheidung so schwer wie befürchtet. Er liebte seine Frau zwar nicht mehr, aber er hatte mehrere Jahre mit ihr zusammengelebt, ihre Kinder als seine Kinder angesehen und speziell die Jüngeren gemeinsam mit ihr großgezogen. Die Kinder liebten ihn. Er war ein guter Stiefvater gewesen. Wenn er ging, würden sie ihn vermissen. Auch wusste er, dass sie ohne sein Einkommen in finanzielle Schwierigkeiten geraten würden und er unterhaltspflichtig wäre. Es gab also viele Gründe, sich verantwortlich zu fühlen und ihnen allen nicht wehtun zu wollen.

Andererseits steckte er in der Zwickmühle, denn ich hatte ganz klar gesagt, dass ich nicht bereit war, auf Dauer noch einmal Unordnung in meinem Leben aufkommen zu lassen. Zwar hatte ich gelernt, dem Geschwätz der Leute weniger Gewicht beizumessen. Auch legte ich keinen gesteigerten Wert mehr auf eine schnelle Hochzeit, denn mittlerweile war es üblich, dass unverheiratete Paare zusammenlebten. Aber für mich selbst, und das wusste René, brauchte ich klare Verhältnisse und die Gewissheit, mit erhobenem Kopf durch die Stadt gehen zu können.

Ich hatte vor ihm kein Geheimnis um meine Person und Lebenserfahrungen gemacht. Wie schwer es mir auch gefallen war, so hatte ich René doch von Anfang an freimütig von meiner Ehe, der Zeit mit Jean und in der Psychiatrie sowie vom Verlust meiner Kinder berichtet. Daher war ihm klar, welche Bedeutung Ordnung und Aufrichtigkeit für mich hatten.

Jetzt sagte ich ihm nochmals, dass ich mich niemals mehr für meine Lebensweise würde schämen wollen. »Dazu gehört, dass ich dauerhaft mit keinem verheirateten Mann zusammen sein will. Zur ewigen Geliebten mit einem heimlichen Doppelleben eigne ich mich nicht.«

René hörte mir zu. Er nahm mich ernst. Das sah ich ihm an. Trotzdem versuchte er, mich zu beschwichtigen, als ich erklärte, keine Lust mehr zu haben, die meisten Wochenenden und andere freie Tage allein zu Hause zu sitzen, vergeblich auf ihn zu warten und Trübsal zu blasen, weil er mal wieder mit seiner Frau zusammen war. Nur dass ich am Wochenende ohne ihn zum Tanzen gehen würde, schien er mir nicht ganz zu glauben.

»Warte doch«, meinte er. »Am nächsten Samstag hab ich ja Zeit.«

Doch diesmal gab ich nicht nach. Und als ich zum Frisör und am Samstag trotz Renés Traurigkeit tatsächlich ohne ihn ausging, rang er sich zu einer Entscheidung durch. Gott sei Dank für mich!

Die letzte Hürde vor seiner endgültigen Entscheidung für mich war wohl Renés Mutter, auf deren Menschenkenntnis und Urteil über mich er großen Wert legte. Entsprechend aufgeregt bereitete ich eine besonders gelungene Einladung für sie vor, denn da ihre Schwester und ihr Schwager Schulkameraden meines Vaters gewesen waren, rechnete ich damit, dass sie bereits über tausend Ecken von den Gerüchten über die missratene Tochter vom »Kärele« gehört hatten. Trotz der Angst, René zu verlieren, falls mein Plan misslänge, beschloss ich, auch ihr gegenüber keinen Hehl aus meiner Vergangenheit zu machen, sondern seiner Mutter von Anfang an reinen Wein über mich und meine Kinder einzuschenken. Dies gefiel ihr wohl, denn meine Taktik ging auf. Renés Mutter gab uns ihren Segen.

In den nächsten Tagen brachte René nach und nach seine persönlichen Habseligkeiten aus dem Keller zu mir, bis er zuletzt in einer Nacht- und Nebelaktion vollends bei seiner Frau auszog, während er sie für Stunden zum Tanzen wähnte. Glücklicherweise ahnten wir nicht, dass sie in Wahrheit ausnahmsweise gar nicht auswärts weilte, sondern in der Wohnung nebenan bei ihrer Tochter saß. Ich glaube, sonst wären wir das Risiko nicht eingegangen, immer wieder mit dem Fahrstuhl in die Wohnung zu fahren, um Renés Kleidung und Hobbygerätschaften in Plastiksäcke zu verpacken und in die unten wartenden Autos diverser Freunde zu verstauen.

Während wir noch in der Gruppe beisammenstanden und beratschlagten, auf welchem Weg wir bei spiegelglatten Straßen zu mir fahren sollten, hielt ein paar Schritte abseits ein Auto, und die jüngste Tochter von Renés Frau stieg aus. Ehe sie ihn ansprechen konnte, flüchteten wir alle blitzschnell in unsere Wagen und fuhren davon. Als René eine Stunde später seiner Mutter mitteilte, dass er von nun an bei mir wohnen werde, hatte seine Frau bereits alle Verwandten angerufen und behauptet, er sei schwul und bei einem Mann eingezogen.

Für René und mich war klar, dass wir für immer zusammenbleiben und heiraten wollten, sobald seine Ehe geschieden wäre. Und diese Entscheidung haben wir bisher nicht bereut und werden sie wohl auch nie bereuen.

Manchmal nimmt René mich in den Arm und meint: »Ich höre dich heute noch sagen, als wir damals im Konvoi zu dir gefahren sind und ich bei dir einzog, ob du kein Risiko mit mir eingehst, denn wir würden uns doch nur mit dem Sonntagsgesicht kennen.« Das ist eine liebe Erinnerung für uns beide und auch immer noch wie ein Wunder, dass uns diese Sonntagsgesichter füreinander geblieben sind.

Wir leben in einer harmonischen Ehe miteinander, in der jeder von uns den anderen nicht nur liebt, sondern auch respektiert und aus den verschiedensten Gründen bewundert. Nicht Sex allein, sondern von Herzen kommende, innige Gemeinsamkeit ist unser Zauberwort, denn ohne den anderen würde uns ja immer derjenige fehlen, mit dem wir das, was uns freut, teilen wollen und erst durch dieses Teilen und miteinander Verdoppeln recht genießen können.

Wir haben beide erlebt, wie unbefriedigend und krank machend es ist, wenn die Ehe dazu dient, den Partner sexuell und materiell auszunutzen, aber keine gemeinsamen Interessen und Ziele da sind, sondern nur oberflächlich über das Wohin und Woher oder ähnliches Larifari miteinander geredet und weder im Alltag noch in der Freizeit gern und bewusst miteinander gelebt wird.

Mögen andere ihre gemeinsame Zeit verschleudern, indem sie allein zum Tanzen und er allein zum Fußball oder sie allein ins Fitnessstudio und er allein zum Skatabend geht. René und ich wollen lieber zusammen sein. Wenn er seinem Hobby nachgeht, gehe ich gleichzeitig, in seiner unmittelbaren Nähe, meinem eigenen Hobby nach, sodass wir einander zuschauen oder zuhören und miteinander plaudern können. Keiner von uns würde sich dabei durch den anderen gestört fühlen oder den Drang haben, als der Bessere zu glänzen.

Wir haben auch Freude daran zusammenzuarbeiten. Wenn ich an meine Ehe mit Franzel denke, erinnere ich mich oft an den Hausbau. Wie habe ich da gebuckelt, Erde ausgehoben, Zementsäcke geschleppt, gemauert. In jeder freien Minute und fast immer allein, während Franzel beim Angeln, mit seinen Freunden auf Tour oder aus ähnlich wichtigen Gründen anderweitig beschäftigt war. Das würde mir mit René nie passieren. Wir finden es zum Beispiel selbstverständlich, miteinander den Hausputz zu erledigen oder zusammen den Garten zu pflegen. Da er größer und kräftiger ist als ich, ergibt es sich oft, dass ich der Kopf bin und René die Hand. Das ist schön für uns beide. Wir kennen keine Probleme, Anweisungen voneinander anzunehmen oder auszuführen. Wir müssen uns nicht beweisen, wer der Boss in unserer Beziehung ist, denn wir fühlen uns auf derselben Stufe stehend, Hand in Hand, nicht einander über- oder untergeordnet.

Zwischen Franzel und mir wäre eine solche gleichrangige Aufteilung undenkbar gewesen. Für ihn wurden Paare mit Hilfe von Sprüchen eingeteilt wie: »Bei denen hat die Frau die Hosen an« oder: »Der steht unter ihrem Pantoffel« oder: »Der hat bei ihr unterm Tisch tapeziert«. Und entsprechend hatte er bei uns immer »der Herr im Haus« zu sein, der die Füße auf den Tisch legte und mir die Anweisungen für all das gab, was er selbst nicht ausführen wollte und für sich beanspruchte.

Kein Mensch kann ermessen, wie dankbar und glücklich ich bin, dass Renés eigene Vorstellung von einer Beziehung zwischen Mann und Frau meinem Wunschbild entspricht. Wir sind wirklich füreinander geschaffen. Wenn wir gelegentlich belächelt werden, weil wir wie siamesische Zwillinge immer nur im Doppelpack auftauchen, lächeln wir gern zurück, denn gemeinsam sind wir nicht nur stärker, sondern endlich auch glücklich.

Das zweite große Glück meines Lebens war die Rückkehr meiner Kinder zu mir. Ich hatte sie ja niemals aufgegeben und immer wieder versucht, sie so oft wie möglich zumindest heimlich und im Verborgenen zu sehen. Da mir offiziell jeder Umgang und Kontakt verwehrt worden war, um den Seelenfrieden der Kinder zu schützen, schrieb ich ihnen nur noch zu den großen Festtagen des Jahres besonders schöne Postkarten. Neben dem regelmäßigen Unterhalt, den ich für sie auf Franzels Konto einzahlte, schickte ich zusätzlich Geschenke oder stellte sie heimlich vor ihrer Haustür ab.

Einmal, als Jugendliche, sandte Birgit mir ein kurzes Dankesschreiben mit der Anrede: »!Liebe Mama!« auf Snoopie-

Briefpapier; ich konnte den Brief nur unter Tränen lesen. Wie immer schrieb sie in der ersten Person Plural, stellvertretend für ihre kleine Schwester Sandra mit, die zur Vermeidung eines Solidaritätskonfliktes auch dann keine andere Meinung hätte äußern können, wenn sie dies gewollt hätte.

Jeder der fünf Sätze wirkte wie eine Ohrfeige auf mich, weil in ihnen nicht nur das zum Ausdruck kam, was Franzel ihr eingetrichtert hatte, sondern weil hier vor allem das zutiefst verletzte Herz meines Kindes sprach. Ganz gleich, wie schroff sie mich in diesem Schreiben abwies – die beiden Ausrufezeichen, zwischen die sie meine mit einer geschwungenen Linie unterstrichene Anrede gestellt hatte, verrieten mir, dass ich in den geheimsten Kammern ihrer Seele immer noch ihre »liebe Mama« war. Ihre eisige Ablehnung war nur der Panzer aus Trotz und Zorn über der Liebe zu mir, die ich verraten zu haben schien.

Immer wieder hatte ich diesen Brief vor Augen, wenn ich an die Kinder dachte. Oft war der Drang, einfach zu ihnen zu gehen, sie anzusprechen, sie zu berühren, so übermächtig, dass ich ihn nur beherrschen konnte, weil Birgits »Lass uns bitte, bitte in Frieden!« wie ein Menetekel in meinem Kopf geschrieben stand.

Doch jetzt waren die Kinder groß. Und in mir wuchs die Hoffnung jeden Tag ein wenig mehr, dass es mir nun vielleicht doch endlich möglich sein könnte, ihnen erklären zu dürfen, warum ich sie verlassen hatte. Vielleicht würden sie es nicht sofort verstehen, dachte ich. Aber sie waren nun junge Frauen. Vielleicht würden sie bald schon selbst eine Beziehung eingehen und Kinder bekommen. Vorher, dachte ich, mussten sie wissen, dass ich sie niemals verstoßen, sondern mit aller Kraft vergeblich um ein Wiedersehen gekämpft hatte. Sie sollte nicht ihr ganzes Leben lang die Lüge glauben müssen, von mir nicht geliebt und für einen Kerl aufgegeben worden zu sein, der nichts taugte.

Der Gedanke, sie würden sich ähnlich wertlos fühlen wie ich, weil ich mich von meinen Eltern ungeliebt gefühlt hatte, machte mich beinahe wahnsinnig. Ich wusste doch, wohin es führte, wenn man glaubte, allein nichts wert zu sein und alles für einen Mann tun zu müssen, nur, damit man nicht auch von ihm verlassen und verstoßen wurde. So sollte es meinen Kindern nicht ergehen. Sie waren mir immer das Wichtigste gewesen. Ich hatte sie so sehr geliebt, dass ich sie vor mir selbst in Sicherheit und zu ihrem Vater brachte, als ich glaubte, eine wertlose Mutter zu sein. Dies zu erfahren, war ihr Recht. Und es war meine Pflicht, es ihnen endlich zu erklären.

Natürlich hegte ich insgeheim auch die Hoffnung, dass uns die Erklärung, was damals wirklich geschehen war, vielleicht eine Chance bieten würde, es noch einmal neu miteinander zu versuchen. Wenn ich ihnen schon keine gute Mutter sein konnte, so wünschte ich mir doch um alles in der Welt, meinen Töchtern wenigstens eine gute und treue Freundin sein zu dürfen. Vielleicht sogar eine mütterliche Freundin, bei der sie Rat und Hilfe suchen und finden würden.

»Meinst du, ich könnte auf sie zugehen?«, fragte ich René. »Glaubst du, sie würden mit mir reden?«

»Probier's aus«, antwortete er. »Probieren geht über Studieren.«

Durfte ich es wirklich wagen?

Als die Kinder klein waren, hatte Franzel die totale Kontrolle ausüben können. Aber jetzt gingen die Mädchen ihre eigenen Wege. Sie hatten nun einen eigenen Freundeskreis und bildeten sich ihre eigene Meinung. Warum nicht endlich auch über mich? Sie waren schon als kleine Kinder anders gewesen als ich, hatten gefragt und getrotzt und Widerworte gegeben. Franzel hatte es vielleicht versucht, aber ich konnte mir nicht vorstellen, dass er es geschafft hatte, ihnen das eigene Denken abzugewöhnen, wie es mir abgewöhnt worden war.

»Sie müssten doch Fragen haben«, sagte ich zu René. »Sie müssten doch wissen wollen, was damals war. Sie müssen sich doch an mich erinnern, wie ich war, ehe ich ging. Es kann gar nicht sein, dass sie meinen, alles sei normal gelaufen.«

»Wenn sie nie etwas anderes hören, glauben sie es«, antwortete René.

»Wenn ich ihnen zeigen könnte, wer und wie ich bin, – keine heruntergekommene Pennerin mit einem verkommenen Kerl im Bett, sondern eine anständige Ehefrau mit einem wunderbaren Mann, würden sie mich mit anderen Augen sehen lernen, als Franzel es ihnen beigebracht hat«, dachte ich und lehnte mich an Renés Schulter, damit er mich hielt und sich etwas von seiner Gelassenheit auf mich übertrug. »Ich möchte ihnen so gern beweisen, dass ich entgegen aller Vorurteile für sie da war und bin und mich für sie interessiere. Nur wie?«

Sandra war zwar noch in der Ausbildung, doch Birgit arbeitete bereits als Verkäuferin in einem großen Warenhaus. Fast täglich ging ich daran vorbei, wohl wissend, dass uns nur eine Tür und einige Schritte an den Warenregalen vorbei trennten. »Soll ich reingehen?«, fragte ich René.

»Trau dich!«, ermutigte er mich. »Du bist eine Kundin wie alle anderen. Keiner kann dir den Zutritt verbieten.«

Eines Tages fasste ich mir ein Herz und ging hinein.

Ich sah Birgit fast sofort, und auch sie erkannte mich. Sie war kein Kleinkind mehr gewesen, als ich aus ihrem Leben verschwand. Sie erinnerte sich an mein Aussehen, das sich in den Jahren seit unserer Trennung nicht sonderlich verändert hatte. Überflüssig, mich ihr vorzustellen.

Mir zitterten die Knie, als ich auf Birgits Abteilung zusteuerte. Im ersten Moment schien es mir, als wolle sie mir ausweichen, aber dann blieb sie doch und bediente mich. Ich hatte Herzklopfen in ihrer Nähe. Sie war schlank, gepflegt und gut proportioniert. Leichtfüßig ging sie neben mir, legte mir mit schmalen, gepflegten Händen die gewünschte Ware vor. Die ganze Zeit wich sie meinem Blick aus, doch als sie mich einmal unter ihrem dicken Lockenschopf hervor ansah, leuchteten ihre Augen in demselben ungewöhnlichen Blau, das René an mir liebt. »Meine Tochter!«, dachte ich und hätte sie so gern in die Arme genommen und einfach nur gehalten.

Der Hals war mir wie zugeschnürt. Kaum brachte ich die Worte hervor, aber ich fragte trotzdem, wie es ihr gehe, ob sie noch daheim beim Vater wohne oder schon mit einem Freund zusammen, und ob sie mich nicht einmal besuchen kommen wolle.

Birgit antwortete, dass alles in Ordnung sei. Freundlich im Ton, aber unverbindlich. Ich sollte merken, dass sie mich nur bediente, weil sie in diesem Geschäft angestellt war und mich als Kundin unter tausend anderen bedienen musste, sich aber persönlich nichts aus diesem Gespräch oder gar aus mir machte. Dennoch spürte ich, dass sie ebenso angespannt und innerlich aufgewühlt war wie ich.

René nahm mich nur schweigend in die Arme, als ich nach diesem Einkaufstag nach Hause zurückkehrte. Es tat gut, mich bei ihm anlehnen und geborgen fühlen zu können. Er war der vielleicht einzige Mensch auf der Welt, der verstand, dass ich meine Kinder nicht aus Gleichgültigkeit und Desinteresse, sondern in höchster Angst und Verzweiflung verlassen hatte, weil es das Beste zu sein schien, was ich für sie tun konnte. Ganz sicher aber war René der Einzige, dessen Liebe mich trug, obwohl Schuldgefühle wie Bleigewichte an mir zogen.

Auch wenn ich bestrebt war und bin, mit meinen seelischen Nöten weitestgehend selbst zurechtzukommen, um René nicht ständig mit meinen alten Geschichten zu belasten, habe ich doch immer wieder Tiefpunkte. Wenn ich an solchen Tagen zu Bett gehe, wünsche ich mir oft: »Ach, wäre das schön, wenn ich am Morgen nicht mehr aufwachen würde.«

In diesen Momenten denke ich nicht an René, an das gute Leben mit ihm oder unsere große Liebe. Vor mir steht dann immer nur die Schuld, dass ich meinen Kindern keine bessere, keine starke Mutter gewesen bin, die sie gegen Franzel beschützt und seine Intrigen von Anfang an durchschaut hat. Wie eine lange, hohe Mauer baut sich diese Schuld vor mir auf, ein Wand, an der ich von ganz, ganz unten, tief aus einem Erdloch hinaufschaue und mich mit wunden Händen und Füßen an den Steinen hochziehe und hinaufklettere und doch jedes Mal wieder abgleite und zurückrutsche, wenn ich es mit Mühe ein Stück weit nach oben geschafft habe. Ein Albtraum, aus dem mich Renés Liebe weckt und mir Kraft gibt für jeden neuen Tag.

Auch damals war es so, als ich nach jenem ersten Kaufhausgespräch mit Birgit zwischen Hoffen und Verzweifeln das Telefon zu beschwören versuchte, damit es endlich klingelte und meine Tochter mich anriefe, um mir zu sagen, dass sie in ein paar Minuten auf einen Kaffee zu mir kommen wolle.

Glücklicherweise brach in diesen Tagen das alljährliche große Stadtfest über uns herein. In meiner tiefen Depression über Birgits anhaltendes Schweigen hatte ich das kaum registriert. Erst als René am Abend die Fenster öffnete, um die

Klänge vom nahen Festplatz hereinzulassen, horchte ich auf. Blasmusikfetzen flogen herüber, dazwischen das Dröhnen aus den Lautsprechern der Fahrgeschäfte, die flimmernde Lichtkaskaden über den Himmel schickten. Lachende, kreischende, juchzende Stimmen mischten sich darunter. In der Luft hing der seltsame Duft von gebrannten Mandeln, zimtigem Magenbrot, gegrillten Würstchen und salzkrustigen Steckerlfischen.

René juckte es unwiderstehlich in den Beinen. »Komm«, meinte er, »lass uns gehen.« Und drehte mich übermütig zur ersten Walzerrunde durch die Wohnstube. Seine gute Laune steckte an. Nie hätte ich ihm widerstehen können, als er mich zielstrebig zum Festzelt führte und sich wie ein Bollwerk vor mir durch die wogende Menge der Festbesucher schob.

Dort, in einer der langen Festzeltbankreihen, saßen Birgit in enger Umarmung mit einem jungen Mann, den ich noch als Kind gekannt hatte, da er früher tagtäglich als ihr liebster Sandkastenspielkamerad bei uns ein und aus gegangen war. Diesmal wich Birgit mir nicht aus, als sich unsere Blicke im Getümmel der lärmenden Festzeltgäste begegneten. Im Gegenteil, sie schien es zu genießen, dass ihr Freund mich spontan in seiner unkomplizierten Art mit lautem Hallo begrüßte, sodass wir lachend miteinander ins Gespräch kamen und zwischen Tanzen und Trinken bis in den späten Abend hinein beisammensaßen.

Erst hinterher, als ich die Stunden nochmals Revue passieren ließ, verstand ich, warum Birgit mir nicht wie sonst die kalte Schulter gezeigt hatte. Ihr Freund hatte mich nicht als verkommenes Subjekt gesehen und verächtlich ignoriert, sondern als den positiven Menschen begrüßt, als den er mich aus der gemeinsamen Kindheit mit Birgit in Erinnerung hatte. Dadurch hatte er unwillkürlich auch für sie eine Brücke zu ihrer Mutter gebaut, die sie liebte und lieben durfte, weil es die gute Mutter vor ihrer Verwandlung in die böse Mutter war.

Hinzu kam, dass nicht Birgit selbst, sondern ihr Freund mich als diese gute Mutter erkannt und angesprochen hatte. Dies gab ihr eine Art Alibi, sie habe nur seinetwegen mit mir geredet. Quasi ihm zuliebe, war es dann plötzlich auch ganz einfach für sie, meine Einladung zu einem Besuch anzunehmen. Da er so gern zugesagt hatte, geschah ihr Mitkommen ja nicht aus Liebe zu mir, sondern zu ihm.

Ob Birgit ihren kleinen Selbstbetrug bemerkte, bezweifle ich. Wenn ich ehrlich bin, wäre es mir auch vollkommen gleichgültig gewesen. Ich hörte nur, dass sie wirklich zugesagt hatte, zu mir, zu ihrer Mutter, zu kommen. Trotz Franzels Gift und Galle, die er spucken würde, wenn er es erführe. Trotz meiner Schuld, sie und Sandra verlassen zu haben. Mein Kind wollte mich besuchen. Nach über zehn Jahren Trennung zum ersten Mal.

Von da an war das Eis gebrochen. Birgit und ich blieben telefonisch in Kontakt, den ich durch großzügige Geldgeschenke förderte. Zwar selten, doch für mich unendlich beglückend, kam sie einige Zeit mit wechselnden Freunden zu Besuch. Jedes Mal fuhren René und ich auf, was Küche und Keller hergaben. Jedes Mal war es lustig. Birgit sprudelte vor Lebensfreude, dass es uns vorkam, als fülle allein sie unsere Wohnung aus, sobald sie zur Tür hereinwirbelte.

Ob Sandra nicht auch einmal mitkommen wolle, fragte ich. Ob Birgit ihr meine Einladung ausrichten wolle. Zusammen mit ihr traue die kleine Schwester sich ja vielleicht zu mir. Birgit zögerte kaum merklich, nickte. Ja, sie werde mit ihr reden. Ich wagte nicht, weitere Fragen zu stellen.

Beim nächsten Mal brachte sie mir Grüße von Sandra, die zwar noch nicht mitkommen wolle, es sich aber überlege. »Wenn du mich etwas fragen willst, Birgit, wegen früher und so«, nahm ich allen Mut zusammen, »sag's mir nur. Ich weiß ja, dass es meine Schuld ist. Ich hab ja alles falsch gemacht. Aber ich war krank. Ich kann dir das erklären.« Doch Birgit winkte ab. Von den alten Sachen wolle sie nichts mehr hören und wissen. Das sei vorbei. Sie wolle nicht mehr darüber nachdenken und mit mir darüber reden. »Lass mich damit in Ruhe! Ich hab keinen Bock auf diesen Mist.«

Ihre Schroffheit rief eine Welle panischer Angst in mir hervor, dass ich mit meinen Worten an der alten Wunde gekratzt und aufgerissen haben könnte, was kaum wieder heil gewesen war. Qualvolle Tage und Nächte vergingen, bis Birgit erstmals wieder anrief und ich ihrer unbekümmerten Rede entnahm, dass keine neue Verstimmung zwischen uns aufgekommen war.

So wie ich immer die Wünsche der Kinder nach Kontakt oder Nichtkontakt mit mir respektiert und meine eigenen Sehnsüchte dahinter zurückgestellt hatte, so nahm ich jetzt auch Birgits Wunsch hin, über das Gewesene zu schweigen. Mehr als alles andere wollte ich, dass sie sehen sollte, wie viel mir an ihr lag. Dass ich sie und ihre Wünsche ernst nahm, darauf einging, nicht mich, sondern sie in den Vordergrund stellte und ihre ganze Person mir wichtig war. »Wer bist du denn«, sagte ich mir selbst, »dass du dich ihr aufdrängen darfst. Du hast in deinem Leben so viel falsch gemacht. Du hast gar kein Recht, sie zu korrigieren. Wenn sie nicht über deine Schuld mit dir reden will, ist das in Ordnung. Es ist ihr Recht. Dass es für dich wichtig wäre, darüber zu reden, ist dein Problem. Damit musst du allein fertig werden.«

Also drängte ich mich Birgt ganz bewusst niemals auf, blieb jederzeit für sie erreichbar, war immer offen und für sie da, verlangte aber nichts für mich und nahm mir mit keinem Wort auch nur die Spur eines guten Rats heraus, um den ich nicht ausdrücklich gebeten worden war.

»Meinst du, das ist gut?«, fragte René einmal. Das weckte eine Stimme in mir, die aus tiefster Seele aufstieg und mich warnte: Dass René Recht hatte und unser Schweigen gefährlich war. Dass unter diesem Schweigen ein Abgrund lauerte, und der kleinste Fehler von mir die alte Schuld aufdecken werde. Doch weder dieser Stimme noch meinem klugen René gestattete ich in dieser Situation Fragen oder gar Zweifel.

Und schließlich schien mein Verhalten Früchte zu tragen, denn Birgit bezog mich, nein: René und mich, so eng in ihr Leben ein, dass sie uns Konrad, den Mann vorstellte, den sie heiraten wollte. Ein gut aussehender, sportlicher Typ mit dunklen Brombeeraugen und einem jungenhaften Lachen, dem die Verliebtheit und der Stolz auf seine schöne Eroberung mehr als deutlich anzusehen war. Sie passten gut zusammen, wie sie Händchen haltend vor uns standen und uns verkündeten, dass sie es miteinander auf immer und ewig wagen wollten. Er müsse schließlich nicht nur den Vater um die Hand seiner Tochter bitten, sondern auch die Mutter, meinte er charmant. Das sei ihnen beiden, Birgit ebenso wie ihm, wichtig.

»Bei ihm wird sie es gut haben«, spürte ich. »Er wird ihr Ruhe geben und sie halten, wenn sie es braucht, aber sie nicht einsperren. Er ist ein bisschen wie René, zuverlässig, bodenständig, mit der richtigen Mischung aus Lachen und Ernst. Und gar nicht wie Franzel.« Auch René fand den jungen Mann sympathisch, wie er mir später am Abend versicherte. »Der meint es ernst mit ihr.«

Da unser künftiger Schwiegersohn einen ebenso angenehmen Eindruck von uns gewonnen hatte wie wir von ihm, entwickelte sich rasch eine herzliche Freundschaft zwischen uns, die über die spätere tragische Scheidung des jungen Paares hinweg anhalten sollte.

Dass Birgit in all der Zeit eine Maske getragen hatte, hinter deren schöner, selbstbewusst scheinender Fassade die Verletzungen schmerzten, die sie durch Franzel und mich erlitten hatte, erfuhr ich erst, als die Hochzeitsvorbereitungen in vollem Gange waren.

Eines Tages im Spätwinter, nur wenige Wochen vor dem arrangierten Hochzeitstermin, hatte Konrad seine Braut in buchstäblicher letzter Sekunde in ihrer Wohnung aufgefunden und ins Krankenhaus bringen können, ehe sie an den Folgen eines Selbstmordversuchs starb. Ihr sei alles zu viel geworden, vertraute sie ihm an, als sie wieder bei Sinnen war und er sie bat, ihm zu sagen, warum sie sich das Leben hatte nehmen wollen. Sie könne es ihm nur sagen, wenn es ihr Geheimnis bleibe.

In seiner Liebe und Sorge hätte Konrad ihr in diesem Moment alles versprochen, als er sie blass und schmal, die Handgelenke bandagiert, in ihrem hohen Krankenhausbett liegen sah und sich vorstellte, dass ihre schönen Augen ihn beinahe niemals mehr angeschaut hätten. Tatsächlich schwieg er jahrelang über Birgits Gehcimnis, obwohl es ihn fast übermenschliche Kraft kostete, sein Wort zu halten. Erst als der Super-GAU seines Lebens eingetreten und seine Ehe mit Birgit unwiderruflich gescheitert war, sprach er über diese schwere Stunde an ihrem Krankenbett.

Er solle ihr bitte nicht böse sein und sie lieb behalten, hatte sie ihn damals gebeten. Sie habe ihn ja lieber als alles auf der Welt und wisse, was für ein guter Mensch er sei. Doch die Gedanken kämen von ganz allein, ohne dass sie etwas dagegen tun könne. Schon als Kind hätte sie Albträume gehabt, weil sie immer wieder an die schreckliche Ehe ihrer

Eltern und daran denken musste, wie ihr Vater die Mutter mit dem Messer umbringen wollte und aus dem Haus gejagt habe. Und wie sie jetzt von der Hochzeit mit Konrad geträumt habe, habe sie auf einmal furchtbare Angst bekommen, dass auch ihre eigene Ehe nicht gut gehen und Konrad sie eines Tages ebenfalls fortjagen und ihr die Kinder wegnehmen würde. Dann würden ihre Kinder auch ohne Mutter und allein beim Vater aufwachsen und ihn trösten und mit ihm schmusen und solche »Ausruherchen«-Spiele mit ihm machen müssen und all das. Nein, lieber habe sie nicht heiraten und keine Kinder bekommen wollen. Aber das habe sie sich nicht zu sagen getraut, weil Konrad der beste Mann der Welt sei, der so etwas nie tun würde. Sie müsse verrückt sein, so etwas zu denken. Aber die Gedanken kämen nun mal und wären immer wieder da. Und da habe sie geglaubt, es sei am besten, wenn sie tot wäre. Dann müsste sie nichts mehr denken und nichts mehr sagen und keine Angst mehr haben, und alles wäre gut.

Konrad war entsetzt gewesen. Seine Braut tat ihm unendlich Leid. Er wusste, dass die Ehe zwischen Franzel und mir gescheitert war und ich meine Kinder allein beim Vater gelassen hatte. Wenn er sich ausmalte, er hätte erlebt, dass sein Vater seine Mutter mit dem Messer hätte umbringen wollen und seine Mutter für immer fortgelaufen wäre, hätte er sicher auch Albträume bekommen.

Nur unter einem »Ausruherchen«-Spiel konnte er sich nichts vorstellen. Solche Spiele waren bei ihm zu Hause nicht üblich gewesen. Als Birgit es ihm erklärte, hätte Konrad seinen zukünftigen Schwiegervater am liebsten sofort zur Rede gestellt. Doch Birgits Verzweiflung und Angst hielten ihn davon ab. Keiner werde ihr glauben, wusste sie. Der Vater sei überall gut angesehen. Er werde behaupten, seine Tochter sei verrückt. Und dann werde sie hier – Birgit zeigte um sich – niemals mehr herauskommen. Ob Konrad das wolle?

Welch eine Frage! Zu Hause hingen der Hochzeitsanzug und das Brautkleid fix und fertig im Schrank. Das Aufgebot beim Standesamt und in der Kirche war bestellt. Gemeinsam hatten sie die festliche Hochzeitstafel und das Hochzeitsmahl in einem der nobelsten Gasthäuser der Stadt in Auftrag gegeben. Alle Hochzeitsgäste waren bereits eingeladen. Die Hochzeitsgeschenklisten lagen schon in den besten Geschäften aus. Und sogar die sorgfältig ausgewählten Eheringe lagen längst schön graviert in ihrer Samtschatulle bereit. Konrad liebte Birgit. Er wollte sie heiraten. Niemals hätte er irgendetwas getan, um ihre Hochzeit zu gefährden. Also gab er ihren Bitten nach, sich Franzel gegenüber nichts anmerken zu lassen und ebenso zu schweigen, wie Birgit all die Jahre geschwiegen hatte.

Dies fiel ihm insofern etwas leichter, als die behandelnden Ärzte ihm mitgeteilt hatten, Birgit werde wegen ihres Selbstmordversuchs einige Zeit in einer psychiatrischen Klinik behandelt werden müssen. »Eine Routinesache«, hieß es. Man werde überprüfen, warum sie in eine solche Ausnahmesituation geraten konnte, sich das Leben nehmen zu wollen, und ihr helfen, ihr inneres Gleichgewicht wieder zu stabilisieren.

Die wahren Gründe für Birgits Suizidversuch nannte Konrad nicht, als er René und mich über ihre Einlieferung in die geschlossene Abteilung der Psychiatrie informierte. Dennoch brach wieder einmal eine Welt für mich zusammen. Ich kannte all das doch nur zu genau aus eigener Erfahrung.

Vielleicht, so hoffte ich, litt Birgit nur an einer vegetativen Nervenschwäche, wie ich sie als junges Mädchen während der Lehrzeit erfahren und durch einen kurzen Kuraufenthalt überwunden hatte. Doch in der Tiefe meiner Seele wusste ich, dass mehr dahintersteckte.

»Es ist alles meine Schuld«, weinte ich in Renés Armen. »Hätte ich sie nicht im Stich gelassen, wäre alles anders gekommen.«

Was hätte er antworten sollen? Es gab kein Argument dagegen. Also hielt er mich nur fest, bis sein steter Herzschlag auf meinen eigenen unruhig flatternden Puls überging und mir Frieden schenkte.

Tage später durfte ich Birgit in der Psychiatrie besuchen und mit ihrem Einverständnis ein Beratungsgespräch mit dem behandelnden Psychologen führen.

»Da Sie die Mutter sind und Ihre Tochter mich Ihnen gegenüber von der Schweigepflicht entbindet«, sprach er und sah mich auf diese gerade, seltsam stille und durchdringende Weise an, die Psychologen als Berufsblick zu erlernen scheinen, »darf ich Ihnen mitteilen, dass sie momentan sowohl suizidal als auch autoaggressiv ist und mit größter Wahrscheinlichkeit an einer Essstörung leidet, die mit zwanghaften Ess- und Brechattacken einhergeht. Es ist daher nicht auszuschließen, dass sie einen erneuten Suizidversuch unternehmen würde, wenn sie die Gelegenheit dazu hätte.«

»Wahrscheinlich ist alles meine Schuld«, stammelte ich verzweifelt. »Ich habe sie als Kind im Stich gelassen. Bin mit einem anderen Mann weggegangen und habe die Kinder bei ihrem Vater gelassen. Der Schock. Birgit muss einen furchtbaren Schock erlitten haben.«

Der Psychologe schien meiner Erklärung etwas abzugewinnen. »Das könnte in der Tat ein plausibler Grund sein.« Wieder so ein langer Blick, der wie ein Laserpointer alle wunden Punkte der Seele durchdrang. »Auf keinen Fall sollte Ihre Tochter in absehbarer Zeit heiraten. Wenn Sie als Mutter den geringsten Einfluss auf sie haben, raten Sie Birgit und auch dem Bräutigam dringend von einer Eheschließung ab. Ihre Tochter ist nicht bindungsfähig. Sie benötigt eine intensive psychologische Therapie und Betreuung, um seelische Probleme aufzuarbeiten und zu lösen, ehe sie längerfristig in der Lage sein wird, möglicherweise eine Ehe einzugehen und den vielfältigen Anforderungen als Ehepartnerin und unter Umständen auch Mutter gewachsen zu sein. Derzeit, gute Frau, derzeit ist Ihre Tochter mit einer Ehe überfordert. Und zwar absolut.«

Birgit saß neben uns und sah uns trotzig an, ihr ganzer Körper ein einziger Widerspruch. Man konnte förmlich beobachten, wie ihr die Worte des Psychologen zum einen Ohr hinein- und zum anderen hinausgingen. Sie musste mir nicht sagen, was sie von mir erwartete. Es war klar, ich sollte sie beschützen und verteidigen; deshalb hatte sie den Arzt von der Schweigepflicht entbunden und mich hinzugezogen. Nun sollte ich dem Herrn Doktor die Leviten lesen, ihm ein für alle Mal verbieten, so über mein Kind zu reden und ihn nach allen Regeln der Kunst fertig machen. Aber ich konnte es nicht, denn ich glaubte seiner Diagnose. Es war einleuchtend, dass die ihr durch uns Eltern zugemuteten Lebenserfahrungen Birgit seelisch krank und dadurch bindungsunfähig gemacht hatten.

Ich hätte ihr so gern und ganz dringend geraten, die Diagnose des Psychologen ernst zu nehmen und sich mit der Ehe Zeit zu lassen. Sie und Konrad waren so jung. Sie kannten sich erst ein paar Monate und erwarteten kein Kind. Warum also sofort heiraten? Es herrschten doch keine altmodischen Vorstellungen mehr wie zu meiner Jugendzeit, als voreheliche Liebe eine Todsünde war. Wie viele junge Leute führten heutzutage eine Ehe auf Probe, indem sie eine gemeinsame Wohnung bezogen und sich erst einmal im gemeinsamen Alltag testeten? Und die Hochzeitvorbereitungen ließen sich allesamt problemlos absagen. Die Leute würden eine Weile tratschen, doch dann wäre es vergessen.

In meinem Kopf waren alle diese Worte klar formuliert. Aber sie blieben mir im Halse stecken. Die alte Schuld drückte mich aufs Neue. Natürlich, ich war Birgits Mutter, aber ich hatte sie verlassen. Als sie mich gebraucht hatte, war ich nicht da. Wenn ich wagte, ihr ins Gewissen zu reden, würde sie mir mit Fug und Recht an den Kopf werfen, dass ich wieder nicht zu ihr stünde und ihr gemeinsam mit dem Arzt in den Rücken fiele, um ihr die Ehe mit Konrad zu vermiesen. In mir war nichts als dieses grässliche Bewusstsein der eigenen Unzulänglichkeit und Reue. Reue ohne Ende.

Wie befürchtet verließ Birgit die Klinik entgegen der ärztlichen Empfehlung und auf eigene Verantwortung so schnell wie möglich. Vermutlich trug ein Brief Franzels zu dieser Entscheidung bei, den ich Jahre später zu Gesicht bekam. In seiner wohl bekannten, salbungsvollen Art hatte er ihr gute Besserung gewünscht und sie zugleich mit der Nase darauf gestoßen, dass sie ihm etwas schuldig sei und ihn nicht blamieren solle. Er habe es schließlich nicht leicht mit ihr und ihrer Schwester gehabt. Nun sei sie endlich groß und heiratsfähig. Also solle sie etwas für ihre Gesundheit tun, denn mit Konrad sei sie gut bedient, und die Hochzeitvorbereitungen liefen ja sehr gut. Im Übrigen gäbe es in ihrem Lieblingsgeschäft gerade 20 Prozent Rabatt.

Wer weiß, vielleicht gab ja wirklich die Verlockung auf einen Schnäppchenkauf in ihrem Lieblingsgeschäft den Ausschlag? Auf jeden Fall erklärte Birgit dem verantwortlichen Arzt, sie sei zu keiner längerfristigen Therapie bereit und halte dies auch nicht für notwendig. Sie fühle sich gesund und der Ehe mit Konrad vollauf gewachsen. Schließlich sei eine Ehe völlig normal. Das wisse sie jetzt. Und natürlich könne es nicht jeden Tag nur Sonnenschein geben. Auch das habe sie nun erkannt. Der Suizidversuch sei eine einmalige Schwäche gewesen. Diese sei überwunden. Sie habe nicht mehr die Absicht zu sterben, sondern freue sich auf die Hochzeit und werde schon ungeduldig von ihrem Bräutigam erwartet. Die Hochzeit zu verschieben, sei absurd. Sie wolle keineswegs riskieren, den Mann ihres Lebens zu verlieren. Und ein Zusammenleben ohne Trauschein komme für sie nicht in Betracht, da sie in geordneten Familienverhältnissen leben wolle.

Damit war die Sache klar. Die rein körperlichen Folgen des Suizidversuchs waren verheilt. Birgit war nicht geisteskrank. Ihre seelische Gesundheit schien zwar angeschlagen und aus medizinischer Sicht dringend therapiebedürftig, doch gab es keinerlei rechtliche Handhabe, Birgit gegen ihren Willen in einer psychiatrischen Klinik einzubehalten. Eine psychologische Therapie musste auf freiwilliger Basis und im Einvernehmen mit dem Patienten erfolgen. Da Birgit mündig und im Vollbesitz ihrer geistigen Kräfte handlungs- und geschäftsfähig war, hatte sie jederzeit das Recht, eine Therapie abzulehnen und die Klinik auf eigene Verantwortung zu verlassen. Das äußerste Zugeständnis, zu dem sie sich auf Drängen des Psychologen bereit erklärte, waren einige beruhigende und stabilisierende Medikamente, die ihr der Hausarzt für die nächste Zeit regelmäßig verschreiben würde.

Wenig später, an einem strahlenden Frühlingstag, fand das Hochzeitsfest mit großem Pomp und Gepränge statt. Familienangehörige und Freunde, Musik, lukullische Hochgenüsse und Starphotographen huldigten Braut und Bräutigam. René und ich waren als Birgits wichtigste Wunschgäste eingeladen worden, obwohl Franzel ihr die Pistole »Sie oder ich« auf die Brust gesetzt hatte. Unter Tränen hatte Birgit mir davon berichtet, worauf ich beschloss, meinen Exmann an seine Vaterpflichten zu erinnern.

Schließlich kam es nicht auf seine persönliche Eitelkeit an, sondern auf das Glück unserer Tochter.

»Wenn du willst, dass ich als deine Mutter bei deiner Hochzeit dabei sein soll, komme ich gern. Und wenn es dazu erforderlich sein sollte, dass ich meinen Exmann um eine Einladung bitten müsste, wäre ich mir auch dazu nicht zu schade«, beruhigte ich Birgit und reichte ihr ein Taschentuch gegen die verlaufende Wimperntusche.

»Ja«, nickte sie, »sprich du mit ihm. Konrad und ich wollen, dass du und René dabei sind. Ohne dich ist es gar keine richtige Hochzeit für uns.«

Noch heute kann ich kaum beschreiben, welche Gefühle diese Worte in mir auslösten. Ich hätte alles getan, um ihren Wunsch zu erfüllen.

Später, allein am Telefon, raste mein Pulsschlag dann aber doch, als ich die altbekannte Nummer wählte. Es verlangte alle Selbstbeherrschung, die ich aufbringen konnte, um mich mit ruhiger Stimme zu melden und Franzel mein Anliegen vorzubringen. Womöglich hatte er nur auf diesen für ihn erhebenden Augenblick gewartet, denn kaum hatte ich ausgesprochen, war er mit der Einladung einverstanden. Unter einer Bedingung: »Wenn du kommst, zahlst du auch!« Geld regierte nun mal Franzels Welt. Doch daran sollte Birgits Herzenswunsch nicht scheitern.

Zwar saßen wir am Hochzeitstag nicht am Familientisch, an dem Franzel mit unserer Tochter Sandra sowie die Betreuerin unserer Kinder mit ihrem Ehemann nebst Konrads Familienangehörigen das Brautpaar einrahmten. Doch wir waren da. Birgit und Konrad kamen immer wieder zu uns herüber. René tanzte mit der Braut, der Bräutigam mit mir. Schließlich mussten sogar Erinnerungsphotos geschossen werden, auf denen Franzel und ich als Eltern nebeneinander zu sehen sind. Bald schon ging es an unserem abseitigen Katzentisch so lustig zu, dass uns immer wieder Franzels missliebige Blicke trafen, der wohl zu gern erlebt hätte, dass uns allen Anwesenden schnitten.

Photos fangen ja oftmals Stimmungen und Mienen ein, die man zum Zeitpunkt eines Geschehens nicht wahrnimmt. Doch selbst wenn ich das dicke Album mit all den Hochglanzphotos der Hochzeit durchblättere oder den Videofilm betrachte, der die wesentlichen Stationen des Hochzeitstages zeigt, sehe ich nur, wie meine im prachtvollen Designerbrautkleid strahlend schöne Tochter es genoss, der Mittelpunkt im Leben ihres glücklichen Ehemannes zu sein.

Mag sein, dass ich mich in der folgenden Zeit zu sehr in Sicherheit gewiegt und auf Konrad gebaut habe, sodass ich zwar bemerkte, es stehe nicht alles zum Besten zwischen den jungen Eheleuten, dies jedoch nicht allzu ernst nahm. Ich wusste ja, dass Konrad eine intensive psychologische Beratung erhalten hatte, damit er mit der seelischen Labilität seiner jungen Frau umgehen und seinen Teil zu ihrer Stabilisierung beitragen konnte. Und es imponierte mir, wie selbstlos konsequent er sich an diese Tipps hielt, indem er ihr jede nur erdenkliche Freiheit ließ, um sie mit den Aufgaben, die ihr aus der Ehe erwuchsen, nicht zu überfordern.

Wenn wir uns um jemanden sorgten, dann eher um Konrad, der sich sogar hoffnungslos verschuldete, um ihr den Luxus bieten zu können, den sie sich erträumt hatte. Dazu gehörte, dass sie sich täglich stundenlang in einem Fitnessstudio slim-trimmte, und ihn drängte, Geld aufzunehmen, um das kleine Familieneigenheim, das ihm die Eltern vererbt hatten, zu einem großzügigen Mehrfamilienhaus auszubauen. Dass sie vor der Hochzeit gemeinsam beschlossen hatten, keinen großen Kredit aufzunehmen, sondern das Häuschen nach und nach auszubauen, eben in dem Maße, wie sie das nötige Geld dafür erspart hatten, war für Birgit Schnee von gestern. Und Konrad konnte ihr in seiner Sorge, sie werde sich wieder etwas antun, wenn sie mit seelischen Belastungen wie Enttäuschung nicht fertig würde, nichts abschlagen.

Kaum war das Geld im Haus, fuhr Birgit auf einem funkelnagelneuen Motorrad durch die Gegend, während Konrad buckelte, um durch Eigenleistung beim Hausbau die Kosten dafür einzusparen. Da er aus diesem Grund fast jede freie Minute mit Arbeit statt mit Birgit verbrachte und nur zu oft so starke Ebbe in der Kasse war, dass sie sich allenfalls ein kostenloses Abendessen bei René und mir leisten konnten, ödete das Eheleben Birgit immer öfter an.

Konrad sei ein rechter Langweiler, klagte sie mir. Wenn er endlich mit der Arbeit fertig sei, wolle er nur noch vor dem Fernseher abhängen. Ihre Freundinnen gingen zum Tanzen in die Disko und sie höchstens zum Matratzenball. So habe sie sich das alles nicht vorgestellt.

Konrad hingegen beschwerte sich nie. René und ich spürten zwar oft, dass er sich darüber gefreut hätte, wenn Birgit ihn von sich aus beim Bauen unterstützt hätte. Es war ihm auch peinlich, dass sie nicht einmal auf die Idee kam, für seine Freunde zu kochen, die ihm halfen. Und nicht selten kamen wir gerade dann zu Besuch, wenn er noch den Hausputz besorgte, weil Birgit lieber sich selbst als die Wohnung pflegte. Dennoch haben wir nicht beobachtet, dass er sie je bedrängt hätte, sich endlich zusammenzureißen und ihren Teil der Familienarbeit zu übernehmen. Sie sollte es aus freiem Antrieb wollen und nur das tun, was sie verkraften konnte.

Inzwischen wusste Konrad auch, dass Birgit im Zorn vieles sagte, was ihr hinterher wieder Leid tat. Folglich nahm er ihre häufigen Wutausbrüche nicht allzu ernst. Sie sei nun mal ein Hitzkopf, meinte er gutmütig und legte den Arm um sie, wenn sie ihren Frust über sein Zuviel an Arbeit und Zuwenig an Zeit ausgetobt hatte. Dann konnte es geschehen, dass sie ihm stürmisch die Arme um den Hals warf und erst zufrieden war, wenn er ihr versichert hatte, er liebe sie noch.

»Lass sie«, meinte René, der über eine größere innere Gelassenheit verfügt als ich. »Sie kriegen das schon zusammen hin. Denk dran, du hast zwei Töchter.« Und das stimmte. In dieser Zeit hatte ich wieder zwei Töchter, denn auf Birgits Hochzeit hatte auch Sandra begonnen, ihre Scheu und ihr Misstrauen abzulegen. Ihren ersten von einer Vielzahl Briefe erhielt ich zwei Monate später. Darin teilte sie mir mit, wie eifersüchtig Franzel deswegen sei, dass sie tatsächlich Kontakt zu mir aufgenommen hatte.

Dass auch Sandra seelisch schwer krank war, fiel mir zunächst nicht auf. Als Kind war sie ein bisschen pummelig gewesen. Jetzt, so schien es mir, hatte sie den Babyspeck abgelegt. Ich bewunderte mein superschlankes, attraktives Mädel mit den schönen vollen Haaren und den faszinierenden Augen. Ich hatte an Birgit nichts von Bulimie bemerkt und erkannte die Spuren der Krankheit auch an Sandra nicht.

Später einmal vertraute sie mir an, dass sie schon lange ihr gesamtes Taschengeld für Lebensmittel ausgegeben und sie regelrecht gehortet habe, um sie in wahren Fressorgien wahllos in sich hineinzustopfen. Anschließend habe sie sich dann übergeben, nur um zu einem anderen Zeitpunkt erneut alles in sich hineinzuschlingen, was sie erreichen konnte. Es sei ein Kreislauf gewesen, aus dem ihr auch niemand heraushalf. Da sie bei Tisch normal aß und sich erst später auf der Toilette übergab, fiel ihr destruktives Verhalten wohl auch niemandem auf. Es war ja nicht üblich, sich intensiv für den anderen zu interessieren. Oberflächliche Fragen und Antworten genügten, um den Alltag zu organisieren.

So traf es mich wie der Blitz, als ich erfuhr, dass auch Sandra versucht hatte, sich die Pulsadern aufzuschneiden, und der behandelnde Arzt sie für ein Vierteljahr in eine psychotherapeutische Klinik einwies, um ihr die Chance zur Aufarbeitung ihrer seelischen Nöte zu geben.

Sobald und so oft es uns gestattet wurde, besuchten René und ich Sandra in der Klinik. Franzel ließ sich nur einmal dort blicken, um ihr einige Kleidungsstücke zu bringen. So waren wir die Ersten, die von ihrer großen Liebe und ihrer Angst erfuhren, es werde wie bei Romeo und Julia enden, weil der Vater sie nicht zusammenkommen lasse.

Der Auserwählte war einer jener so genannten Aussteiger, die der deutschen Bürokratie und Gesellschaft den Rücken gekehrt hatten, um unter südlicher Sonne nach dem Wahren und Schönen zu suchen. Sein neues Zuhause bestand aus einer Strandkneipe in Spanien, die er mit zwei Freunden betrieb und noch besser mit einer süßen deutschen Kellnerin hätte betreiben können. Sandra, die schon immer Fernweh verspürt hatte, war von diesem Mann ganz hin und weg, wie man so sagt.

Sobald sie aus der Klinik entlassen werde, schwärmte sie, wolle sie mit ihm nach Spanien und ein neues Leben beginnen. Durch ihre lange Krankheit habe sie sowieso den Anschluss in ihrer Lehre verloren und auch keinen Spaß mehr daran. In Spanien, wo alles lockerer zugehe als im spießigen Deutschland, könne sie neu durchstarten. Sie wisse genau, dass dies der richtige Weg für sie sei, denn sie liebe ihren Freund und wolle ohne ihn nicht mehr leben.

Wenn wir geglaubt hatten, Franzel sei gegen diese Romanze, weil Sandra noch minderjährig war, ohne abgeschlossene Ausbildung vor dem beruflichen und wirtschaftlichen Desaster stand und sich mit diesem Mann, den sie noch kaum kannte, auf ein Abenteuer mit ungewissem Ausgang einlassen wollte, irrten wir. Es ging nur um Geld, genauer gesagt, um das Geld für ein Flugticket nach Spanien und eventuell zurück. Dieses Geld habe er nicht und gebe er nicht. Basta!

Während René und ich noch jeder für sich darüber nachdachten, ob wir das Flugticket bezahlen sollten, sagte Sandra, es gebe da aber noch etwas anderes. Sie könne einfach nicht mehr zu ihrem Vater zurück. Sie habe es so lange bei ihm ausgehalten, wie es nur irgend möglich gewesen sei. Deshalb sei sie schließlich so krank geworden. Das habe man jetzt in der Klinik in den Therapiegesprächen erkannt. Bulimie bekäme man als Mädchen zum Beispiel dann, wenn man keine Frau werden wolle. Sie habe nie eine Frau werden wollen.

Ihre schönen Augen standen voller Tränen, als sie mich mit einem liebevollen Lächeln anschaute und sprach: »Sie haben mir immer gesagt, dass meine Mutter eine schlechte Frau ist. Und wenn meinem Vater etwas an mir nicht passte, dann schrie er, dass ich genau wie meine Mutter sei und mal genauso schlecht werden würde. Das machte mir Angst. Das war der eine Grund, weshalb ich am liebsten gar keine Frau sein wollte.«

»Meine Schuld! Meine Schuld!«, dröhnte es in mir. Am liebsten wäre ich schreiend weggelaufen. Doch Sandras Hand lag auf meiner und hielt mich fest. »Aber das war nicht der wichtigste Grund. Der wichtigste Grund war der Vati.«

An den genauen Wortlaut dessen, was sie dann erzählte, erinnere ich mich nicht. Alles lief in mir durcheinander in einem Gemisch aus Verzweiflung über mich selbst, über das einsame Leid meiner Kinder und über das Bewusstsein meiner völligen Ohnmacht Franzel gegenüber.

Sandras Worte rauschten an mir vorbei und durch mich hindurch, sodass ich Mühe habe, mich an sie in der Rückschau zu erinnern. Irgendwie habe sie immer gewusst, etwas stimme an der ganzen Sache nicht. Sie sei noch klein gewesen und habe nicht viel verstanden, aber sie konnte sich an mich als liebe Mutter erinnern. Sie hatte mich schrecklich vermisst, als ich weg gewesen sei. Sie habe oft nach mir gefragt und wäre auch gern zu mir gekommen, wenn ich sie und Birgit eingeladen hatte. »Aber ich traute mich nicht. Und sie ließen mich ja auch nicht«, sagte sie. »Sie behaupteten, die Mama würde uns dann nur wieder etwas Schlimmes antun. Ich sollte doch daran denken, was sie uns Böses angetan hatte. Das setzte sich irgendwie in mir fest, sodass ich in gewisser Weise wusste, die Mama ist schlecht und hat uns Kindern etwas Böses angetan. Nur was das gewesen war, das wusste ich nicht. Ich erinnerte mich nur daran, wie dieser böse Mann, dieser Jean, dich immer geschlagen hat und wie der Vati dich mit dem Messer erstechen wollte. Aber darüber durfte man nicht reden.«

Birgit habe ihr nach meinem Verschwinden erklärt, dass sie jetzt die Frau im Haus sei und wir keine Mutter bräuchten. Sie sei ja schon groß und könne alles und werde auf Sandra aufpassen. »Das habe ich ihr geglaubt«, nickte Sandra. Die große Schwester habe ja schon immer auf sie aufgepasst und sei in allem ihr Vorbild gewesen. Außerdem habe Birgit nun noch öfter als sonst bei Franzel im Schlafzimmer übernachtet. Und er habe immer auf sie gehört, wenn sie schrie, dass er etwas im Haus oder im Garten machen solle. »Da dachte ich schon, dass es stimmt, was sie sagte. Und auch deshalb wollte ich keine Frau werden, denn das alles gefiel mir nicht.

Ich hatte solche Angst davor, dass ich auch bei ihm schlafen und mit ihm schmusen sollte. Birgit hatte mir gesagt, dass er sich dabei immer so komisch von hinten an sie drückt und stöhnt, dass es ganz ekelhaft ist. Das wollte ich nicht. Deshalb schloss ich immer mein Zimmer ab und ließ ihn nicht rein, wenn er kam und an die Tür klopfte und rief: »›Sandra, mach doch auf, der Vati will mit dir schmusen!‹«

Als sie älter geworden sei, habe sie sich über Franzels Benehmen und dieses Stöhnen ihre eigenen Gedanken gemacht, fuhr Sandra fort. Wenn er im Keller seine grässlichen Pornopartys abhielt und wildfremde Frauen in sein Bett holte, konnte sie ihre Ohren noch so fest verstopfen oder zuhalten oder sich unter dem Kopfkissen einwühlen. Das Stöhnen und Kreischen war durch alle Hauswinkel zu hören, weil die Fertighauswände so dünn sind. Diese Geräusche seien zwar irgendwie normal für sie gewesen, weil sie schon immer da waren, solange sie denken konnte. Aber jetzt sei sie in einem Alter gewesen, in dem sie begriff, was da passierte. »Ich merkte, dass es in anderen Familien nicht passierte. Und dass mein Vater kein feiner Herr, sondern einfach nur pervers war. Auch Birgit wusste das. Aber sie war schon älter und haute einfach mit ihren Freunden ab, so oft sie konnte, während ich mit ihm allein im Haus blieb und Angst hatte, dass er irgendwann mal die Tür eintritt oder auch bei mir das Messer nimmt, wenn er wieder mit mir schmusen will. Ich hatte nur noch Angst vor ihm. Am liebsten hätte ich mich in Luft aufgelöst und wäre einfach verschwunden. So bekam ich Bulimie.«

Sandra drückte meine Hand noch etwas fester. »Ich hab's einfach nicht mehr mit ihm ausgehalten, verstehst du?« Unwillkürlich nickte ich. Wer, wenn nicht ich, könnte das verstehen! »Ohne Birgit, nur mit ihm allein im Haus, und immer diese Wahnsinnsangst, dass er mich doch mal schnappt.«

Sandra legte die Hand über die Augen und wischte mit zwei Fingern die Augenlider trocken. »Ich konnte doch nicht weg, dachte ich. Wohin sollte ich denn? Mir hätte doch keiner geglaubt, wenn ich gesagt hätte, dass ich Angst vor meinem Vater und seinem komischen Geschmuse habe. Er ist doch überall der tolle Supervater. Was ist schließlich schon dabei, wenn so ein toller Vater mal ein bisschen mit seiner Tochter schmusen will? Da hätte mich doch jeder bloß ausgelacht. Kein Mensch hätte mir geholfen. Ja, und dann hab ich mir einfach das Messer genommen und gedacht, dass ich Schluss mache, weil es das Einzige ist, wie ich von ihm wegkommen kann.«

René und ich waren sprachlos und ratlos zugleich. Ich hatte so eine Wut auf Franzel, dessen sexuelle Perversion nicht einmal vor seinen eigenen Kindern Halt gemacht hatte, der mir aber die alleinige Schuld daran zuschob, dass sie seelisch krank geworden waren. Er hatte uns alle drei nur für seine Zwecke benutzt und ausgenutzt und glänzte dennoch mit seinem falschen Heiligenschein vor aller Welt. Was sollte ich nur tun, um meinem Kind zu helfen? Ich hatte ja kein Recht, sie zu mir nach Hause mitzunehmen. Aber in dieses scheinheilige Zuhause konnte sie nicht wieder zurück. So viel stand fest.

»Kannst du verstehen, dass ich schon wieder krank werde, wenn ich nur daran denke, dass ich zu ihm zurückmuss?«, fragte Sandra, doch die Frage war überflüssig, die Antwort lag auf der Hand. »Und ich muss zu ihm zurück, wenn ich entlassen werde, weil ich noch keine achtzehn und polizeilich bei ihm gemeldet bin. Er hat das Aufenthaltsbestimmungsrecht über mich. Wenn ich abhaue, kann er mich von der Polizei suchen und abholen lassen. Außerdem habe ich kein Geld und keinen Beruf, nicht mal einen Job. Wenn ich mit meinem Freund gehe, habe ich alles: ein Dach über dem Kopf, einen Job, Geld. Und außerdem liebt er mich.«

»Geld geben wir dir schon«, mischte René sich ein, der seine Erschütterung kaum verbergen konnte. »Darüber brauchst du dir keine Sorgen zu machen.«

»Ja, ich weiß«, lächelte Sandra dankbar. »Ihr seid echt süß. Aber ich muss hier trotzdem weg. Und deshalb will ich mit meinem Freund nach Spanien. Das ist die beste Lösung für mich.«

»Gut, dann bekommst du von uns das Ticket bezahlt«, versprach ich. »Ich finde, du solltest fahren, weil du deine eigenen Erfahrungen machen musst. Du wirst sonst immer denken, dass du etwas versäumt und falsch gemacht hast. Und zu Franzel zurück, nein, das geht nicht. Das geht absolut nicht! Du musst mir nur eines versprechen: Komm sofort zurück, wenn du merkst, dass dir etwas nicht gefällt. Genier dich nicht, es mir zu schreiben oder am Telefon zu sagen. Ganz egal, was passiert, du bist immer mein Kind, und ich bin immer deine Mutter und für dich da. Du brauchst keine Angst haben, dass ich mit dir schimpfe oder dir Vorwürfe mache. Komm einfach heim, wenn du willst. Gibst du mir darauf dein Wort?«

»Ja!«, sagte Sandra und drückte René und mir die Hände. »Das verspreche ich. Ich rufe an und nehme das nächste Flugzeug zurück. Zu euch.«

Ich wusste nicht, ob ich erleichtert aufatmen oder weinen sollte, als Sandra sich in den wenigen Tagen, die zwischen ihrer Entlassung aus der psychiatrischen Klinik und ihrem gebuchten Abflug nach Spanien verstrichen, in einen anderen Mann verliebte und nicht mehr auswandern wollte. Den Flug zu stornieren, war kein Problem. Mich belastete vielmehr, was ich nun über ihr Leben in Franzels Haus wusste.

Keine Stunde, keine Minute vergingen, in denen ich nicht in Sorge um sie war, sobald es Abend wurde und ich annehmen musste, Franzel werde sein Haus betreten.

Als Birgit mich eines Tages voll Aufregung anrief und mir mitteilte, Sandra habe ihr am Telefon geklagt, der Vater bringe sie fast um, weil er ihre wechselnden Liebesaffären nicht akzeptiere, rasten René und ich schnurstracks mit dem Auto los, um mein Kind zu beschützen. Vor Franzels Haus angekommen, war niemand da. Da das Garagentor offen stand, gingen wir davon aus, dass er noch mit Sandra unterwegs war. Wir warteten. Auf dem Rückweg von der Arbeit pickte er sie jeweils an ihrer Lehrstelle auf und nahm sie mit. Ein Auto konnte er ihr schließlich nicht finanzieren. Dafür hatte er kein Geld übrig. Und Sandra selbst konnte von ihrem Lohn keines finanzieren, sodass sie sich zwar den Führerschein zusammengespart hatte, wegen des Wagens jedoch ständig auf den Vater angewiesen war.

Als sie vorfuhren, sprang Sandra aus der Beifahrertür und rannte ins Haus, während Franzel den Wagen zur Garage lenkte. René sollte sich um Sandra kümmern, das war so zwischen uns ausgemacht. Ich hingegen lief Franzel nach und stellte ihn zur Rede, was zwischen ihm und unserer Tochter vorgefallen sei.

Ich hatte in all den Jahren fast vergessen, dass Franzel von sich als Vater nur in der dritten Person und in diesem einfältigen Ton sprach, als könne sein Gegenüber nicht bis drei zählen. Ohne mir auch nur einmal in die Augen blicken zu können, nahm er ständig dies und das aus dem Kofferraum, legte es wieder hinein, holte es abermals heraus, legte es wiederum hinein und mahnte mich dabei mit frommem Säuseln, doch nicht so zu schreien – »Ach bedenke doch, wenn das Kind dich hört!« –, das arme Kind doch nicht gegen den Vater aufzuhetzen, mich doch aus dem Leben des armen Kindes herauszuhalten, dem Vater doch die Erziehung des armen Kindes nicht zu erschweren und dergleichen mehr.

Jedes Mal, wenn er »das arme Kind« sagte, bin ich fast explodiert. Sandra sei kein Kind mehr, schrie ich, sondern eine junge Frau und inzwischen sogar volljährig. Sie habe ein Recht auf ihr eigenes Leben und eigene Lebenserfahrungen. Und wenn sie sich tausendmal neu verliebe, dürfe er ihr nicht im Wege stehen oder sie daran hindern. Dazu habe er kein Recht.

Irgendwann sah ich aus den Augenwinkeln, wie Sandra mit Sack und Pack aus dem Haus trat. Da schnappte ich sie, stieg mit ihr zu René ins Auto und brachte sie geradewegs zu uns. »Wie viele Jahre mussten vergehen«, dachte ich, während ich mein großes Mädchen im Gästezimmer einquartierte, »bis du sie endlich nach Hause geholt hast.« Und dabei mischte sich in die Trauer um die vergeudeten Jahre eine tiefe Freude, dass es letztendlich doch gelungen war.

Bald schon zog Sandra in eine eigene kleine Wohnung und danach mit einem Freund zusammen, der leider ein schweres Alkoholproblem hatte und mich in seiner Art an Jean erinnerte. Genau wie ich einst, so glaubte auch Sandra, ihn durch Liebe von seiner Sucht heilen zu können. Da er selbst keinen festen Willen hierfür aufbrachte, konnte ihm allerdings auch die größte Liebe nicht helfen. Doch bis Sandra dies einzusehen vermochte und die Kraft fand, sich von ihm zu lösen, verging eine lange Zeit, die von vielen Aufs und Abs, von wiederholter Trennung und Rückkehr zu ihm geprägt war.

René und ich standen Sandra in dieser Phase treu zur Seite. Sie konnte zu uns kommen, mit uns reden, sich Rat und

Hilfe erbitten. Ich hätte jederzeit alles für sie stehen und liegen lassen. Das wusste sie. Es half ihr auch. Wie viel schöner wäre es gewesen, hätte auch Franzel sich zu ihr bekannt. Doch, für mich völlig unfasslich, interessierte er sich seit Sandras Auszug aus seinem Haus absolut nicht mehr für sie. Auch ihre Ersatzmutter, an die das bei meinem Verschwinden noch sehr kleine Mädchen sich in seiner emotionalen Verlassenheit eng angeschlossen hatte, ließ nichts von sich hören. Weder fragten sie nach ihr noch schrieben sie oder riefen an. Es war, als habe Sandra nie einen Vater und Familienangehörige väterlicherseits gehabt.

Die lange Krankheit, der Schmerz und Schock über den Verlust des Vaters, dessen Desinteresse erst bewies, was Sandra immer befürchtet hatte, nämlich nicht wirklich von ihm geliebt zu werden, sowie die seelischen Belastungen im Zusammenleben mit ihrem Freund – all das führte dazu, dass Sandra die Prüfung zum Abschluss ihrer Lehrzeit nicht bestand, keine rechte berufliche Perspektive mehr für sich sah und sich stärker denn je nach einer Auszeit sehnte, möglichst weit weg von allem und allen, die ihr bisheriges Leben bestimmt hatten.

Die Gelegenheit dazu ergab sich nicht so rasch, sodass uns Zeit blieb, einander immer näher zu kommen, ehe Sandra auf eine verlockende Zeitungsannonce antwortete und als Aupairmädchen zu einer Familie ins Ausland zog. Während unserer Zusammenkünfte mieden wir das Thema Franzel. Sandra musste mir nichts über ihre Gefühle zu ihm erklären. Ich fühlte mit ihr mit, wie es ist, vom eigenen Vater verstoßen zu werden. All das hatte ich selbst doch bitter genug erlebt, als mich mein Vater mit dem Paukenschlag seines im Kreis seiner Erben verlesenen Testaments des ehrlosen, unsittlichen Lebenswandels bezichtigte, mir seinen ewigen Zorn erklärte und mich zur Strafe enterbte.

Während Birgit mich trotz unserer neuen Mutter-Tochter-Beziehung durch ihr Beharren auf dem absoluten Stillschweigen über alles Vergangene wie auf schwankendem Moorgrund stehen ließ, kamen Sandra und ich einander im Herzen immer näher. Zwar sprachen wir nicht oft und wenig intensiv über meine Zeit mit Franzel und Jean, da ich selbst damals auch noch gar nicht so wie heute in der Lage war, mich dazu zu äußern. Doch konnte ich ihr mit den mir möglichen Worten mitteilen, dass ich nicht die böse Mutter gewesen war, als die ich ihr immer dargestellt wurde. Dies entsprach Sandras kindlichen Erinnerungen an mich und entwickelte sich durch unsere gegenwärtigen gemeinsamen Erlebnisse zu einem positiven Bild von mir.

Sandra hat es mir im Grunde leicht gemacht, wieder ihre Mutter sein zu dürfen. Sie kam so völlig ohne Hintergedanken zu mir, ohne auf Geld zu spekulieren, ohne sich den geringsten Vorteil von mir zu erwarten. Sie sah mich skeptisch an und prüfte mich, indem sie uns beiden Zeit gab, in der ungeplant Ereignisse geschahen, die für mich zur Bewährungsprobe wurden. Für jedes Zeichen meiner Liebe schenkte sie mir Liebe zurück. Und ich wünsche mir nur, dass sie trotz meiner Gehemmtheit im Umgang mit großen Gefühlen immer erkennen wird, wie sehr ich sie liebe und immer geliebt habe.

Zweifellos kam Sandra auf unserem Weg zueinander entgegen, dass ihre von Problemen überschattete Liebe zu ihrem alkoholkranken Freund ein aus eigener Lebenserfahrung gespeistes Verständnis für meine damalige Affäre mit Jean in ihr weckte. So wie ich Jean nicht verließ, weil ich hinter seiner Alkoholsucht den Menschen sah, nur diesen auch liebte und mir aus dieser Liebe heraus einbildete, ihn retten und quasi zu einem neuen Leben auferwecken zu können, so vermochte auch Sandra ihren Freund weder ganz anzunehmen noch ganz zu verlassen. Ihr eigener Zwiespalt ließ ihr meinen Zwiespalt verzeihlicher erscheinen, aus dem heraus ich sie und Birgit damals verlassen hatte. Zwar rechtfertigte es meine Tat nie und nimmer und machte sie auch nicht wieder gut, aber es erklärte meiner Tochter, warum ich den Fehler begehen konnte, Jean trotz Alkohol und Gewalt nicht zu verlassen, als es Franzel gelungen war, das Jugendamt einzuschalten, um mir die Kinder zu nehmen.

Ich wage es bis heute noch immer kaum zu glauben, wenn Sandra es mir sagt und zeigt, aber durch all meine Schuldgefühle und die Angst hindurch, eines Tages womöglich doch noch auch von ihr durch den Entzug ihrer Liebe bestraft zu werden, spüre ich es doch tröstlich, dass sie mir wirklich aus tiefster Seele verziehen hat.

Auch dass Birgit mir verziehen hätte, glaubte ich einmal. Der Grund war die Geburt meines Enkelkindes Emily, das ich über alles geliebt habe und sicher bis zu meinem Tode auch immer lieb behalten werde.

Als Birgit nach rund zweijähriger Ehe schwanger wurde, herrschte in der gesamten Familie eitel Sonnenschein. Birgit und Konrad freuten sich über alle Maßen auf ihr Wunschkind, das endlich eine kleine Familie aus ihnen machen würde. Selbst René fühlte sich als werdender Opa und genoss es, ganz selbstverständlich und freudig einbezogen zu werden. »Du bist mehr der Opa als mein eigener Vater«, pflegte Birgit zu ihm zu sagen. »Mit dem wird mein Kind jedenfalls nie allein sein. Das erlaube ich nicht.«

Natürlich fieberten wir alle dem ersehnten Tag X entgegen und sandten so manches Stoßgebet zum Himmel, dass alles gut gehen möge. Birgit war immer schon etwas schmerzempfindlich gewesen und hatte Angst, die Geburt des Kindes nicht ohne schmerzstillende Spritzen zu überstehen.

Doch selbst vor diesen Spritzen fürchtete sie sich. Irgendjemand hatte ihr erzählt, es sei sehr schmerzhaft, eine Rückenmarksspritze zu bekommen, und manchmal sei man danach einige Zeit wie gelähmt. Wir waren froh, dass Konrad bei der Entbindung dabeibleiben und seiner Frau beistehen wollte.

Als es an einem heißen Sommertag losging, rief Konrad uns freudig erregt aus der Klinik an: »Spätestens in ein paar Stunden seid ihr Oma und Opa.« Von meiner eigenen Erfahrung des Kinderkriegens ausgehend, rechnete ich in längstens zwei Stunden mit der entsprechenden Freudenbotschaft. Doch kurze Zeit später klingelte es an der Haustür. Die Wehen waren falscher Alarm gewesen. Also hatte die Klinik die werdende Mutter mitsamt dem Vater wieder nach Hause geschickt. Da standen sie nun und wollten sich bei einer Tasse Kaffee von mir als verhinderter Oma trösten lassen.

Als Konrad am Abend desselben Tages erneut bei mir anrief, dass sie in der Entbindungsklinik seien, trieb mich die Sorge um mein Kind ins Auto und zu ihr. Birgit saß auf einem großen Ball, um Wirbelsäule und Bauch zu entlasten. Konrad half ihr mit Atemübungen durch Wehentäler und über Wehenberge. Und zwischendurch berieten sie über den Namen des Kindes, bis ihnen Emily als schönste Variante gemeinsam gefiel.

Als die Wehen schlimmer wurden und der Gang ins Wehenzimmer unvermeidlich wurde, nahm die Hebamme die werdenden Eltern mit und ließ mich mit meinen flatternden Nerven allein auf dem Gang zurück. Dort hätte ich, glaube ich, bis zum Jüngsten Tag auf meine Tochter und mein Enkelkind gewartet. Einmal kam die Hebamme mit der Zwischennachricht kurz heraus, alles laufe glatt. Mit der Geburt des Kindes sei bald zu rechnen. Dann öffnete sie ein zweites Mal und rief mich herein, da meine Tochter mich zu sehen wünschte.

Obwohl ich spontan die Befürchtung hatte, dies sei vielleicht zu intim und ich in einer solchen Situation eher von Schaden als von Nutzen, eilte ich ohne Zögern an ihr Bett. So hielt Konrad auf der einen Seite des Bettes ihre Hand und ich auf der anderen, als Emily das Licht der Welt erblickte. Ich glaube, nicht einmal die Geburt meiner eigenen Kinder hat mich so tief im Innersten berührt wie dieser Moment.

Konrad durchtrennte nun mit Tränen der Rührung in den Augen die Nabelschnur seines Töchterchens und hatte die Ehre, der erste Mensch zu sein, der sie badete und für den Start ins Leben schön machte. Ich half indessen meiner Tochter auf, bis sie mit einem tiefen Seufzer im Bett saß und meinte, nun hätte sie auf der Stelle Lust auf ein kühles Bier und eine Specksemmel.

KAPITEL 9

Emily

Emily war das Glück meines Lebens. Sie war alles, was ich mir jemals ersehnt oder gewünscht hatte: Ein Baby, auf das ich vertrauensvoll und mit aller Liebe aufpassen durfte, wenn die Eltern es mir überließen. Ein Kleinkind, dessen Bewegungslust, Begeisterungsfähigkeit, Witz und strahlende Laune mich zugleich entzückten und in Staunen versetzten. Ein Kindergartenkind, dessen faszinierte Begeisterung für das Leben und alles, was es darin zu entdecken gab, auch mich die Welt neu wahrnehmen ließ.

Wie schön nahm sich alles durch Emilys Augen aus, deren Farbe unsere Verwandtschaft bewies, weil sie sowohl der Augenfarbe meines Vaters als auch meiner eigenen sowie derjenigen meiner Tochter glich. Wie gern und leicht lernte sie. Wie selbstbewusst und kess äußerte sie alsbald ihre Meinung, ihre Wünsche und Gefühle. Wie reich entfalteten sich Geist und Seele im Spielen und Fragen, Überlegen und Finden eigener Antworten, deren Phantasie und Originalität mich überraschten. Und wie süß fühlte es sich an, wenn sie ihre Arme um meinen Hals legte, sich an mich schmiegte und mir mit der Unschuld ihrer ganzen Kinderseele zuflüsterte, was sie die Eltern manchmal zueinander sagen hörte: »Oma, ich hab dich so lieb. Ich brauche dich zum Leben.«

Für René und mich war unser Enkelkind der Inbegriff der Liebe, die sie uns in jedem Augenblick schenkte und die sie mit der größten Selbstverständlich auch empfing. Wir waren ihre Oma und ihr Opa. Extra für sie waren wir da. Und so selbstverständlich, dass es nie eine Frage war. Wir gehörten zu ihrem Leben, wie Mutter und Vater, wie Essen und Trinken, das allmorgendliche Aufstehen und das Berühren des eigenen Körpers. Ein anderes Enkelkind hörte ich eines Tages unter Tränen zu seinem Vater sagen: »Papa, der Opa hat sich in den Finger geschnitten. Jetzt tut mir das Herz weh, denn der Opa ist doch ein Stück von mir.« So empfand auch Emily für uns und wir für sie, denn sie ist und bleibt ein Teil von mir und ich von ihr, so wie auch René ein Teil von ihr und sie von ihm war, obwohl er kein leiblicher Verwandter ist.

Birgit machte gern von der Möglichkeit Gebrauch, Emily in unsere Obhut zu geben. Bei uns wusste sie ihr Kind so sicher und geliebt wie bei sich selbst. Wir gönnten ihr die Freizeit, die sie sich dadurch für ihre Motorradclique verschaffte und begrüßten es noch mehr, als sie für zwei Tagen die Woche eine kleine Nebenbeschäftigung aufnahm, um sich ein Taschengeld für ihre Hobbys dazuzuverdienen. Mit den Finanzen der jungen Familie stand es ja nie zum Besten, seit Konrad jeden Pfennig dreimal umdrehen musste, damit die hohen Schulden für das Haus abgestottert werden konnten.

Da das Kind es schön und bequem bei uns haben sollte, stand Emilys Bettchen von Anfang an in unserer Wohnung. Zunächst, nach alter Familientradition, am Fußende des Ehebettes. Später dann im Gästezimmer, das ganz selbstverständlich zum Kinderzimmer umfunktioniert wurde. Dessen Einrichtung und Spielzeug blieben noch jahrelang, nachdem Birgit mir Emily entrissen hatte, unangetastet, als sei das ganze Zimmer in einen Dornröschenschlaf gefallen, aus dem nur Emilys Küsschen es erwecken könne.

Weder René noch ich hätten in diesen glücklichen Zeiten ernsthaft daran gedacht, dass es zwischen Birgit und Konrad kriselte. Ich erinnere mich zwar, dass es einmal eine Szene gab, als Konrad sich auf einem Fest einen Schwips angetrunken und Birgit sich so darüber geärgert hatte, dass sie aus Rache bis zum Vollrausch trank und Konrad durch ihr Benehmen so schwer schockte, dass er stocknüchtern wurde. Bei einer anderen Gelegenheit rief Birgit uns aus irgendeiner Telefonzelle an, dass es aus sei zwischen ihnen und sie mit Emily auf Nimmerwiedersehen verschwinden wolle. In ihrem Zorn war sie nicht bereit, uns ihren Aufenthaltsort zu nennen, sodass René und ich vor Sorge fast verrückt wurden. Stunden später stand sie dann plötzlich vor unserer Tür und fuhr schließlich zu Konrad nach Hause zurück. Als wir in unserer Sorge bei ihnen anriefen, lud sie uns auf ein Glas Wein ein, nicht ohne uns fast drohend zu ermahnen, kein Wort mehr über alles zu verlieren. Und als wir ankamen, herrschte bereits wieder ehelicher Sonnenschein, als sei nie etwas geschehen.

Derartige Vorkommnisse waren zwar für den Augenblick aufregend, erschienen uns jedoch trotzdem als Bagatellen, wie sie in den besten Ehen vorkommen. Im Grund habe ich nur gesehen, dass Birgit und Konrad als Verliebte auftraten, die sich gern berührten und ihre zärtlichen Gefühle nicht verheimlichten. Alles weniger Schöne habe ich verdrängt. Hier war der Wunsch der Vater des Gedankens: Ich wollte mein Kind glücklich sehen, und somit habe ich sie glücklich gesehen.

Weil ich immer eine gewisse Sorge hegte, ob Birgit durch mein Vorbild als Mutter dazu veranlagt wäre, eine ebensolche Mutter wie ich zu sein, beobachtete ich sie intensiv im Umgang mit Emily und machte mir dazu meine Gedanken. Es nahm mir einen guten Teil meiner Schuldgefühle, mit anzusehen, welch wundervolle Mutter Birgit und welch fürsorglicher Vater Konrad war, die ihr Kind beide verzärtelten und hingebungsvoll betreuten.

Dennoch registrierte ich, wie wichtig ihre beiden Elternteile für Emily waren, deren Zuwendungen sie auf wohltuend unterschiedliche Art erlebte und genoss. Bei Konrad wurde sie zum Beispiel zum Fußballfan, der auf Papas Schultern zum Spielfeld ritt und sich unter Kreischen und Johlen die Hände heiß applaudierte und selbst den Ball ins Tor kicken lernte. Mit ihm werkelte sie am Haus und durfte nach Herzenslust dreckeln, ohne auf das feine Kleidchen oder die sauberen Finger zu achten. Ein Hammerschlag auf den Daumen oder ein aufgeschürftes Knie gehörten dazu. Die Tränen versiegten schnell, wenn der Papa tröstend drüberpustete oder Emilys Nase in sein eigenes Taschentuch schnäuzen ließ. Und wenn sie in seiner Gegenwart spielte, saß er zwar gern dabei und ließ sich vom Legobauen übers Würfel- bis zum Kartenspiel von ihrer Begeisterung anstecken, doch machte es ihm auch gar nichts aus, sie allein in ihrer Ecke werkeln zu lassen und ihrem Geplapper nur mit halbem Ohr zuzuhören, während er seine Zeitung las oder eine Fernsehsendung verfolgte.

Birgit hingegen erschien mir im Vergleich zu Konrads väterlicher Robustheit wie eine extreme Übermutter. Ständig umflatterte und umplapperte sie Emily, überbemutterte, überbehütete und überförderte sie geradezu mit tausenderlei Anleitungen, Lernspielen und ähnlichen Kreativitätsförderungsmaßnahmen, sodass die Kleine bald schon ein wenig unkindlich, ja altklug wurde. Wenn die Leute sie dann bewunderten: »Ist die aber weit im Sprechen!« oder: »In dem Alter konnten meine Kinder das noch nicht!«, war Birgit glücklich und ihr Weltbild als gute Mutter in Ordnung.

Wäre ich eine andere Mutter gewesen, hätte ich vielleicht Kritik daran vorgebracht. Aber wer war ich denn, dass ausgerechnet ich ihr einen Tipp oder einen Rat geben durfte? Wie sehr wünschte ich mir oft, meine innere Sperre überwinden und meine Meinung äußern zu können. Doch immer hatte ich das Gefühl, als würde ein einziges kritisches Wort von mir ausreichen, um Birgit und mir den gemeinsamen Boden unter den Füßen wegzuziehen. Da wir uns niemals ernstlich ausgesprochen hatten, empfand ich unsere Beziehung immer noch wie auf Sand gebaut.

Wie labil dieses Einvernehmen war, zeigte sich, als Birgit eines Tages weinend bei uns saß, weil das Geld nicht reichte und die Finanzierung der Baumaßnahmen größere Opfer erforderte als einkalkuliert. Man konnte zu ihr kommen, wann man wollte, immer lagen Pakete von diversen Versandhäusern auf dem Tisch. Sie bestellte Kleider über Kleider. Die Katalogangebote zu einem geringen Zins für den Zahlungsaufschub lockten. Irgendwann hatte sie auch ein größeres Motorrad angeschafft und selbstverständlich die teuersten Fliesen und Holzverkleidungen für den Innenausbau ausgesucht. Uns war klar, dass sie auf Hilfe spekulierte. Doch so gern wir auch gewollt hätten, René und ich mussten gestehen, unmöglich mit einem Kredit aushelfen zu können. Ich hatte zu dieser Zeit kein eigenes Einkommen mehr, und René ist nun einmal nicht der Vater. Folglich rieten wir ihr, mit Franzel zu reden, der in seinem großen Haus saß und ihr im Hinblick auf das künftige Erbe etwas geben konnte.

Prompt wurden wir kurz darauf an Emilys Geburtstagsfeier wie ungebetene Gäste abgefertigt, obwohl wir offiziell eingeladen waren. Birgit ließ uns einfach stehen und gesellte sich nur zu ihren Bekannten aus dem Fitnessstudio und dem Motorradclub. Während alle ins Haus zum Essen gebeten wurden, bekamen wir nicht einmal einen Kaffee. Ich habe mich wohl nie im Leben so deplatziert und unwillkommen gefühlt. Mit den Nerven am Ende, fuhren wir umgehend wieder nach Hause. Es schien Birgit nicht einmal aufzufallen.

Ähnlich verhielt es sich, als sie sich mit Sandra überworfen hatte und von mir verlangte, ihre Schwester künftig nie mehr gemeinsam mit ihr einzuladen. Einige Zeit gelang mir dieser Spagat, doch bald rieb es mich auf, ständig in Sorge zu sein, es könne klingeln und Sandra vor der Tür stehen, wenn Birgit gerade zu einem Überraschungsbesuch gekommen war. Als ich Konrad einweihte und Birgit zu erklären versuchte, dass ich diesen Zustand nicht mehr länger aushalten könne, drehte sie sich auf dem Absatz um und kam nicht mehr. Wochen des Schweigens und der Trennung von Emily vergingen, bis ich Konrad in meiner Verzweiflung zu einem persönlichen Gespräch bat und er das Wunder vollbrachte, Birgit aus dem Schmollwinkel zu locken und mit uns zu versöhnen.

Derartige Lehren fraßen sich schmerzhaft in meine Seele ein. Ich nahm sie Birgit jedoch niemals übel, weil mich jedes Mal aufs Neue Schuld und Reue überwältigten, sodass ich nächtelang schlaflos lag, den Kopf voller Erinnerungen. All die vielen Hätte und Wäre und Wenn! Es zermürbte mich so, dass ich nur für Emily die Energie aufbrachte, mich erneut in Birgits Leben einzubringen, anstatt mich in meiner Wohnung zu vergraben, alle Fenster zu verhängen und mir zu wünschen, morgens einfach nicht mehr aufzuwachen.

Nur zu René sagte ich manchmal, dass es besser für Emily wäre, wenn sie ein paar gleichaltrige Spielkameraden hätte, mit denen sie schon vor der Kindergartenzeit unkompliziert krabbeln und tollen könnte, statt fast ausschließlich mit Erwachsenen zusammen zu sein. Wer als Kind erlebt hat, wie weh es tut, unter Gleichaltrigen zum Außenseiter abgestempelt zu werden, weil man anders erscheint, weiß, wie wichtig es ist, sich als Kind unter Kindern behaupten zu lernen, und dass man damit gar nicht früh genug anfangen kann. Und Emily erinnerte mich in ihrem Verhalten sehr oft an mich, wie ich als Kind gewesen war. Sie war ja ein eher ängstliches, vorsichtiges Kind, das auf dem Spielplatz nie so unerschrocken wie andere auf eine Rutsche oder Schaukel zuging. Auf eine Leiter oder in die kalte Wassertretstelle traute sie sich zum Beispiel gar nicht, sodass man sie immer führen und halten musste. Und wenn andere Kinder nicht von sich aus auf sie zukamen, hielt sie sich lieber allein im Hintergrund und beobachtete nur. Ich verstand das. Birgit aber schämte sich immer, wenn andere Mütter eine Bemerkung über Emilys Ängstlichkeit machten, und schimpfte dann lautstark mit ihr, bis die Tränen flossen. Wie oft habe ich mir da für sie gewünscht, dass sie weniger nachdenklich und stattdessen etwas draufgängerischer wäre.

René pflichtete mir in diesem Punkt voll und ganz bei, obwohl er hierfür andere Gründe vorbrachte als ich. Als äußerst körperbewusster Mensch wusste er, dass Fettzellen, die im Kindesalter angelegt werden, ein ganzes Leben lang zum Ballast werden können. Und Emily hatte schon als kleines Mädchen eine recht dralle, propere Figur, sodass René der Meinung war, etwas mehr Bewegung im kindlich tobenden Spiel mit anderen Kindern bekäme ihr gut.

So sorgten wir uns jeder auf seine Weise ums Enkelkind. Oftmals, wenn wir allein waren und Zukunftspläne schmiedeten, sprachen René und ich miteinander über die schönen Hoffnungen, die sich aus Emilys hellem Verstand für ihre eigene Zukunft ableiten ließen. Wenn sie jemals den Wunsch und die Begabung verspüren sollte, ein Studium zu beginnen, so nahmen wir uns vor, ihr und den Eltern dabei finanziell unter die Arme zu greifen, so weit dies in unseren Möglichkeiten stand. Aber auch das war nichts, was wir an die große Glocke hängten. Es ging uns ja nicht darum, als größenwahnsinnige Großeltern aufzutrumpfen und unerfüllbare Leistungserwartungen auf unser Enkelkind zu projizieren. Emily oder ihre Eltern sollten nichts von unseren Überlegungen wissen. Wir dachten lediglich unter uns darüber nach, weil Ausbildung Planung bedeutete, wir aber keine Millionäre sind, die hohe Ausbildungskosten aus der Portokasse finanzieren.

Gemeinsam bewunderten wir mit großer Freude, dass Birgit sich wenig von Franzels kindischen Erziehungsmethoden angeeignet zu haben schien. Weder musste Emily ihrer Mutter oder ihrem Vater auf dem Rücken herumtrampeln, um sie zu massieren, noch sprachen sie in kindischer Manier mit ihr oder von sich selbst in der dritten Person. Und von erzieherischer Gewalt oder gar irgendwelchen sexuellen Spielchen konnte auch keine Rede sein. Wenn, dann landete allenfalls mal ein Klaps auf Emilys Po, wo er wenig Schaden anrichtete, aber doch den Bock vertrieb, der sich gelegentlich im hartnäckigen Köpfchen der Kleinen breit machen wollte. Für diese Selbstbeherrschung bewunderte ich vor allem meine Tochter, die als kleines Mädchen doch recht häufig mit meiner harten Hand Bekanntschaft gemacht hatte. Oftmals verglich ich sie und mich selbst als Mutter und setzte mir schuldbewusst die Eselskappe auf.

»Meinst du nicht, du übertreibst mit deinen Befürchtungen?«, fragte René manchmal, wenn ich Emily wieder einmal ein Kleidchen oder einen Pulli auf der Strickmaschine gestrickt hatte und Birgit das Geschenk zwar annahm, aber von jedem gekauften Allerweltspulli mit Markenschildchen aus einer der teuren Kinderboutique begeisterter gewesen wäre.

»Du solltest einfach mal etwas zu ihr sagen«, ermutigte mich René. »Ganz egal, was früher passiert ist, du bist doch trotzdem ihre Mutter. Und du bist die Oma. Wenn nicht einmal du etwas zu Birgit sagen kannst, wer sonst?«

Objektiv betrachtet hatte René ja Recht. Das wusste ich selbst. Aber ich hatte mir schon damals, als ich noch für mein Umgangsrecht vor dem Familiengericht kämpfte, geschworen, mich niemals wie eine Mutter zu verhalten, deren Recht es ist, etwas von den Kindern zu verlangen oder gelegentlich auch einmal kritische Töne anzuschlagen. Meine Mutter hatte sich dies stets ganz selbstverständlich erlaubt, wenn wir uns sahen oder telefonierten. Das hatte ich oftmals nur hingenommen, es nicht selten lästig gefunden, aber sehr häufig geschätzt. Ich gab etwas auf ihre Meinung, weil sie ein ehrenhaftes, anständiges Leben geführt hatte und Erfahrungen besaß, von denen ich etwas lernen und profitieren konnte. Auf die Erfahrungen, die ich im Verlauf meines Lebens gesammelt hatte, würden meine Töchter nichts geben. Ich war auch nicht stolz auf diese Erfahrungen. Im Gegenteil.

»Ich würde nur etwas zu Birgit sagen, wenn es lebenswichtig für Emily wäre«, murmelte ich deshalb und lehnte mich an Renés Schulter, damit er seinen Arm um mich legte und mir Halt gab. Ihr liebes Pausbackengesicht mit dem schelmisch-verschmitzten Grinsen tauchte hinter meinen geschlossenen Augenlidern auf. Mir war, als hörte ich ihr übermütiges Lachen und Singen, wenn sie »Engelchen flieg!« zwischen Renés und meiner Hand spielte und sich von uns »Höher! Höher!« zu den Wolken hinauf schwingen ließ.

Mein Herz war schwer vor Liebe und Dankbarkeit, mit Emily all das Unwiederbringliche nacherleben zu dürfen, was ich bei meinen Kindern durch eigene Schuld verloren hatte. Und gleichzeitig wurde ich diese tief sitzende Angst niemals los, eines Tages aus meinem Glückstraum gerissen zu werden und mich in einem neuen Albtraum wiederzufinden.

Nein, ich ahnte nicht, dass Emily mir wieder entrissen werden würde. Aber ich befürchtete es. So, wie ich ständig befürchte, René könne mir entrissen werden. Aus dieser von Kindesbeinen an in mir wirkenden Angst vor dem Verlassenwerden. Und natürlich produzierte diese Angst in meiner Phantasie Bilder des Widerstands gegen den befürchteten Verlust. Was könnte ich tun, um René nicht zu verlieren? Was, um Emily zu beschützen?

Dass ich dieses Kind mehr liebte als mich selbst, war keine romantische Idee. Ich bewies es spätestens zu dem Zeitpunkt, an dem Birgit ihre eigenen Interessen ohne Rücksicht auf Emilys Rechte durchzupeitschen begann und schließlich jeden Umgang des Kindes mit Konrad, seinem Vater, und uns Großeltern verhinderte. Sosehr ich Birgit liebe, aber in diesem Fall konnte ich gar nicht anders, als mich für Emily gegen meine Tochter zu stellen. Es mag ja sein, dass ich als Mutter nicht mehr das Recht dazu hatte, aber als Großmutter hatte ich die Pflicht, meine Tochter vor dem entsetzlichen, auch für sie selbst folgenschweren Fehler zu warnen, ihrem Kind den Vater zu nehmen. Und dass dies ein Fehler ist – wer sollte das besser, leidvoller wissen als ich?

Zwar habe ich meinen Kindern nicht den Vater genommen, doch hat der Vater ihnen mich genommen, indem er das Umgangsrecht der Kinder mit mir ignorierte und boykottierte, sodass sie mutterlos aufwachsen mussten, obwohl ich um sie kämpfte. Ich durfte und wollte nicht stillschweigend zusehen, wie sich die Fehler von Franzel und mir an Emily rächten, indem Birgit unser Vorbild und ihr eigenes Schicksal wiederholte und ihrem Kind den Vater entzog. Jedes Kind braucht Mutter und Vater, wie es auch Oma und

Opa braucht. Da Birgit dies nicht mehr zu wissen schien, musste ich es ihr sagen.

Ja, ich leide unsäglich unter Emilys Verlust, den ich hinnehmen muss, weil ich Birgit vergeblich wegen ihres Fehlverhaltens ihrem Kind gegenüber getadelt habe. Aber ich würde es immer wieder tun, denn es war meine Pflicht, mich einzumischen, damit Emily das Schicksal meiner Kinder erspart bliebe, mit nur einem Elternteil aufwachsen zu müssen, weil der andere Elternteil jeden Umgang verbietet.

Heute klage ich mich an, dass ich nichts von Birgits erneut ausbrechenden schweren Essstörungen bemerkte, die darauf hinwiesen, dass sie – wie vor der Hochzeit – abermals überlastet war und mit einem seelischen Problem nicht fertig wurde.

Womöglich hätte sich alles Nachfolgende vermeiden lassen, wären Konrad und auch ich seinerzeit in der psychiatrischen Klinik intensiver über Birgits Krankheit, deren Erscheinungsbild und Wirkung aufgeklärt worden. Hätten wir die Erläuterungen des Psychologen nicht so verstanden, dass Birgit nur möglichst viel Freizeit, Freiheit und Verständnis für all ihre Eskapaden brauche, um ganz von selbst seelisch reif und gesund zu werden, hätten wir alle uns weniger in Sicherheit gewiegt. Dann hätten wir gewusst, dass Konrads Großzügigkeit und Nachgiebigkeit und ein paar Pillen nicht ausreichten, sondern hätten aus Birgits Verhalten die richtigen Schlüsse gezogen und sie erneut in psychologische Behandlung bringen können.

Ich habe zwar das psychologische Gutachten der psychiatrischen Klinik über Birgits Gesundheitszustand nicht gesehen, aber als Konrad und ich eines Tages voller Verzweiflung zu Birgits Hausarzt eilten, der ihr die von der Klinik verordneten Medikamente verschrieb und über ihre Krankheit im Bilde war, erklärte dieser sofort, sie sei manisch-depressiv und er könnte sie in die geschlossene Psychiatrie einweisen lassen. Dazu, behauptete er kühn, brauche er keinen richterlichen Beschluss, sondern nur seine eigene Unterschrift.

Anlass unserer Verzweiflung war, dass Birgit mehrfach vor Zeugen Suiziddrohungen ausgestoßen hatte, nachweislich ohne Helm, die Füße von den Pedalen gelöst, halsbrecherisch Motorrad fuhr und Emily in den Tod mitnehmen wollte. Einfach mit dem Kind gegen den Baum zu fahren, schien ihr die beste Lösung zu sein.

Wir befürchteten daher das Schlimmste und baten den Hausarzt um einen Rat. Die zentrale Frage war, ob er es für sinnvoll erachtete, Birgit in die Psychiatrie einzuweisen, um Emily vor einer möglichen Kurzschlusshandlung der Mutter zu schützen. Aus der Schnelligkeit, mit der er die Diagnose »manisch-depressiv« stellte, schlossen wir, er kenne Birgits Gutachten. Als wir abends im Internet nach diesem Krankheitsbild forschten, kam es uns vor, als habe Birgit für die Beschreibungen der Symptome Modell gesessen.

Wie oft habe ich mir gewünscht, der Hausarzt hätte damals etwas mehr Zivilcourage bewiesen und seine Patientin tatsächlich in die Psychiatrie eingewiesen. Vielleicht wäre es endlich ihre so dringend benötigte Chance gewesen, den erlittenen sexuellen Kindesmissbrauch, den Birgit per eidesstattlicher Versicherung zugab, sowie ihre konfliktreiche Beziehung zu mir endlich aufzuarbeiten und seelisch gesund zu Mann und Kind nach Hause zurückzukehren. Leider ergab es sich nicht so.

Nach Rücksprache des Hausarztes mit Birgit und ihrem Vater Franzel war keine Rede mehr von einer manischen Depression. Stattdessen schienen ein paar Pillen zur Therapie ausreichend. Als der Hausarzt irgendwann vor dem Familiengericht zu diesem Vorfall aussagen musste, weil Birgit Konrad beschuldigt hatte, er habe sie für geisteskrank erklären und in der Psychiatrie hinter Gitter bringen wollen, um sich Emily zu ergaunern, glaubte der Hausarzt sich zu erinnern, ich hätte damals die Diagnose von der manischen Depression aufgebracht.

Bedauerlicherweise verfügte ich über derartiges Expertenwissen nie. Deshalb frage ich mich heute noch: »Wie war es nur möglich, dass ich zwar Beobachtungen anstellte, aber nicht die richtigen Schlüsse daraus zog? War ich tatsächlich so blind in meinem Omaglück?«

Es muss wohl so gewesen sein, denn vergessen hatte ich Birgits Tablettenmissbrauch, ihre Bulimie und ihren Suizidversuch nie. Im Gegenteil, ich dachte immer wieder daran, dass sie vor der Hochzeit wegen einer Tablettenüberdosis nebst rasender Magenschmerzen zunächst mit Verdacht auf Magengeschwüre in ein Krankenhaus und einige Zeit später mit aufgeschnittenen Pulsadern in die Psychiatrie gekommen war. Die Diagnose des Psychologen von Birgits Bindungsunfähigkeit und sein Expertenrat, vor Abschluss einer erfolgreichen Therapie nicht zu heiraten, waren mir unvergesslich geblieben. Aber das waren eher Erinnerungen mit dem Gefühl froher Erleichterung, weil mittlerweile alle Probleme behoben und weit weg schienen.

Birgit war verheiratet, und wie es aussah, sogar sehr glücklich verheiratet. Folglich fühlte sie sich ja wohl an Konrad gebunden und war zu dieser Bindung fähig. Außerdem war sie Mutter und zwar eine Erzmutter, die ihr Kind weder vernachlässigte noch verprügelte, sondern von Herzen liebte. Von Bindungsunfähigkeit bemerkte ich auch hier nichts. Und das Chaos im Haushalt war zwar manchmal zum Mäusemelken, wie Konrad zu sagen pflegte, doch nichts so Einzigartiges, dass es Besorgnis erregend gewesen wäre. Mit ein paar Stunden tüchtigen Zupackens ließ sich stets relativ leicht Abhilfe schaffen. Folglich schien alles in denkbar bester Ordnung, die Zeit der Krankheit überwunden und weit weg.

Dass man als Bulimikerin eine dieser heimtückischen Suchtkrankheiten in sich trägt, die nie endgültig ausheilen, sondern genau wie Alkoholismus oder eine andere Drogenabhängigkeit immer irgendwo in der Seele auf der Lauer liegen, um in einem schwachen Moment erneut auszubrechen, wusste ich nicht. Essen kann Spaß machen, ja – doch Essen als Ersatzbefriedigung und Zeichen der ewig hungernden Seele, kannte ich nicht. Und dass jemand seine gähnende innere Leere und Unzufriedenheit mit Hilfe von Lebensmitteln ausfüllt, weil Essen für die Zeit des Essens von allem ablenkt, was keine Lust, sondern Frust bewirkt – selbst von derartigen psychologischen Erkenntnissen hatte ich nie gehört.

Da ich dazu neige, mir jede Schuld anzueignen, die herrenlos im Raum schwebt, habe ich Angst, es könnte auch in diesem Fall meine Schuld und mein mütterliches Versagen gewesen sein, dass mir zwar Krankheitssymptome an Birgit auffielen, doch diese keinen Alarm in mir auslösten. »Vielleicht«, denke ich, »vielleicht habe ich nur zu oberflächlich hingesehen?«

Es tröstet mich und tut mir gut, wenn René mir versichert, dass ich das, was ich bemerkte, nicht als Symptome erkennen konnte, da mir die zugehörige seelische Krankheit fremd gewesen sei. Schließlich sei ich keine Medizinerin, geschweige denn Psychologin. Und dass ich selbst einmal ein paar Monate lang in psychiatrischer Behandlung war, mache mich leider nicht zur Expertin. An Tagen, an denen ich mich schon morgens nach dem Aufstehen gern im Spiegel betrachte, weiß ich auch, dass René Recht hat.

Jedenfalls stellte ich damals mit einer Mischung aus verwundertem Kopfschütteln und Schmunzeln fest, dass Birgit wahrlich erstaunliche Mengen aß, sodass wir zu viert bei einem Grillabend locker 19 Steaks plus diverse Salate und andere üppige Beilagen nebst Nachtisch verputzten. Auch blieb mir ihr rasch zunehmender Leibesumfang nicht verborgen. »Ja, und?«, dachte ich. »Wer gern viel isst, bleibt nun mal selten dürr wie eine Zaunlatte. Eigentlich schade, wo sie doch noch so jung ist.« Doch was hieß das schon? Solange Konrad der Meinung war, dass an seiner schönen Frau gar nicht genug dran sein konnte, ließ sich über Geschmack nicht streiten.

Dennoch freute es mich, als Birgit ab einer bestimmten Konfektionsgröße beschloss, zweimal wöchentlich ins Fitnessstudio zu gehen, um ihre üppigen Kurven abzuspecken und beim nächsten Shoppingbummel etwas mehr Geschäfte zur Auswahl zu haben als »Ullas Große Größen«. Ich wusste doch nur zu genau, dass jedes Kilo zu viel auf den Rippen ein Kilo zu wenig Selbstbewusstsein bedeutet und man sich gar kein so dickes Fell zulegen kann, wie man haben müsste, um sich nichts daraus zu machen, dass Dicke immer auch als Doofe gelten.

Im Grunde wachten wir alle erst auf, als es zu spät war und unser Schwiegersohn mit Emily zu uns kam, weil Birgit ihn und das Kind verlassen hatte.

Noch tags zuvor hatte Birgit mir mitgeteilt, dass Emily sich wünsche, ihre Kindergartenferien in einem schönen Urlaub bei Oma und Opa zu verleben, und dass sie uns das Kind bringen werde. Da es nicht ungewöhnlich für sie war, Pläne kurzfristig umzuwerfen, wunderten wir uns nicht sonderlich, als Birgit entgegen unseren Abmachungen nicht kam. Stattdessen stand Konrad mit versteinerter Miene vor uns, das verstörte Kind an der Hand und die Trümmer seiner Ehe in seinen Gedanken.

Birgit sei überraschend ausgezogen, teilte er uns mit. Als Grund habe sie angegeben, sie komme mit den hohen Bauschulden nicht mehr zurecht und brauche Abstand, weil sie sich in letzter Zeit ständig wegen des Geldes gestritten hätten. Sie wolle allein sein und sich über ihre Gefühle für Konrad klar werden.

»Und wo ist sie?«

»Keine Ahnung«, schüttelte Konrad den Kopf. »Sie hat ein paar Sachen mitgenommen und ist auf und davon.«

»Und Emily hat sie einfach bei dir gelassen?«, fragte ich entgeistert, während die Kleine schon fröhlich in ihr Zimmer gelaufen war und zu spielen begonnen hatte.

Konrad nickte. »Sie hat gesagt, sie soll bei mir bleiben. Sie kann sie jetzt nicht brauchen.«

»Dann hat sie garantiert einen anderen Mann«, meinte René.

»Nein«, schüttelte Konrad den Kopf. »Ich habe sie gefragt. Sie sagt, da ist keiner. Garantiert nicht. Sie will nur ihre Ruhe und Abstand.«

René und ich hatten so unsere Zweifel an der Richtigkeit dieser Aussage. Wir fragten uns nämlich schon seit geraumer Zeit, ob es wohl mehr zu bedeuten habe, dass Birgit das Wort »Schatz« so oft und begeistert in ihren Erzählungen von der Motorradclique genannt hatte.

Konrad gegenüber erwähnten wir allerdings nichts davon. Wir spürten ja, dass er sich Hoffnungen auf Birgits Rückkehr machte.

Natürlich fragten wir uns an diesem Abend und in den nächsten Tagen, wo sie wohl war. Unsere vorsichtigen Umfragen ergaben allerlei Andeutungen, doch nichts Konkretes, sodass wir mit zunehmender Sorge auf ein Lebenszeichen von ihr warteten.

Wir alle hatten befürchtet, Emily werde ständig nach der Mutter fragen und um sie trauern. Doch nichts dergleichen geschah. Wir erlebten sie vergnügt und aufgeweckt wie immer, doch hatte sie ein neues Spiel entdeckt, das sie wieder und wieder spielen wollte. Sie nannte es »Büro« und benötigte dafür mindestens ein Telefon, weil sie das Sozialamt und gleichzeitig ihren Freund sprechen müsse.

»Ja, hallo, guten Tag«, begann sie alsbald zu telefonieren und klopfte dabei ein wenig nervös mit dem Radiergummi ihres Bleistiftes auf den Schreibtisch. »Ist da das Sozialamt? Ja, gut. Wissen Sie, mein Mann schlägt mich und mein Kind. Und ich brauche deshalb dringend eine Wohnung.«

»Gott!«, dachte ich.

»Danke, das ist ja wunderbar«, sprach Emily ins Telefon. »Ach, Moment mal bitte, ich muss mal nachfragen.«

Sie tat sie, als ob sie mit jemand anderem telefonieren würde und rief: »Ach, Schatz, was meinst du zu der Wohnung?« Schatz hieß der Mann, in dem René und ich seit einiger Zeit einen Liebhaber Birgits vermutet hatten.

Mir war klar, dieses Gespräch konnte Emily sich nicht ausgedacht haben. Entweder war sie zusammen mit Birgit auf dem Sozialamt gewesen oder Zeugin derartiger Telefongespräche geworden. In aller Unschuld hatte sie mir im Spiel vorgeführt, wie Birgit ihre Trennung von Konrad und ihr neues Leben in einer Wohnung vom Sozialamt geplant und arrangiert hatte.

Vielleicht hätte ich Birgits Heimlichkeiten vor Konrad noch akzeptieren können. Auch wenn man sich neu verliebt hat, ist es nicht so ganz leicht, sich von einem Ehemann zu trennen, von dem man weiß, dass er einen noch liebt und ein guter Mensch ist. Hätte sie offen mit Konrad geredet, wäre es vermutlich zu Streit oder sogar Tränen gekommen. Dazu hatte sie wahrscheinlich keine Lust. Das ist zwar feige und unfair. Trotzdem hätte ich ein gewisses Verständnis dafür aufzubringen vermocht. Absolut unfassbar erschien mir jedoch Birgits Behauptung, Konrad schlage sie und das Kind und deshalb brauche sie dringend eine Wohnung.

Als ich René Emilys neues Spiel schilderte und ihm ihren kleinen Dialog wiedergab, saßen wir beide lange stumm da. Zutiefst erschüttert erkannten wir Franzels Handschrift in Birgits niederträchtiger Lüge.

Dass dies erst der Anfang einer gezielten Rufmordkampagne war, die Birgit vom ersten Tag der Trennungsplanung an bis zum letzten Tag des erfolgreich vollzogenen Kindesentzugs ebenso perfide zu ihrem persönlichen Vorteil und Konrads schwerem Nachteil einsetzte, wie seinerzeit ihr Vater dies mit mir getan hatte, ahnten wir damals freilich noch nicht. Noch heute frage ich mich, ob wir andernfalls eine Chance gehabt hätten, ihren Plan zum Scheitern zu bringen. Vermutlich nicht, denn wie sich später zeigte, funktionierten Franzels Beziehungen und Netzwerke noch immer perfekt, und Birgit erwies sich als ihm ebenbürtige Strippenzieherin. Sogar die Motivation von Vater und Tochter war identisch, nämlich Sex und Geld.

Spätestens als Birgit mich als die eigentliche Gefahr für Emily ins Spiel brachte, begannen René und ich das Konstruktionsschema zu erkennen, nach dem Birgit ihre Scheidung und die Regelung des Umgangsrechts mit Hilfe ihres Vaters abwickelte.

Franzel hatte mich gezielt zum Seitensprung getrieben, weil ich ihn sexuell langweilte und seine perversen Wünsche nicht erfüllen wollte. Durch den Vorwurf meiner ehelichen Untreue und späteren Beziehung zu einem Gewalttäter wies er mich als Schuldige an der Scheidung aus und bestrafte mich durch den Entzug meines ehelichen Besitzes. Danach jagte er mich mit dem Messer aus dem Haus und bezichtigte mich eines unsittlichen Lebenswandels, der mich als Mutter so ungeeignet erscheinen ließ, dass ich ihm auf Druck des Jugendamtes die Kinder überließ. Dies ersparte Franzel die Unterhaltszahlungen für die Kinder. Am Ende meiner Ehe hatte ich durch Franzel alles verloren, was mir wichtig war: meine Kinder, meine Familie, meine Gesundheit, meinen Besitz und sogar meine Ehre.

Birgit beging den Seitensprung selbst, weil Konrad ihr weder finanziell noch sexuell bieten konnte, was sie wollte, da er sich mit dem Hausbau übernommen hatte und ihre sexuellen Neigungen wie etwa den Besuch eines Swingerclubs und sadomasochistische Bedürfnisse nicht teilte. Zur Rechtfertigung ihrer Untreue und ihres Einzugs bei ihrem Liebhaber konstruierte sie die Lüge von Konrads Gewalttätigkeit als Ehemann und Vater, vor dem Mutter und Kind gemeinsam flüchten müssten.

Diese erfundene, durch Birgit perfekt inszenierte Geschichte musste nur noch durch den Aspekt der Sittenlosigkeit und Unmoral ergänzt werden, um den Entzug des Sorgerechts und Umgangsrechts ebenso zu garantieren, wie dies in meinem Fall durch den Vorwurf geschehen war, meine Kinder einem Gewalttäter ausgeliefert zu haben. Wie einfach ließ sich das mit Franzels Hilfe arrangieren! Es genügte, Konrads Freundschaft mit mir als unmoralische Hörigkeitsbeziehung zu verleumden und dem Familiengericht zu beweisen, dass Konrad Emily niemals von mir fern halten würde, obwohl ich durch das in meiner eigenen Umgangssache gegen mich ergangene salomonische Urteil als Gefahr für das Kindeswohl gelten musste.

Dass die Idee, wie sie Konrad austricksen könne, gemeinsam mit Franzel ausgebrütet worden war, kam spätestens ans Tageslicht, als dieser Birgits Schwiegereltern anrief, um sie über die Besitzverhältnisse an Konrads Elternhaus auszufragen. Die Hälfte des Wertes stehe ja nun Birgit im Rahmen der gesetzlichen Gütergemeinschaft von Ehepaaren zu, meinte er. Das schön ausgebaute Haus stelle schließlich einen erheblichen ehelichen Zugewinn dar. Und da Birgit ansonsten völlig mittellos sei, müsse man sich über die Auszahlung ihres Besitzanteils Gedanken machen.

Doch diesmal hatte Franzel sich verrechnet. Konrad war gewiefter als ich. Da ihm das Haus bereits vor der Ehe gehört und Birgit nachweislich keine eigenen finanziellen Mittel in das Haus gesteckt hatte, biss Franzel auf Granit. Hier war für seine Tochter nichts zu holen. Umso weniger, als sie nachweislich aus der gültigen Ehe ausgebrochen war, um mit ihrem Liebhaber zusammenzuleben und somit auch ihren Ehegattenunterhalt verspielt hatte. Die einzige Chance, Konrad Geld aus der Tasche zu ziehen, basierte auf Emilys Kindesunterhalt, den der Vater in jedem Fall aufzubringen hatte und den das Jugendamt notfalls als Vorschuss vorstrecken würde, bis Konrad das Haus verkauft hatte, um den Kindesunterhalt bezahlen zu können. Auf diese Weise würde Birgit schließlich doch noch diejenige sein, die zuletzt lachte.

Mit dieser Zielsetzung legte Birgit den Grundstein für den Rufmord an Konrad bereits mit ihrem ersten Anruf im Sozialamt, als sie wegen ihres vermeintlich gewalttätigen Ehemannes dringend eine Sozialwohnung beantragte. Später setzte sie ihre Erfolgsstrategie systematisch fort, indem sie ihm beispielsweise die Polizei auf den Hals hetzte, weil er Emily angeblich ermordet hätte. Zwar fanden die eilends bei ihm auftretenden Beamten das Kind vergnügt im Wohnzimmer vor, doch wirkte sich der Verdacht insofern hilfreich aus, als er aktenkundig wurde. Dies erleichterte es Birgit, sich unter Polizeischutz zu einer Scheidungsverhandlung bringen zu lassen, weil sie angeblich eine Morddrohung von Konrad erhalten hatte und sich bedroht fühlte. Besonders geschickt erfand sie eine Gewaltszene in einem öffentlichen Lokal, bei der Konrad Emily angeblich so brutal geschlagen haben soll, dass sie quer über einen Tisch geflogen sei. Als Zeugen gaben sich gute Freunde aus der Motorradclique her. Bei einer späteren Befragung vor Gericht wollten sie dann zwar alles und nichts gesehen haben, sodass der Vorwurf nicht geklärt werden konnte. Der Makel des Schlägers blieb dennoch an Konrad haften. Dies wiederum führte dazu, dass der Familienrichter die Lüge glaubte, Emily habe Angst vor ihrem Vater, und Konrads Umgangsrecht zum Schutz des Kindes aussetzte.

Da Franzels Rechtsberater wussten, dass unsere eigene alte Umgangssache das heutige Familiengericht vielleicht nicht von meiner aktuellen Gefahr für Emily überzeugen würde, musste Birgit auf Nummer sicher gehen und jeden vorstellbaren Zweifel ausräumen. Immerhin hätte ich rechtlich die Möglichkeit gehabt, als nachweislich enge Bezugsperson mein eigenes Umgangsrecht mit Emily vor dem Familiengericht einzuklagen. Für diesen Fall der Fälle musste auch meine Gewalttätigkeit konstruiert werden. Dies gelang, indem Birgit in der Öffentlichkeit erzählte, ich wolle ihr Kind entführen. So teilte sie beispielsweise an der Schwimmbadkasse mit, dass man uns den Zutritt verweigern müsse, falls ich dort mit zwei groß gewachsenen Männern auftauchte. Und gegenüber der Polizei behauptete sie, Angst vor mir zu haben. Ich hätte gedroht, sie krankenhausreif zu prügeln, da sie mir Emily weggenommen habe. Diese Lüge genügte, um die Polizei bei mir aufmarschieren zu lassen, während Birgit triumphierend aus dem Autofenster zusah, wie die Beamten bei mir eine Tasche mit Emilys Kleidungsstücken abholten.

Am Ende hatten Birgit und Franzel es gemeinsam geschafft, mir ein zweites Mal das Liebste zu nehmen, indem sie mir Emily entrissen, und mich ein zweites Mal als unmoralische, sittenlose Person abzustempeln, die zwar verheiratet war, aber doch ein unsittliches Verhältnis zu ihrem gewalttätigen Schwiegersohn unterhielt und folglich unwürdig des Umgangs mit ihrem Enkelkind war.

Beinahe hätte ich sogar René verloren, denn als mir bewusst wurde, was meine Tochter erfolgreich bei Gericht gegen mich inszenierte, schämte ich mich so abgrundtief über meinen zerstörten guten Ruf, dass ich mich lieber von René trennen wollte, als ihm zuzumuten, meinetwegen von allen Leuten schief angesehen zu werden. In meiner Verzweiflung versuchte ich, mir mit einer Überdosis Tabletten das Leben zu nehmen, doch in letzter Sekunde ertrug ich den Gedanken nicht, dass René am Grab um mich weinen würde, und erzählte ihm, was ich getan hatte, sodass mir rechtzeitig der Magen ausgepumpt werden konnte.

All das ist schlimm und schmerzvoll. Doch weit schlimmer ist, was Birgit mit ihrem Rosenkrieg in der Seele des Kindes angerichtet hat. Emily, die ihren Papa immer so zärtlich geliebt und so gern mit ihm gespielt und Fußball geschaut hatte, glaubt heute fälschlicherweise, von ihm brutal misshandelt worden zu sein und verweigert jeden Umgang. Ähnlich perfekt gelang es Birgit, Emilys Liebe zu René und mir zu zerstören. Nie werde ich jenen Abend und mein Gefühl vergessen, als wir beide eine Festzeltveranstaltung mit Musik besuchten und plötzlich ganz zufällig Emily gegenüberstanden. Sie hatte in der Dunkelheit gespielt und hüpfte von irgendwoher ins Licht. Mich zu sehen und mit einem lauten Entsetzensschrei davonzurennen, waren eins. Mir fehlen noch immer die Worte, das zu beschreiben, was damals in mir vorging.

Leider verfügten wir zu Beginn des Rosenkrieges nicht über diese im Lauf von Jahren gesammelten Erfahrungen und Erkenntnisse. Und leider vertraute Konrad Birgit zu sehr und glaubte ihr, dass sie sich wirklich nur eine eigene Wohnung genommen hatte, weil sie etwas Abstand vom Eheleben brauchte. Unsere Befürchtung, sie habe in Wahrheit einen anderen Mann im Kopf und wolle sich scheiden lassen, erschien ihm ungerechtfertigt. Immerhin habe sie ihm ihr Wort gegeben, dass da kein Neuer sei. Und wenn da einer wäre, dann würde er selbst es doch auch gemerkt haben. Schließlich sei sie seine Frau, sie hätten Tisch und Bett miteinander geteilt. Da spüre man so etwas doch.

René und ich dachten anders. Aber insgeheim wünschten wir uns doch, dass wir uns irrten und Emilys Telefonspiel nur aus dem Fernsehen übernommen war. Sie saß ja regelmäßig dabei, wenn Birgit ihre geliebten »Soaps & Talks« anschaute. Womöglich hatte sie die Telefonszene, die sie nun im Spiel zu verarbeiten versuchte, auf diese Weise aufgeschnappt?

Als Birgit rund eine Woche nach ihrem spurlosen Verschwinden erstmals bei mir anrief, um nach Emily zu fragen, verspürte ich deshalb nur Erleichterung, dass sie lebte und offensichtlich gesund war. Ich wagte nicht zu fragen, wo sie denn gewesen sei, was sie mit wem getan oder weshalb sie uns alle im Ungewissen über ihren Verbleib gelassen hatte. Ich hatte Angst, die geringste Frage würde Birgit dazu bringen, wieder abzutauchen. Also hörte ich mir nur an, was sie von sich aus mitteilte.

Hätten wir in diesen Tagen von Birgits Verschwinden und ihrem überraschenden Auftauchen bereits gewusst, was uns erwartete, wäre alles anders gelaufen. Konrad hätte Emily niemals zu ihrer Mutter und einem Mann ziehen lassen, dessen Leumund ähnlich wertvoll war wie seinerzeit der meines gewalttätigen und alkoholkranken Freundes Jean. Mit einer solchen Weigerung hätte er zur damaligen Zeit ohne Zweifel vor jedem Familiengericht Recht bekommen.

Doch Birgit war juristisch gut beraten worden. Als sie Konrad Hals über Kopf verließ, handelte sie vielleicht noch in eigener Regie. Doch nach dem ersten Gespräch mit ihrem Vater wusste sie, dass sie den finanziell folgenschweren Fehler begangen hatte, Emily beim Vater zurückzulassen. Ich habe keinen Zweifel daran, dass Birgit sofort genau instruiert wurde, ihren Fehler unbedingt wieder auszubügeln und sich das Kind zu verschaffen.

Wie, das war die leichteste Übung. Franzels Schauspieltalent hatte sich auf Birgit vererbt. Und niemand spielte so perfekt wie sie mit Konrads Gefühlen, dessen Liebe und Nachgiebigkeit sie ebenso kannte wie die Tricks, mit denen sie ihre Wünsche schon immer bei ihm durchgesetzt hatte. Wenn man einen Menschen zu sehr lieben kann, dann liebte Konrad Birgit zu sehr. Und ich glaube, niemand wusste das so genau wie sie.

Schon am Tag nach ihrem ersten Anruf bei mir erschien Birgit plötzlich ebenso unverhofft, wie sie zuvor abgehauen war, mit zwei Helfern bei Konrad, um verschiedene Möbel aus dem Haus in ihre neue Wohnung abzutransportieren. Großzügig ließ Konrad sie ihre Wahl treffen. Bis sie wiederkäme, dachte er, würde er es schon ohne dieses oder jenes Gerät und Möbelstück aushalten. Hilfsbereit, wie Birgit ihn kannte, packte er sogar beim Rücken und Tragen mit an.

Nur einem der beiden Helfer ging er lieber aus dem Weg. Dieser nannte sich »Schatz« und »gockelte« so auffällig um

Birgit herum, dass Konrad die Fäuste in den Hosentaschen vergrub, um ihn nicht am Kragen zu packen. »Hast du was mit dem?«, unterbrach er Birgits Gejammer über Miete und Geldmangel und wies mit dem Kopf in Richtung ihres Verehrers. Erschrocken schaute sie ihn an. »Nein, wieso?«

»Sieht so aus«, murmelte Konrad und kickte einen Kiesel quer über den Hof.

»Ach, Blödsinn!« Birgit zog unbehaglich die Schultern hoch. »Ich hab ganz andere Sorgen als einen Kerl.«

»Und die wären?«

»Es geht um Emily«, gestand Birgit. »Ich brauche sie. Das musst du verstehen. Wenn ich sie bei dir lasse, kriege ich die Wohnung nicht.«

»Wie bitte?« Konrads Miene verdüsterte sich.

»Ach, es ist doch nur, weil es eine Sozialwohnung ist, und da wird die Größe nach der Personenzahl berechnet. Ohne Kind ist die Wohnung zu groß für mich«, gestikulierte Birgit aufgeregt. »Jetzt stell dich doch nicht so an. Es ist doch egal, ob sie bei dir oder bei mir wohnt. Du kannst sie doch jederzeit besuchen oder zu dir holen. Und meine Mutter passt auf sie auf, wenn ich arbeite. Das ist doch nichts Neues.«

»Und wer garantiert mir das?«

»Ich, wer sonst!«, rief Birgit. »Du meine Güte, Konrad, – hey! Ich bin selbst ein Scheidungskind. Schon vergessen? Glaubst du, ausgerechnet ich wüsste nicht, dass sie dich braucht? Ich hatte keine Mutter mehr. Meinst du, ich will, dass mein Kind keinen Vater hat?«

Konrad wischte sich nachdenklich mit der Hand über den Mund. Er liebte diese Frau. Und sie tat ihm Leid. Er wollte nicht, dass sie weinte und sich aufregte und sich womöglich wieder etwas antat. Am liebsten hätte er sowieso diesen ganzen idiotischen Blödsinn mit Trennung und Auszeit vom

Tisch gefegt. Aber wenn es gut für sie war, wollte er ihr nicht im Wege stehen. Sie war eben nicht so belastbar wie andere, hatte es ja auch in der Kindheit schwer genug gehabt. Wenn er jetzt einen Fehler machte, würde sie vielleicht wieder mit aufgeschnittenen Adern in der Badewanne landen.

Es stimmte ja – es spielte wirklich keine Rolle, bei wem Emily wohnte. Demnächst würden sie alle sowieso wieder zusammen sein. Davon war er fest überzeugt. Birgit hatte Recht, der ganze Hausbau, die Schulden, der Krach ums Geld und dass er nie Zeit für sie gehabt hatte, war Gift für ihre Beziehung gewesen. Er würde sich ändern, weniger arbeiten, abends zu ihr in die Wohnung kommen, etwas mit ihr und der Kleinen unternehmen. Es würde alles wieder gut werden.

»Also gut«, sagte er. »Von mir aus. Ich pack ihre Sachen ein. Wenn deine Wohnung fertig ist, kommt sie zu dir. Aber halt dich dann auch dran: Ich kann sie jederzeit sehen und abholen. Okay?«

»Okay!« Birgit versprach es.

Schon als kleines Mädchen muss Emily intuitiv gespürt haben, was wirklich in ihrer Mutter vorging, als diese mir nichts, dir nichts Mann und Kind verließ. Dies ergibt sich aus einem Gutachten, in dessen Zusammenhang der gerichtsbeauftragte Psychologe die kleine Emily gebeten hatte, ihm mit den Figuren eines so genannten Sceno-Kastens eine Familienaufstellung zu machen und Bilder dazu zu malen. Das Gutachten sollte dazu beitragen, die für Emily bestmögliche Lösung im Hinblick auf die Regelung des Sorge- und Umgangsrechts zu finden.

Damals wählte sie eine Prinzessin aus, die ihr Liebling und die Schönste der Familie sei. Emily selbst wollte ein Baby in den Armen der Prinzessin sein. Zur Darstellung der

Mutter griff sie nach einer Schlange und erklärte, diese sei verzaubert worden, sodass aus der schönen Prinzessin eine böse Schlange geworden war. Der Vater erschien als schlafender Mann in einem langen Kittel, der sich in der Nähe eines Teiches von der Arbeit ausruhte. Den neuen Freund der Mutter und seine Familie, die real auf einem Bauernhof lebten, stellte sie als Schweine dar.

Im Spiel ließ Emily das Baby sagen, es könne Schweine nicht leiden. Sie seien wild und lebten im Wald. Dort wohnten sie in einem Stall, in dem sie dauernd am Stammtisch sitzen und Bier trinken würden. Wenn das Baby der schönen Prinzessin in den Stall käme, müsse es auch ein Babyschwein werden. Es wolle aber nicht in den Stall, sondern brauche »Omi und Opi« – so nannte Emily nur René und mich.

Da diese nicht da waren, legte die schöne Prinzessin das Baby auf den Rücken des schlafenden Vaters, der gar nicht merkte, dass die wilden Schweine gerade aus dem Wald kamen. Plötzlich wurde die schöne Prinzessin in eine böse Schlange verzaubert, die auf Emilys Zeichnung so einen winzigen Kopf und einen riesigen Leib hatte, dass sie nicht mehr denken und kriechen konnte. Daher konnte sie nicht zu dem schlafenden Vater kommen und ihrem Baby helfen, als die wilden Schweine aus dem Wald rasten. Und so wurde es ein Babyschwein, das zum Spielen in den Stall lief.

So zielsicher wie Emily waren wir Erwachsenen mit der Einschätzung dessen, was Birgit uns zeigen und glauben machen wollte, leider nicht. Unser Hauptaugenmerk lag nicht auf Birgit, sondern auf Emily, um die wir uns sorgten und wegen der wir uns fragten, wie sie wohl die schwer wiegenden Veränderungen verkraften würde, die auf sie zukamen.

Daher hatte ich René mit einer gewissen Erleichterung berichtet, dass Emily bei Birgits erstem Anruf nach ihrem Verschwinden gar nicht ans Telefon gehen wollte. Mir schien dies ein gutes Zeichen zu sein. Sie wollte lieber mit ihren Puppen spielen als mit ihrer Mutter reden – anscheinend hatte sie sie gar nicht vermisst. Das freute uns, schien es doch nur zu beweisen, wie wohl unser Enkelchen sich bei uns Großeltern fühlte.

Wie sehr ich mich mit dieser Einschätzung geirrt hatte, schwante mir allerdings schon am nächsten Tag, als Birgit erneut anrief. Diesmal war Emily zu einem Gespräch bereit, obwohl sie schon geschlafen hatte. Aus ihren Reaktionen entnahm ich, dass Birgit ihr erklärt hatte, sie werde nicht mehr nach Hause zurückkehren, sondern habe eine eigene Wohnung und wolle Emily bald zu sich holen. Nach diesem Gespräch weinte sie zum ersten Mal, seit Birgit verschwunden war: »Meine Mama ist einfach fortgegangen und will den Papa ganz allein lassen, und eine Familie gehört doch zusammen.«

Ich werde nie vergessen, wie tief erschüttert ich von der Weisheit dieses kleinen Mädchens war, das mir in aller Unschuld den Spiegel vorhielt, sodass ich in ihr die Stimmen meiner Töchter zu hören glaubte, die wohl ganz ähnlich über mich gedacht und gesprochen hatten, als ich einfach fortgegangen war und sie bei ihrem Vater allein gelassen hatte.

Trotzdem wäre ich niemals auf die Idee gekommen, dass schon diese eine kurze Woche stillschweigenden Verschwindens ausgereicht hatte, um Emily in tiefe Verunsicherung zu stürzen und das Bild von der lieben Mama zu »verzaubern«, sodass es fremd und unbegreiflich wurde und sich in das Sinnbild der Falschheit und des Bösen verwandelte, nämlich in eine Schlange. Ein Symbol, das Emily aus Bibelgeschichten und Märchen vertraut war. Daher ahnte ich auch nicht im Geringsten, dass sie sich im tiefsten Innern vor ihrer »verzauberten« Mutter fürchtete und nicht mit ihr in die neue Wohnung umziehen wollte.

Trotz Emilys Ängsten vereinbarten also wir Erwachsenen, dass sie zum allmählichen Eingewöhnen in die neue Wohnung ihrer Mutter und in die für sie ungewohnte Umgebung immer wieder einmal ein paar Stunden dort verbringen und gelegentlich auch dort übernachten sollte, ehe sie endgültig umzog. Diese Zeit sollte stets nur Mutter und Kind gehören, damit Emily sich an das Alleinsein mit ihr gewöhnen und ihre Scheu ablegen könnte. Abendliches Ausgehen oder gar Motorradfahrten wurden ausgeschlossen. Dies war vor allem René und mir wichtig, erinnerten wir uns doch nur zu gut an Birgits Suiziddrohungen und die Gerüchte über ihre unverantwortlichen Steilwandfahrten auf dem Motorrad.

Birgit schien mit allen Bedingungen einverstanden. Dazu gehörte auch, dass sie meine Einwände gegen Emilys Teilnahme an einer Grillparty mit Lagerfeuer akzeptierte, die am Samstagabend des bevorstehenden Wochenendes in ihrer Motorradclique gefeiert werden sollte.

So rückte der erste Abholtermin heran. Emily wohnte zu dieser Zeit überwiegend bei uns, da Konrad den ganzen Tag arbeitete, ich aber meinen Beruf aufgegeben hatte. Schon Tage zuvor hatte ich sie auf den Besuch bei ihrer Mutter vorbereitet und dabei sehr wohl bemerkt, dass Emily keine Lust verspürte, allein bei ihrer Mutter zu bleiben. Trotzdem dachten wir nicht sonderlich darüber nach, als sie sich Birgit mit Händen und Füßen widersetzte und zu schreien begann: »Nein, ich will nicht! Ich will nicht in Mamas Wohnung!« Es schien uns nur eine dieser zwar herzzerreißenden, letztlich aber harmlosen Szenen zu sein, die sich vor dem Kindergarten abspielen, wenn Kinder sich weinend an die Mutter klammern und sie nicht loslassen wollen, jedoch sofort fröhlich zu spielen beginnen, sobald sie erst einmal zu den anderen Kindern ins Gruppenzimmer gebracht werden.

Birgits traurige, enttäuschte Miene erinnerte mich an die Zeiten, in denen ich meine eigenen Kinder so liebend gern einmal zu mir in meine neue Wohnung eingeladen hätte. Aus der eigenen Erfahrung heraus verstand ich ihre Muttergefühle nur zu gut. Was hätte ich damals darum gegeben, hätte sich jemand erbarmt, mir zu helfen und den Kindern die Angst zu nehmen und sie zu ermutigen, es doch wenigstens einmal mit einem Besuch bei mir zu versuchen. Daher überwand ich mich und schlug Emily vor: »Wie wäre es denn, wenn Omi und Opi mitkommen würden? Würdest du dir denn Mamas neue Wohnung mit uns zusammen einmal anschauen?«

»Wenn ich dann wieder mit zu euch nach Hause darf?« Ihre großen himmelblauen Augen richteten sich vertrauensvoll auf mich, während sie sich in meinen Arm schmiegte und ihre kleine Hand unter die Haare schob, die sich in meinem Nacken aus der Steckfrisur gemogelt hatten.

»Wenn du wieder mit uns fahren willst, nehmen wir dich mit. Versprochen«, sagte René. Und so machten wir uns, Birgit voran, im Konvoi auf den Weg.

Da Birgit noch etwas zum Abendessen einkaufen wollte, aber kein Geld hatte, steckte ich ihr rasch etwas zu. Schließlich sollte Emily ihren ersten Abend mit Mama nicht bei trockenem Brot und Leitungswasser verbringen müssen. In der Zwischenzeit blieben René und ich allein mit Emily in ihrer Wohnung zurück und versuchten unser Bestes, ihr das neue Kinderzimmer schmackhaft zu machen.

Schließlich spielte sie mit ihren neuen Spielsachen darin und legte sich probeweise sogar ins Bett. Als wir nach Birgits Rückkehr aufbrachen, damit Mutter und Tochter sich allein hätten und sich bei einem schönen gemeinsamen Abendessen wieder etwas näher kommen könnten, blickte Emily zwar ein wenig ängstlich drein, wollte es aber mit einer ersten Übernachtung bei ihrer Mama versuchen. Mit gemischten Gefühlen kehrten wir in unsere ohne Emilys fröhliches Plappern und Spielen seltsam verwaist wirkende Wohnung zurück.

Kaum angekommen, läutete auch schon das Telefon und Birgit berichtete uns freudestrahlend, Emily sitze in der Badewanne und mache sich schön, weil sie miteinander zum Essen ausgehen wollten. Von dem schönen Essen nur für Mutter und Töchterchen allein war keine Rede mehr.

Frustriert und auch etwas besorgt rief ich Konrad an, um mit ihm über Birgits veränderte Pläne zu sprechen. Immerhin war Emily noch im Kindergartenalter und gewöhnt, frühzeitig schlafen zu gehen. Abends um acht mit ihr in eine rauchige Kneipe zu ziehen, wo sie als kleines Mädchen zwischen Motorradfans in schwarzer Lederkluft Schnitzel mit Pommes essen und Cola trinken sollte, erschien uns wenig passend. So hatten wir uns Emilys erste Nacht bei ihrer Mama nicht vorgestellt.

Zu meiner Überraschung lachte Konrad nur. Anders als wir, hatte er von Anfang an gewusst, dass Birgit nie daran gedacht hatte, allein mit ihrer Tochter zu Hause zu sitzen und selbst Abendbrot zu machen. Nur uns, nur mich hatte Birgit an der Nase herumgeführt. Wie die Tölpel waren wir ihr auf den Leim gegangen.

»Ja, und?«, meinte René, als ich den Hörer auflegte. »Was hast du erwartet? Wenn sie dir gesagt hätte, was sie vorhat, hättest du doch nie geholfen, dass Emily heute zu ihr geht.«

Er hatte Recht. Und ich dumme Gans hatte wieder einmal nicht bemerkt, dass ich hereingelegt, manipuliert, benutzt und angelogen wurde. Die ganze Nacht wälzte ich mich unruhig in den Kissen und nahm mir vor, endlich den Rat meiner Mutter zu befolgen und mich nicht mehr ständig ausnutzen zu lassen.

Als Birgit tags darauf gegen halb vier nachmittags an der Tür klingelte, hörte ich Emily schon vom untersten Treppenabsatz herauf singen: »Am Samstag gehen wir grillen! Am Samstag gehen wir grillen!« Im ersten Moment blieb mir beinahe die Luft weg. Doch Emily war schon die Treppe hochgestürmt, warf sich mir mit einem Freudenschrei in die Arme, umschlang mich so fest, als habe sie mich ewig nicht gesehen, und schmiegte unter Küsschen ihre Wange an meine Wange. »Omi!«

Gleich darauf tauchte Birgit hinter ihr auf, toll geschminkt und gestylt, supermodern wie ein Model gekleidet, die Augen schwarz umrahmt mit Kajal, als habe sich ein Stückchen Himmel in ihnen verfangen.

Mein Enkelkind im Arm, stark vor Liebe und von dem einen Wunsch beseelt, mich nie mehr übertölpeln und nie mehr für dumm verkaufen zu lassen, sondern Emily vor allem zu schützen, was ihr jemals schaden könnte, schaute ich meine Tochter an und sagte: »Birgit, ich fühle mich von dir angelogen.«

»Wegen Schatz?«, rief sie schrill.

»Wegen Konrad? Weil ich ihn wegen dem Schatz verlasse?«

»Nein«, versuchte ich zu erklären und wusste schon keine Worte mehr, weil ich Birgits Hand mit den rot lackierten Fingernägeln wie in Zeitlupe auf mich zukommen und nach Emily greifen sah.

Ich meinte keinen Schatz. Ich dachte nicht an Konrad. Woran ich dachte, war Birgits Lüge wegen des gestrigen Abendessens im Lokal und ihre neuerliche Lüge wegen des Grillabends. Sie hatte mir versichert, Emily nicht mitzunehmen. Und nun tat sie es doch, hatte es ihr schon versprochen, damit sie sich freute und ich ihr die Freude nicht durch ein Verbot kaputtmachen konnte.

Was Birgit soeben über Konrad und diesen Schatz gerufen hatte, sickerte kaum in meinen Verstand ein, sodass ich erst viel später begriff, was sie damit gesagt, was sie erstmals eingestanden hatte, nämlich doch einen anderen zu haben und somit auch Konrad belogen und betrogen zu haben.

Als wären die Worte mit Leuchtfarbe an die Wand geschrieben, hörte ich ihren Schrei: »Ich hätte mir ja denken können, dass du mal wieder für einen Kerl und gegen deine Kinder bist. Aber bilde dir ja nicht ein, dass du mir einfach mein Kind wegnehmen kannst, weil ich deinen heiligen Konrad nicht mehr liebe und einen anderen habe.«

Und da war sie, Emilys Stimme: »Omi!« Ganz hoch, ganz schrill, im Schreien kippend. Ihre kleine feste Hand, der Druck ihrer Arme um meinen Hals und ihre Wange an meiner Wange, die Wärme ihres Körpers an meiner Brust, ihre Beine, die sich um meine Taille rankten, ihre Finger, die meine Hand umklammerten. Gefühle von Berührungen, die mir wie mit dem Brandeisen eingebrannt und auf immer unauslöschlich sind, sodass ich sie spüre, sobald ich daran denke. Und dann dieser Ruck, mit dem Emily mir jählings entrissen wurde.

»Komm! Dir wird es nicht so ergehen wie mir! Deine Mutter lässt dich nie im Stich und gibt dich nicht einfach deinem Vater!«, schrie Birgit in einem Ton, der mich wie ein Messer traf, mit einem Schmerz wie ein Stich. Mir den

Atem nahm. Jede Bewegung lähmte. Und gleichzeitig zerrte sie ihr Kind an sich, herunter von meinem Arm, zu Boden, hinter sich her. Die Treppe hinunter. Weg von mir. Für immer.

»Omi! – Oma!«

Ein Schrei, der mich bis in meine Träume verfolgt und wohl auf ewig verfolgen wird.

Ich weiß nicht, wie ich es schaffte, Konrad anzurufen, der in der Stadt unterwegs war und sofort zu kommen versprach. Noch ehe er bei mir eintraf, klingelte das Telefon. Eine Männerstimme meldete sich: »Hier Schatz!« Zitternd warf ich den Hörer auf.

Als es abermals klingelte, war Konrad da und nahm den Anruf entgegen. Wieder war es »Schatz«. Er brüllte, doch Konrad ließ sich auf gar keine Diskussion mit ihm ein, sondern verlangte, Birgit zu sprechen. Ich vernahm ihr Keifen aus der Hörmuschel, obwohl Konrad Schritte von mir entfernt stand. Er solle sofort Emilys Kleider herausgeben, die noch bei mir wären, forderte sie drohend, sonst werde sie mit der Polizei kommen. Scheinbar gelassen antwortete Konrad, sie brauche keine Polizei, sondern solle die Sachen selbst abholen.

Zwei Stunden später stand die Polizei mit der Behauptung vor der Tür, dass meine Tochter sich von mir bedroht fühle und Polizeischutz benötige, um Emilys Habseligkeiten bei mir abzuholen. Da war das böse Gerücht über mich in der Welt. Die Nachbarn gafften und tuschelten. Sie hatten sich nicht sonderlich anstrengen müssen, um mitzukriegen, was zwischen Birgit und mir im Treppenhaus vorgefallen war. Sie hatten es gehört und durch die Türritzen beobachtet. Und zuletzt hatten sie hinter den Gardinenschlitzen gelauert und gesehen, wie Birgit mit Riesenschritten, das schreiende Kind hinter sich, zum Auto gestürmt und davongerast war.

Eine Oma, der die Mutter das Enkelkind wegnahm und ihr anschließend die Polizei ins Haus schickte – da stimmte doch etwas nicht. Eine Oma, der die eigene Tochter überall nachsagte, sie habe etwas mit dem Schwiegersohn, der ja wirklich ständig bei ihr ein und aus ging – da war doch etwas faul. Es musste doch einen Grund dafür geben, dass Birgit Konrad verlassen und sich einen anderen genommen hatte. Gerede, Gerede und nochmals Gerede. Trat ich aus dem Haus, verstummte es ringsum und setzte hinter meinem Rücken wieder ein. Sah ich einen Streifenwagen, ergriff mich Panik. Glaubt jemand, Spießrutenlaufen als Foltermethode sei abgeschafft? Ich weiß es besser.

Das Brodeln der Gerüchteküche und die Verleumdungen brachten es mit sich, dass eine Bekannte Birgits aus der Motorradclique neugierig wurde. Sie hatte vor allem Mitleid mit Emily und besaß den Mut, Konrad und uns Großeltern die Wahrheit zu sagen. Von ihr erfuhren wir, dass Birgit und Schatz bereits Monate vor Birgits Auszug ein Liebespaar waren. Wie so oft, hatte jedermann davon gewusst, nur Konrad und mit ihm auch wir nicht.

Schatz, meinte sie, lebe in einem benachbarten Ort auf dem Bauernhof seiner Eltern. Er gelte als Säufer und wilder, grobschlächtiger Kerl, dem schon mal die Faust ausrutsche. Sonderlich beliebt sei er in der Clique nicht. Vor allem die Frauen seien ihm aus dem Weg gegangen. Als Birgit in die Clique gekommen sei, habe er sofort ein Auge auf sie geworfen. Sie habe ihn aber stets abblitzen lassen, weil seine Sauferei sie abgestoßen habe. Als er eines Abends bei einem Fest vor lauter Verliebtheit drohte, sich etwas anzutun, wenn sie ihn nicht endlich erhöre, habe er sie wohl doch beeindruckt. Etwas angetrunken, sei sie mit ihm losgezogen. Später seien beide völlig erhitzt und aufgekratzt wieder zur Clique zurückgekommen. Ein paar Leute hätten Birgit ermahnt und sie an ihre Ehe mit Konrad erinnert. Doch sie habe nur wie irre gelacht, dass sie gerade ihre Tage habe; da könne nichts passieren. Und Konrad, der arbeite doch nur und merke sowieso nichts.

Konrad saß wie versteinert da und konnte nicht fassen, dass Birgit ihn tatsächlich schon lange betrogen und sein Vertrauen ausgenutzt hatte, um hinter seinem Rücken ein Doppelleben zu führen. Wütend und zutiefst verletzt warf er sich vor, sich wie ein Idiot benommen zu haben, den Birgit am Nasenring spazieren führte.

Ich kann nicht wirklich bedauern, dass Konrad und Birgit geheiratet haben, denn sonst gäbe es Emily nicht. Dennoch ist mir heute klar, dass ihre Ehe von Anfang an zum Scheitern verurteilt war, weil eine Ehe mit Birgit nicht gelingen konnte. Sie war auf Grund ihrer seelisch bedingten Bindungsschwäche völlig außer Stande, gemeinsam mit ihm an einem Strang zu ziehen. Und genau das wusste Konrad nicht, der sie an sich binden wollte, indem er ihr das Haus baute, das sie verlangte, das Geld verdiente, das sie so gern mit vollen Händen ausgab, und ihr die Freiheit gönnte, die sie sich immer reichlicher nahm, weil sie es immer weniger ertrug, gebunden zu sein.

Vermutlich hätte ein psychologisch geschulter Mensch Birgit durchschaut und das Drama der Scheidung längst kommen sehen. Konrad, René und ich hingegen waren überhaupt nicht darauf vorbereitet. Wir erkannten einfach nicht, dass sich in ihrem Cliquenleben die Bindungslosigkeit verriet, vor der der Psychologe gewarnt hatte, als er Birgit für therapiebedürftig erklärte, weil sie weder bindungs- noch ehefähig war. Vielmehr glaubten wir alle, Birgit könne gar keinen besseren Mann haben als Konrad und wolle auch keinen anderen. Birgits sexuelle Treulosigkeit war deshalb vielleicht sogar von geringerer Bedeutung für uns als ihre Lüge, mit der sie Konrad im Beisein ihres Liebhabers versichert hatte, diesen Liebhaber gäbe es nicht. Eine solche Lüge ließ nur eine Reaktion zu: Scheidung.

Bei seinem ersten Anwaltsbesuch erfuhr Konrad, dass ihm ein gesetzliches Umgangsrecht zustehe und er trotz der Trennung von Birgit noch immer berechtigt sei, das Sorgerecht für Emily auszuüben. Birgit dürfe ihm also von Gesetzes wegen nicht den Umgang mit Emily verweigern. Allerdings sei sie berechtigt, ihr den Umgang mit den Großeltern zu verbieten, wenn sie der Meinung sei, dass dieser Umgang dem Kindeswohl abträglich sei.

Fest entschlossen, sich nicht länger zum Narren halten zu lassen, trat Konrad Birgit gegenüber und verlangte die Herausgabe Emilys. Doch Birgit lachte ihn aus. Sie wisse, dass er gemeinsame Sache mit mir mache und Emily nur wolle, um sie wieder zu mir zurückzubringen. Ich wolle mir ihr Kind unter den Nagel reißen, weil ich meine eigenen Kinder im Stich gelassen hätte und Emily als Kindersatz missbrauche. Und er sei mir, ihrer eigenen Mutter, ja völlig hörig und mache alles, was ich wolle. Sie, Birgit, werde jedoch nicht zulassen, dass Emily ohne ihre eigene Mutter aufwachsen müsse. Ihr Kind werde das niemals mitmachen müssen, was sie selbst mitgemacht habe. Sie sei eine gute Mutter, die ihr Kind nicht im Stich lasse. Konrad werde schon sehen, was er davon habe, mit mir gemeinsame Sache gegen sie zu machen. Sie werde sich dafür rächen, dass wir ihr das Kind wegnehmen wollten. Konrad und ich würden Emily niemals kriegen.

Während Konrad den Fehdehandschuh aufgriff und vor dem Familiengericht um Emily zu kämpfen begann, verzichteten René und ich nach reiflicher Überlegung darauf, unser Umgangsrecht als Großeltern und Emilys engste Bezugspersonen in einem eigenen Rechtsstreit einzuklagen. Es erschien uns sinnvoller, unsere Kräfte zu bündeln und Konrad zu unterstützen.

Ich war erschüttert, fassungslos, am Boden zerstört während der Jahre unseres Ringens um ein Wiedersehen mit Emily. Oft war ich vor Schmerz und Sehnsucht wund und sterbensmüde. Tief gedemütigt ging ich aus Konrads Gerichtsverfahren hervor, in dessen Verlauf ich niemals zu Wort gekommen und keine Gelegenheit zu meiner Verteidigung erhalten hatte, obwohl ich als Beschuldigte niedergemacht worden war und intimste Einzelheiten aus meinem Privatleben ans Licht der Öffentlichkeit gezerrt worden waren.

Hilflos erlebte ich vom Gerichtsflur aus Franzels Auftritte als Wandergesell in kurzen Höschen, wenn er frisch-fromm-fröhlich-frei das Richterzimmer betrat und Birgit anschließend so laut, dass René und ich es hören mussten, versicherte, es laufe bestens für sie, sie bekomme das alleinige Sorgerecht und Konrad keinen Umgang; der Richter habe es versprochen. Ohnmächtig musste ich hinnehmen, dass Rechtsanwälte, die ich zu meiner Verteidigung berief, für billige Schriftsätze teure Rechnungen schickten. Eine Rechtsanwältin, die auch Mitglied des Bundestages war, kanzelte mich gar ab, dass eine Mutter, die einst ihre Kinder verlassen habe, nichts Besseres als den Verlust ihres Enkelkindes verdiene.

Und dennoch gab ich nicht auf. Wie eine Mahnung stand mir der Rat meiner Mutter, um mein Recht zu kämpfen, innerlich bei, während mich der eine starke Wunsch am Leben hielt, Emily zu helfen, sie zu beschützen und ihr nicht nur den geliebten Vater, sondern auch mich als ihre liebe Omi zu erhalten.

Bis heute habe ich nur eines erreicht: Ich lebe noch. Ich kann wieder lachen und mit René, meinem Mann, glücklich sein. In Gedanken sind wir oft bei Emily. Und manchmal zieht es uns zu Orten und Plätzen, an denen wir sie aus der Ferne sehen können. Eines Tages wird auch sie uns vielleicht suchen und finden und gern zu uns kommen. Darauf warten und hoffen wir.

EPILOG

Dass meine ganz persönliche Geschichte eine politische und über meine sehr speziellen Erfahrungen hinaus auch eine gesetzliche, familienrechtliche Dimension hat, wusste ich als junge Mutter nicht.

Dank meiner krankhaften Fixierung auf »meine Schuld« in allen Bereichen und Belangen meines Lebens nahm ich alles, was mir widerfuhr, als gerechtfertigt und somit als »gerecht« hin. Dass Franzel mich um meinen Anteil an unserem ehelichen Besitz brachte, empfand ich als »meine Schuld« und somit auch als »gerecht«, weil ich ihn durch einen Seitensprung betrogen hatte. Dies entsprach meiner Erziehung nach dem alttestamentarischen »Auge um Auge, Zahn um Zahn«.

Dass mir das Gericht das Sorgerecht für meine Kinder entzog, nahm ich ebenfalls als »selbst verschuldet« und »gerecht« hin, weil ich die Kinder zu ihrem Vater geschickt und verlassen hatte.

So etwas tut eine gute Mutter nicht; das ist auch heute noch meine feste Überzeugung.

Erstmals den Eindruck, nicht völlig verdientermaßen abgestraft zu werden, hatte ich anlässlich der Verweigerung jeglichen Umgangs mit meinen Kindern. Ich hatte das Umgangsrecht verloren, weil ich psychisch krank war und im Chaos lebte. So weit, so gut. Aber ich hatte erfolgreich alles Menschenmögliche getan, um mit meinen Kindern wieder als »ordentliche«, »moralisch« einwandfrei lebende Mutter umgehen zu können. Danach gab es keinen Grund mehr anzunehmen, dass ein Umgang meiner Kinder mit mir ihnen schaden würde. Und somit war es in meinen Augen nicht »gerecht«, mir das Recht auf Umgang mit ihnen und umgekehrt meinen Kindern das Recht auf Umgang mit mir als ihrer Mutter zu nehmen. Vielmehr fand ich, dass ich vor dem Hintergrund meiner erfolgreichen Bemühungen und meines dringenden Wiedergutmachungswunsches eine Chance verdient hatte, meinen Fehler tatsächlich wieder gutzumachen und den Kindern zeigen und beweisen zu dürfen, dass ich sie trotz all meiner Fehler und Schwächen liebe.

Dennoch nahm ich selbst in dieser für mich so schmerzhaften familienrichterlichen Entscheidung eine gewisse »Gerechtigkeit« wahr, weil ich mir meiner »Schuld« nur zu tief bewusst war, die Kinder bei ihrem Vater allein gelassen zu haben.

Was will ich damit sagen? Nicht mehr als das: Damals, als mir jedes Recht auf meine Kinder genommen wurde, konnte ich gar nicht auf die Idee kommen, es stecke mehr hinter diesem radikalen Kindesentzug als eine einzelne richterliche Entscheidung. Ich war dazu erzogen worden, an Recht und Ordnung und Gesetz und daran zu glauben, dass es im neuen demokratischen Deutschland »gerecht« zugehe, sodass Recht haben grundsätzlich auch bedeutet, Recht zu bekommen.

Selbst das berühmte »Urteil des Salomon«, das mir als Großmutter immer wieder in Büchern oder Kommentaren zu Umgangs- und Sorgerechtsurteilen begegnete, bedeutete mir in meiner Jugend nicht mehr als eine von vielen biblischen Geschichten, die mir in der Schule oder von der Kirchenkanzel herunter zu Ohren kamen.

Ja, noch in den glücklichen Jahren meiner Großmutterzeit lebte ich in der ruhigen Gewissheit, dass die Familie in unserem Land unantastbar ist, kein Richter hier zu Lande Urteile aussprechen würde, die nachweislich eine Menschenrechtsverletzung darstellen, und dass kein Richter einer Mutter oder einem Vater ihre Kinder wegnehmen oder den Großeltern den Umgang mit ihnen verbieten dürfe, solange diese ihren Kindern beziehungsweise Enkelkindern nichts Böses, Verbotenes angetan haben.

Dass es täglich mehr Elternteile und Großeltern in Deutschland gibt, denen Familiengerichte – wie damals mir – jeden Umgang mit ihren Kindern und Enkelkindern untersagen, obwohl diese ihnen niemals etwas Schlimmes zu Leide getan haben, ja, dass geltende deutsche Familiengerichtsurteile tatsächlich Menschenrechtsverletzungen darstellen können und Deutschland deshalb bereits mehrfach vor dem Europäischen Menschenrechtsgerichtshof in Straßburg zu hohen Schadenersatzleistungen verurteilt wurde, und dass sich immer mehr Menschen gegen dieses Unrecht zur Wehr setzen, erfuhr ich erst, als ich in den »Rosenkrieg« meiner Tochter hineingezogen wurde und mein Enkelkind verlor.

All die vielen Trennungs- und Scheidungsschicksale, die mir seit meinem eigenen Unglück und Verlust zugetragen wurden, haben mich zu der Erkenntnis geführt, dass die wirklich schlimmen Folgen eines Rosenkrieges nicht allein Schuld des gescheiterten Paares sind. Vielmehr resultiert das größte Leid aus der Einmischung des Staates, mit der die Paare bei »Kriegsausbruch« meist nicht rechnen. Diese Einmischung kann erstens dazu führen, dass die zur Scheidung erforderlichen Rechtsberater ihre Aufgabe darin sehen, aus trennungswilligen Paaren »gegnerische Parteien« zu machen, um dem eigenen Mandanten den größtmöglichen Vorteil zum Nachteil des gegnerischen Mandanten zu verschaffen. Oder noch schlimmer, dass man vor einem zur

Scheidung ebenfalls unumgänglichen Richter stehen muss, der das Familienrecht nicht optimal anwendet, weil er zuvor vielleicht Strafrichter oder Verkehrsrichter war und ohne jede Fortbildungsmaßnahme zum Familienrichter wurde. Da die *»Ausbildung im Familienrecht hochgradig jämmerlich«* ist, wie Richter Ernst Elmar Bergmann 1996 in einem Vortrag in der Evangelischen Akademie Bad Boll ausführte, Fortbildungsmaßnahmen *»nicht von der Justizverwaltung gefördert«* werden, sondern *»von dem interessierten Richter selbst zu tragen sind«*, ist eine *»systematische Ausbildung und Fortbildung der Richter weitgehend unbekannt«*.

Wen wundert es, dass Familiengerichtsbeschlüsse deshalb oftmals ausfallen, als habe ein Zahnarzt einen Kaiserschnitt durchgeführt?

Eine beträchtliche Mitschuld am Leid jener Scheidungskinder, die immer öfter als »Scheidungswaisen« bezeichnet werden, tragen meines Erachtens aber auch die Jugendämter und mit ihnen die behördlichen Erziehungsberatungsstellen. Diese Mitschuld wurde zum Beispiel 1997 in einer Dokumentation des evangelischen Pressedienstes festgestellt, die die Ergebnisse einer Tagung der Evangelischen Akademie Bad Boll vom 4. bis zum 6. Februar 1996 zusammenfasst.

Darin führte beispielsweise Prof. Dr. Heinrich Kupffer aus:

> *Das Jugendamt ist nicht in die demokratische Meinungs- und Willensbildung eingebettet, sondern operiert als unabhängiges Organ der kommunalen Selbstverwaltung eigenständig. Die Ämter leisten als ›sachverständige Behörde‹ offiziell eine Amtshilfe für die Familien- und Vormundschaftsgerichte. Diese folgen meist den Vorschlägen der Ämter und halten damit die Fiktion der dort*

angesiedelten Fachkompetenz aufrecht. Für die Folgen eines Eingriffs muß das Amt nicht haften. Es hat die ganz legale Befugnis, eine von ihm selbst markierte Menschengruppe de facto ihrer Bürgerrechte zu berauben. Es kann bei Verdacht alle Personen im Umkreis nach dem Prinzip der Sippenhaft beherrschen und dirigieren. Es darf inquisitorische Methoden anwenden, gegen die das Opfer solcher Ausforschungen kaum eine Chance hat. Es kann zur Hilfe bei der Wahrnehmung seiner amtlichen Aufgabe sogar ›parteiliche‹ Vereine einschalten, ohne daß ihm das verwehrt wird. Auch für die aufgewendeten Geldmittel muß das Amt nicht haften, selbst wenn das jahrelange Hin- und Herschieben betroffener Kinder immense Kosten verursacht. […] So ruht das Jugendamt in sich selbst und sieht keine Veranlassung zur Selbstkritik. Mir ist kein Fall bekannt, in dem ein Amt sich für einen offensichtlichen Fehlgriff entschuldigt hätte. Es mangelt aber nicht nur an Sachkompetenz und demokratischer Legitimierung, sondern auch an pädagogischer Verantwortung. Beispiel: Hochqualifizierte Heimleiter müssen Jugendamtsmitarbeitern, die ihnen in der pädagogischen Kompetenz weit unterlegen sind, mit der Schere im Kopf nachgeben, um die eigene Einrichtung zu halten und weiterhin Kinder zugewiesen zu bekommen. Dies alles bedeutet, daß die Mitarbeiter der Ämter mehr dürfen, als sie von ihrer persönlichen Qualifizierung her leisten können […]. Wer sich daran gewöhnt, andere zu kontrollieren und ihren Lebensweg zu steuern, wird schließlich selbst daran glauben, daß er das auch wirklich kann, weil er es darf. Dies nenne ich den strukturellen Größenwahn des Jugendamtes. Er führt zu einer chronischen Verwechslung von Amtskompetenz und Sachkompetenz.

Dass es auch anders geht, beweist etwa das Familiengericht der Stadt Cochem. Dort sorgt nämlich das von einem Familienrichter etablierte so genannte »Cochemer Modell« auf intensive Weise erfolgreich dafür, dass Eltern trotz Trennung und Scheidung gemeinsam Wege finden, um ihrer lebenslangen Elternschaft gerecht zu werden und für ihre Kinder da zu sein.

Leider ist Cochem nicht überall und wird auch längst nicht von allen Jugendämtern und Familiengerichten als nachahmenswert empfunden und übernommen.

Jugendamtsmitarbeiter, mit denen ich selbst zu tun hatte, sowie andere, von denen verlassene Eltern und Großeltern berichten, ignorierten beharrlich das neue Kindschaftsrecht, das das Kindeswohl seit 1998 am besten im Umgang mit beiden Eltern gewahrt sieht. Stattdessen überprüfen sie das Kindeswohl noch immer nach dem alten Wohlfahrtsgesetz, indem sie einen Elternteil als den besseren auswählen und dem Familienrichter empfehlen.

Da der Gesetzgeber keinerlei wirksame Kontrollinstanz für die Institution Jugendamt geschaffen hat und sie zudem mit immer umfangreicheren Rechten ausstattet, ist es bisher fast ausgeschlossen, Jugendamtsmitarbeiter haftbar zu machen, wenn sie »nach bestem Wissen und Gewissen« Fehlentscheidungen getroffen haben.

Meiner Meinung nach führt dies dazu, dass Willkürentscheidungen oder falsche Frauensolidaritäten gefördert oder zumindest nicht verhindert werden, die den Vater oder die Großeltern als lästigen Ballast in der neuen Beziehung der Mutter ansehen und die aus dem Leben der Kinder Ausgegrenzten auf zu erbringende Unterhaltsleistungen reduzieren.

Nicht zu vergessen in der Reihe der Mitverantwortlichen an Kindesentziehungen und Umgangsverweigerungen sind oftmals auch die vom Gericht bestellten psychologischen Gutachter. Wie Richter Ernst Elmar Bergmann 1996 ausführte, ist ein wesentliches Auswahlkriterium *»die zufällige Bekanntschaft mit dem Richter«* oder die Tatsache, *»dass bei dem entsprechenden Gericht immer ein bestimmter Psychologe zum Sachverständigen bestellt wird«.*

Grundsätzlich, so Bergmann weiter, sei *»die Qualifikation der psychologischen Sachverständigen als Sachverständige in Familiensachen sehr zweifelhaft«.* Anlässlich des 40. Kongresses der Gesellschaft für Psychologie sei angemahnt worden, dass von 245 Gutachten in Sorgerechtsfällen nur in 67 Fällen sauber gearbeitet wurde, und auch er selbst könne nur *»mit Kopfschütteln«* feststellen, *»dass in sehr vielen Gutachten, die mir vorliegen, der Sachverständige offenbar mit vorgefaßten Meinungen an seine Arbeit geht.«*

Häufig müsse man erkennen, dass der Sachverständige, entgegen seiner Aufgabe, nicht *»die Interaktionen von Eltern und Kindern«* sowie *»die Beziehungen von Eltern und Kindern«* ergründe und dafür eintrete, *»dass eine Lösung des Falles gefunden«* werde. Vielmehr *»beurteilt er die Person der Eltern, er gibt ihnen Noten, er stempelt Elternteile als ›gut‹ oder ›böse‹ ab«.*

Daher kann es passieren, dass ein mit einem schlechten oder druckfrischen Zeugnis diplomierter, in Familienrechtssachen unerfahrener Psychologe ohne jede *»wissenschaftliche Reputation und ein besonderes Fachwissen auf dem psychologischen Fachgebiet, auf welches es ankommt«,* so Bergmann, zum Sachverständigen bestellt wird.

Ein solcher Sachverständiger kann ungestraft und bei vollem finanziellen Ausgleich für seine Arbeit aus seinen eigenen ideologischen, religiösen, persönlichen oder anderen

Gründen heraus einen Elternteil favorisieren und mit seiner unqualifizierten Begutachtung dafür sorgen, dass ein unbescholtener, liebevoller Elternteil oder auch die Großeltern die geliebten Kinder oder Enkelkinder niemals wiedersehen.

Nun mag man anführen, dass seit 1996 einige Jahre vergangen und die damals zutreffenden Zustände heute längst nicht mehr so schlimm seien. Dies ist auch tatsächlich – siehe das Familiengericht der Stadt Cochem – hier und da geschehen. Und Gott sei Dank sind die Cochemer Verantwortlichen engagiert genug, um ihre Erfahrungen in Vorträgen so oft als möglich vorzustellen und zum Besten aller Scheidungskinder und ihrer Familien um Mitstreiter zu werben.

Dennoch ist gerade diese Aktivität der Cochemer Verantwortlichen der beste Beweis dafür, dass die 1996 geschilderten Verhältnisse an den Familiengerichten und in den zuarbeitenden Jugendämtern bis heute vielfach Bestand haben.

Für mich ist unbegreiflich, dass trotz der alljährlich steigenden Scheidungszahlen niemand junge Menschen in der Schule oder spätestens bei der Bestellung des Eheaufgebots ausdrücklich über Eherecht, Familienrecht und Scheidungsrecht informiert. Wie man Kondome überstreift, wird vor der Schulklasse demonstriert. Dass man bei jedem Kaufvertrag das Kleingedruckte liest, lernt man ebenfalls. Doch den so folgenschweren vor dem Standesbeamten geschlossenen gesetzlichen Ehevertrag unterschreibt man ungeprüft als eine eher nebensächliche Formsache.

Dass dieser Ehevertrag keine reine Privatsache eines Liebespaares, sondern ein Vertrag zwischen drei Parteien ist, weil der Staat als Dritter im Bunde per Gesetz beteiligt ist, registriert man in der Regel erst, wenn die Ehe zerbricht. Plötzlich zeigen die auftretenden Folgen dieser zuvor nicht registrierten Staatsbeteiligung, dass Ehe und Familie eben nicht nur Privatsache sind, sondern der eigene Wille der Ehepartner nur bedingt entscheidet. Stärker ist das Gesetz, das die Rechte und Pflichten des Bürgers reguliert und das je nach Staatsinteresse verändert wird, ohne dass das einzelne Ehepaar ein Einspruchsrecht hätte.

Das wird vor allem dem Verlierer im Rosenkrieg klar, der im Regelfall ein anständiger, unbescholtener Mensch ist, der die eigenen Kinder liebt und gut behandelt, sie aber auf richterlichen Beschluss dennoch nicht mehr sehen darf, obwohl er für sie und den mit ihnen lebenden Elternteil sorgen und ihren Lebensunterhalt aufbringen muss.

In doppelter Weise leiden mit dem Verlierer fast immer seine Eltern, die hilflos den Schmerz des eigenen Kindes mit ansehen und zugleich auch um die verlorenen Enkelkinder trauern. Nicht selten sind sie sogar finanziell mit den Scheidungsfolgen konfrontiert, weil sie ihr unterhaltspflichtiges Kind unterstützen müssen, das ansonsten den Unterhalt nicht aufbringen kann. Wohl den Eltern, die in einer solchen Situation über ausreichend Geld verfügen, um ihr eigenes Kind unterstützen und zumindest diese Not lindern zu können. Die große Mehrheit kann dies vermutlich nicht.

Welches Leid es bedeutet, die eigenen Kinder oder Enkelkinder nicht mehr sehen zu dürfen, obwohl man sich ihnen gegenüber nichts zu Schulden kommen ließ, kann wohl niemand ermessen, dem dies nie widerfahren ist. Als grausame Zugabe erfahren Betroffene wie ich, dass dieses Nichtverstehen selbst im engeren Bekanntenkreis meist zu der mehr oder minder offen vorgebrachten Ansicht führt: »Da wird schon etwas vorgefallen sein, weshalb der Richter das so entschieden hat. Irgendetwas haben die garantiert gemacht. Das hat bloß keiner von uns gemerkt.«

Wie sollen sie auch begreifen, dass ein Familienrichter einer liebevollen Großmutter verbietet, mit ihrem Enkel zu sprechen, wenn sie ihm zufällig auf der Straße begegnet? Ja, dass sie dazu verurteilt wurde, die Straßenseite zu wechseln, wenn sie ihn sieht?

Erfährt man von solchen Gerichtsurteilen, machen sie Angst. Wenn man Verurteilungen nicht mehr begreift und das, was man als »gerecht« und gerechtfertigt empfindet, vor dem Gesetz nicht »gerecht« ist, sondern verurteilt wird, fühlt man sich im staatlichen und gesetzlichen Gefüge nicht mehr sicher. Lieber will man zur eigenen Beruhigung glauben, dass der Richter es besser weiß und genauer hinter familiäre Kulissen blickt als man selbst. Und so verliert man als gerichtlich ausgegrenzte(r) Großmutter oder Großvater mit den Enkeln fast immer auch Menschen, denen man sich freundschaftlich oder gut nachbarlich verbunden wähnte.

»Kann man solche Entwicklungen nicht verhindern?«, werde ich von betroffenen Großeltern und Elternteilen oft gefragt. Vielleicht ist es das Vorrecht des Alters, diese Frage zu stellen, weil wir viel Lebenserfahrung haben. Die Mehrheit hat es noch geschafft, ungeschieden durch die Ehe zu kommen. Und selbst diejenigen, die gescheitert sind, leben meist schon so lange in einer neuen Beziehung, dass sie glaubhaft machen können, wie viel Durchhaltewillen es braucht, damit selbst die ganz große Liebe die zum Teil unvorhersehbaren Veränderungen aushält, die durch das Reifen eines jeden Menschen eintreten.

Meine Antwort auf die Frage nach vorbeugenden Maßnahmen ist nicht neu und schon gar nicht meine eigene Idee.

Aber ich schließe mich denjenigen an, die dafür eintreten, dass die Bundesregierung junge Menschen über familienrechtliche Bestimmungen optimal aufklären sollte. Und dass es im Sinne der Verantwortlichkeit für die eigene Sicherheit für jeden Einzelnen selbstverständlich sein sollte, vor Beginn der Ehe einen zum gegenseitigen Schutz vereinbarten Partnerschaftsvertrag abzuschließen, der mögliche Trennungs- und Scheidungsfolgen rechtsverbindlich regelt.

Leider wird dies unter jungen Leuten wohl immer noch als der Misstrauensbeweis schlechthin angesehen. Realistisch betrachtet, ist dies allerdings so wenig einleuchtend wie die Schlussfolgerung, wer eine Lebensversicherung abschließe, wolle sogleich sterben. Tatsächlich kann ein solcher Vertrag die Macht und den Einfluss des Staates beschränken, die persönliche Verantwortung des Paares stärken und am Ende verhindern, dass eine zu Hass gewordene Liebe im Rosenkrieg die Vernichtung des einstmals geliebten Menschen anstrebt.

Ich selbst bin sicher eines der besten Beispiele, dass eine notariell geregelte Scheidungsfolgenvereinbarung nicht automatisch eine faire, beide Seiten gerecht und gleichermaßen vorteilhaft schützende Angelegenheit ist. In meinem Fall erfolgte durch einen solchen Vertrag ja eine komplette Entrechtung.

Hätte ich jedoch die »Regeln« im Rosenkrieg auch nur näherungsweise gekannt, wäre mir eine solche Ausbeutung vermutlich nicht widerfahren. Ganz davon zu schweigen, dass eine derartige, mich als Ehefrau krass benachteiligende Scheidungsfolgenvereinbarung, wie Franzel sie aufgesetzt hatte und wie sie damals gesetzlich auch zulässig war, heute als sittenwidrig und somit unzulässig eingestuft würde und vor Gericht jederzeit anzufechten wäre.

Aber Hand aufs Herz, nicht einmal das wüsste ich heute, hätten mich der Verlust meiner Kinder und meines Enkelkindes nicht dazu gezwungen, mich über viele Jahre hinweg in leidvollem Selbststudium mit Familienrechtsfragen zu befassen.

Zum Glück hat der Gesetzgeber inzwischen erkannt und mit dem neuen Kindschaftsrecht von 1998 auch gesetzlich vorgegeben, dass jedes Kind ein Recht auf Umgang mit seinen beiden Elternteilen und anderen für das Kind wesentlichen Bezugspersonen – wie den Großeltern – hat. Das Fatale dieses Gesetzes ist allerdings, dass es lediglich Appellcharakter hat, also an die Vernunft der Eltern appelliert, sich gegenseitig und auch den anderen Bezugspersonen des Kindes hierbei keine Steine in den Weg zu legen. Besonnene Elternpaare, die trotz der Scheidung Freunde bleiben wollen und können, werden einem solchen Appell folgen und ihren gemeinsamen Kindern beide Elternteile erhalten. Doch sobald dieser Appell missachtet wird, wie es in meinem eigenen Fall geschehen ist, geht es noch immer viel zu oft zu Lasten der Kinder und eines Elternteils sowie seiner Familienangehörigen.

Dass dies tatsächlich Menschenrechte verletzt, wurde inzwischen mehrfach vor dem Europäischen Menschenrechtsgerichtshof in Straßburg bestätigt. Wie schon erwähnt, wurden den klagenden Eltern hohe Schadensersatzsummen zugesprochen.

Außerdem wurde die Rückführung der ihnen durch den anderen Elternteil und/oder mit Hilfe des Jugendamtes entrissenen Kinder angeordnet bzw. der Umgangsanspruch des verlassenen Elternteils als berechtigt anerkannt und vorgeschrieben.

Diesen Balken im eigenen Auge wollen die verantwortlichen deutschen Gesetzgeber aber wohl nicht sehen, die doch so vollmundig gegen Menschenrechtsverletzungen im Ausland vorgehen. Statt vor der eigenen Haustür zu kehren und sicherzustellen, dass keinem Kind mehr die eigenen Eltern und Großeltern geraubt werden, erklärte das Bundesjustizministerium im Jahr 2004, Urteile des Europäischen Menschenrechtsgerichtshofes müssten in Deutschland nicht zwingend durchgesetzt werden.

Den Schaden tragen Emily und all die Kinder, Eltern und Großeltern, deren Recht auf Umgang durch die deutsche Rechtsprechung außer Kraft gesetzt wurde, und die nun auch dann wohl nicht mehr zusammenkommen werden, wenn die Trennung vor einem internationalen Gericht nachweislich als Verletzung ihrer Menschenrechte festgestellt wird.

Auch Konrad, der seine Ohnmacht gegenüber der deutschen Familienjustiz zuletzt nur noch ertrug, weil er alles daran setzte, eines Tages in Straßburg Klage zu erheben, gab resigniert auf und sieht sich mittlerweile der letzten Hoffnungen beraubt.

Ich selbst werde meinen Kampf um Emily niemals aufgeben, auch wenn ich keine eigene Umgangsklage bei Gericht gegen ihre Mutter erhoben habe. So innig ich mein Enkelkind liebe, so wenig kann und will ich mir ihre Mutter aus dem Herzen reißen, die ja immer mein stets geliebtes Kind war und bleiben wird. Außerdem ist mir mein eigener verlorener Umgangsrechtsstreit um meine beiden Töchter zu gegenwärtig, als dass ich noch ein echtes Zutrauen in die deutsche Familienrechtsprechung haben könnte. Gern hätte ich mich eines Besseren belehren lassen, doch Verlauf und Ergebnis von Konrads Familienrechtsstreit haben mich in meiner Meinung und Erfahrung leider nur bestätigt.

So ist mein Kampf um Emily ein anderer und zwar ein politischer und öffentlicher Kampf, den ich mit weiteren Großeltern führe, die vergleichbares Leid erfahren wie mein Mann und ich.

Ich bin stolz darauf, mich öffentlich in Väterselbsthilfegruppen engagiert und an Demonstrationen teilgenommen zu haben. Und ich bin stolz, eines der Gründungsmitglieder der ersten bundesweit agierenden »Großelterninitiative« zu sein. Es gibt mir das Gefühl, nicht mehr ganz so hilflos zu sein, sondern endlich öffentlich meine Stimme gegen die Verletzung von Kinder- und Elternrechten zu erheben.

Dazu gehörte auch mein Entschluss, gemeinsam mit Karin Jäckel meine Lebenserfahrungen aufzuarbeiten und sie zu bitten, einen Bericht über mein Leben zu schreiben und zu veröffentlichen. Mein Schicksal soll dazu beitragen, die Öffentlichkeit aufzurütteln, damit der Gesetzgeber handelt und endlich notwendige Veränderungen herbeiführt.

Ich will das Unrecht an unseren Kindern und Enkelkindern und auch das mir zugefügte Unrecht der Ausgrenzung nicht mehr länger ohnmächtig hinnehmen. Es muss endlich möglich sein, dass jeder Mensch, der Kindern den Umgang mit dem anderen Elternteil und Großeltern verweigert, gesellschaftlich ebenso geächtet wird wie bei einem Kindesmissbrauch oder einer anderen Gewalttat gegen Kinder.

Scheidung ist kein Minderheitenproblem. Jede dritte – in Großstädten sogar jede zweite – Ehe scheitert. Alljährlich verlieren in Deutschland über 160 000 Kinder dadurch ihre familiäre Geborgenheit; jene Kinder nicht gerechnet, deren Eltern nicht miteinander verheiratet waren, ehe sie sich trennten. Mindestens die Hälfte dieser Kinder – Väterselbsthilfegruppen gehen sogar von 90 Prozent aus – sehen nach spätestens einem Jahr einen Elternteil nicht mehr wieder, zumeist ist es der Vater. Gleichzeitig sehen sie auch ihre entsprechende Oma und ihren Opa sowie alle anderen zugehörigen Familienmitglieder nicht wieder. Diese kindliche Entwurzelung zieht Kreise.

Meine Tochter Birgit ist mit ihrer Scheidung in zweiter Generation ein typisches Beispiel dafür. Mittlerweile hat die Familienforschung nachgewiesen, dass Kinder aus Scheidungs- und Trennungsfamilien ein mehrfach höheres Risiko als Kinder aus heilen Familien tragen, in ihren Lebensbeziehungen ebenso zu scheitern wie ihre Eltern.

»Wie die Mutter so die Tochter so das Enkelkind!« Diesen Satz knallte mir einmal die Mutter von Birgits Liebhaber um die Ohren, nachdem meine Tochter auch seiner überdrüssig geworden war und sich einem weiteren Mann zugewandt hatte. Diese Worte hallen oft in mir nach. Hoffentlich werden sie sich nie an Emily bewahrheiten.

Vielleicht wird sie eines Tages von sich aus an meine Tür klopfen und mich fragen: »Omi, warum hast du mich nie besucht? Warum sind du und mein Opi nie zu mir gekommen?«

Dann werde ich ihr eine lange Reihe dicker Ordner mit vielen tausend Seiten zeigen. Briefe, die ihr Vater und ich an Familienrichter, Anwälte, Psychologen, Jugendamtsmitarbeiter, Polizeibeamte, Verfahrenspfleger, Umgangshelfer, Minister in Landes- und Bundesministerien, Anwaltskammern, Psychologenverbände und viele andere geschrieben haben.

Staunend wird sie erkennen, wie sich unsere anfänglich schlichten Zeilen allmählich in perfekte Schriftsätze verwandelten und von Mal zu Mal mit mehr juristischen und psychologischen Fachwörtern gespickt wurden. Schließlich wird sie Gutachterprotokolle und Gerichtsbeschlüsse von Richtern lesen, die ihrem Vater den Umgang mit seinem Kind entweder verweigerten oder vor einem anderen, höheren

Gericht gewährten, dessen Urteil ein wieder anderes Gericht erneut widerrief. Sie wird begreifen, dass ihr Vater und ich nichts unversucht gelassen haben. Aber dass ihre Mutter selbst die wenigen Umgangstermine verhinderte, die das Gericht mit Datum und Uhrzeit angesetzt hatte.

Und am Ende wird sie traurig sein und sich erinnern, dass sie als kleines Mädchen einmal glaubte, ihre Mutter sei eines Tages spurlos verschwunden und in eine böse Schlange »verzaubert« worden, die ihr Kind nicht schützte, als die »wilden Schweine« aus dem Wald rannten, sodass es ein »Babyschwein« werden musste und niemals wieder in den Traumgarten zurückkehren durfte, wo die schöne Prinzessin, der schlafende Papa und die Omi und der Opi heute noch warten.

ANHANG

Quellennachweis der Zitate

Die Zitate auf den Seiten 380 bis 383 entstammen alle einer Veröffentlichung des Informationsdienstes des Evangelischen Pressedienstes:

»Wir sind doch keine Kinderklaubehörde!«, epd-Dokumentation, hrsg. v. Gemeinschaftswerk der Evang. Publizistik e.V., Frankfurt am Main, Nr. 6/97.

Das längere Zitat von Prof. Dr. Heinrich Kupffer auf Seite 380f. entstammt ebenfalls dem oben genannten Werk und steht dort auf Seite 12f.

ADRESSEN

Die nachfolgend genannten Initiativen setzen sich für den Schutz von Großelternrechten ein.

Bundesinitiative Großeltern
von Trennung und Scheidung betroffener Kinder
Abteistraße 1
45239 Essen
Tel. 02 01/49 33 20
Fax 02 01/49 33 20
www.grosseltern-initiative.de
info@grosseltern-initiative.de

Großelterninitiative pro Enkel
Schaumburgstraße 21
38116 Braunschweig
Tel. 05 31/50 01 55
Fax 05 31/50 01 66
www.grosselterninitiative.q27.de
grosselterninitiative@web.de

Bundesverband Graue Panther e.V.
Greifswalder Straße 4
10405 Berlin
Tel. 0 30/204 12 29
Fax 0 30/42 80 27 40
www.graue-panther-online.de

Dachverband der Senioren-Schutz-Bund Vereine Deutschlands
in Tradition der GRAUE PANTHER-Bewegung seit 1975
Haus der Demokratie
Postfach 080233
10002 Berlin

Cochemer Modell
Informationen erhalten Sie unter: www.ak-cochem.de

Arbeit und Anliegen der Initiativen

Die am längsten bestehende, bundesweit agierende Großelterngruppe, der auch ich als Mitglied angehöre, ist die

Bundesinitiative Großeltern
von Trennung und Scheidung betroffener Kinder

Unter der Leitung von Rita Bögershausen ist sie eine der kompetentesten Selbsthilfegruppen Deutschlands in diesem Bereich und engagiert in Sachen Kinderrechte unterwegs. Das Hilfsangebot reicht vom zwischenmenschlichen Trost bis hin zur nützlichen Information in schwierigen Fragen. Wie brennend die Not ist, lässt sich auch daran ablesen, dass die Gruppe wächst, obwohl es keinerlei offizielle Unterstützung oder Finanzierungshilfen gibt.

Als Großeltern und Eltern, die sich keines Vergehens gegen ihre geliebten Kinder und Enkelkinder schuldig gemacht haben, aber dennoch wie Schwerverbrecher aus deren Leben fern gehalten werden, klagen wir den Gesetzgeber an.

Es ist für uns unverständlich und nicht zu akzeptieren, dass das Recht des Kindes auf Umgang mit geliebten Bezugspersonen allein in der Hand des Elternteils liegt, bei dem die Kinder aufwachsen. Dieses Umgangsrecht ist ein natürliches Recht aller Kinder. Es darf nicht eingeschränkt werden, um den Willen eines Elternteils zu erfüllen. Vielmehr muss jedem Kind garantiert werden, dass es seine beiden Eltern und andere geliebte Bezugspersonen auch dann jederzeit sehen kann, wenn die Eltern sich nicht oder nicht mehr als Liebespaar verstehen.

Dass dies Kindern und Jugendlichen hilft, eine Trennung der Eltern und den Verlust ihrer heilen Familie ohne bleibende seelische Schäden zu überstehen, wurde von zahlreichen Experten weltweit erforscht und beschrieben.

Deshalb fordern wir als Großeltern: Gebt Deutschlands Kindern eigene Kinderrechte!

Es ist ein folgenschwerer Trugschluss, wenn wir annehmen, dass Kinderrechte ausreichend im Elternrecht geschützt werden. Spätestens dann, wenn Eltern nicht mehr gemeinsam Eltern sein wollen, werden Kinderrechte im Elternrechtsstreit noch immer erschreckend oft verdrängt und das vom Gesetzgeber nirgendwo exakt definierte Kindeswohl nach dem Wohl dessen ausgelegt, dem das Gericht die Kinder zuspricht.

Der Begriff »Kindeswohl« darf nicht länger eine Worthülse bleiben, die jeder Richter, jeder Rechtsanwalt, jeder Jugendamtsmitarbeiter und jeder Gutachter bis hin zum Verfahrenspfleger und Umgangshelfer nach eigener Fasson auslegt und mit einem mehr oder minder persönlichen, subjektiven Inhalt füllt.

Dass dieser Begriff nie hundertprozentig definiert werden kann, mag ja zutreffen. Es würde aber schon helfen, wenn eine Auflistung der minimalen Anforderungen erstellt und im Gesetz verankert würde. Zum Beispiel die Anforderung, dass das Recht des Kindes auf Umgang mit beiden Eltern durch beide Eltern erfüllt werden muss und der Elternteil, der diesen Umgang boykottiert, das Sorgerecht verliert.

Da Umgangsboykott, Kindesentziehung und Kindesentführung Straftaten sind, hat der Gesetzgeber bereits Sanktionsmaßnahmen im Gesetz verankert. Sie reichen vom Zwangsgeld bis zur Haft, gelangen jedoch gegenüber den den Umgang verweigernden Elternteilen – meist sind es die Mütter – fast nie zur Anwendung, weil viele verantwortliche Familienrichter ihre richterliche Unabhängigkeit dazu nutzen, das entsprechende Strafmittel nicht anzuwenden. Und zwar selbst in den Fällen nicht, in denen der Familienrichter zuvor verbindliche Umgangstermine festgelegt hatte. Wenn der Elternteil, bei dem das Kind lebt, ausführt, das Kind wolle den verlassenen Elternteil nicht sehen, hat der umgangsberechtigte Elternteil das Nachsehen. In aller Regel heißt es dann vom Gericht, es sei dem erziehungsberechtigten Elternteil nicht zuzumuten, das sich verweigernde Kind zu einem Umgangskontakt zu zwingen. Eine solche Maßnahme sei als erzieherische Gewalt gesetzlich untersagt. Der umgangsberechtigte Elternteil solle sich gedulden, bis das Kind freiwillig zu einem Umgangskontakt bereit sei.

Kein Wunder also, dass immer mehr Mütter und Väter das Recht ihrer Kinder auf beide Eltern missachten und den Appell des Gesetzgebers, Kindeswohl und Kinderrechte zu schützen, überhören.

Wir als Großeltern fühlen uns in der Pflicht, dazu beizutragen, dass das Recht unserer Enkelkinder und aller Kinder künftig und dauerhaft respektiert und geschützt wird.

Deshalb stehen wir gemeinsam auf und fordern:

- Kinderrechte ins Grundgesetz!
- Allen Kindern beide Eltern und Großeltern!

Jede Stimme zählt. Kommen Sie zu uns, machen Sie mit. Heute geht es vielleicht nicht um Ihre eigenen Kinder und Enkelkinder. Aber möglicherweise schon morgen.

Weitere Infos über die Autorin

Karin Jäckel schreibt seit 1970 als freie Autorin für Zeitschriften, Magazine, Jugend- und Tageszeitungen sowie Fernseh- und Rundfunksender. Seit 1982 verfasst sie zusätzlich Kinder- und Jugendbücher, seit 1986 sozialkritische Bücher für Erwachsene. Bis 2005 hat Karin Jäckel insgesamt 77 Bücher sowie diverse Beiträge in zahlreichen Anthologien und Lehrbüchern bei verschiedenen Verlagen im In- und Ausland veröffentlicht. Weitere Buchprojekte und Features sind in Vorbereitung.

Bei Bastei Lübbe Taschenbücher sind von der Autorin bisher erschienen: »Monika B.« (Band 61335), mit Thomas Forster zusammen »... weil mein Vater Priester ist« (Band 61503), »Isis, die Fürstin der Nacht« (Band 61521), »Sag keinem, wer dein Vater ist« (Band 60543), mit Gisela Forster zusammen »Denn das Weib soll schweigen in der Kirche« (Band 61552).

Themenschwerpunkt dieser Bücher sind Kinder und Familien in tiefen Lebenskrisen mit der Zielsetzung, ihre Position zu stärken sowie kulturelle, moralische und ethische Werte wie Liebe, Mitmenschlichkeit, Treue, Verantwortung und Fürsorge in den Mittelpunkt zu rücken.

Die Autorin ist am Gedankenaustausch mit ihren Leserinnen und Lesern interessiert. Auf ihrer Website bietet Karin Jäckel u.v.a. einen »Kummerkasten« für Kinder, Jugendliche und Eltern an.

E-Mail: karin.jaeckel@t-online.de oder Fax 0 78 02/37 07
http://www.karin-jaeckel.de
http://www.karin-jaeckel-autorin.de

Was der Großvater begann, setzten Vater und Brüder fort

Karin Jäckel
MONIKA B.
ICH BIN NICHT
MEHR EURE TOCHTER
Ein Mädchen wird von seiner
Familie jahrelang misshandelt.
Erfahrungen
368 Seiten
ISBN 3-404-61335-X

Monika ist ein echtes Wunschkind. Sie soll die gutbürgerliche Familie komplettieren. Doch hinter der heilen Fassade spielt sich Unfassbares ab. Von Anfang an wird Monikas Leben von sexuellen Übergriffen bestimmt. Was der Großvater an dem Kleinkind begeht, setzt sich in jahrelangen Vergewaltigungen durch den Vater und die älteren Brüder fort. Erst nach dem Freitod ihres jüngeren Bruders Georg, der nicht weiter mitansehen kann, was mit seiner geliebten Schwester geschieht, gelingt es Monika, sich aus dieser Hölle zu befreien.

»Wenn du sagst, wer dein Vater ist, muss Vati für immer fort von uns und wird schwer bestraft ...«

Karin Jäckel
SAG KEINEM,
WER DEIN VATER IST
Das Schicksal von
Priesterkindern
288 Seiten
ISBN 3-404-60543-8

Priesterkinder führen das Geheimnis ihrer Eltern fort. Mit dem Unterschied, dass sie sich nicht selbst dafür entschieden haben, so zu leben. Sie werden versteckt, verleugnet oder schief angesehen. Sie leben ständig in der Angst, sich zu verplappern. Und meist werden sie ohne Väter groß.

- Was sagt die Bibel über die Liebe?
- Was empfinden die betroffenen Priester?
- Was finden Frauen an Priestern so anziehend?
- Wie ist das Leben mit dem Geheimnis?

Bastei Lübbe Taschenbuch